Statistik im Versicherungs- und Finanzwesen

Arnd Grimmer

Statistik im Versicherungs- und Finanzwesen

Eine anwendungsorientierte Einführung

 Springer Gabler

Prof. Dr. Arnd Grimmer
Wiesbaden Business School
Hochschule RheinMain
Wiesbaden, Deutschland

ISBN 978-3-658-02953-1 ISBN 978-3-658-02954-8 (eBook)
DOI 10.1007/978-3-658-02954-8

Die Deutsche Nationalbibliothek verzeichnet diese Publikation in der Deutschen Nationalbibliografie; detaillierte bibliografische Daten sind im Internet über http://dnb.d-nb.de abrufbar.

Springer Gabler
© Springer Fachmedien Wiesbaden 2014

Lektorat: Irene Buttkus

Gedruckt auf säurefreiem und chlorfrei gebleichtem Papier.

Springer Gabler ist eine Marke von Springer DE. Springer DE ist Teil der Fachverlagsgruppe Springer Science+Business Media
www.springer-gabler.de

Vorwort

Innerhalb betriebswirtschaftlicher Themenfelder bildet für die Versicherungs- und Finanzbranche die Handhabung anspruchsvoller aktuarieller und finanzmathematischer Instrumente in besonderem Maß eine Kerntätigkeit. Aber auch bis hinein in die Randbereiche der Disziplin – in Theorie wie Unternehmenspraxis – wird solides mathematisches Methodenwissen immer wichtiger. Die Statistik dient hierbei als unermüdliches Arbeitspferd, ist doch moderne Finanzdienstleistung ohne die Bearbeitung und Auswertung großer Datenbestände gar nicht mehr möglich. Dies bestätigt bereits der Blick in den Wirtschaftsteil einer Tageszeitung.

Das vorliegende Buch will einen Beitrag dazu leisten, dem Leser aus Hochschule, Akademie und betrieblicher Praxis den Einstieg in den Werkzeugkeller der Statistik zu erleichtern. Dennoch erfordert der Versuch eine besondere Begründung, dem nicht geringen Titelangebot zu den Grundlagen der Statistik auf dem Terrain der Betriebswirtschaftslehre einen weiteren hinzuzufügen. Deshalb wurde konsequent versucht, die ausführliche Darstellung der elementaren statistischen Verfahren auf einen breiten Fundus an Beispielmaterial zu stützen, wie es einem in der Finanzdienstleistungsbranche so und ähnlich allerorten begegnet. Entwickelt und erprobt wurde das Konzept über mehrere Jahre hinweg in einführenden Statistikvorlesungen im Studiengang „Insurance and Finance" an der Hochschule RheinMain in Wiesbaden.

Ergänzt wird dieses Material durch zahlreiche Übungsaufgaben und -beispiele. Dem Taktmaß der Zeit folgend sind diese unter www.springer-gabler.de als „Zusätzliche Information" auf der Seite zu diesem Buch samt ausführlichen Lösungshinweisen zugänglich. So kann dieser Teil regelmäßig ergänzt und aktualisiert werden.

Im Zentrum steht neben der anwendungsnahen Darstellung das Bemühen, die vor allem im deutschsprachigen Raum übliche scharfe Trennung zwischen beschreibender (deskriptiver) und schließender (induktiver) Statistik wo möglich aufzulösen und die nahe Verwandtschaft vieler Begriffe aus beiden Teilgebieten herauszuarbeiten.

Gerne beschließe ich dieses Vorwort mit dem Dank für die stets umsichtige Unterstüt-
zung dieses Projekts durch den Verlag Springer Gabler –, vor allem in Person von Frau
Irene Buttkus, und an meinen geduldigen Kritiker Günther Berger, dem ich manche wert-
volle Anregung verdanke.

Wiesbaden, im Sommer 2013   Arnd Grimmer

Inhaltsverzeichnis

1	**Warum an Statistik kein Weg vorbeiführt**	1
	1.1 Überall Zahlen	1
	1.2 Ein paar Beispiele	2
	1.3 Typisch Statistik	3
	Weiterführende Literatur	5
2	**Statistische Untersuchungen durchführen**	7
	2.1 Der Gesamtprozess	7
	2.2 Planungsphase	8
	2.3 Datenerhebung	10
	2.4 Datenaufbereitung	11
	2.5 Datenanalyse und Interpretation der Ergebnisse	12
	Weiterführende Literatur	12
3	**Einige Grundbegriffe**	13
	3.1 Statistische Gesamtheiten	13
	3.2 Statistische Merkmale	15
	3.2.1 Begriff des Merkmals	15
	3.2.2 Abgrenzungsmerkmale und Untersuchungsmerkmale	16
	3.2.3 Skaleneigenschaften von Merkmalen	18
	3.3 Träger professioneller Wirtschaftsstatistik	21
	Weiterführende Literatur	21
4	**Beschreibende Statistik einzelner Merkmale**	23
	4.1 Darstellung von Messdaten	24
	4.2 Verschiedene Häufigkeitsbegriffe	29
	4.3 Klassenbildung	37
	4.4 Lageparameter	41
	4.4.1 Modus	42
	4.4.2 Median	44
	4.4.3 Arithmetischer Mittelwert	45
	4.4.4 Geometrischer Mittelwert	49

	4.4.5	Lageparameter im Vergleich	51
4.5		Streuungsparameter	54
	4.5.1	Spannweite	55
	4.5.2	Mittlere Absolutabweichung	56
	4.5.3	Varianz und Standardabweichung	58
	4.5.4	Variationskoeffizient	61
	4.5.5	Verteilungsparameter höherer Ordnung	62
4.6		Konzentrationsmessung	64
	4.6.1	Relative Konzentrationsmessung	65
	4.6.2	Absolute Konzentrationsmessung	69
		Weiterführende Literatur	72

5   Elementare Wahrscheinlichkeitsrechnung   73
5.1		Was ist Wahrscheinlichkeit?	74
5.2		Wahrscheinlichkeitsbegriffe für die Praxis	76
	5.2.1	Wahrscheinlichkeiten „a priori"	76
	5.2.2	Wahrscheinlichkeiten „a posteriori"	77
	5.2.3	Grundbegriffe der Wahrscheinlichkeitsrechnung	78
	5.2.4	Verknüpfung von Ereignissen	81
5.3		Weitere Rechenregeln	83
	5.3.1	Addition von Ereignissen	83
	5.3.2	Bedingte Wahrscheinlichkeiten	84
	5.3.3	Stochastische Unabhängigkeit	88
	5.3.4	Totale Wahrscheinlichkeit und Bayes'sche Formel	91
	5.3.5	Beziehung zwischen beschreibender und schließender Statistik	94
5.4		Zufallsvariable	95
	5.4.1	Eigenschaften und Konstruktion von Zufallsvariablen	95
	5.4.2	Parameter einer Zufallsvariable	100
		Weiterführende Literatur	105

6   Diskrete Wahrscheinlichkeitsverteilungen   107
6.1		Grundbegriffe	107
6.2		Diskrete Gleichverteilung	109
6.3		Binomialverteilung	109
	6.3.1	Ein Beispiel	109
	6.3.2	Der allgemeine Fall	113
	6.3.3	Urnenmodelle	119
6.4		Hypergeometrische Verteilung	120
	6.4.1	Herleitung	120
	6.4.2	Eigenschaften	123
6.5		Poissonverteilung	126
		Weiterführende Literatur	128

7   Stetige Wahrscheinlichkeitsverteilungen 129
   7.1   Das Grundprinzip 129
   7.2   Stetige Gleichverteilung 136
   7.3   Gauß'sche Normalverteilung 137
       7.3.1   Grundlagen 137
       7.3.2   Standardisierung 139
       7.3.3   Reproduktionseigenschaft 147
       7.3.4   Approximation der Binomialverteilung 148
   7.4   Unsymmetrische Wahrscheinlichkeitsverteilungen 150
       7.4.1   Exponentialverteilung 151
       7.4.2   Paretoverteilung 151
       7.4.3   Lognormalverteilung 152
   Weiterführende Literatur 155

8   Schätzverfahren für statistische Parameter 157
   8.1   Die Idee 157
   8.2   Schätzverfahren für Anteilswerte 159
       8.2.1   Stichprobenverteilungen 159
       8.2.2   Inklusionsschluss 162
       8.2.3   Repräsentationsschluss 163
       8.2.4   Einzelfragen 168
   8.3   Schätzverfahren für Mittelwerte 170
       8.3.1   Normalverteiltes Merkmal mit bekannter Streuung σ 171
       8.3.2   Normalverteiltes Merkmal mit unbekannter Streuung σ, $n > 30$ . . 172
       8.3.3   Normalverteiltes Merkmal mit unbekannter Streuung σ, $n \leq 30$ . . 174
       8.3.4   Nicht normalverteiltes Merkmal 176
   Weiterführende Literatur 177

9   Parametrische Testverfahren 179
   9.1   Die Grundidee des statistischen Testens 179
   9.2   Grundlagen parametrischer Testverfahren 183
   9.3   Anteilswerte testen 186
       9.3.1   Kontrolle des α-Fehlers 186
       9.3.2   Kontrolle des β-Fehlers 193
   9.4   Mittelwerte testen 200
   9.5   Auf Basis zweier Stichproben testen 205
   Weiterführende Literatur 208

10　Anpassungstests 209
　　10.1　Grundprinzip 209
　　10.2　Chi-Quadrat-Anpassungstest 211
　　Weiterführende Literatur 217

11　Statistik zweier Merkmale 219
　　11.1　Datenerhebung und zweidimensionale Häufigkeitsverteilungen 220
　　11.2　Statistischer Zusammenhang und statistische Abhängigkeit 223
　　11.3　Unabhängigkeitstests 231
　　11.4　Korrelationsrechnung 235
　　　　11.4.1　Grundlagen 235
　　　　11.4.2　Kontingenzkoeffizient nach Pearson 236
　　　　11.4.3　Korrelationskoeffizient nach Bravais-Pearson 238
　　　　11.4.4　Rangkorrelationskoeffizient nach Spearman 244
　　11.5　Regressionsrechnung 250
　　Weiterführende Literatur 261

Sachverzeichnis 263

Warum an Statistik kein Weg vorbeiführt

1

Zusammenfassung

Statistik begegnet uns in vielen Lebenslagen und kann überall dort eine wichtige Rolle spielen, wo Aussagen über Gruppen von Personen oder Mengen von Objekten oder Gegenständen gewonnen werden. Die deskriptive Statistik dient der Beschreibung, Ordnung und Darstellung großer Datenmengen. In der induktiven Statistik werden anhand von Teilmengen (Stichproben) mithilfe der Wahrscheinlichkeitsrechnung Schlüsse auf die Eigenschaften größerer Mengen (Gesamtheiten) gezogen.

1.1 Überall Zahlen

Wir leben in einer Welt voller Zahlen. Sie begegnen uns beim Blick in jede Zeitung oder Zeitschrift. Wenn es um Geld geht – und in der Versicherungs- und Finanzwirtschaft geht es meistens um Geld –, geht es immer auch um Zahlen. Zahlen sind verführerisch. Komplexe Strukturen, Vorgänge und Ereignisse der uns umgebenden Welt lassen sich schwer in ihrer Gesamtheit erfassen. Zahlen sind ein Hilfsmittel, um viele unscharf erscheinende Sachverhalte messbar zu machen, und damit stecken wir schon mittendrin in der Statistik. Zahlen sind aber ein mehrschneidiges Schwert:

- Zahlen sind präzise und erlauben prägnante Wertangaben – im Falle der reellen Zahlen sogar im Prinzip „unendlich" genaue Wertangaben.
- Zugleich werden viele Informationen ausgeblendet, wenn qualitative Phänomene auf Zahlen zurückgeführt werden. So bilden viele Messvorgänge die Wirklichkeit unzulänglich ab, die Genauigkeit der Zahlen ist dann nur scheinbar. Wie will man z. B. die Bereitschaft zum Kauf bestimmter Versicherungsprodukte präzise durch Zahlen erfassen?
- Meistens gibt es mehrere Möglichkeiten, für ein und dasselbe Phänomen zahlenbasierte Messvorgänge vorzunehmen. Die Ergebnisse der Messungen hängen davon natürlich ab.

A. Grimmer, *Statistik im Versicherungs- und Finanzwesen*, DOI 10.1007/978-3-658-02954-8_1,   1
© Springer Fachmedien Wiesbaden 2014

Die Konsequenzen finden ihren Niederschlag in Aussprüchen wie „Vertraue nur der Statistik, die Du selbst gefälscht hast" oder, etwas milder, „Mit Statistik kann man alles beweisen". Man sollte also wissen, wie die Zahlen der Statistik gewonnen wurden, um sie sinnvoll und korrekt interpretieren zu können. Dazu ist die Kenntnis der wichtigsten statistischen Methoden und Verfahren unentbehrlich.

1.2   Ein paar Beispiele

Einige konkrete Fragen verdeutlichen die Allgegenwart von Zahlen und Statistik im Wirtschaftsleben, aber auch im Alltag:

- Die Wirtschaftsentwicklung unterliegt mehr oder weniger regelmäßigen zeitlichen Schwankungen, der Konjunktur. Man versucht, ihren Verlauf durch Kennzahlen wie das Bruttoinlandsprodukt (BIP), die Arbeitslosenquote, die Außenhandelsbilanz oder den Geschäftsklimaindex zu beschreiben und in ihrem Zeitverlauf darzustellen.
- Konstant niedrige Geburtenraten haben zur Folge, dass die Bevölkerungszahlen in den westlichen Ländern in den kommenden Jahrzehnten sinken werden. Interessant für die Planung von Investitionen in die Infrastruktur sind verlässliche Vorhersagen darüber, wie sich die Zahl und Zusammensetzung der Bevölkerung in den verschiedenen Regionen eines Landes in der nahen Zukunft verändern werden.
- Umweltschutzauflagen wurden in den letzten Jahrzehnten erheblich verschärft, Maßnahmen zur Sauberhaltung von Luft, Böden und Gewässern infolgedessen intensiviert. Die Veränderung der Belastung mit verschiedenen Substanzen und Schadstoffen kann Auskunft darüber geben, inwieweit diese Maßnahmen erfolgreich waren.
- Wann immer Bundestagswahlen oder wichtige Landtagswahlen stattfinden, sind Prognosen über den möglichen Wahlausgang nicht nur für die politischen Parteien von Interesse, sondern auch für Unternehmen, die wichtige Investitionsentscheidungen treffen oder von Gesetzesänderungen und staatlichen Aufträgen abhängen.

In der Versicherungs- und Finanzwirtschaft begegnen wir Fragestellungen und Themen wie diesen:

- Wie hat sich die Rendite verschiedener Aktienindizes in den vergangenen Jahrzehnten entwickelt? Welche Änderungen sind im Zeitablauf zu erkennen?
- Kann man aus der Beobachtung von Aktienkursen der Vergangenheit Aussagen über die Trends und Schwankungen der Kursentwicklung in Zukunft gewinnen?
- Ist die Prämie eines Versicherungstarifs so auskömmlich kalkuliert, dass die Einnahmen auch längerfristig zur Deckung der Schäden ausreichen werden?
- Wie kann man aus der Beobachtung von Schadendaten eines Versicherungsbestandes Informationen bezüglich der künftigen Schadenentwicklung gewinnen?
- Welche Detailinformationen benötigt man für die Kalkulation eines neuen Versicherungstarifs?

1.3 Typisch Statistik

Ausgehend von diesen und ähnlichen Beispielen lassen sich sofort einige Wesensmerkmale der Statistik erkennen. Im weitesten Sinne beschäftigt sich Statistik mit der systematischen Messung und Erhebung, Ordnung, Darstellung, Auswertung, Verarbeitung und Interpretation von Daten. Fürs erste gelangen wir zur folgenden allgemeinen Definition:

▸ **Statistik** bezeichnet Verfahren zur Gewinnung zahlenmäßiger Informationen über Daten anhand von deren Erfassung, Ordnung, Darstellung, Analyse und Interpretation. Sie bezeichnet auch den Teil der mathematischen Wissenschaft, der solche Verfahren systematisch erforscht.

Um den Gegenstand der Statistik besser zu verstehen, wollen wir eine versicherungstypische Konstellation etwas eingehender betrachten, nämlich den Versichertenbestand eines kleinen Lebensversicherungsunternehmens (vgl. Abb. 1.1). Dieser umfasst Personen, die sich hinsichtlich Geschlecht, Beruf, Wohnort, Alter usw. unterscheiden. Beispielhafte Fragen an diesen Bestand lauten etwa:

1. Wie viele Todesfälle sind im letzten Jahr eingetreten?
2. Wie alt waren die Verstorbenen zum Zeitpunkt ihres Todes?
3. Mit wie vielen Todesfällen muss man jeweils in den nächsten Jahren rechnen?

Abb. 1.1 Fragen an einen Versicherungsbestand

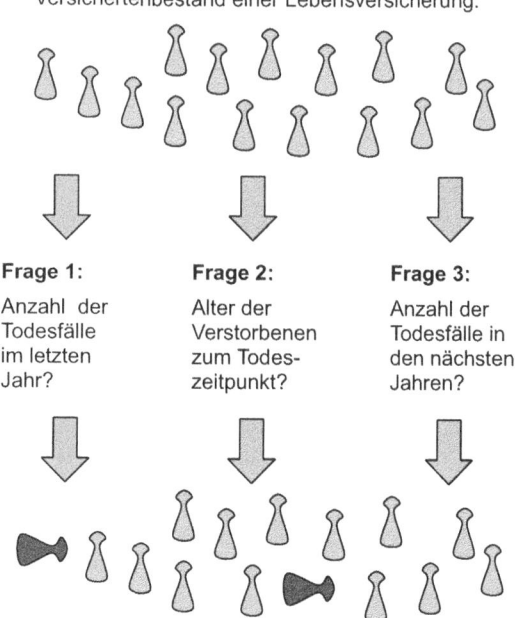

Versichertenbestand einer Lebensversicherung.

Frage 1:
Anzahl der Todesfälle im letzten Jahr?

Frage 2:
Alter der Verstorbenen zum Todeszeitpunkt?

Frage 3:
Anzahl der Todesfälle in den nächsten Jahren?

Abb. 1.2 Perspektiven der
Statistik

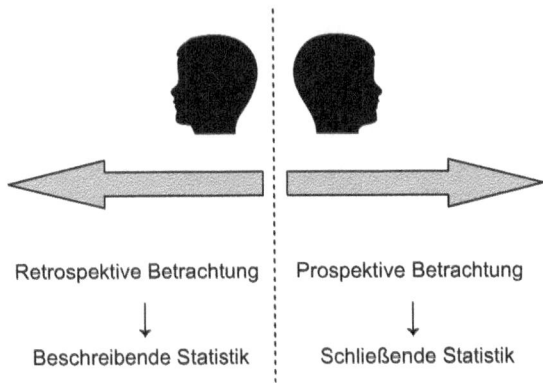

Das Beispiel illustriert: Die Aussagen der Statistik beziehen sich nicht auf einzelne Gegenstände oder Personen, sondern immer auf Mengen oder Gruppen die sich daraus zusammensetzen.

Mithilfe der Methoden, die die folgenden Kapitel dieses Buches noch bereitstellen werden, ergeben sich beispielsweise folgende Antworten auf die drei soeben gestellten Fragen:

1. Von den ursprünglich 244.790 Versicherten sind im vergangenen Jahr 1278 verstorben.
2. 3 der im letzten Jahr Verstorbenen waren 37 Jahre alt, 2 immerhin 39 Jahre, 2 weitere 40 Jahre, 5 Personen waren 41 Jahre alt usw. Nur jeweils eine Person verstarb im Alter von 14, 19 und 22 Jahren.
3. Im nächsten Jahr muss im (weitgehend) unveränderten Bestand mit 1250 bis 1350 Todesfällen gerechnet werden.

Die Antworten unterscheiden sich in mancherlei Hinsicht:

1. Die Aussage zu den Todesfällen im letzten Jahr bezieht sich auf Daten der Vergangenheit und liefert im Endergebnis eine Zahl.
2. Die Aussage zum Alter der Verstorbenen bezieht sich ebenfalls auf Daten der Vergangenheit, liefert aber mehrere Zahlen, eine sogenannte Häufigkeitsverteilung.
3. Die Aussage zu den Todesfällen der Folgejahre bezieht sich auf die Zukunft. Das Ergebnis ist keine präzise Vorhersage, sondern mit einer Unsicherheit behaftet.

Insgesamt sind zwei Hauptrichtungen statistischer Aussagen zu erkennen, nämlich einerseits vergangenheitsorientierte (retrospektive), andererseits zukunftsorientierte (prospektive) Betrachtungen (vgl. Abb. 1.2).

Bei vergangenheitsorientierten Aussagen werden Daten erhoben und ausgewertet. Die Auswertung erfasst in der Regel die Gesamtheit der Daten. Sie liefert eindeutige Ergebnisse (eindeutig im Sinne von scharf, sicher), weil sie deterministisch arbeitet, d. h. auch bei Wiederholung immer zum selben Ergebnis führt. Dieser Ansatz besteht vor allem darin, Daten darzustellen, in Gruppen zusammenzufassen und auszuzählen. Die verwendeten Methoden bilden die beschreibende Statistik, auch deskriptive Statistik genannt.

Bei zukunftsorientierten Aussagen sind die Ergebnisse dagegen unsicher, also mit einer Unschärfe behaftet. Die Methoden berücksichtigen Zufallseinflüsse und basieren auf Wahrscheinlichkeitstheorie und Schätzungen. Oft sind die betrachteten Objekt- oder Personengruppen so groß, dass sie nicht vollständig untersucht werden können. Man bedient sich dann kleinerer Teilmengen, sogenannter Stichproben, mit deren Hilfe man Rückschlüsse auf die übergeordnete Gesamtheit zieht. Die hierbei verwendeten Methoden bilden die schließende Statistik, auch induktive Statistik genannt.

In der Praxis ergeben sich allerdings oft große begriffliche Ähnlichkeiten und inhaltliche Überschneidungen beider Bereiche der Statistik. So können beispielsweise auch vergangenheitsorientierte Betrachtungen so große Datenmengen betreffen, dass diese nicht vollständig ausgewertet, sondern anhand von Stichproben geschätzt werden müssen.

In der Literatur wird teilweise noch die untersuchende oder auch explorative Statistik unterschieden, die man als Zwitter aus beschreibender und schließender Statistik ansehen kann, da sie einerseits durch meistens sehr computerlastige Strukturanalysen großer Datenmengen mehr leistet als reine Beschreibung, andererseits gewisse prognostische Elemente der schließenden Statistik verwendet, ohne sich dabei der Wahrscheinlichkeitstheorie zu bedienen.

Hintergrundinformationen

Der Begriff „Statistik" stammt vom italienischen Wort *statista* (Staatsmann) ab und erlebte im Lauf der Zeit einen starken Bedeutungswandel. Die älteste Anwendung der Statistik waren Volkszählungen (so in China vor bereits fast 3000 Jahren) und die Vermögenserfassung zur Steuererhebung. Man könnte also das Eingangsmotto des ersten Buchs Moses abwandeln zu: Am Anfang war der Fiskus.

Das Wort erschien zum ersten Mal Anfang des 18. Jahrhunderts für eine universitäre Disziplin, die administrative und andere Gegebenheiten der Staaten zu erfassen versuchte. In Gestalt der Politischen Arithmetik erweiterte sich dieses Bemühen um die Suche nach Gesetzmäßigkeiten und Beziehungen zwischen Faktoren der Bevölkerungs-, Wirtschafts- und Sozialentwicklung. Hierunter fiel auch die erste systematische Berechnung einer Sterbetafel, die zuerst der englische Astronom und Kometenbetrachter Edmund Halley mithilfe von Kirchenbüchern aus der Stadt Breslau in Schlesien erstellte. Bald wurde die Politische Arithmetik als Statistik bezeichnet.

Einen letzten Bedeutungswandel erlebte das Wort im 19. Jahrhundert, als es übertragen wurde auf induktive Verfahren, die die Wahrscheinlichkeitsrechnung nutzten, welche sich wiederum aus der Untersuchung von Glücksspielen entwickelt hatte. Noch heute wird im angelsächsischen Raum zwischen beschreibender und schließender Statistik im Grunde nicht unterschieden, sondern erstere gilt lediglich als Reservoir von Techniken für letztere.

Weiterführende Literatur

Krämer W (2008) Statistik verstehen. Piper, München

Krämer W (2011) So lügt man mit Statistik. Piper, München

Statistische Untersuchungen durchführen

2

Zusammenfassung

Statistische Untersuchungen bestehen nur zum Teil in der Anwendung mathematischer Modelle und Berechnungsmethoden. Diese sind vielmehr eingebettet in einen Gesamtprozess, der mit der Festlegung des Untersuchungsauftrags und einer Gesamtplanung beginnt. Verschiedene Formen der Datenerhebung stellen das eigentliche Datenmaterial bereit, das nach Kontroll- und Bereinigungsschritten mit statistischen Methoden analysiert und verarbeitet wird. Den Abschluss bilden die Interpretation und eine geeignete Präsentation der Ergebnisse.

2.1 Der Gesamtprozess

In diesem Buch liegt der Schwerpunkt auf den elementaren Analyseverfahren der mathematischen Statistik. Damit können wir Fragestellungen untersuchen, wie wir sie in Abschn. 1.2 kennengelernt haben. Die mathematischen Verfahren sind allerdings nur ein Teil des gesamten Untersuchungsprozesses, der aus mehreren Schritten besteht. All diese Schritte erfordern ein hohes Maß an praktischer Erfahrung. Bevor wir uns weiter der Mathematik widmen, seien hier die wesentlichen Prozessschritte kurz skizziert, nicht ohne für Details auf die Vielfalt an Literatur zu verweisen. Die Schrittfolge zeigt Abb. 2.1. Dort ist das Betätigungsfeld des vorliegenden Buches oval umrandet.

Die einzelnen Schritte bauen logisch aufeinander auf, jedoch sind vor allem bei umfangreicheren Untersuchungen Wiederholungsschleifen, bei denen frühere Prozessschritte nochmals durchlaufen werden müssen, eher die Regel als die Ausnahme. Die nächsten Abschnitte werden anhand des folgenden Beispiels illustriert.

A. Grimmer, *Statistik im Versicherungs- und Finanzwesen*, DOI 10.1007/978-3-658-02954-8_2,   7
© Springer Fachmedien Wiesbaden 2014

Abb. 2.1 Schritte einer sta-
tistischen Untersuchung.
Copyright für Icons: © 1998
TLC Tewi Verlag GmbH

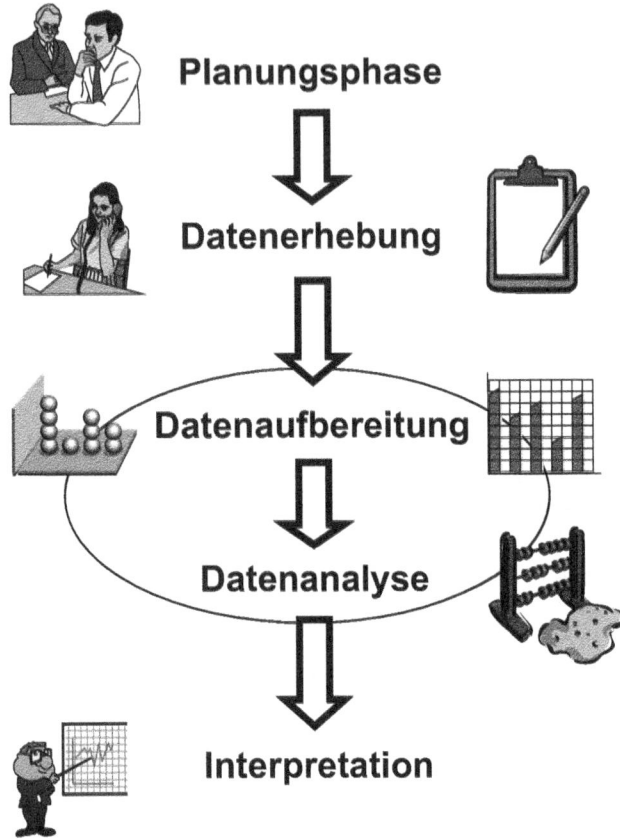

Ein Beispielunternehmen: Die Kulanzia

Die Kulanzia Versicherungen sind ein süddeutsches Versicherungsunternehmen. Die
Abteilung Marktforschung der Kulanzia erhält vom Vorstand den Auftrag, den Markt
für Pflegeversicherungsprodukte zu sondieren. Bisher ist die Gesellschaft in diesem Pro-
duktsegment nicht aktiv, deshalb soll mit angemessenem Budget erforscht werden, welche Produktmerkmale am Markt nachgefragt werden und ob sich die Einführung eines
oder mehrerer Pflegetarife lohnt. Dies schließt die Festlegung geeigneter Kundenziel-
gruppen ein.

2.2 Planungsphase

Keine Statistik entsteht ohne Auftraggeber, denn er entscheidet über Ziel und Inhalt, aber
auch über die Bezahlung statistischer Untersuchungen. In der Planungsphase müssen in
Abstimmung mit dem Auftraggeber die grundlegenden Fragen möglichst klar festgelegt
werden. Diese betreffen folglich

- das Ziel der Untersuchung: Welche inhaltlichen Fragen sollen durch die Untersuchung beantwortet werden? Hier geht es wohlgemerkt um die Fixierung der Fragen, nicht um deren Beantwortung, auch wenn viele Untersuchungen, die sich meistens mit dem Titel „Gutachten" schmücken, diesen Unterschied nicht beachten.
- den Zeitrahmen: Bis wann sollen die Untersuchungsergebnisse vorliegen?
- die Kapazitäten und Aufwände: Wie viel Geld darf die Untersuchung kosten? Das hat vor allem Auswirkungen auf die Arbeitskraft, die investiert werden kann.
- die Wahl der Untersuchungsmethode: Welche Erhebungs- und Auswertungsverfahren sollen eingesetzt werden? Welche statistischen Gesamtheiten werden dabei untersucht? Welche Genauigkeit und Sicherheit wird von den Ergebnissen erwartet?

Bei der Beantwortung dieser Fragen ergeben sich naturgemäß Zielkonflikte, die letztlich immer mit dem verfügbaren Budget und Personal im Zusammenhang stehen. Insbesondere die Methodenwahl hat Auswirkungen auf alle Folgeschritte. Hier ist beispielsweise die Grundsatzentscheidung zu treffen, ob die Untersuchung ihre benötigten Daten mit entsprechenden Verfahren originär erheben muss oder sich auf bereits verfügbares Datenmaterial stützen kann. Letzteres kann aus amtlichen Quellen, von Wirtschafts- und Branchenverbänden, anderen Einrichtungen wie Verbraucherschutzorganisationen oder bereits früher erfolgten Untersuchungen stammen.

▶ **Primär- und Sekundärerhebung** Werden die Daten einer statistischen Untersuchung neu erhoben, nennt man das eine Primärerhebung; werden dagegen existierende Daten wiederverwertet oder weiterverarbeitet, spricht man von einer Sekundärerhebung.

Für die Primärerhebung spricht die höhere Aktualität und dass die Erhebung besser auf das Untersuchungsziel abgestimmt werden kann (Zieladäquanz), für die Sekundärerhebung der geringere Zeit- und Ressourcenbedarf.

Eine andere wichtige Entscheidung betrifft die Struktur der Erhebung in Bezug auf die Grundgesamtheit: Soll diese vollständig erfasst werden im Rahmen einer Vollerhebung oder soll mit Stichproben gearbeitet werden im Rahmen einer Teilerhebung? Letzteres ist bei großen Grundgesamtheiten kaum zu vermeiden und der Hauptgrund für die große praktische Relevanz der schließenden Statistik.

Im eingangs geschilderten Beispiel besteht die Chance, dass ein Branchenverband wie der Gesamtverband der Deutschen Versicherungswirtschaft (GDV) oder der Verband der Privaten Krankenversicherung schon Erhebungen zum Thema Pflegeprodukte durchgeführt hat, auf die die Kulanzia zurückgreifen kann. Ergebnisse von Produkt- und Unternehmensratingagenturen oder Verbraucherverbänden können ebenfalls in Frage kommen. Beabsichtigt die Kulanzia, ein neues Produkt vorrangig an ihre Bestandskunden zu verkaufen, sollte auf eine Primärerhebung nicht verzichtet werden. Eine Vollerhebung scheidet aus praktischen Gründen aus, da man niemanden zur Teilnahme an einer entsprechenden Kundenbefragung zwingen kann. Will man die Rücklaufquote bei Fragebogenaktionen über die üblichen geringen Erfolgsquoten (im Promille-Bereich) hinaus erhöhen, könnte man versuchen, Kunden durch ein Gewinnspiel zu motivieren. Aber Vorsicht: Dadurch wird eventuell ein bestimmtes Kundensegment bevorzugt angesprochen und die Stichprobe ist dann nicht repräsentativ. Außerdem könnten sich antwortwillige Personen zu Antworten genötigt fühlen, von denen sie annehmen, dass der Fragesteller sie „gern" hört.

2.3   Datenerhebung

Während die Sekundärerhebung im Grunde auf klassischen Recherche- und Selektionsverfahren basiert, da bereits existierende Datenbestände durchforstet werden können, steht bei der Primärerhebung eine ziemlich große Auswahl an Methoden für die Datenerhebung zur Verfügung. Die wichtigsten sind:

- Experimente: Man versucht, die benötigten Daten durch Ausprobieren zu erlangen. In den Wirtschaftswissenschaften spielt diese Methode allerdings nur eine untergeordnete Rolle, da ein Experiment unter kontrollierten und möglichst exakt wiederholbaren (reproduzierbaren) Bedingungen durchgeführt werden muss. Das ist in Wirtschaftsfragen selten erreichbar, da man Rahmenbedingungen nicht wiederherstellen kann.
- Beobachtungen: Ähnlich wie beim Experiment werden hierbei reale Situationen und Verhaltensweisen von Menschen beobachtet, ohne allerdings den Handlungsrahmen selbst dabei steuern zu können. Dieses Verfahren eignet sich vor allem zur Beschreibung tatsächlichen Verhaltens, für theoretische oder eher verborgene Sachverhalte wie Stimmungen oder Meinungen dagegen nicht.
- Automatische Erfassung: Für den Nutzer ist dies ein bequemes Verfahren, weil man dabei wenig mehr tun muss, als einen anderweitig ohnehin entstehenden Datenstrom im Moment seiner Erzeugung für den eigenen Zweck anzuzapfen. Quellen für solche automatischen Erfassungsvorgänge sind z. B. Inkasso- und Exkassosysteme, die Daten zu Kontenbewegungen und Zahlungsvorgängen liefern. Besonders amtliche Statistiken greifen auf die laufende Datenerzeugung von Meldebehörden, Finanzämtern, Zollbehörden, Aufsichtsbehörden und Wirtschaftskammern zu, natürlich unter sorgfältiger Beachtung der Datenschutzbestimmungen.
- Befragungen: Sehr viele statistische Untersuchungen zu wirtschaftlichen Fragen nutzen das Instrument der Befragung, weil es vergleichsweise preiswert und in hohem Maß standardisierbar ist. Grundsätzlich können Befragungen mündlich oder schriftlich erfolgen.
  Mündliche Befragungen sind die aufwendigere Variante, da alle Fragen durch Personen gestellt werden müssen. Dies beinhaltet das Risiko, dass das Antwortverhalten der Befragten durch die Person des Befragers beeinflusst wird, bietet aber andererseits die Möglichkeit, die Befragung sehr flexibel an die Situation anzupassen und auf die Antworten sofort zu reagieren, beispielsweise durch Vertiefungsfragen. Auch Missverständnisse lassen sich erkennen und ausräumen. Wegen des hohen Aufwands werden münd-

liche Befragungen nur bei kleineren Gruppen von Probanden durchgeführt und eher offen gestaltet, etwa wenn im Rahmen explorativer Studien neuartige Themenfelder betrachtet werden. Schriftliche Befragungen sind demgegenüber deutlich stärker standardisiert, weil sie mithilfe fixierter Fragenkataloge in Papierform oder online durchgeführt werden. Bei entsprechender Gestaltung können schriftliche Befragungen vollautomatisch ausgewertet werden. Das hält die Kosten niedrig und erlaubt die Befragung großer Gruppen. Nachteilig ist die erschwerte Kontrolle über die tatsächliche Teilnahme (Rücklaufquote) und den Zeitbedarf, wodurch sich nicht immer gewährleisten lässt, dass die befragte Stichprobe repräsentativ für die Grundgesamtheit ist und aktuelle Ergebnisse liefert.

Auch im Eingangsbeispiel sollte sich eine Primärerhebung auf Befragungstechniken stützen. Besteht Unklarheit über grundlegende Merkmale der Produktgestaltung, müssen offene Fragen gestellt werden, die den befragten Personen viel Freiheit bei der Antwortwahl lassen. Hierfür eignen sich mündliche Befragungen, die sich nicht auf einen starren Fragebogen, sondern auf flexiblere Leitfragen stützen. Will man das Verkaufspotenzial schätzen, benötigt das Unternehmen eine breitere Datenbasis auf einer möglichst repräsentativen Stichprobe, die schriftlich befragt werden kann. Sollen neue Kundensegmente erschlossen werden, sollte die Befragung auch über den schon vorhandenen Kundenstamm hinausgreifen.

2.4   Datenaufbereitung

Nach Abschluss der Erhebung liegen die Daten zunächst in einer Rohform vor. In einer Urliste werden einzelne Messwerte notiert, gewöhnlich in der Reihenfolge ihres Auftretens. Befragungen in Papierform liefern als erstes ausgefüllte Fragebögen, deren Daten automatisch gelesen oder manuell mit geeigneter Infrastruktur, z. B. Tabellenkalkulationsprogrammen wie Excel erfasst werden. Bei Beobachtungen und Messvorgängen kann auch zuerst eine Strichliste angelegt werden, mit der bestimmte Ereignisse gezählt werden. Onlinegestützte Erhebungen haben den Charme, dass sich hier sofort nach der Dateneingabe durch die Befragten eine automatisierte Weiterverarbeitung anschließen lässt.

Vor der Darstellung von Daten in Gestalt von Diagrammen oder Tabellen müssen die Daten kontrolliert werden. Beispielsweise kann man bei Befragungen in Papierform normalerweise nicht sicherstellen, dass alle Fragen beantwortet werden. Als hilfreich erweisen sich Schritte zur Überprüfung der Daten auf Konsistenz und Plausibilität, um irrtümliche oder vorsätzlich falsche Antworten zu erkennen und eventuell von der weiteren Auswertung auszuschließen.

2.5   Datenanalyse und Interpretation der Ergebnisse

Nach der Aufbereitung der Rohdaten werden diese unmittelbar oder in bereinigter Form weiter ausgewertet und analysiert. Dieser Schritt stellt die statistische Untersuchung im engeren Sinne dar, d. h. die Anwendung mathematischer Methoden, die den Rest dieses Buches einnehmen.

Die Ergebnisinterpretation führt im Idealfall zur Antwort auf die Fragen des Untersuchungsziels. Hierbei kommt es nicht nur auf die statistische Aussage an, sondern auch auf deren Plausibilität. Entspricht die Aussage den Erwartungen des Auftraggebers, ist der Rechtfertigungszwang deutlich kleiner als bei Ergebnissen, die davon abweichen. Sehr oft wird die Interpretation durch die Interessen des Auftraggebers beeinträchtigt, sodass nicht mehr von einer ergebnisoffenen Untersuchung gesprochen werden kann. Aber auch die Interessen und Wertungen derer, die die Untersuchung durchgeführt haben, beeinflussen das Resultat, wenn dieses z. B. Handlungsempfehlungen an den Auftraggeber umfasst.

Das Eingangsbeispiel dieses Kapitels sollte zu Aussagen darüber führen, nach welchen Produktmerkmalen eine besonders hohe Nachfrage besteht. Dabei wird die Bewertung, ob sich bestimmte Kundenwünsche versicherungstechnisch darstellen lassen, nicht rein statistisch zu beantworten sein: Ob entsprechende Tarife rentabel und bezahlbar kalkuliert werden können, erfordert die Einbindung der Versicherungsmathematiker, die man auch Aktuare nennt. Im Idealfall lassen sich Beziehungen zwischen Produktmerkmalen und bestimmten Gruppen aufzeigen, die diese Merkmale in besonderem Maße wünschen. Davon abhängig kann nicht nur die Grundsatzentscheidung getroffen werden, ob überhaupt Pflegetarife entwickelt werden sollen, sondern auch die weiterführende Frage, ob nur ein oder sogar mehrere Produkte sinnvoll sein können und wie deren konkrete Gestaltung auszusehen hat.

Weiterführende Literatur

Bleymüller J, Gehlert G, Gülicher H (2012) Statistik für Wirtschaftswissenschaftler. Vahlen, München

Bourier G (2013) Beschreibende Statistik. Springer Gabler, Wiesbaden

Brase CH, Brase CP (2010) Understanding Basic Statistics. Brooks/Cole, Independence

Hartung J, Elpelt B, Klösener KH (2009) Statistik. Oldenbourg, München

Krämer W (2008) Statistik verstehen. Piper, München

Pflaumer P, Heine B, Hartung J (2005) Statistik für Wirtschafts- und Sozialwissenschaftler: Deskriptive Statistik. Oldenbourg, München

Piazolo M (2007) Statistik für Wirtschaftswissenschaftler. Verlag Versicherungswirtschaft, Karlsruhe

Pulham S (2011) Statistik leicht gemacht. Gabler, Wiesbaden

Schwarze J (2009) Grundlagen der Statistik – Beschreibende Verfahren. nwb-Verlag, Herne

Einige Grundbegriffe

3

Zusammenfassung

Die Grundbegriffe der Statistik werden eingeführt. Dazu gehören der Begriff der statistischen Gesamtheit als Menge der zu untersuchenden Objekte und Personen und demgegenüber der Begriff des Merkmalsträgers, aus denen sich statistische Gesamtheiten zusammensetzen. Merkmale sind die zu betrachtenden Eigenschaften. Sie dienen entweder der Abgrenzung von Objektmengen oder als inhaltliche Kriterien der Untersuchung. Die Messung von Merkmalen erfolgt anhand von Skalen, die über die weiterhin anwendbaren statistischen Verfahren entscheiden. Grundsätzlich ist zwischen qualitativen und quantitativen Merkmalen zu unterscheiden, die aber noch weiter differenziert werden können.

3.1 Statistische Gesamtheiten

Statistische Untersuchungen beziehen sich stets auf Gruppen von Objekten oder Personen. Beispiele für Gruppen von Objekten sind die Verträge eines Versicherungsbestandes, die von einer Bausparkasse angebotenen Bauspartarife, geschlossene Immobilienfonds oder die privaten Krankenversicherungsunternehmen in Deutschland. Beispiele für Personengruppen sind die Versicherungsnehmer eines Lebensversicherungsunternehmens, die Mitarbeiter dieses Unternehmens oder die Einwohner im Einzugsgebiet einer genossenschaftlichen Bank.

▸ **Statistische Gesamtheit** Eine Gruppe von Objekten oder Personen, die Gegenstand einer statistischen Untersuchung ist, wird als statistische Gesamtheit bezeichnet.

▸ **Merkmalsträger** Die einzelnen Objekte oder Personen, die eine statistische Gesamtheit bilden, heißen Merkmalsträger oder Elemente der statistischen Untersuchung.

Statistische Gesamtheiten können dabei in unterschiedlicher Gestalt auftreten.

A. Grimmer, *Statistik im Versicherungs- und Finanzwesen*, DOI 10.1007/978-3-658-02954-8_3,
© Springer Fachmedien Wiesbaden 2014

Abb. 3.1 Statistische Gesamtheiten

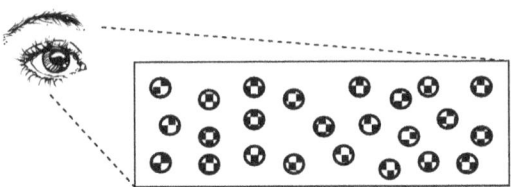

Beschreibende Statistik ⟷ Grundgesamtheit

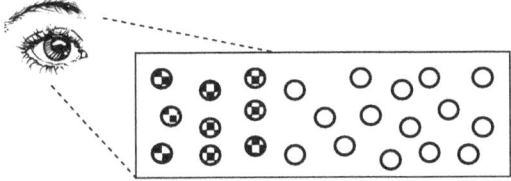

Beschreibende Statistik ⟷ Teilgesamtheit(en)

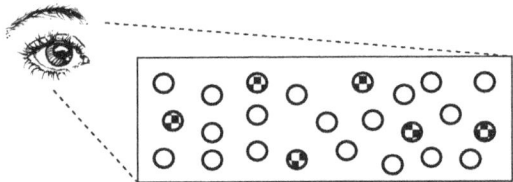

Schließende Statistik ⟷ Stichprobe

Ein Marktforschungsprojekt

Die Kulanzia Versicherungen wollen nach Jahren nur bescheidener Bestandsentwick-
lung ihrer Versicherungsverträge ihren Vertriebserfolg steigern. Zunächst erstellt die
Buchhaltung ein vollständiges Profil aller einzelnen Verträge des Bestandes. In der Abteilung Marktforschung wird ein Postleitzahlbereich als Testgebiet ausgewählt und eine
Verkaufsoffensive für den neuen Risikotarif in diesem Bereich geplant, die alle dort aktiven Außendienstmitarbeiter der Kulanzia einbeziehen soll. Anhand des Verkaufserfolgs
soll dann über die neue Produktstrategie entschieden werden. Parallel dazu werden zufällig 200 erwachsene Einwohner am Sitz des Unternehmens ausgewählt und intensiv
zu ihrer Einschätzung des neuen Risikotarifs befragt.

In diesem Beispiel begegnen uns verschiedene Objekt- und Personengruppen. Sie werden Ziel verschiedener statistischer Untersuchungen (vgl. Abb. 3.1).

1. Das Vertragsprofil in der Buchhaltung umfasst alle Verträge des Bestandes. Die Merkmalsträger, die allesamt bei einer Untersuchung berücksichtigt werden, nennt man auch
   Grundgesamtheit. In der beschreibenden Statistik werden normalerweise nur Grundgesamtheiten betrachtet.

2. Für die Verkaufsoffensive werden aus allen Außendienstmitarbeitern diejenigen eines bestimmten Postleitzahlbereichs ausgewählt. Wenn man diesen Teil im Vergleich zum übrigen Außendienst betrachtet, spielt der gesamte Außendienst die Rolle der Grundgesamtheit. Bei der Teilgruppe für die Verkaufsoffensive spricht man dann von einer Teilgesamtheit. Interessiert hingegen der übrige Außendienst nicht, würde man allein Teilnehmer an der Sonderaktion als Grundgesamtheit ansehen. Es kommt also auf die Fragestellung an, ob eine Gesamtheit als Grund- oder Teilgesamtheit in Erscheinung tritt.

3. Die 200 zufällig ausgewählten Einwohner des Testgebiets werden befragt, um deren Einschätzung des neuen Produkts auf andere potenzielle Kunden zu verallgemeinern. Sie bilden also eine spezielle Teilgesamtheit, die – tatsächlich oder nur erhofft – repräsentativ für alle Einwohner des Testgebiets (als Elemente der Grundgesamtheit) steht. Eine solche Teilmenge nennt man auch Stichprobe. Die Auswertung von Stichproben erfolgt zunächst ebenfalls mit den Methoden der beschreibenden Statistik, die Verallgemeinerung der dabei gewonnenen Aussagen auf die Grundgesamtheit erfordert dagegen weiterführende Techniken der schließenden Statistik.

3.2   Statistische Merkmale

3.2.1   Begriff des Merkmals

An den untersuchten Elementen interessieren uns bestimmte Eigenschaften: die statistischen Merkmale.

Beispiel

Um herauszufinden, welche Personen in besonderem Maße als Käufer des neuen Risikotarifs infrage kommen, werden von den 200 befragten Einwohnern des Testgebiets unter anderem die Merkmale „Beruf" und „Monatseinkommen" erfasst. Die Testperson Josef Schmitz arbeitet als Dachdecker und verdient monatlich 3300 €. Eine andere Testperson, Frau Andrea Seelinger, ist Verkäuferin in einer Supermarktfiliale mit einem Monatseinkommen von 2100 €.

Merkmale werden oftmals durch Symbole abgekürzt, typischerweise Großbuchstaben X, Y etc., also z. B. X für den Beruf, Y für das Monatseinkommen.

Vom Merkmal als solchem sind die Werte oder Ausprägungen zu unterscheiden, die das Merkmal bei konkreten Merkmalsträgern annehmen kann. Im Beispiel sind dies etwa die möglichen Berufsbezeichnungen, die die Testpersonen angeben können, oder positive reelle Zahlen, die als Monatseinkommen infrage kommen. In vielen Untersuchungen ist es üblich, Merkmalsausprägungen zu standardisieren. So werden z. B. Personen, die als Beruf „Verkäuferin im Supermarkt" oder „Verkäufer in einem Lebensmittelgeschäft" angeben, beide der Berufsbezeichnung „Fachverkäufer/in Einzelhandel" zugeordnet. Die (unendlich

vielen) möglichen Werte des Monatseinkommens werden oft in einzelnen Intervallen, sogenannten Klassen, zusammengefasst.

Im einfachsten Fall haben Merkmale, die untersucht werden sollen, genau eine Ausprägung pro Merkmalsträger (z. B. die Gesamtversicherungsprämie je Versicherungsnehmer).
Eventuell betreffen sie aber auch nur einen Teil der Merkmalsträger. So kann es in dem
Beispiel befragte Personen geben, die keinen Beruf erlernt haben oder ausüben. Andere
Merkmale können auch mehrere Ausprägungen pro Merkmalsträger haben (z. B. die Ein-
zeltitel eines Aktiendepots). Wenn nicht ausdrücklich etwas anderes gesagt wird, gehen
wir im weiteren Verlauf dieses Buches davon aus, dass ein Merkmal bei jedem Merkmalsträger in genau einer Ausprägung auftritt. Das hat den Vorteil, dass dann die Anzahl der
Merkmalsträger in der betrachteten Gesamtheit mit der Anzahl der beobachteten Werte
übereinstimmt.

Eine Merkmalsausprägung, die bei einem konkreten Element der Untersuchung auftritt, heißt Messwert. So nimmt das Merkmal „Monatseinkommen" bei Josef Schmitz den
Messwert 3300 € an, bei Andrea Seelinger 2100 €. Konkreten Merkmalsausprägungen und
Messwerten werden passende Kleinbuchstaben x, y etc. zugeordnet. In der Literatur wird
allerdings oft zwischen den Merkmalsausprägungen möglicher Messwerte und den Messwerten selbst begrifflich nicht unterschieden. Auch wir verwenden im weiteren Verlauf die
Wörter „(Merkmals-)Ausprägung" und „Messwert" weitgehend synonym.

Um die einzelnen Merkmalsträger in allgemeiner Weise voneinander unterscheiden zu
können, ohne auf inhaltliche Eigenschaften eingehen zu müssen, werden diese in der Regel
mit einem Zählindex durchnummeriert. Der Zählindex beginnt, je nach Konvention, bei
0 oder bei 1. In diesem Buch beginnen Zählindizes immer bei 1. Jeder Merkmalsträger
erhält dadurch einen Zählindexwert, der durch eine tiefer gestellte Zahl am Symbol der
Merkmalsausprägung zum Ausdruck gebracht wird. Allgemein wird der Zählindex durch
einen tiefer gestellten Kleinbuchstaben ausgedrückt. Ist beispielsweise Herr Schmitz die
erste Testperson in der Aufzählung, Frau Seelinger die zweite, so lautet die Zuordnung
x_1 = „Dachdecker", x_2 = „Fachverkäufer/in Einzelhandel", y_1 = 3300 €, y_2 = 2100 €.

▸ **Merkmale,** die nur eine mögliche Ausprägung annehmen können, heißen konstante
Merkmale oder einfach Konstante. Merkmale, die mehrere mögliche Ausprägungen annehmen können, heißen variable Merkmale oder kurz Variable. Eine Variable mit genau
zwei möglichen Ausprägungen heißt dichotom, andernfalls polytom (vgl. Abb. 3.2).

3.2.2   Abgrenzungsmerkmale und Untersuchungsmerkmale

Ein Merkmal kann bei statistischen Untersuchungen grundsätzlich in zwei verschiedenen Funktionen verwendet werden: zum einen als Abgrenzungsmerkmal zur Abgrenzung
der Grund- oder Teilgesamtheiten von anderen Gesamtheiten, zum anderen als Untersuchungsmerkmal der einzelnen Merkmalsträger, das inhaltlich ausgewertet werden soll. In
welcher der beiden Funktionen ein Merkmal auftritt, hängt immer von der konkreten Auf-

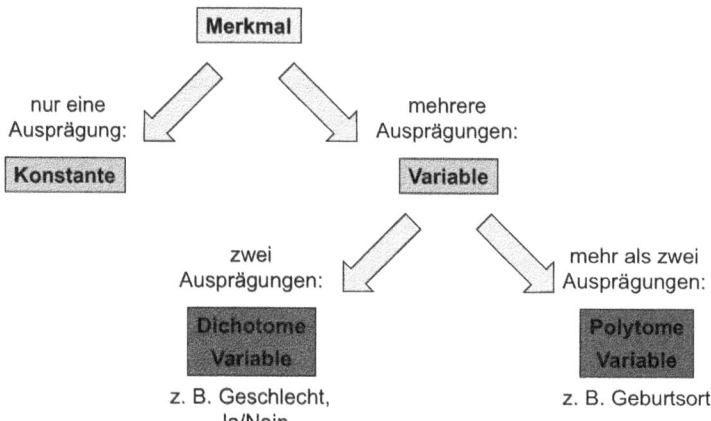

Abb. 3.2 Einteilung statistischer Merkmale

gabenstellung ab. Bei variablen Merkmalen nutzt man oft eine oder mehrere Ausprägungen als Abgrenzungskriterium. Dient nur eine Ausprägung der Abgrenzung, ist das Merkmal innerhalb der so abgegrenzten Gesamtheit konstant.

Bei den Abgrenzungsmerkmalen unterscheidet man sachliche, räumliche und zeitliche Merkmale. Während die räumliche Abgrenzung fast immer unkritisch ist, müssen für die sachliche Abgrenzung häufig sehr präzise Begriffsbildungen gefunden werden.

Probleme bei der Abgrenzung

- Soll die Wirtschaftsleistung verschiedener Länder miteinander verglichen werden, stellt sich die Frage, welche Güter und Leistungen dabei zu berücksichtigen sind. Davon abhängig ergeben sich verschiedene Leistungsgrößen wie das Bruttoinlandsprodukt, das Volkseinkommen etc.
- Zur Bestimmung der Mitarbeiterzahl eines Unternehmens ist zu entscheiden, ob beispielsweise Mitarbeiter in Elternzeit oder in Altersteilzeit mitgezählt werden müssen.

Bei der zeitlichen Abgrenzung lassen sich wiederum zwei Vorgehensweisen unterscheiden, die entweder auf Zuständen (mit zeitlicher Ausdehnung) oder Ereignissen (mit Bezug auf einen Zeitpunkt oder ein vergleichsweise kurzes Zeitintervall) der Merkmalsträger basieren. Die Stichtagsbetrachtung anhand eines Zustands führt zum Begriff der Bestandsmasse: Welche Elemente gehören zu einem bestimmten Zeitpunkt (oder in einem vergleichsweise kurzen Zeitraum) zur Gesamtheit?

Beispiel

Reisekrankenversicherungen decken einen großen Bereich von Versicherungsdauern ab, der wenige Tage bis mehrere Jahre umfassen kann. Per Stichtagsbetrachtung werden alle an einem definierten Tag aktiven Verträge des Bestandes ausgewählt (vgl. Abb. 3.3).

Abb. 3.3 Bestimmung einer
Bestandsmasse

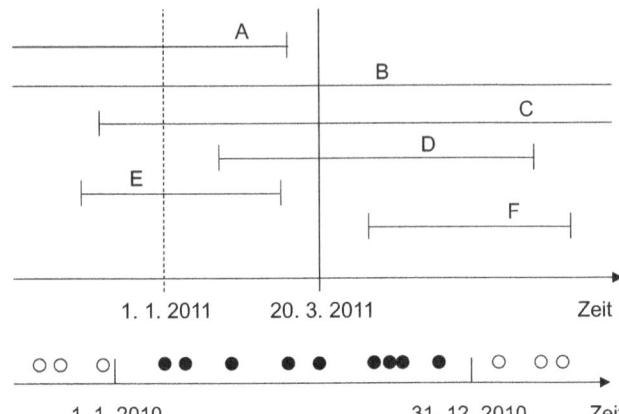

Abb. 3.4 Bestimmung einer
Bewegungsmasse

Die Periodenbetrachtung bestimmter Ereignisse führt uns demgegenüber zum Begriff
der Bewegungsmasse bzw. Ereignismasse: Bei welchen Elementen hat in einem definierten
Zeitraum ein Ereignis stattgefunden?

Beispiel

Die zwischen dem 1.1.2012 und dem 31.12. 2012 verstorbenen versicherten Personen in
einem Bestand von Risikolebensversicherungen bilden die Ereignismasse der Todesfälle
des Jahres 2012 (vgl. Abb. 3.4).

3.2.3   Skaleneigenschaften von Merkmalen

Verschiedene Merkmale können sich hinsichtlich ihres Informationsgehalts und der Mess-
vorschrift, mit der einzelne Ausprägungen erfasst werden, unterscheiden. In Tab. 3.1 sind
beispielhaft die Ausprägungen einiger typischer Merkmale eines Bankkunden aufgeführt.

Verschiedene Merkmale können je nach Informationsgehalt auf unterschiedliche Art in
Kategorien eingestuft werden:

Tab. 3.1 Persönliche Daten des Bankkunden Jens Schmidt

Bundesland	Hessen
Zugangsalter	45
Kontoeröffnungsdatum	25.06.2004
Anlagevermögen	235.000,00 €
Gesamtbewertung	+

Qualitative und quantitative Merkmale

- Es gibt Merkmale, deren Ausprägungen in namentlichen Begriffen bestehen, z. B. „Bundesland". Sie heißen qualitative Merkmale.
- Daneben gibt es nummerische Merkmale, deren Ausprägungen (natürliche, ganze oder reelle) Zahlen sind, z. B. „Anlagevermögen". Derartige Merkmale sind quantitative Merkmale.

Diskrete, stetige und quasistetige Merkmale

- Quantitative Merkmale können zum einen diskrete Werte annehmen, d. h. die verschiedenen Ausprägungen können abgezählt werden. Diese Merkmale heißen folglich diskrete Merkmale. Ein diskretes Merkmal ist im obigen Beispiel z. B. das Merkmal „Zugangsalter", wenn dieses wie allgemein üblich in vollen Jahren angegeben wird.
- Den diskreten stehen stetige (kontinuierliche) Merkmale gegenüber, die sozusagen stufenlos jeden Wert in einem reellen Zahlenintervall annehmen können. Die Ausprägungen, die ein stetiges Merkmal annehmen kann, sind nicht abzählbar: Zwischen zwei Werte, so eng sie auch benachbart sein mögen, können immer noch weitere Werte eingefügt werden. Beispiele sind die meisten physikalischen Größen wie Gewicht, Temperatur, elektrische Spannung etc.
- In der Praxis der Versicherungs- und Finanzmathematik spielen sogenannte quasistetige Merkmale eine viel wichtigere Rolle. Ein quasistetiges Merkmal ist eigentlich diskret, z. B. das „Anlagevermögen". Diese kann, centgenau angegeben, eine enorme Vielzahl an verschiedenen Ausprägungen annehmen. Es dient der einfacheren Handhabung, solche Merkmale wie stetige zu behandeln, auch wenn sie es, streng genommen, nicht sind.

Besonders wichtig ist die Einteilung nach Skalenniveaus, bei der sich üblicherweise die folgenden vier Kategorien ergeben:

Nominalskalierung Bei den qualitativen Merkmalen werden prinzipiell zwei Arten unterschieden. Das Merkmal „Bundesland" kann Werte annehmen, die sich nur hinsichtlich ihrer Übereinstimmung miteinander vergleichen lassen: Zwei verschiedene Personen kommen entweder aus dem gleichen Bundesland oder eben nicht. Solche Merkmale heißen nominal skaliert. Dies bringt zum Ausdruck, dass die Ausprägungen durch allgemeine Namen oder Bezeichnungen definiert werden, die gleichwertig nebeneinander stehen. Es ist nicht möglich, auf natürliche oder eindeutige Art eine Reihenfolge der Ausprägungen vorzunehmen. So kann man Bundesländer beispielsweise alphabetisch oder nach der Einwohnerzahl anordnen, doch ergibt sich keine dieser Anordnungen quasi von selbst.

Ordinalskalierung Anders verhält es sich bei Merkmalen, die eine qualitative Abstufung zum Ausdruck bringen, wie das etwa bei Bewertungs- oder Gütemaßstäben der Fall ist. Kunden nach ihren Vermögensverhältnissen in mehr oder weniger solvente Kunden zu

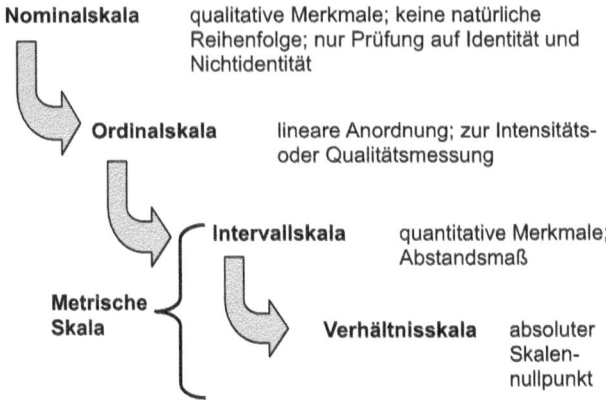

Abb. 3.5 Skalenniveaus statistischer Merkmale

Nominalskala qualitative Merkmale; keine natürliche Reihenfolge; nur Prüfung auf Identität und Nichtidentität

Ordinalskala lineare Anordnung; zur Intensitäts- oder Qualitätsmessung

Intervallskala quantitative Merkmale; Abstandsmaß

Metrische Skala

Verhältnisskala absoluter Skalennullpunkt

unterscheiden ist ein typisches Anwendungsbeispiel (Merkmal „Gesamtbewertung"). Das Gütekriterium ermöglicht es, eine eindeutige Hierarchie der verschiedenen Ausprägungen anzugeben. Ähnlich liegt der Fall bei Notenskalen, wie sie die Abstufung von „sehr gut" über „gut", „befriedigend" und „ausreichend" bis „ungenügend" zum Ausdruck bringt. Ein Merkmal mit dieser Eigenschaft heißt ordinal skaliert.

Metrische Skalierung – Intervallskalierung Quantitative Merkmale heißen auch metrisch skalierte Merkmale und liegen stets als Zahlenwerte vor. Hier gibt es also auch immer eine natürliche Hierarchie der Ausprägungen, die aus dem mathematischen Größer- oder Kleiner-Vergleich folgt. Zwischen verschiedenen Zahlen kann außerdem eine Differenz bestimmt werden. Zur Eigenschaft der Ordinalität tritt also die Möglichkeit einer Abstandsmessung. Derartige Merkmale nennt man daher intervallskalierte Merkmale. Ein Beispiel ist die Datumsangabe „Kontoeröffnungsdatum".

Metrische Skalierung – Verhältnisskalierung Einige metrische Merkmale lassen sich noch besser für Berechnungen nutzen, da sie einen absoluten Skalennullpunkt besitzen. Dies ist z. B. beim Merkmal „Anlagevermögen" der Fall, welches deshalb auch nicht negativ werden kann. Derartige Merkmale heißen verhältnisskalierte Merkmale. Zu diesem statistisch besonders ergiebigen Merkmalstyp gehören alle monetären Größen, die keine negativen Werte erlauben. Dies gilt z. B. für Datums- oder Zeitangaben nicht. Eine Faustregel, um intervallskalierte von verhältnisskalierten Merkmalen zu unterscheiden, besteht in der Frage nach der Vielfachheit: Ein Anlagevermögen kann doppelt oder auch nur halb so groß wie ein anderes sein, und diese Möglichkeit der Bildung von Verhältnissen zwischen verschiedenen Ausprägungen hat der Merkmalskategorie ihren Namen gegeben. Bei einer bloß intervallskalierten Größe wie der Uhrzeit ist keine Verhältnisbildung möglich: Die Aussage „Es ist jetzt doppelt so spät wie vorhin" ist sinnlos.

In Abb. 3.5 ist die Abstufung der Skalenniveaus noch einmal übersichtlich dargestellt. Wichtig bleibt die Beobachtung, dass höherwertige Skalenniveaus die Messkriterien der geringerwertigen mit einschließen. Ein metrisches Merkmal erfüllt also stets auch die Messkriterien ordinal und nominal skalierter Merkmale.

3.3 Träger professioneller Wirtschaftsstatistik

Diverse Behörden, Einrichtungen, Verbände usw. versorgen die Welt mit vielen nützlichen Daten. Sie sind zur Recherche besonders geeignet, weil der gute Wille im Allgemeinen nicht ausreicht, um hochwertige Daten bereitzustellen, sondern es dafür auch geeigneter Kapazitäten („Man Power") und professioneller Methoden bedarf. Die folgende Aufstellung ist fernab der Vollständigkeit, beinhaltet aber die wichtigsten amtlichen und nichtamtlichen Quelle für allgemeinwirtschaftliche Daten und solche, die in der Versicherungs- und Finanzwirtschaft von Bedeutung sind. Gleichwohl darf auch hier nicht vergessen werden: Wer Daten anderen zur Verfügung stellt, verbindet damit bestimmte Interessen, die es zu kennen gilt, ehe man diesen Quellen vertraut.

Amtliche Quellen

* Statistisches Bundesamt (www.destatis.de) und die statistischen Ämter der Bundesländer;
* Gemeinsames Statistikportal des Bundes und der Länder (www.statistik-portal.de);
* Bundesanstalt für Finanzdienstleistungsaufsicht (www.bafin.de);
* Deutsche Bundesbank (www.bundesbank.de);
* Deutsche Finanzagentur (www.deutsche-finanzagentur.de);
* Europäische Zentralbank (www.ecb.int).

Nichtamtliche Quellen

* Gesamtverband der deutschen Versicherungswirtschaft (www.gdv.de);
* Verband der Privaten Krankenversicherung (www.pkv.de);
* Bundesverband deutscher Banken (bankenverband.de);
* Große Banken, Versicherungs- und Rückversicherungsgesellschaften;
* Deutsche Aktuarvereinigung (www.aktuar.de);
* (Meinungs-)Forschungsinstitute (www.ifd-allensbach.de, www.tns.emnid.com, www.gfk.com etc.).

Weiterführende Literatur

Bleymüller J, Gehlert G, Gülicher H (2012) Statistik für Wirtschaftswissenschaftler. Vahlen, München

Bourier G (2013) Beschreibende Statistik. Springer Gabler, Wiesbaden

Brase CH, Brase CP (2010) Understanding Basic Statistics. Brooks/Cole, Independence

Hartung J, Elpelt B, Klösener KH (2009) Statistik. Oldenbourg, München

Krämer W (2008) Statistik verstehen. Piper, München

Pflaumer P, Heine B, Hartung J (2005) Statistik für Wirtschafts- und Sozialwissenschaftler: Deskriptive Statistik. Oldenbourg, München

Piazolo M (2007) Statistik für Wirtschaftswissenschaftler. Verlag Versicherungswirtschaft, Karlsruhe

Pulham S (2011) Statistik leicht gemacht. Gabler, Wiesbaden

Schwarze J (2009) Grundlagen der Statistik – Beschreibende Verfahren. nwb-Verlag, Herne

Beschreibende Statistik einzelner Merkmale

4

Zusammenfassung

In den meisten Fällen lassen sich statistische Untersuchungen nicht auf einzelne Merkmale beschränken. Die isolierte Betrachtung einzelner Merkmale ist aber nicht nur weniger aufwendig, viele Methoden lassen sich außerdem mit geringen Veränderungen anwenden, wenn gleichzeitig mehrere Merkmale betrachtet werden sollen. Deswegen geht es in diesem Kapitel um die isolierte Betrachtung einzelner Merkmale.

Statistische Daten, die in einer Rohform erfasst wurden, müssen für eine übersichtlichere Darstellung aufbereitet werden. Tabellen sind ein nützliches Instrument, um mehrere Merkmale simultan zu präsentieren. Für einzelne Merkmale bieten sich verschiedene Diagrammtypen an wie Stabdiagramme, Balken oder Säulendiagramme, Tortendiagramme oder Polygonzugdiagramme.

Treten Merkmalsausprägungen mehrfach auf, stehen verschiedene Häufigkeitsbegriffe zur Verfügung, um die Vielfachheit ihres Auftretens zu erfassen. Einfache Häufigkeiten beziehen sich auf einzelne Ausprägungen, kumulierte bzw. Summenhäufigkeiten hingegen auf die Zusammenfassung einfacher Häufigkeiten. Absolute Häufigkeiten wachsen mit dem Datenbestand an, während relative Häufigkeiten prozentuale Anteile der Ausprägungen an der Gesamtheit der Messwerte ausdrücken und so um die Größe des Datenbestands bereinigt sind. Histogramme ermöglichen es, die verschiedenen Häufigkeitsbegriffe auch für stetige Merkmale nutzbar zu machen.

Lageparameter sind einfache Kenngrößen, um komplexere Datenverteilungen durch repräsentierende Werte zu beschreiben. Je nach Skalenniveau eignen sich unterschiedliche Lageparameter. Die bedeutsamsten sind Modus und Median für qualitative Merkmale, arithmetischer und geometrischer Mittelwert für metrische Merkmale.

Streuungsparameter sind ein zweiter Typ von Kenngrößen zur kompakten Beschreibung von Datenverteilungen und setzen eine geeignete Metrik voraus. Sehr grob, aber einfach ist die Spannweite. Die mittlere Absolutabweichung entspringt unmittelbarer Anschauung. Varianz bzw. Standardabweichung sind weniger anschaulich, dafür mathematisch ergiebiger. Der Variationskoeffizient ist im Gegensatz zu den vorgenannten

A. Grimmer, *Statistik im Versicherungs- und Finanzwesen*, DOI 10.1007/978-3-658-02954-8_4,
© Springer Fachmedien Wiesbaden 2014

Streuungsmaßen dimensionslos und daher besonders geeignet für skalenunabhängige Streuungsangaben.

Die Gleichmäßigkeit oder Ungleichmäßigkeit der Verteilung einer Gesamtgröße auf einzelne Merkmalsträger ist Objekt der Konzentrationsmessung.

4.1   Darstellung von Messdaten

Vor der Auswertung müssen die erhobenen Daten (vgl. Abschn. 2.3) geeignet aufbereitet werden. Wir beginnen mit einem einfachen Beispiel, das im weiteren Verlauf dieses Kapitels noch ausgebaut wird.

Urliste eines Versicherungsbestandes

Der Versicherungsvermittler Alfons Umgelter betreut den ländlichen Raum im Dreiländereck von Hessen, Baden-Württemberg und Bayern. Den Rentenversicherungstarif RT-Plus der Kulanzia konnte er bisher insgesamt fünfzehnmal verkaufen. Seine Tochter Alexandra arbeitet stundenweise als Bürokraft für Alfons und hat aus den Vertragsunterlagen die Namen der Versicherungsnehmer und das Bundesland ihres Wohnorts herausgesucht und aufgeschrieben. Ihr Ergebnis zeigt Abb. 4.1.

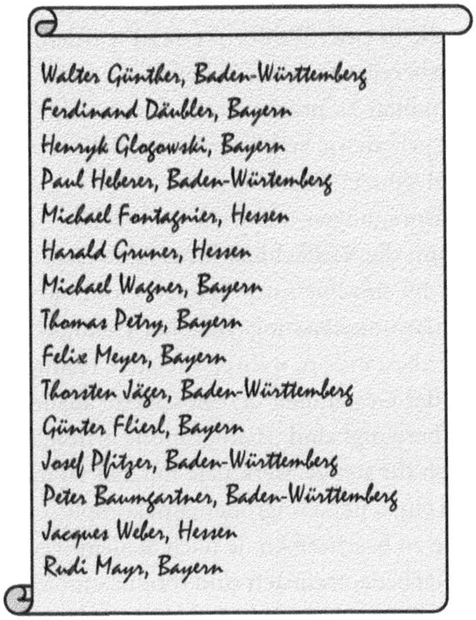

Walter Günther, Baden-Württemberg
Ferdinand Däubler, Bayern
Henryk Glogowski, Bayern
Paul Heberer, Baden-Württemberg
Michael Fontagnier, Hessen
Harald Gruner, Hessen
Michael Wagner, Bayern
Thomas Petry, Bayern
Felix Meyer, Bayern
Thorsten Jäger, Baden-Württemberg
Günter Flierl, Bayern
Josef Pfitzer, Baden-Württemberg
Peter Baumgartner, Baden-Württemberg
Jacques Weber, Hessen
Rudi Mayr, Bayern

Abb. 4.1 Beispiel einer Urliste

Eine Datenliste, so wie sie bei der ersten Erhebung erzeugt wird, bezeichnet man für gewöhnlich als Urliste. Die Daten einer Urliste sind daher weitgehend ungeordnet und

Abb. 4.2 Beispiel einer Strichliste

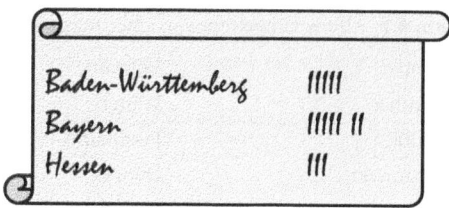

spiegeln nur die zeitliche Reihenfolge wider, in der sie erfasst wurden. Die weitere Verarbeitung der Daten richtet sich dabei immer nach dem Zweck der Auswertung, jedoch
gibt es „gute Gewohnheiten", wie man dabei vorgehen sollte.

Da Alfons Umgelter sich für das jeweilige Bundesland seiner Kunden interessiert, widmen wir uns diesem Kriterium besonders. Die Zahl der Kunden aus dem jeweiligen Bundesland lässt sich einfach mithilfe einer Strichliste ermitteln. Dabei geht man die Urliste
von oben nach unten durch und notiert nacheinander die auftretenden Bundesländer; für
jeden Kunden aus dem Bundesland setzt man dahinter einen Strich (vgl. Abb. 4.2).

5 Kunden wohnen demnach in Baden-Württemberg, 7 in Bayern und 3 in Hessen. Hierbei haben wir gleich einen Arbeitsschritt vollzogen, der bei der praktischen Datenerfassung
unerlässlich ist, den wir im weiteren Verlauf aber nicht mehr berücksichtigen werden, weil
er kein im engeren Sinn mathematisches Problem berührt: Die Überprüfung und Korrek-
tur der Daten. In Stefanies handschriftlicher Liste war Paul Heberers Bundesland nämlich
falsch geschrieben gewesen.

Wir fassen noch einmal das Arbeitsprinzip beim Erstellen einer Strichliste zusammen:
Für jeden Merkmalsträger (hier: Kunden) wird das interessierende Merkmal (hier: Bundesland) angeschaut. Erscheint in der Urliste eine neue Ausprägung des Merkmals (ein
weiteres Bundesland), wird sie neu in der Strichliste aufgeführt und ein Strich gesetzt. Kam
die Ausprägung schon einmal vor, wird nur ein weiterer Strich gesetzt.

▶ **Absolute Häufigkeiten** Die Gesamtzahl des Auftretens einer Merkmalsausprägung
heißt absolute Häufigkeit dieser Ausprägung. Die Zuordnung zwischen den Ausprägungen
eines Merkmals und den Häufigkeiten ihres Auftretens heißt (eindimensionale) Häufigkeitsverteilung des Merkmals.

Für eine weiter gehende Datenverarbeitung sind Papierzettel unbequem, daher wird
man die Liste z. B. in die Tabellenform eines entsprechenden Programms zur Datenverarbeitung bringen (vgl. Tab. 4.1).

Die Tabelle kann nun leicht nach dem Kriterium „Bundesland" sortiert werden (vgl.
Tab. 4.2).

Selbstverständlich ergeben sich dieselben absoluten Häufigkeiten wie in der Strichliste. Es gibt aber einen entscheidenden Unterschied zwischen Tabelle und Strichliste: In
der Tabelle bleibt ersichtlich, *welche* Kunden in den drei Bundesländern wohnen. Diese
Information ist in der Strichliste verloren gegangen, dafür lassen sich die absoluten Häufigkeiten in der Strichliste leichter erkennen. Vor dieser Entscheidung steht man in der

Tab. 4.1 Alfons Umgelters Versicherungskunden

Name	Vorname	Bundesland
Günther	Walter	Baden-Württemberg
Däubler	Ferdinand	Bayern
Glogowski	Henryk	Bayern
Heberer	Paul	Baden-Württemberg
Fontagnier	Michael	Hessen
Gruner	Harald	Hessen
Wagner	Michael	Bayern
Petry	Thomas	Bayern
Meyer	Felix	Bayern
Jäger	Thorsten	Baden-Württemberg
Flierl	Günter	Bayern
Pfitzer	Josef	Baden-Württemberg
Baumgartner	Peter	Baden-Württemberg
Weber	Jacques	Hessen
Mayr	Rudi	Bayern

| Stabdiagramm | Säulendiagramm | Säulendiagramm (3D) |

Abb. 4.3 Häufigkeitsdarstellung im Stab- und Säulendiagramm

Statistik immer wieder: Die Konzentration auf bestimmte Informationen geht zulasten anderer Informationen. Hier ist stets eine Güterabwägung erforderlich. Wird die Information über die Herkunft der einzelnen Kunden noch benötigt oder nur die Zahl der Kunden im jeweiligen Bundesland? Letzteres ist der Normalfall.

Wenn wir uns für die absoluten Häufigkeiten eines Merkmals interessieren, kommt als weitere Darstellungsmöglichkeit von Daten eine Grafik in Betracht, ein sogenanntes Häufigkeitsdiagramm. Es gibt eine Vielzahl verschiedener Diagrammformen, deren wichtigste wir uns anschauen.

Am meisten verbreitet sind Stab- und Säulendiagramme, bei denen die absoluten Häufigkeiten durch senkrechte Stäbe bzw. Säulen ausgedrückt werden, deren Längen zu den Häufigkeiten proportional sind (vgl. Abb. 4.3).

Stabdiagramme sind im Grunde Säulendiagramme, deren Säulen nur Strichbreite aufweisen. Perspektivische Darstellungen sind heute DV-technisch kein Problem mehr, werden aber schnell unübersichtlich, da die Größenverhältnisse verzerrt werden können. Stellt

Tab. 4.2 Alfons Umgelters Versicherungskunden, nach Bundesland sortiert

Name	Vorname	Bundesland
Günther	Walter	Baden-Württemberg
Heberer	Paul	Baden-Württemberg
Jäger	Thorsten	Baden-Württemberg
Pfitzer	Josef	Baden-Württemberg
Baumgartner	Peter	Baden-Württemberg
Däubler	Ferdinand	Bayern
Glogowski	Henryk	Bayern
Wagner	Michael	Bayern
Petry	Thomas	Bayern
Meyer	Felix	Bayern
Flierl	Günter	Bayern
Mayr	Rudi	Bayern
Fontagnier	Michael	Hessen
Gruner	Harald	Hessen
Weber	Jacques	Hessen

Abb. 4.4 Häufigkeitsdarstellung im Balkendiagramm

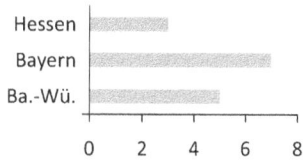

man die absoluten Häufigkeiten stattdessen waagerecht dar, nennt man dies ein Balkendiagramm; die verschiedenen Merkmalsausprägungen werden dann übereinander angeordnet
(vgl. Abb. 4.4).

Tortendiagramme stellen die absoluten Häufigkeiten h winkelproportional als Torten-
stücke eines Vollkreises dar. Zur Bestimmung des Winkels, der einer absoluten Häufigkeit
entspricht, wird die Anzahl der Merkmalsträger, also der Größe der Grundgesamtheit benötigt. Damit ergibt sich der Winkel x in Grad als Lösung eines einfachen Dreisatzes:

$$\frac{x}{360°} = \frac{h}{n} \ . \tag{4.1}$$

Im Beispiel ist $n = 15$. Bei 5 Kunden in Baden-Württemberg ergibt sich ein Winkel von

$$x = \frac{5}{15} \cdot 360° = 120° \ . \tag{4.2}$$

Das ist unmittelbar einsichtig, denn 120° entsprechen einem Drittelkreis, und 5 sind
gerade ein Drittel von 15 Kunden. Dementsprechend ergibt sich für Bayern ein Winkel
von 168°, für Hessen 72°, und das Tortendiagramm nimmt das Aussehen in Abb. 4.5 an.

Abb. 4.5 Häufigkeitsdarstellung im Tortendiagramm

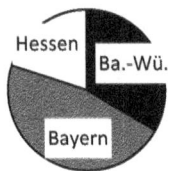

Können Merkmalsträger mehrere oder auch gar keine Ausprägungen annehmen, sind
Tortendiagramme nicht mehr aussagekräftig. Ein Beispiel ist etwa das Merkmal „Abgeschlossene Berufsausbildung", da eine Person einen oder mehrere Berufe erlernt haben
kann, evtl. aber auch gar keinen. Probleme kann es aber auch bei den anderen Darstellungsformen geben. So gibt es bei Befragungen zur Datenerhebung oft die Möglichkeit,
mehrere Antwortmöglichkeiten zu einer Frage auszuwählen. In diesem Fall summieren
sich die Antworten zu einer Gesamtzahl, die von der Anzahl der Merkmalsträger abweicht.
Man muss dann nach inhaltlichen Kriterien entscheiden, auf welche Gesamtzahl man Auswertungen der Daten bezieht: auf die der Merkmalsträger oder auf die der Messwerte.

Eine wichtige Darstellungsform sind schließlich noch Polygonzugdiagramme, die besonders bei zeitabhängigen Daten verwendet werden. Die Zeitpunkte, an denen die Daten
erhoben werden, bilden die Grundgesamtheit; die Zeitkoordinate bildet die waagerechte
Koordinatenachse. Die Messwerte, z. B. das Bruttoinlandsprodukt oder der Umsatz eines
Unternehmens, werden entlang der senkrechten Achse positioniert. Die Messpunkte werden dann durch gerade Linien verbunden.

Ein Polygonzugdiagramm

Tab. 4.3 Entwicklung des Prämienaufkommens der Kulanzia Versicherungen

Jahr	2006	2007	2008	2009	2010
Umsatz [Mio. €]	237,3	248,4	254,8	241,4	251,7

Die Zeitreihe der Daten zeigt Abb. 4.6. Die Punktkoordinaten sind nur zur Verdeutlichung im Polygonzugdiagramm verzeichnet.

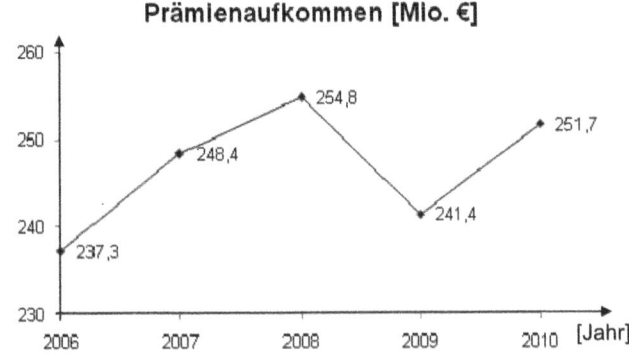

Abb. 4.6 Prämienaufkommen der Kulanzia Versicherungen

Die senkreche Achse beschränkt sich dabei auf den Ausschnitt, in dem sich die Werte der Datenreihe bewegen.

Übersichtlichkeit oder Genauigkeit?

Diese Verkürzung des dargestellten Zahlenbereichs bietet Raum für Manipulationen. Denn obwohl laut Tab. 4.3 die Prämieneinnahmen von Jahr zu Jahr um weniger als 6 % variieren, erscheint die Schwankung in Abb. 4.6 deutlich größer. Stellt man hingegen den gesamten Achsbereich dar, beginnend bei null, erscheinen die Schwankungen maßstabsgetreu, sind aber deswegen auch kaum sichtbar (vgl. Abb. 4.7). Hier hat also eine Güterabwägung stattzufinden. Mindestens sollten die Achsen deutlich beschriftet und Lücken an den Achsen sichtbar gemacht werden. Auf jeden Fall sollte man wechselnde Maßstäbe entlang einer Achse in ein und demselben Diagramm vermeiden.

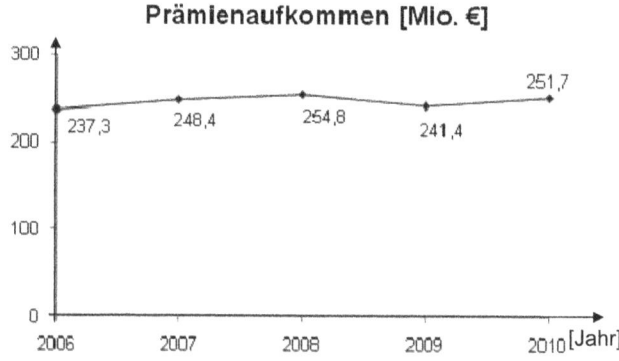

Abb. 4.7 Prämienaufkommen der Kulanzia, ohne vergrößerte Ordinate

4.2 Verschiedene Häufigkeitsbegriffe

Wenn wir die Häufigkeiten untersuchen wollen, mit denen die verschiedenen Ausprägungen eines Merkmals auftreten, ist folgendes zu beachten. Bei den einzelnen Messwerten, d. h. den für jeden Merkmalsträger erfassten Ausprägungen eines Merkmals, kommt es auf die Festlegung an, ob man alle einzelnen Messwerte betrachten möchte oder nur die *unterschiedlichen* Messwerte. Üblicherweise vergibt man zur Unterscheidung der Messwerte für diese einen fortlaufenden Zählindex. Liegt für jeden Merkmalsträger genau ein Messwert vor, dient der Zählindex ebenfalls zur einfachen Unterscheidung der einzelnen Merkmalsträger, ohne jedes Mal deren Namen beachten zu müssen (vgl. Abschn. 3.2.1).

Im Eingangsbeispiel der Versicherungskunden von Alfons Umgelter ging es um das Wohnbundesland, dem wir die Variable X zuordnen wollen. Beim ersten Datensatz in der Urliste wurde Herrn Günther das Land Baden-Württemberg zugeordnet, beim zweiten Datensatz erhielt Herr Däubler das Land Bayern usw. Unter Berücksichtigung des Zählindexes stellt sich Tab. 4.1 dann wie folgt dar (Tab. 4.4).

Wir haben also die Messwerte x_1 = „Baden-Württemberg", x_2 = „Bayern", x_3 = „Bayern" usw., sodass die Messwerte x_1, x_4, x_{10}, x_{12} und x_{13} für Baden-Württemberg übereinstim-

Tab. 4.4 Alfons Umgelters Versicherungskunden (mit Zählindex)

Zählindex i	Name	Vorname	Bundesland
1	Günther	Walter	Baden-Württemberg
2	Däubler	Ferdinand	Bayern
3	Glogowski	Henryk	Bayern
4	Heberer	Paul	Baden-Württemberg
5	Fontagnier	Michael	Hessen
6	Gruner	Harald	Hessen
7	Wagner	Michael	Bayern
8	Petry	Thomas	Bayern
9	Meyer	Felix	Bayern
10	Jäger	Thorsten	Baden-Württemberg
11	Flierl	Günter	Bayern
12	Pfitzer	Josef	Baden-Württemberg
13	Baumgartner	Peter	Baden-Württemberg
14	Weber	Jacques	Hessen
15	Mayr	Rudi	Bayern

Tab. 4.5 Absolute Häufigkeiten der Bundesländer bei Alfons Umgelters Versicherungskunden

i	x_i	h_i
1	Baden-Württemberg	5
2	Bayern	7
3	Hessen	3
Summe $n = 15$		

men, entsprechend die Messwerte x_2, x_3, x_7, x_8, x_9, x_{11} und x_{15} für Bayern sowie x_5, x_6 und x_{14} für Hessen.

Für Häufigkeitsuntersuchungen ist diese Indexwahl unbequem, weil dann nur die *unterschiedlichen* Messwerte von Interesse sind. Sinnvoll ist dann also beispielsweise die Variablenwertzuordnung $x_1 = $ „Baden-Württemberg", $x_2 = $ „Bayern", $x_3 = $ „Hessen". Da das Bundesland ein nominal skaliertes Merkmal ist, ist die Indexreihenfolge willkürlich. Statt der soeben gewählten alphabetischen Reihenfolge wäre also auch irgendeine andere möglich. Das Kriterium des Bundeslandes lässt sich nun platzsparend in Form einer Häufigkeitstabelle darstellen. Die absoluten Häufigkeiten der Merkmalsausprägungen x_i werden dabei mit h_i bezeichnet, also $h_1 = 5$, $h_2 = 7$, $h_3 = 3$. Wie bei der Strichliste geht dabei aber die Zuordnung des Merkmals zu den einzelnen Merkmalsträgern verloren (Tab. 4.5).

Absolute Häufigkeiten sind nicht immer aussagekräftig. 7 bayerische Versicherungskunden sind bei einer Gesamtzahl von 15 relativ viel, wären aber bei einem Bestand von 150 Kunden relativ wenig. Dieses Verhältnis zur Gesamtzahl der Messwerte erfassen wir mithilfe der relativen Häufigkeiten.

Tab. 4.6 Absolute und relative Häufigkeiten der Bundesländer bei Alfons Umgelters Versicherungskunden

i	x_i	h_i	f_i
1	Baden-Württemberg	5	0,33
2	Bayern	7	0,47
3	Hessen	3	0,20
Summen:		$n = 15$	1,00

▸ **Relative Häufigkeiten** Der Anteil der Merkmalsträger, bei denen eine bestimmte Merkmalsausprägung auftritt, heißt relative Häufigkeit dieser Ausprägung.

Die relativen Häufigkeiten der einzelnen Merkmalsausprägungen werden mit der Kurznotation f_i bezeichnet. Sie können als Dezimalwert (zwischen 0 und 1) oder als Prozentwert (zwischen 0 % und 100 %) angegeben werden. Berechnet werden die relativen Häufigkeiten, indem man die absoluten Häufigkeiten durch die Gesamtzahl der Merkmalsträger teilt:

$$f_i = \frac{h_i}{n} \ . \tag{4.3}$$

Die Häufigkeitstabelle erweitert sich dadurch um eine weitere Spalte zu Tab. 4.6.

Über alle Merkmalsausprägungen summieren sich die relativen Häufigkeiten immer zu 1. Tritt das untersuchte Merkmal bei jedem Merkmalsträger in genau einer Ausprägung auf, entspricht der Anteil der Merkmalsträger mit einem bestimmten Merkmalswert an der Grundgesamtheit dem Anteil dieser Messwerte an allen Messwerten.

Wie viele Ausprägungen?

Bei sogenannten kumulativen Merkmalen können auf einen Merkmalsträger auch mehrere Merkmalsausprägungen entfallen. Beispiele sind etwa die abgeschlossenen Berufsausbildungen von Personen, Hobbys oder die Auswahlkriterien für einen Vertragsabschluss. In solchen Fällen sollten die relativen Häufigkeiten nicht mithilfe der Gesamtzahl der Messwerte, sondern mithilfe der Anzahl der Merkmalsträger in der Grundgesamtheit aus den absoluten Häufigkeiten berechnet werden. Sie addieren sich dann aber zu mehr als 100 %. Denn nur so kann erreicht werden, dass eine Merkmalsausprägung, die bei allen Merkmalsträgern auftritt, auch die korrekte relative Häufigkeit von 100 % erhält.

Wenn Merkmalsträgern gar keine Ausprägungen eines Merkmals zugeordnet werden können, können bei der Addition der relativen Häufigkeiten auch weniger als 100 % herauskommen, wenn man die Anteile auf die Zahl der Merkmalsträger bezieht. Ein Beispiel sind Zusatzversicherungen innerhalb eines Lebensversicherungsvertrags.

Ergeben sich Besonderheiten, wenn ordinal oder metrisch skalierte Merkmale untersucht werden? Da die Merkmalsausprägungen in diesen Fällen in einer aufsteigenden (oder absteigenden) Anordnung vorliegen, können zunächst zwei weitere Häufigkeitsbegriffe eingeführt werden.

Wir erweitern dazu das Beispiel aus Abschn. 4.1 um einige weitere Merkmale:

Ein kleiner Versicherungsbestand (Tab. 4.7)

Tab. 4.7 Versicherungskunden mit Tarif RT-plus

i	Name	Bundesland	Zahlungsmoral	Beginndatum	Anzahl ZV	VS [€]
1	Günther	Ba.-Wü.	++	01.06.1993	0	95.382
2	Däubler	Bayern	++	01.11.1994	1	43.000
3	Glogowski	Bayern	+	01.08.1996	0	25.000
4	Heberer	Ba.-Wü.	++	01.05.1999	0	28.000
5	Fontagnier	Hessen	+	01.07.1999	1	83.920
6	Gruner	Hessen	o	01.12.1999	1	103.204
7	Wagner	Bayern	++	01.04.2000	0	60.000
8	Petry	Bayern	++	01.06.2001	1	50.000
9	Meyer	Bayern	++	01.03.2002	2	75.000
10	Jäger	Ba.-Wü.	++	01.10.2002	1	120.000
11	Flierl	Bayern	+	01.07.2003	0	55.000
12	Pfitzer	Ba.-Wü.	++	01.05.2004	0	48.741
13	Baumgartner	Ba.-Wü.	o	01.10.2006	0	74.000
14	Weber	Hessen	++	01.10.2006	0	36.000
15	Mayr	Bayern	+	01.04.2007	1	101.950

Die Zahlungsmoral (die wir wieder mit X bezeichnen können, sofern keine Verwechslungsgefahr mit anderen Merkmalen besteht) ist ein ordinal skaliertes Merkmal, das die Versicherungsgesellschaft anhand der Beitragseingänge ermittelt und an Alfons Umgelter übermittelt. Es werden die drei Ausprägungen x_1 = „o" (teilweise zuverlässig), x_2 =„+" (überwiegend zuverlässig) und x_3 =„++" (sehr zuverlässig) unterschieden, die auch in dieser aufsteigenden Reihenfolge für die Häufigkeitsanalyse verwendet werden sollen (Tab. 4.8).

Zu den absoluten und relativen Häufigkeiten können jetzt noch Summenhäufigkeiten (kumulierte Häufigkeiten) bestimmt werden.

Tab. 4.8 Häufigkeiten bezüglich des Merkmals „Zahlungsmoral" (aufsteigende Ordinalskala)

i	x_i	h_i	f_i	H_i	F_i
1	o	2	0,13	2	0,13
2	+	4	0,27	6	0,40
3	++	9	0,60	15	1,00

▶ **Summenhäufigkeiten** Die absoluten Summenhäufigkeiten H_i geben an, wie viele Messwerte höchstens (bei aufsteigender Anordnung der Ausprägungen) oder mindestens (bei absteigender Anordnung) den Wert x_i des mindestens ordinal skalierten Merkmals X erreichen. Die relativen Summenhäufigkeiten F_i geben an, welcher Anteil der Messwerte höchstens/mindestens den Wert x_i erreicht.

Für das Merkmal Zahlungsmoral erlaubt dies die Beantwortung folgender Fragen:

- Wie viele Kunden werden höchstens (d. h. nicht besser) als teilweise zuverlässig eingestuft? Da x_1 der niedrigste auftretende Wert ist, ist nur diese eine Ausprägung relevant, also $H_1 = h_1 = 2$.
- Wie viele Kunden werden höchstens (d. h. nicht besser) als überwiegend zuverlässig eingestuft? Hier müssen alle Kunden berücksichtigt werden, welche als teilweise oder überwiegend zuverlässig einzustufen sind, sodass $H_2 = h_1 + h_2 = 2 + 4 = 6$ gilt.
- Wie viele Kunden werden höchstens als sehr zuverlässig eingestuft? Da es im Sinne der Anordnung keine höheren, d. h. keine besseren Ausprägungen gibt als „sehr zuverlässig", sind hier sämtliche Ausprägungen zu berücksichtigen, also $H_3 = h_1 + h_2 + h_3 = n = 15$.

Die relativen Summenhäufigkeiten F_i werden dementsprechend mithilfe der relativen Häufigkeiten f_i bestimmt, also $F_1 = f_1 = 0{,}13$; $F_2 = f_1 + f_2 = 0{,}4$; $F_3 = f_1 + f_2 + f_3 = 1{,}0$. $F_2 = 0{,}4$ z. B. ist dann so zu lesen, dass 40 % von Herrn Umgelters Kunden nur teilweise oder überwiegend zuverlässig zahlen.

Das Thema Rundungsgenauigkeit
Bei der Angabe von Dezimalgrößen und Prozentwerten stehen wir immer vor der Frage, wie genau diese anzugeben sind, mit wie vielen Nachkommastellen man also sinnvollerweise arbeitet. Nun, es kommt darauf an! Und zwar vor allem auf die Größe der betrachteten Grundgesamtheit.

Es hört sich z. B. sehr präzise an, wenn es in der Ergebnispräsentation einer Meinungsumfrage heißt, dass 14,286 % aller befragten Personen einer Zielgruppe gerne ein bestimmtes Produkt kaufen würden. Hat man aber nur 7 Personen befragt, von denen sich eine positiv äußert, wirkt das Ergebnis deutlich schmächtiger.

Die Genauigkeit sollte sich vor allem nach zwei Kriterien richten. Sie sollte erstens immer so hoch sein, dass eine Veränderung der absoluten Zahlen um einen Messwert normalerweise nicht mehr als die vorletzte zählende Stelle betrifft. Deshalb wurden oben die Dezimalzahlen auf zwei Stellen gerundet und demzufolge ganzzahlige Prozentwerte angegeben: Eine von insgesamt 15 Personen entspricht bereits einem Anteil von rund 0,067 oder 6,7 %, sodass es völlig ausreicht, volle Prozentwerte zu berücksichtigen. Die erste Nachkommastelle kommt zum Tragen, wenn die Grundgesamtheit mehr als etwa 100 Elemente enthält, die zweite Nachkommastellen ungefähr ab etwa 1000 usw.

Zweitens sollte die Genauigkeit so gewählt werden, dass sich bei Summenbildungen keine zu großen Abweichungen ergeben. Denn die Summe aller relativen Häufigkeiten eines Merkmals kann durch Genauigkeits- und Rundungsabweichungen von 100 % abweichen. Will man das vermeiden, muss entweder bei der Rundung einzelner Häufigkeiten eine Anpassung erfolgen, oder es ist doch erforderlich, mit (scheinbar) größerer Genauigkeit zu rechnen, also eine Zählstelle mehr zu berücksichtigen.

Tab. 4.9 Häufigkeiten bezüglich des Merkmals „Zahlungsmoral" (absteigende Ordinalskala)

i	x_i	h_i	f_i	H_i	F_i
1	++	9	0,60	9	0,60
2	+	4	0,27	13	0,87
3	o	2	0,13	15	1,00

Ein Genauigkeitsproblem kann auch bei der Addition von Zahlen unterschiedlicher Herkunft auftreten. Nehmen wir das Beispiel einer Vermögensbilanz:

$$
\begin{array}{ll}
\text{Immobilien:} & 350.000,00 \\
\text{Geldvermögen:} & 177.310,23 \\
\text{Gesamt:} & 527.310,23
\end{array}
$$

Der Immobilienwert basiert üblicherweise auf einer Schätzung anhand von Marktvergleichen und ist demzufolge nur unscharf zu bestimmen. Im Gesamtvermögen bleibt diese Unschärfe leider erhalten, auch wenn sich durch Hinzurechnen des Geldvermögens auf diversen Konten eine „exakt" aussehende Zahl ergibt. Die Genauigkeit der Summe oder Differenz verschiedener Zahlen kann nicht höher sein als bei der Komponente mit der geringsten Genauigkeit.

Wählt man die umgekehrte, also die absteigende Anordnung des ordinal skalierten Merkmals, kehrt sich Tab. 4.8 im Wesentlichen um, und bei den Summenhäufigkeiten ergeben sich nun andere Zwischenwerte (vgl. Tab. 4.9).

F_2 ist jetzt so zu lesen, dass 87 % von Herrn Umgelters Kunden mindestens als überwiegend zuverlässige Beitragszahler gelten. Ob man eine Ordinalskala auf- oder absteigend wählt, hängt wie immer von der konkreten Fragestellung ab. Bei Güteskalen wie z. B. einer Schulnotenskala wird meistens die absteigende Anordnung bevorzugt. Die Summenhäufigkeiten verraten dann, wie viele oder wie viel Prozent aller Merkmalsträger mindestens ein bestimmtes Güteniveau erreichen.

Liegen allgemein k verschiedene Ausprägungen $x_1 \leq x_2 \leq \ldots \leq x_k$ vor, gelten die folgenden Berechnungsformeln:

$$
\begin{aligned}
H_1 &= h_1, \\
H_2 &= h_1 + h_2, \\
&\ldots \\
H_{k-1} &= h_1 + h_2 + \ldots + h_{k-1}, \\
H_k &= h_1 + h_2 + \ldots + h_{k-1} + h_k = n \,.
\end{aligned}
\tag{4.4}
$$

Tab. 4.10 Häufigkeiten bezüglich des Merkmals „Anzahl ZV" (X; diskrete Verhältnisskala)

i	x_i	h_i	f_i	H_i	F_i
1	0	8	0,53	8	0,53
2	1	6	0,40	14	0,93
3	2	1	0,07	15	1,00

Für die relativen Summenhäufigkeiten ergibt sich nach demselben Schema:

$$
\begin{aligned}
F_1 &= f_1, \\
F_2 &= f_1 + f_2, \\
&\ldots \\
F_{k-1} &= f_1 + f_2 + \ldots + f_{k-1}, \\
F_k &= f_1 + f_2 + \ldots + f_{k-1} + f_k = 1 .
\end{aligned}
\tag{4.5}
$$

In Kurzform können wir auch schreiben

$$
H_i = \sum_{j=1}^{i} h_j , \quad F_i = \sum_{j=1}^{i} f_j .
\tag{4.6}
$$

Summenhäufigkeiten metrischer Merkmale können im Prinzip genauso gebildet werden, hier hat sich generell die aufsteigende Skalenfestlegung eingebürgert. In der grafischen Darstellung des Merkmals entlang einer waagerechten Koordinatenachse nehmen also die Skalenwerte von links nach rechts zu.

Betrachten wir nun in Tab. 4.7 die beiden metrischen – sogar verhältnisskalierten – Merkmale „Anzahl ZV" (das steht für die Anzahl der im Vertrag eingeschlossenen Zusatzversicherungen wie z. B. eine Unfallversicherung; fortan mit X bezeichnet) und „VS" (für die Versicherungssumme in Euro, im weiteren Verlauf durch die Variable Y repräsentiert), unterscheiden sich diese deutlich. Die Anzahl X der Zusatzversicherungen nimmt nur wenige verschiedene diskrete Werte an, während die (quasi)stetige Geldgröße Y der Versicherungssumme gar keine Wiederholungen aufweist. Die Häufigkeitstabellen für beide Merkmale haben daher stark abweichende Dimensionen (Tab. 4.10).

Man beachte, dass sich der Index i natürlich durch die unterschiedliche Häufung beider Merkmale jeweils auf ganz andere Merkmalsträger bezieht. Durch die aufsteigende Anordnung der Versicherungssummen stimmt der Index aus Tab. 4.7 trotz gleicher Gesamtzahl an Merkmalsausprägungen mit dem aus Tab. 4.11 nicht überein, da beispielsweise der Indexwert 12 in beiden Fällen auf unterschiedliche Personen verweist.

Das Merkmal Versicherungssumme ist offensichtlich in der gegebenen Form nicht für Häufigkeitsuntersuchungen geeignet. Das trifft auf quasistetige meistens und auf stetige Merkmale immer zu, da die deutliche Mehrzahl der absoluten Häufigkeiten – oder sogar allesamt – bei 1 liegen wird, die relativen Häufigkeiten bei $1/n$.

Tab. 4.11 Häufigkeiten bezüglich des Merkmals „VS" (Y; quasistetige Verhältnisskala)

i	y_i	h_i	f_i	H_i	F_i
1	25.000	1	0,067	1	0,07
2	28.000	1	0,067	2	0,13
3	36.000	1	0,067	3	0,20
4	43.000	1	0,067	4	0,27
5	48.741	1	0,067	5	0,34
6	50.000	1	0,067	6	0,40
7	55.000	1	0,067	7	0,47
8	60.000	1	0,067	8	0,54
9	74.000	1	0,067	9	0,60
10	75.000	1	0,067	10	0,67
11	83.920	1	0,067	11	0,74
12	95.382	1	0,067	12	0,80
13	101.950	1	0,067	13	0,87
14	103.204	1	0,067	14	0,94
15	120.000	1	0,067	15	1,00

Entgegen der zuvor getroffenen Konvention weisen wir die relativen Häufigkeiten mit einer Nachkommastelle aus, da der zweistellige Wert 0,07 zu einer Gesamtsumme von 1,05 führen würde, was definitiv zu ungenau ist.

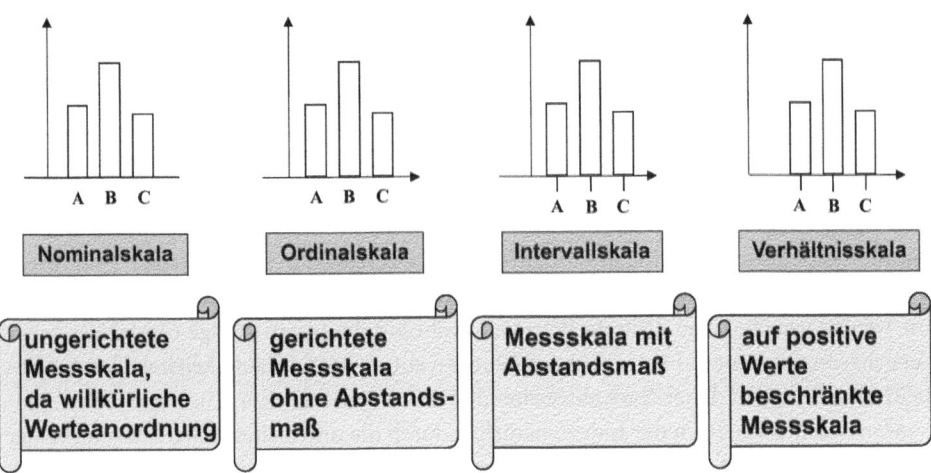

Abb. 4.8 Säulendiagramme für die vier Hauptskalenarten

Bevor wir uns dem dafür geeigneten Hilfsmittel der Klassenbildung zuwenden, seien hier die Detailunterschiede nochmals dargestellt, die sich für die Häufigkeitsdiagramme (als Säulendiagramm) der vier verschiedenen Skalentypen ergeben (vgl. Abb. 4.8).

4.3 Klassenbildung

Bei quasistetigen oder stetigen Merkmalen wird der Wertebereich, in dem die Messwerte liegen, in Intervalle zerlegt. Diese Intervalle nennen wir Klassen. Für jede Klasse wird ein repräsentativer Wert bestimmt. Im weiteren Verlauf steht dieser repräsentative Wert stellvertretend für alle Messwerte, die in der Klasse liegen. Somit kann jeder Klasse über ihren repräsentativen Wert eine absolute oder relative Häufigkeit zugeordnet werden. Diesen Vorgang der Klasseneinteilung bezeichnet man als Klassenbildung oder Klassifizierung.

Restlaufzeiten von Wertpapieren

In einem Depot befinden sich 24 Wertpapiere mit unterschiedlichen Restlaufzeiten (in Jahren):

0,16	0,20	0,30	0,41	0,45	0,71	0,78	0,79	1,11	1,21	1,36	1,82
2,11	2,42	2,51	2,90	2,93	3,04	3,38	3,99	4,44	4,95	5,74	7,73

Auf einem Zahlenstrahl stellen sich diese Werte dar wie in Abb. 4.9.

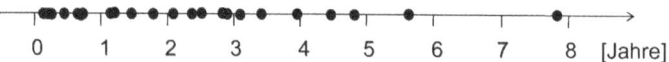

Abb. 4.9 Restlaufzeiten von Wertpapieren

Wie geht der Prozess der Klassenbildung im Detail vor sich?

- Der maßgebliche Wertebereich wird lückenlos und überlappungsfrei in insgesamt k Intervalle eingeteilt. Die linke Intervallgrenze wird in ein Intervall einbezogen, die rechte Grenze gehört (mit Ausnahme der größten Klasse) zum nächst größeren Intervall. Die Intervalle bilden k Klassen K_i mit $i = 1, \ldots, k$. Im Beispiel ist der maßgebliche Wertebereich z. B. die Zeitstrecke von 0 bis 8 Jahren. Dadurch sind einerseits alle Messwerte enthalten, andererseits ist ein Bereich mit glatten Grenzen leicht zu unterteilen.
- Für die Klasseneinteilung gibt es keine verbindliche Regel. Die Anzahl k der Klassen sollte aus Gründen der Übersicht nicht größer sein als die Quadratwurzel aus der Anzahl der Messwerte, man sollte auch deutlich mehr als 10 Klassen vermeiden. Im Beispiel sind 4 Klassen angemessen.
- Zur Vereinfachung weiterer Berechnungen ist es vorteilhaft, alle Klassen gleich breit (äquidistant) zu wählen. Andererseits sollte die Verteilung der Messwerte auf die Klassen nicht zu inhomogen sein, denn dann könnten beispielsweise fast alle Messwerte in nur einer Klasse landen. Bei sehr ungleichmäßiger Werteverteilung wird man besser Klassen unterschiedlicher Breite wählen: schmalere Klassen dort, wo sich Messwerte zusammenballen, und breitere Klassen dort, wo die Messwerte weniger dicht liegen. Hier helfen vor allem Erfahrungswerte. In unserem Beispiel kann man ohne Weiteres noch äquidistante Klassen wählen.

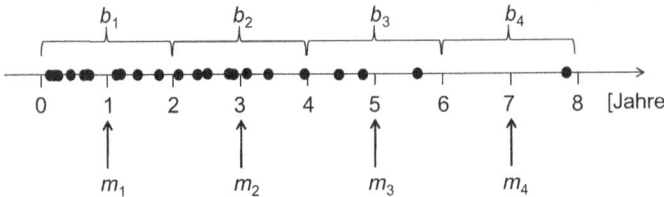

Abb. 4.10 Hilfsgrößen bei der Klassenbildung für die Restlaufzeiten eines Wertpapierdepots

Tab. 4.12 Arbeitstabelle für die Klassenbildung zu den Restlaufzeiten eines Wertpapierdepots

i	Restlaufzeit von … bis unter … Jahren	K_i	b_i	m_i	h_i	f_i
1	0–2	[0; 2)	2	1,0	12	0,50
2	2–4	[2; 4)	2	3,0	8	0,33
3	4–6	[4; 6)	2	5,0	3	0,13
4	6–8	[6; 8]	2	7,0	1	0,04

- Die Grenzwerte der Klasse K_i bezeichnet man mit x_i^{u} für die untere (linke) Klassengrenze und mit x_i^{o} für die obere (rechte) Klassengrenze. Da die Klassen direkt aneinander grenzen, gilt $x_{i-1}^{\mathrm{o}} = x_i^{\mathrm{u}}$. Im Beispiel lauten demnach die 4 äquidistanten Klassen in der üblichen Intervallschreibweise $K_1 = [0; 2)$, $K_2 = [2; 4)$, $K_3 = [4; 6)$, $K_4 = [6; 8]$. K_1 umfasst also alle Restlaufzeiten unterhalb von 2 Jahren, K_2 die Restlaufzeiten von 2 bis unterhalb von 4 Jahren usw.
- Die Klassenbreiten b_i entsprechen natürlich gerade der Differenz der Klassengrenzen, also $b_i = x_i^{\mathrm{o}} - x_i^{\mathrm{u}}$. Im Beispiel haben alle vier Klassen die gleiche Breite von 2 Jahren.
- Sofern über die Verteilung der Werte innerhalb der Klassen keine genaueren Informationen vorliegen, wählt man als repräsentativen Wert m_i einer Klasse deren Mittelpunkt. Dieser berechnet sich gemäß

$$m_i = \frac{x_i^{\mathrm{u}} + x_i^{\mathrm{o}}}{2} \, . \tag{4.7}$$

Im Beispiel lauten die Klassenmitten daher $m_1 = (0 + 2)/2 = 1, m_2 = 3, m_3 = 5$ und $m_4 = 7$. Den Zusammenhang zwischen allen Hilfsgrößen veranschaulicht Abb. 4.10.

Absolute und relative Häufigkeiten werden nun mit allen Messwerten in ihrer Klasse gebildet, wobei identische Einzelmesswerte mit ihren Vielfachheit gezählt werden, d. h. so oft wie sie insgesamt vorkommen.

Damit ergibt sich für unser Beispiel die Arbeitstabelle Tab. 4.12.

In Diagrammdarstellungen werden die Häufigkeiten klassifizierter Daten nun nicht einzelnen Werten, sondern den jeweiligen Klassen zugeordnet. Dazu stellt man die Häufigkeiten in Form von Rechtecken dar, deren Grundseite der Klassenbreite entspricht. Äußerlich entspricht dies einem Säulendiagramm, dessen Säulen lückenlos aneinandergrenzen. Die

Tab. 4.13 Klassifizierte Daten bei variierender Klassenbreite

i	K_i	h_i	b_i	d_i
1	$[0; 2)$	3	2	1,5
2	$[2; 3)$	3	1	3
3	$[3; 4)$	5	1	5
4	$[4; 6)$	5	2	2,5
5	$[6; 8]$	2	2	1

Häufigkeiten werden jetzt aber nicht durch die Höhe der Rechtecksäulen dargestellt, sondern durch ihre Fläche. Zum gewöhnlichen Säulendiagramm ergibt sich immer dann ein optischer Unterschied, wenn die Klasseneinteilung *nicht* äquidistant erfolgt ist. Dies veranschaulichen wir uns anhand eines einfachen Zahlenbeispiels mit variierenden Klassenbreiten, das durch Tab. 4.13 gegeben ist.

Wenn die Häufigkeiten für die Klassen 1 und 2 durch eine Fläche über der Grundbreite dargestellt werden, muss sich die Höhe beider Säulen trotz übereinstimmender Häufigkeiten unterscheiden, da Klasse 1 die doppelte Breite der Klasse 2 hat. Die Säulenfläche kann dann nur übereinstimmen, wenn die Höhe der ersten Säule halb so groß ist wie die der zweiten Säule. Die Höhe der einzelnen Säulen berechnet sich sehr einfach als Quotient

$$d_i = \frac{h_i}{b_i} . \tag{4.8}$$

Die Größe d_i heißt Häufigkeitsdichte. Sie ist gerade so groß, dass das Produkt aus Länge und Höhe der Säulen den korrespondierenden Häufigkeiten entspricht, $h_i = b_i \cdot d_i$. Statt der absoluten können auch die relativen Häufigkeiten für die Berechnung der Häufigkeitsdichten herangezogen werden, also

$$d_i = \frac{f_i}{b_i}; \quad f_i = b_i \cdot d_i . \tag{4.9}$$

Deren Werte können bei monetären Merkmalen, z. B. in einer Einkommensstatistik, ziemlich kleine Werte annehmen, da die Klassenbreiten im Nenner dann leicht Tausende von Geldeinheiten erreichen.

▶ **Histogramm** Säulendiagramme klassifizierter Daten werden als Histogramme bezeichnet. Die Säulenflächen sind dabei zu den Klassenhäufigkeiten proportional.

Für das Beispiel der Tab. 4.13 ergibt sich damit nun das Histogramm aus Abb. 4.11.

Ausdrücklich sei noch einmal betont, dass die Rechteckhöhen in einem Histogramm nur bei äquidistanter Klasseneinteilung den Häufigkeiten proportional sind.

Abb. 4.11 Beispiel für ein
Histogramm

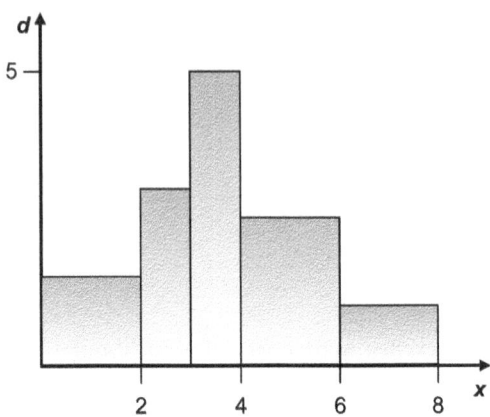

Von der Häufigkeit zur Dichte

Der Begriff Häufigkeitsdichte wird dadurch motiviert, dass sie angibt, wie viele Messwerte pro Einheit des Merkmals in den Klassen erfasst sind. Im Beispiel enthält die erste Klasse bei einer Breite von 2 Einheiten 3 Messwerte und damit 1,5 Werte pro Einheit, während die zweite Klasse 3 Werte pro Einheit enthält, und genau dies sind auch die Werte der Häufigkeitsdichte. Bei relativen Häufigkeiten beschreibt die Häufigkeitsdichte dementsprechend den Anteil an der Gesamtheit der Messwerte pro Einheit der Merkmalsskala.

Seine volle Wirkung entfaltet der Dichtebegriff erst dann, wenn die Zahl der Klassen gedanklich immer weiter erhöht, ihre Breite dabei immer weiter reduziert wird. Im Grenzprozess ergibt sich dabei eine stetige Dichtefunktion (vgl. Abb. 4.12). Stetige Dichtefunktionen spielen eine maßgebliche Rolle in der Wahrscheinlichkeitsrechnung auf der Basis stetiger Merkmale.

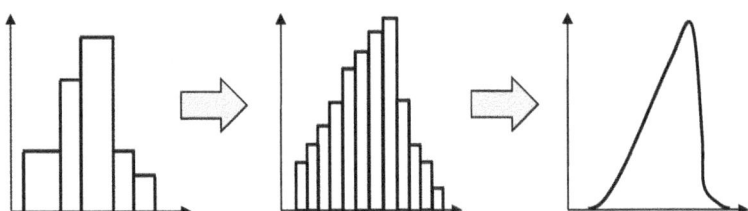

Abb. 4.12 Übergang von der diskreten Häufigkeitsdichte zur stetigen Dichtefunktion

Klassifizierte Daten können auch durch Polygonzüge dargestellt werden, indem die Klassenmitten miteinander verbunden werden. Vor der ersten Klasse und hinter der letzten Klasse wird der Polygonzug dergestalt bis zur Nulllinie der senkrechten Achse gezogen, dass die Flächenmaße unterhalb des Polygonzugs und innerhalb des Histogramms übereinstimmen. Dies vergrößert allerdings optisch den Wertebereich und verfälscht ihn dadurch, andererseits scheitert dieses Vorgehen bei verhältnisskalierten Merkmalen mit Klassengrenze Null am linken Rand der kleinsten Klasse, denn bei diesem Datentyp dürfen keine negativen Werte auftreten.

4.4 Lageparameter

Die Werteverteilung oder Häufigkeitsverteilung eines Merkmals kann recht unübersichtlich werden – umso mehr, je mehr Ausprägungen zu berücksichtigen sind. Oft wird die gesamte Information für statistische Anwendungen aber gar nicht benötigt. Zur vereinfachenden Beschreibung einer Häufigkeitsverteilung haben sich deshalb gewisse Kennzahlen oder Parameter eingebürgert, die in kompakter Form reduzierte Informationen über die Verteilung liefern. Zwei Typen solcher Kennzahlen werden wir im Rahmen dieses Kapitels kennenlernen (vgl. Abb. 4.13):

1. Lageparameter (je nach Skalenniveau des Merkmals auch Zentralwerte, Mittelwerte oder Durchschnittswerte genannt) stellen eine zentrale, mittlere oder durchschnittliche Position der Verteilung dar, die als repräsentativ für die Gesamtheit der Einzelwerte angesehen werden kann.
2. Streuungsparameter stellen ein Maß für die Schwankung der Einzelwerte dar, meistens im Verhältnis zu einem Lageparameter.

In diesem Abschnitt wenden wir uns zunächst den Lageparametern zu. Das Wort Lageparameter ist dabei durchaus wörtlich zu verstehen, wie das folgende Beispiel in Tab. 4.14 zeigt. Dabei handelt es sich um zwei Häufigkeitsverteilungen, die die gleiche Struktur haben. Lediglich die Merkmalsausprägungen unterscheiden sich um eine konstante Verschiebung.

Abb. 4.13 Lage- und Streuungsparameter einer Häufigkeitsverteilung

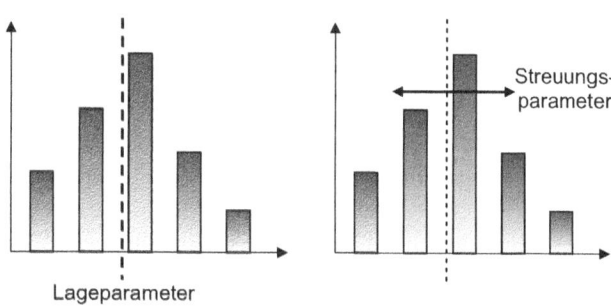

Tab. 4.14 Zwei Verteilungen gleicher Struktur, aber unterschiedlicher Lage

i	x_i	h_i	i	y_i	h_i
1	2	1	1	14	1
2	4	5	2	16	5
3	6	4	3	18	4
4	8	2	4	20	2
5	10	1	5	22	1

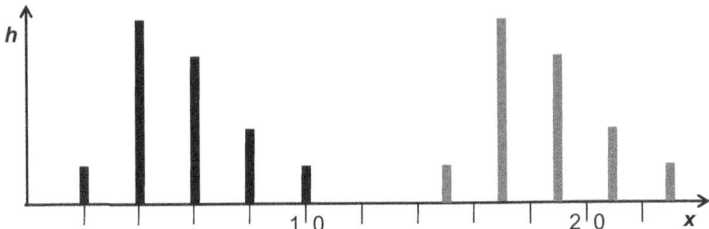

Abb. 4.14 Begriff des Lageparameters

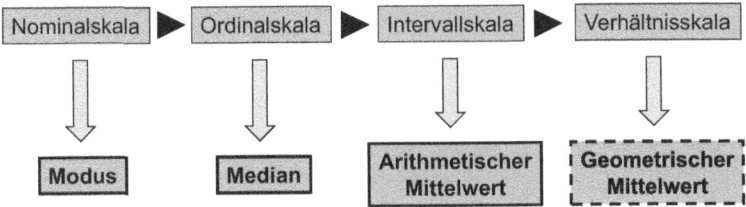

Abb. 4.15   Die wichtigsten Lageparameter in Abhängigkeit vom Skalenniveau

Offensichtlich geht die Ausprägung y_i der rechten Verteilung aus der Ausprägung x_i der linken Verteilung durch Addition der Zahl 12 hervor. Ein sinnvoller Lageparameter sollte daher rechts auch um den Wert 12 größer sein als links (vgl. Abb. 4.14).

Wie man die Lage als durchschnittlichen oder repräsentativen Wert einer Verteilung sinnvoll bestimmen kann, hängt vom Skalenniveau des Merkmals ab. Wir unterscheiden daher vier verschiedene Lageparameter (vgl. Abb. 4.15).

Der geometrische Mittelwert wurde hierbei gestrichelt umrandet, weil er zwar wie die anderen drei Lageparameter den über ihm stehenden Skalentyp erfordert, aber trotzdem nur in bestimmten Situationen eingesetzt werden kann. Der arithmetische Mittelwert eignet sich hingegen für alle Arten intervallskalierter und die meisten verhältnisskalierten Daten.

Bei den Skalenniveaus hatten wir festgestellt, dass Skalen höheren Informationsgehalts immer auch die Eigenschaften der Skalen geringeren Informationsgehalts besitzen, nicht aber umgekehrt. Für die Lageparameter folgt daraus, dass z. B. der Median auch bei metrisch skalierten Daten Anwendung finden kann, während der geometrische Mittelwert zwingend verhältnisskalierte Daten voraussetzt.

Schauen wir uns nun die vier Kandidaten nacheinander genauer an.

4.4.1 Modus

Bei einer Menge nominalskalierter Daten einen „mittleren" oder „repräsentativen" Wert anzugeben ist auf den ersten Blick gar nicht so einfach. Schließlich können die Werte einer

Abb. 4.16 Für die Bestimmung des Modus wenig
geeignete Verteilungen

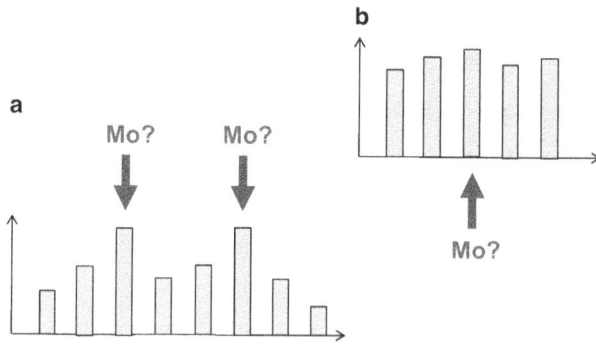

nominal skalierten Häufigkeitsverteilung nicht einmal auf eine eindeutige Weise angeordnet werden. Man interpretiert daher einen Merkmalswert dann als besonders gewichtig,
wenn er in einer gegebenen Verteilung häufiger als andere auftritt.

▸ **Modus** Der Modus (Mo) ist der häufigste Wert einer Häufigkeitsverteilung von Messwerten eines mindestens nominal skalierten Merkmals.

Im Beispiel der Tab. 4.5 tritt der Wert y_i = „Bayern" siebenmal und damit häufiger auf
als alle anderen Werte. Also ist Mo = Bayern. Achtung: Der Modus ist *nicht* die Häufigkeit
(in diesem Beispiel 7), sondern der zugrunde liegende Messwert!

Da der Modus auch für Daten höheren Informationsgehalts verwendet werden kann,
lässt er sich z. B. auch für die beiden Häufigkeitsverteilungen in Tab. 4.14 (metrische Daten)
bestimmen, und wir finden links Mo = 4, rechts Mo = 16.

Nicht verschweigen wollen wir, dass der Modus in manchen Fällen keine sinnvolle Auskunft liefert:

- Wenn die Häufigkeiten ziemlich dicht beieinander liegen, gibt es keinen besonders oft
  vorkommenden Wert, andere Werte sind als Repräsentanten der Verteilung kaum weniger geeignet (vgl. Abb. 4.16a).
- Wenn es Werte gibt, die deutlich häufiger als andere erscheinen, untereinander aber
  ähnliche oder sogar identische Häufigkeiten aufweisen (vgl. die zweigipflige Verteilung
  in Abb. 4.16b), gibt es ebenfalls keinen eindeutig herausragenden Kandidaten für den
  Modus.

Generell kann man daher sagen: Besonders geeignet ist der Modus zur Bestimmung
des häufigsten Wertes, wenn dieser eindeutig und klar hervorsticht, also bei sogenannten
spitzen eingipfligen Verteilungen. Dieser Name ist selbsterklärend.

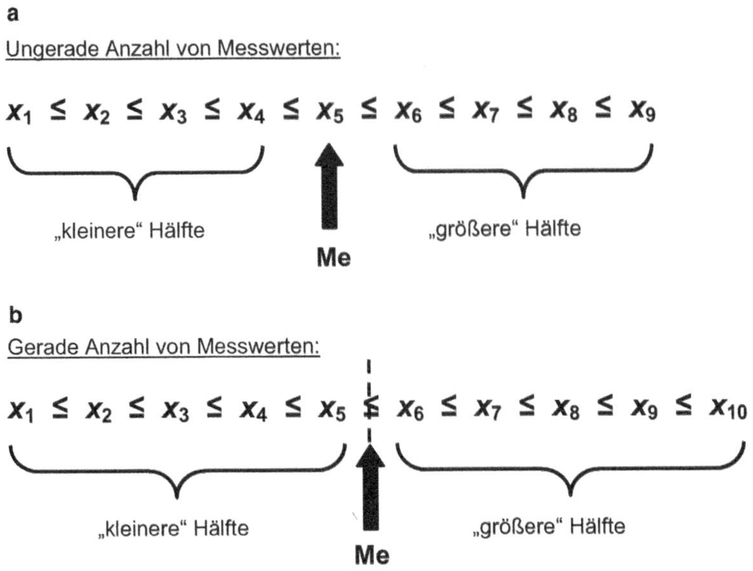

a

Ungerade Anzahl von Messwerten:

$$x_1 \leq x_2 \leq x_3 \leq x_4 \leq x_5 \leq x_6 \leq x_7 \leq x_8 \leq x_9$$

"kleinere" Hälfte   "größere" Hälfte

Me

b

Gerade Anzahl von Messwerten:

$$x_1 \leq x_2 \leq x_3 \leq x_4 \leq x_5 \leq x_6 \leq x_7 \leq x_8 \leq x_9 \leq x_{10}$$

"kleinere" Hälfte   "größere" Hälfte

Me

Abb. 4.17 Median bei ordinal skalierten Daten

4.4.2 Median

Wenn die Daten etwas mehr Substanz zeigen, liegt eine Ordinalskala mit einer Anordnung der Daten vor. Zu wählen ist nur noch zwischen den beiden Alternativen einer aufsteigenden oder absteigenden Anordnung.

▸ **Median** Der Median (Me) ist der nach der Anzahl bestimmte mittlere Wert einer auf- oder absteigend geordneten Folge von Messwerten eines mindestens ordinal skalierten Merkmals. Treten Messwerte dabei mehrfach auf, werden sie mit ihrer Häufigkeit berücksichtigt.

Der Median teilt die Datenmenge in zwei gleich große Hälften, deren eine in der Orientierung der ordinalen Skala die "kleineren" Werte enthält, während die zweite Hälfte die "größeren" Werte umfasst (vgl. Abb. 4.17).

Vergibt man die Werteindexe in aufsteigender Reihenfolge, ist x_1 der kleinste, x_n der größte Wert. Dabei sind die Begriffe "klein" und "groß" in der Abbildung in Anführungszeichen gesetzt, weil die Daten nicht metrisch sein müssen. Bei "echt" ordinalen Daten (z. B. denen eines Gütekriteriums mit Ausprägungen wie "sehr gut", "gut" usw.) steht das Symbol $\leq$ für die Reihenfolge in der Werteanordnung.

Ist die Anzahl n der Werte ungerade, liegt der Median genau in der Mitte der Anordnung und trägt den Index $(n + 1)/2$. In Abb. 4.17a ist $n = 9$, also lautet der Medianindex

$(9 + 1)/2 = 5$. Der fünfte Wert, x_5, ist also der Median. Die Werte x_1 bis x_4 sind kleiner oder gleich, die Werte x_6 bis x_9 größer oder gleich groß wie der Median.

Ist dagegen die Anzahl der Werte gerade, gibt es keinen Wert, der zwischen den beiden gleich großen Hälften der Wertemenge liegt. Bei metrischen Daten bestimmt man dann den Median als Mittelwert aus dem größten Wert der unteren Datenhälfte und dem kleinsten Wert der oberen:

$$Me = \frac{x_{\frac{n}{2}} + x_{\frac{n}{2}+1}}{2} . \tag{4.10}$$

In Abb. 4.17b ist $n = 10$ und der Median liegt zwischen den beiden Werten x_5 und x_6.

Median-Einkommen

In einem Maklerbüro arbeiten 9 Mitarbeiter, die in einem Kalendermonat die folgenden Monatseinkommen in Euro erzielt haben:

3200	2500	4300	4700	6100	4400	3800	2500	3600

Der Median der Einkommenswerte lautet aber *nicht* 6100, da die Werte noch nicht geordnet wurden. In sortierter Anordnung ergibt sich stattdessen sofort der Median zu 3800:

2500	2500	3200	3600	3800	4300	4400	4700	6100

Es liegen genau gleich viele Werte, nämlich 4, unterhalb von 3800 wie oberhalb. Zu beachten ist, dass der Wert 2500, der zweimal erhoben wurde, mit dieser Häufigkeit und nicht nur einmal berücksichtigt werden muss.

Bei der gekürzten Folge

2500	2500	3200	3600	3800	4300	4400	4700

(hier blieb der Büroleiter unberücksichtigt) berechnet sich der Median aus dem vierten und fünften der insgesamt 8 Werte,

$$Me = \frac{x_4 + x_5}{2} = \frac{3600 + 3800}{2} = 3700\,€ .$$

4.4.3 Arithmetischer Mittelwert

Das Einkommensbeispiel des vorigen Abschnitts basiert auf einem metrischen Merkmal, das nicht nur eine Sortierung der Größe nach erlaubt, sondern mit dem richtig gerechnet werden kann. Über alle Merkmalsträger hinweg addieren sich die Einzelbeiträge des Merkmals – in Gestalt der einzelnen Messwerte – zu einem Gesamtbetrag des Merkmals

(Merkmalsgesamtbetrag, MGB) in der untersuchten Gesamtheit. Die 9 Mitarbeiter des oben genannten Maklerbüros verdienen beispielsweise zusammen 2500 + 2500 + 3200 + ... + 6100 = 35.100 €.

▸ **Arithmetischer Mittelwert** Der arithmetische Mittelwert ($\bar{x}$) eines metrischen Merkmals X ist definiert als gleichmäßige Verteilung des Merkmalsgesamtbetrags MGB,

$$\text{MGB} = x_1 + x_2 + \ldots + x_n = \sum_{i=1}^{n} x_i \, , \tag{4.11}$$

auf die einzelnen Merkmalsträger:

$$\bar{x} = \frac{\text{MGB}}{n} = \frac{1}{n} \cdot \sum_{i=1}^{n} x_i \, . \tag{4.12}$$

Der arithmetische Mittelwert wird oftmals auch als arithmetischer Durchschnittswert oder nur kurz als Durchschnitt bezeichnet.

Im Beispiel der Einkommensverteilung aus Abschn. 4.4.2 ergibt sich der arithmetische Mittelwert zu

$$\bar{x} = \frac{1}{9} \left(3200 + 2500 + 4300 + 4700 + 6100 + 4400 + 3800 + 2500 + 3600 \right) = 3900 \, € \, .$$

Im Gegensatz zu Modus und Median wird der arithmetische Mittelwert aus der Datenreihe nicht ausgewählt, sondern berechnet. Deshalb stimmt er in den meisten Fällen mit keinem Wert in der Datenreihe überein. Bei der Berechnung spielt die Reihenfolge der Messwerte natürlich keine Rolle.

Treten Messwerte mehrfach auf, werden sie mit ihrer Vielfachheit berücksichtigt. Bei diskreten Häufigkeitsverteilungen lässt sich die Berechnungsformel daher wie folgt schreiben:

$$\bar{x} = \frac{1}{n} \cdot \sum_{i=1}^{k} \left(h_i \cdot x_i \right) = \sum_{i=1}^{k} \left(f_i \cdot x_i \right) \, . \tag{4.13}$$

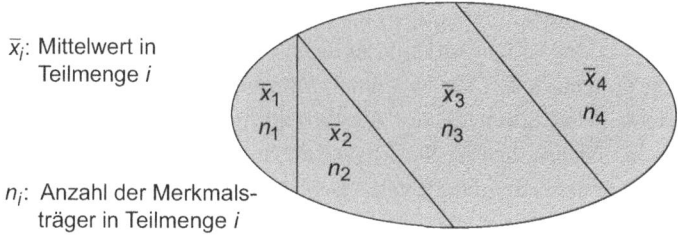

$\bar{x}_i$: Mittelwert in Teilmenge i

n_i: Anzahl der Merkmalsträger in Teilmenge i

Abb. 4.18 Zerlegung einer Grundgesamtheit

Arithmetischer Mittelwert einer Häufigkeitsverteilung

Tab. 4.15 Zahlenbeispiel einer Häufigkeitsverteilung

i	x_i	h_i	f_i
1	2	3	0,1875
2	4	6	0,3750
3	6	4	0,2500
4	8	2	0,1250
5	10	1	0,0625

Für die Verteilung des Merkmals X in Tab. 4.15 ergibt sich bei Berechnung mit absoluten Häufigkeiten

$$\bar{x} = \frac{1}{16} \cdot (3 \cdot 2 + 6 \cdot 4 + 4 \cdot 6 + 2 \cdot 8 + 1 \cdot 10) = \frac{80}{16} = 5$$

und bei Berechnung mit relativen Häufigkeiten

$$\bar{x} = 0{,}1875 \cdot 2 + 0{,}375 \cdot 4 + 0{,}25 \cdot 6 + 0{,}125 \cdot 8 + 0{,}0625 \cdot 10 = 5 \ .$$

Gelegentlich kann die Berechnung des arithmetischen Mittelwerts einer Grundgesamtheit auf Teilgesamtheiten zurückgeführt werden. Dazu muss die Grundgesamtheit vollständig in überschneidungsfreie (disjunkte) Teilgesamtheiten zerlegbar sein (vgl. Abb. 4.18).

Besteht erstens jede Teilgesamtheit aus n_i Merkmalsträgern und weist zweitens den arithmetischen Mittelwert $\bar{x}_i$ auf, kann der Gesamtdurchschnitt $\bar{x}$ auf die Durchschnittswerte der Teilgesamtheiten zurückgeführt werden. Ist dabei allgemein $n = n_1 + n_2 + \ldots + n_k$, so gilt

$$\bar{x} = \frac{n_1 \cdot \bar{x}_1 + n_2 \cdot \bar{x}_2 + \ldots + n_k \cdot \bar{x}_k}{n_1 + n_2 + \ldots + n_k} = \frac{1}{n} \cdot \sum_{i=1}^{k} (n_i \cdot \bar{x}_i) \ . \tag{4.14}$$

Hierbei wird nicht einfach der arithmetische Mittelwert aus den Durchschnittswerten in den Teilgesamtheiten gebildet, sondern diese tragen noch den jeweiligen Gewichtungsfaktor n_i. Da diese Faktoren beeinflussen, wie stark jede Teilgesamtheit in den Gesamtmittelwert eingeht, spricht man auch von einem (mit n_i) gewichteten Mittelwert.

Mittlere Vertriebsleistung

Die VersAsset Makler-GmbH verkauft an ihren beiden Standorten Köln und Stuttgart Versicherungspolicen. Jeder der 16 Kölner Mitarbeiter vertreibt pro Jahr im Durchschnitt 26 Rentenversicherungen, am Standort Stuttgart verkauft ein Mitarbeiter dagegen jährlich durchschnittlich 35 Rentenversicherungen. Wie viele Rentenversicherungen verkauft demnach jeder der 40 VersAsset-Mitarbeiter durchschnittlich pro Jahr?

Bezeichnet die Variable X die Zahl der von einem Mitarbeiter im Jahr verkauften Rentenversicherungen, so berechnen sich die gegebenen Teilmittelwerte für Köln und Stuttgart gemäß den Formeln

$$\bar{x}_K = \frac{1}{n_K} \cdot \sum_{i=1}^{n_K} x_i^{(K)} = 26 \quad \text{und} \quad \bar{x}_S = \frac{1}{n_S} \cdot \sum_{i=1}^{n_S} x_i^{(S)} = 35 \ .$$

Da diese Werte schon vorgegeben waren, müssen wir nun nur noch die gewichtete Formel heranziehen:

$$\bar{x} = \frac{n_K \bar{x}_K + n_S \bar{x}_S}{n} = \frac{16 \cdot 26 + (40 - 16) \cdot 35}{40} = 31{,}4 \ .$$

Dabei ist nur zu erwähnen, dass die Stärke der zweiten Teilgesamtheit indirekt bestimmt wird über die Differenz der Personenzahlen in der Grundgesamtheit ($n = 40$) und in Köln ($n_K = 16$).

Ebenfalls muss die Berechnung des arithmetischen Mittelwerts etwas verändert werden, wenn klassifizierte Daten zugrunde liegen. In diesem Fall gehen die Klassenmitten m_i als repräsentative Merkmalsausprägungen und die Klassenhäufigkeiten h_i als Faktoren in die Formel für den gewichteten Durchschnitt ein:

$$\bar{x} = \frac{1}{n} \cdot \sum_{i=1}^{k} (h_i \cdot m_i) \ . \tag{4.15}$$

Die Klassenmitten sind aber nur eine Näherung, da im Allgemeinen die genaue Lage der Messwerte innerhalb ihrer Klasse nicht berücksichtigt wird. Daraus ergibt sich bei der Anwendung der Formel ein Approximationsfehler im Vergleich zur exakten Berechnung des arithmetischen Mittelwerts auf der Basis der nicht klassifizierten Daten.

Restlaufzeit von Wertpapieren

Wir greifen nochmals zurück auf das Beispiel in Abschn. 4.3, in dem das Merkmal X „Restlaufzeit von Wertpapieren" aufgeschlüsselt wird, und auf Tab. 4.12 mit den klassifizierten Daten. Gesucht ist die mittlere Restlaufzeit.

- Ausgehend von den Einzeldaten ergibt die exakte Berechnung eine mittlere Restlaufzeit von

$$\bar{x} = \frac{1}{24} \cdot (0{,}16 + 0{,}20 + \cdots + 5{,}74 + 7{,}73) = 2{,}31 \text{ Jahren} \ .$$

- Berechnen wir zunächst die klassenbezogenen Mittelwerte auf Basis der Einzeldaten und anschließend mithilfe der gewichteten Mittelwertformel den Durchschnittswert aller 24 Papiere, so ergibt sich dasselbe Resultat:

$$\bar{x}_1 = \frac{1}{12} \cdot (0{,}16 + 0{,}20 + \cdots + 1{,}36 + 1{,}82) = 0{,}775 \;;$$

$$\bar{x}_2 = \frac{1}{8} \cdot (2{,}11 + \cdots + 3{,}99) = 2{,}91 \;;$$

$$\bar{x}_3 = 5{,}043 \;;$$

$$\bar{x}_4 = 7{,}73 \quad \text{(ein Einzelwert stimmt natürlich mit seinem Mittelwert überein!)} \;;$$

$$\Rightarrow \bar{x} = \frac{12 \cdot 0{,}775 + 8 \cdot 2{,}91 + 3 \cdot 5{,}043 + 1 \cdot 7{,}73}{24} = 2{,}31 \;.$$

- Sind nur die klassifizierten Daten bekannt, erfolgt die Berechnung ebenfalls mithilfe der gewichteten Formel. Dabei werden jedoch die klassenbezogenen Mittelwerte durch die Klassenmitten ersetzt:

$$\bar{x} = \frac{12 \cdot 1{,}0 + 8 \cdot 3{,}0 + 3 \cdot 5{,}0 + 1 \cdot 7{,}0}{24} = 2{,}42 \;.$$

4.4.4 Geometrischer Mittelwert

Der arithmetische Mittelwert ist nicht geeignet, um den Durchschnitt von Wachstums- oder Veränderungsgrößen korrekt zu ermitteln.

Kursentwicklung einmal falsch ...

Ein Aktienindex steigt innerhalb eines Jahres um 50 % von 2000 auf 3000 Punkte. Im Folgejahr fällt der Index um 50 % und erreicht damit einen Punktestand von 1500.

Der arithmetische Mittelwert der beiden Prozentwerte +50 % und −50 % ergibt 0 %. Angewendet auf die beiden Veränderungsfaktoren 1,5 (von 2000 auf 3000 Punkte) und 0,5 (von 3000 auf 1500) ergibt sich ein Durchschnittsfaktor von 1,0. Beides würde anzeigen, dass der Index am Ende des zweiten Jahres wieder seinen Ausgangsstand erreicht haben müsste, also 2000 Punkte.

In derartigen Fällen müssen Durchschnittswerte als geometrischer Mittelwert bestimmt werden. Stattdessen führt ein Ansatz zum Ziel, der die Wachstumsfaktoren nicht addiert, sondern miteinander multipliziert:

... und einmal richtig

Der Aktienkurs eines Softwareunternehmens stieg während des Internet-Booms zwischen dem 1. Juli 1997 und dem 1. Juli 2000 von 34 auf 88 €. Gesucht ist die durchschnittliche jährliche Zuwachsrate des Kurses.

In den drei Jahren steigt der Aktienkurs um den Faktor $88/34 = 2{,}588235$. Der durchschnittliche jährliche Wachstumsfaktor simuliert einen Zuwachs mit konstanter jährlicher Rate und ist daher gegeben als Lösung der Gleichung

$$x^3 = 2{,}588 \Rightarrow x = \sqrt[3]{2{,}588} = 1{,}373 \ .$$

Das entspricht einem mittleren Anstieg des Kurses um 37,3 % im Jahr.

Allgemein formuliert lautet der Berechnungsansatz wie folgt:

▸ **Geometrischer Mittelwert** Sind die Werte A und B einer verhältnisskalierten Größe am Anfang und Ende eines Zeitraums von n Zeitperioden gegeben, gilt für den mittleren Veränderungsfaktor μ_G pro Zeitperiode

$$\mu_G = \sqrt[n]{B/A} \ . \qquad (4.16)$$

Der mittlere Veränderungsfaktor heißt geometrischer Mittelwert. Dem Veränderungsfaktor μ_G entspricht einer prozentualen Veränderung um $(\mu_G - 1) \cdot 100\,\%$.

Ist μ_G kleiner als 1, bedeutet dies eine Schrumpfung der Größe, die prozentuale Veränderung ist dann negativ.

Durchschnittliche Veränderung eines Aktienindexes

Ein Aktienindex veränderte sich in einem Zeitraum von 5 Jahren mit folgenden jährlichen Raten:

2006:	+16,8 %
2007:	+10,3 %
2008:	+12,4 %
2009:	−36,6 %
2010:	+23,2 % .

Den Prozentzahlen entsprechen folgende Veränderungsfaktoren:

2006:	1,168
2007:	1,103
2008:	1,124
2009:	0,634
2010:	1,232 .

In den 5 Jahren von 2006 bis 2010 wuchs der Index daher insgesamt um den Faktor

$$1{,}168 \cdot 1{,}103 \cdot 1{,}124 \cdot 0{,}634 \cdot 1{,}232 = 1{,}131 \ .$$

Tab. 4.16 Skalenabhängigkeit beim Einsatz von Lageparametern

Lageparameter → Skala ↓	Mo	Me	$\bar{x}$	μ_G[a]
nominal skaliert	X			
ordinal skaliert	X	X	(X)	
intervallskaliert	X	X	X	
verhältnisskaliert	X	X	X	X

[a] Anwendung nur bei Reduktions- und Wachstumsvorgängen.

Dem entspricht eine mittlere Veränderung von

$$\mu_G = \sqrt[5]{1{,}131} = 1{,}025 \ ,$$

also einer Zunahme um durchschnittlich 2,5 % pro Jahr.

Betrachten wir eine Folge von n Veränderungsfaktoren pro Zeitperiode als Ausprägungen x_i eines verhältnisskalierten Merkmals X, so berechnet sich der durchschnittliche Veränderungsfaktor pro Zeitperiode als geometrischer Mittelwert gemäß der Formel

$$\mu_G = \sqrt[n]{x_1 \cdot x_2 \cdot \ldots \cdot x_n} = \sqrt[n]{\prod_{i=1}^{n} x_i} \ . \tag{4.17}$$

Zu beachten ist also, dass das geometrische Mittel nicht auf prozentuale Änderungsraten oder Zinssätze etc., sondern auf die zugehörigen Veränderungsfaktoren angewendet wird.

4.4.5 Lageparameter im Vergleich

Wir fassen noch einmal zusammen (vgl. Tab. 4.16):

- Der Modus kann für nominal, ordinal und metrisch skalierte Daten bestimmt werden.
- Der Median kann für ordinal und metrisch skalierte Daten bestimmt werden.
- Der arithmetische Mittelwert kann für metrisch skalierte Daten bestimmt werden.

Gerahmt durch eine Klammer haben wir den arithmetischen Mittelwert in Tab. 4.16 auch für ordinal skalierte Daten zugelassen. Mit welcher Rechtfertigung?

Streng genommen ist für die Berechnung des arithmetischen Mittelwerts eine Metrik erforderlich. Oft bedient man sich auch bei ordinal skalierten Daten einer unechten Metrik, indem die geordneten Ausprägungen der Skala durch Zahlen codiert werden. Bekanntestes Beispiel ist die übliche Schulnotenskala, bei der heute statt der früher gebräuchlichen Bezeichnungen „sehr gut", „gut", „befriedigend" etc. überwiegend die Zahlen von 1 bis 6 verwendet werden. Formal kann man damit Durchschnittsnoten berechnen. Dabei darf

Abb. 4.19 Modus bei Ausreißern

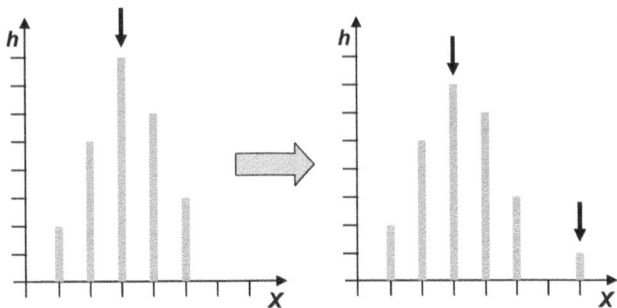

aber nicht vergessen werden, dass die Abstände zwischen den Notenstufen qualitativer Natur sind und nicht denen einer echten Metrik entsprechen. Durchschnittsnoten haben also
auch nur eine qualitative Aussagekraft; die Durchschnittsnote 2,5 einer Gruppe muss nicht
zwangsläufig „besser" sein als der Durchschnitt 2,6 einer anderen.

Bei der Anwendung von Modus, Median und Durchschnitt auf metrisch skalierte Daten
besteht ein Unterschied, wenn sogenannte Ausreißer auftreten. Dabei handelt es sich um
Werte, die deutlich von der Masse der Daten nach oben oder unten abweichen. Wir untersuchen den Effekt, wenn wir bei einer gegebenen Datenreihe, deren Werte relativ dicht
beieinander liegen, einen einzelnen Wert stark vergrößern. Eine Verkleinerung geht spie-
gelbildlich in gleicher Weise von statten.

Da der Modus den häufigsten Wert angibt, legen wir zunächst eine Häufigkeitsverteilung zugrunde. Bei Vergrößerung eines Wertes verändern sich genau zwei Häufigkeiten.
Man sieht im Vergleich der Diagramme (Abb. 4.19) sofort, dass sich bei spitzen Verteilungen der häufigste Wert nicht ändert. Ein Effekt kann nur auftreten bei mehreren überein-
stimmenden Häufigkeiten, wenn der Modus ohnehin nicht anwendbar ist.

Der Median als mittlerer Wert wird im Wesentlichen durch die Anzahl der Werte bestimmt, nicht durch deren absolute Höhe. Bei Vergrößerung eines Wertes bleibt der Median
demnach entweder unverändert oder er verschiebt sich um eine Position (vgl. Abb. 4.20).

Während also Modus und Median träge bis gar nicht auf das Ausreißen einzelner Werte
reagieren, verhält es sich beim arithmetischen Mittel anders: Dieses reagiert selbstverständlich auf die Erhöhung eines Wertes. Jeder Anstieg eines Messwertes um eine Einheit vergrößert – bei n Werten – das arithmetische Mittel um $1/n$. Es reagiert also im Unterschied
zu Modus und Median unmittelbar auf Ausreißer.

Ausreißer auf dem Gehaltszettel

In einem Callcenter verdienen die 9 Telefonisten jeweils 1400 € im Monat, der Abteilungsleiter 3400 €. Das Medianeinkommen beträgt 1400 €, das Durchschnittseinkommen (arithmetischer Mittelwert) dagegen 1600 €. Erhöht sich allein das Gehalt des Abteilungsleiters auf 5400 €, bleibt das Medianeinkommen unverändert, das
Durchschnittseinkommen steigt aber auf 1800 €. Hier scheint der Median zuverlässiger
zu sein, da sich ja 9 der 10 Einkommen überhaupt nicht verändert haben.

Abb. 4.20 Median bei Ausreißern

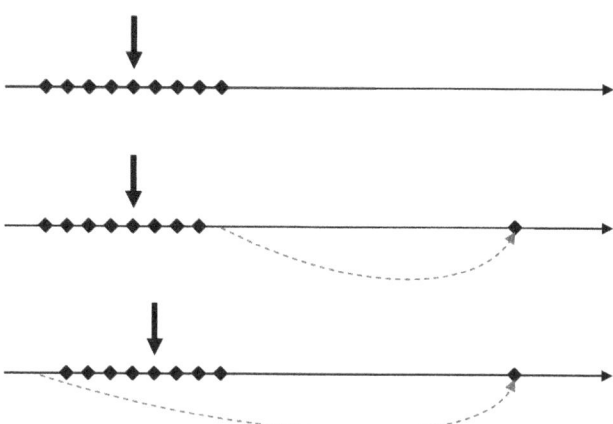

Abschließend wollen wir uns in diesem Abschnitt mit der Lage der drei Parameter Modus, Median und Durchschnitt bei ein und derselben Verteilung oder Häufigkeitsverteilung eines metrischen Merkmals befassen. Eine (Häufigkeits-)Verteilung wollen wir symmetrisch nennen, wenn sie nach Spiegelung an einer durch ihre Mitte verlaufenden Achse unverändert aussieht. Typischerweise haben Verteilungen einen Gipfel, und bei symmetrischen Verteilungen fallen die drei Lageparameter Modus, Median und arithmetischer Mittelwert im Gipfel zusammen, nehmen also den gleichen Wert an.

Im vorigen Beispiel, dessen Einkommensverteilung sich bei den Telefonisten mit ihren gegenüber dem Abteilungsleiter niedrigen Gehältern konzentriert, ist der Median kleiner als der arithmetische Durchschnitt. Solche Verteilungen von Messwerten heißen rechtsschief oder auch linkssteil (vgl. Abb. 4.21). Man kann allgemein definieren:

▸ **Schiefe von Verteilungen** Eine Verteilung von Daten heißt rechtsschief oder linkssteil dann und nur dann, wenn die Lageparameter folgender Beziehung genügen:

$$Mo < Me < \bar{x} \,. \tag{4.18}$$

Eine Verteilung von Daten heißt linksschief oder rechtssteil dann und nur dann, wenn die Lageparameter folgender Beziehung genügen:

$$\bar{x} < Me < Mo \,. \tag{4.19}$$

Abgesehen von Spezialfällen stimmen also die maßgeblichen Lageparameter für Verteilungen metrischer Daten nicht überein, da sie auf verschiedenen Interpretationen des Begriffs „Lage" beruhen. Für welchen Parameter man sich konkret entscheidet, hängt von dieser Interpretation und der zu untersuchenden Frage ab.

Viele Häufigkeitsverteilungen aus der Praxis sind vom links- oder rechtsschiefen Typ. Bei rechtsschiefen Verteilungen überwiegen der Anzahl nach die kleineren Messwerte, bei

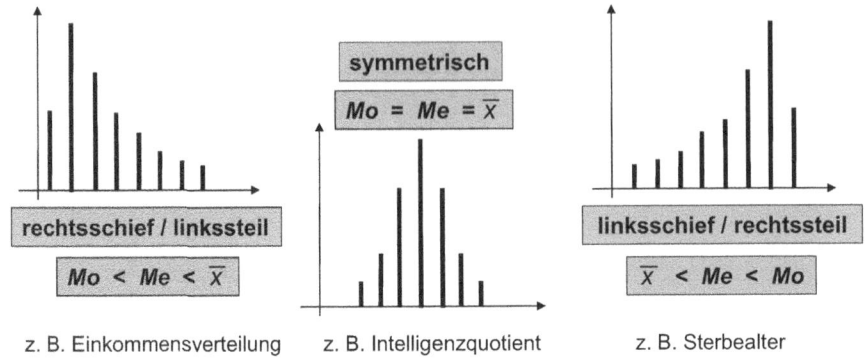

z. B. Einkommensverteilung   z. B. Intelligenzquotient   z. B. Sterbealter

Abb. 4.21 Symmetrieeigenschaften von Häufigkeitsverteilungen

linksschiefen Verteilungen die größeren. Einkommensverteilungen sind daher fast immer rechtsschief, da sie nach links durch die Null begrenzt sind, während größere und große Einkommen sich in Richtung der positiven Achse ohne Schranke ausdehnen können. Ausgehend vom häufigsten Einkommenswert nehmen deshalb die Häufigkeiten in Richtung Null rasch ab, während sie nach rechts hin langsamer abfallen.

Genau umgekehrt verhält es sich mit dem Sterbealter von Personen in ausreichend großen Gruppen. Im unteren und mittleren Altersbereich sind die Sterblichkeiten klein und damit niedrigere Sterbealter selten. Im Altersbereich zwischen 70 und 80 Jahren erreichen die Sterbezahlen ihren Gipfel. Bei ganz hohen Altern steigt zwar die Sterblichkeit noch weiter an, in dieser Gruppe sind aber nur noch wenige Personen vorhanden, sodass die absolute Häufigkeit dieser Sterbealter gering ist. Dieses Beispiel werden wir noch etwas vertieft in Abschn. 5.3.2 behandeln.

4.5   Streuungsparameter

Die im vorigen Kapitel beschriebenen Lageparameter geben Auskunft über eine mittlere oder repräsentative Position einer Werte- oder Häufigkeitsverteilung. Über die innere Struktur der Datenverteilung sagen sie hingegen nichts aus. Eine solche kann nur beschrieben werden, wenn man verschiedene Merkmalsausprägungen miteinander vergleichen kann. Das ist sinnvoll nur auf der Basis einer Metrik möglich, weswegen wir für dieses Kapitel stets eine metrische Skala voraussetzen.

Eine wichtige Eigenschaft einer Datenverteilung ist die Schwankung ihrer einzelnen Werte um die Mittellage, die wir mithilfe eines Lageparameters bestimmt haben. Diese Schwankung wird anhand diverser Streuungsparameter gemessen. Zur besseren Veranschaulichung bedienen wir uns in Abb. 4.22 einer zweidimensionalen Menge von Messpunkten.

Abb. 4.22 Schwankung von Messpunkten um ihre Mittellage

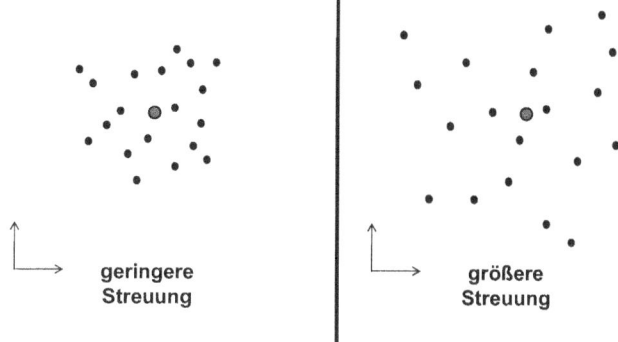

Was unterschiedlich starke Streuung praktisch bedeutet, zeigt das folgende Beispiel:

Schwankung von Aktienkursen

Gegeben seien zwei Aktien und ihre täglichen Kursnotierungen (in €) im Verlauf einer Handelswoche.

Insecura AG:	147,0	149,2	148,5	145,5	146,3
Kulanzia AG:	147,2	150,8	148,6	144,4	145,5

Für beide Papiere beträgt der mittlere Kurs, berechnet als arithmetischer Mittelwert, 147,3 €. Die Kulanzia-Aktie schwankt allerdings stärker um diesen Wert, wie die Darstellung auf einem Zahlenstrahl zeigt (vgl. Abb. 4.23).

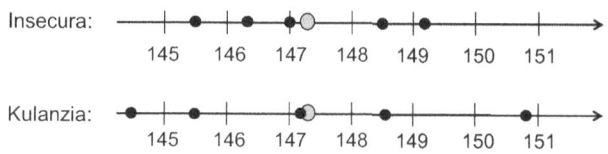

Abb. 4.23 Streuungsdiagramm zweier Aktienkursreihen

4.5.1 Spannweite

Das einfachste Streuungsmaß ist die Spannweite (*R*, von engl. *Range*). Damit wird lediglich die Ausdehnung des Bereichs der Messwerte beschrieben. Diese entspricht natürlich dem Abstand der äußeren Werte:

▸ **Spannweite** Als Spannweite *R* bezeichnet man die Differenz von größtem und kleinstem Messwert:

$$R = x_{\mathrm{max}} - x_{\mathrm{min}} .$$

(4.20)

Abb. 4.24 Ausreißer-
Abhängigkeit der Spannweite

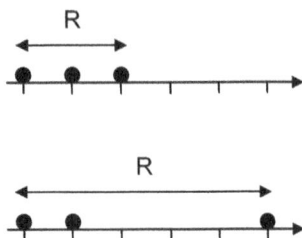

Im obigen Einführungsbeispiel zu diesem Abschnitt beträgt die Kurspannweite der Insecura-Aktie

$$R_{\text{Ins.}} = 149{,}2 - 145{,}5 = 3{,}7 \, \text{€} \, .$$

Die Kulanzia-Aktie hat eine Spannweite von

$$R_{\text{Kul.}} = 150{,}8 - 144{,}4 = 6{,}4 \, \text{€} \, .$$

Die Spannweite hängt zwangsläufig stark von Ausreißer-Werten ab (vgl. Abb. 4.24).

Die Spannweite ist zudem ein sehr grobes Streuungsmaß, da ja nur zwei Werte berücksichtigt werden, die genaue Verteilung der übrigen Messwerte fließt in diesen Parameter gar nicht ein. Deshalb suchen wir nach Maßen, die möglichst alle Messwerte berücksichtigt.

4.5.2   Mittlere Absolutabweichung

Bei der mittleren Absolutabweichung ist zunächst irgendein Lageparameter μ festzulegen. Anschließend wird der durchschnittliche Abstand aller Messwerte von diesem Parameter berechnet. Der Abstand zweier Werte ist dabei ihre positive Differenz. Da nicht von vornherein klar ist, welche Messwerte größer und welche kleiner als der Lageparameter sind, verwendet man für die Berechnungsformel den Betrag der Differenz:

▸ **Mittlere Absolutabweichung** Die mittlere Absolutabweichung (δ_μ) ist der ungewichtete arithmetische Mittelwert der Abstände aller Messwerte vom Lageparameter:

$$\delta_\mu = \frac{1}{n} \cdot \sum_{i=1}^{n} |x_i - \mu| \, . \tag{4.21}$$

Als Lageparameter wird in der Regel der Median verwendet.

Die mittlere Absolutabweichung kann für Häufigkeitsverteilungen wie in den schon bekannten Fällen auch etwas kompakter geschrieben werden:

$$\delta_\mu = \frac{1}{n} \cdot \sum_{i=1}^{k} h_i \cdot |x_i - \mu| = \sum_{i=1}^{k} f_i \cdot |x_i - \mu| \ . \tag{4.22}$$

Mittlere Absolutabweichung von Aktienkursen

Die mittleren Absolutabweichungen der Wochenkurse für die Insecura- und die Kulanzia-Aktie berechnen sich mit den beiden Medianwerten $Me_{Ins} = 147,0\,€$ und $Me_{Ins} = 147,2\,€$ zu

$$\delta_{Me;\,Ins} = \frac{1}{5} \cdot \big(|147,0 - 147,0| + |149,2 - 147,0| + |148,5 - 147,0| + \ldots$$

$$\ldots + |145,5 - 147,0| + |146,3 - 147,0| \big) = \frac{1}{5} \cdot (0 + 2,2 + 1,5 + 1,5 + 0,7) = 1,18\,€;$$

$$\delta_{Me;Kul} = \frac{1}{5} \cdot \big(|147,2 - 147,2| + |150,8 - 147,2| + \ldots \big)$$

$$= \frac{1}{5} \cdot (0 + 3,6 + 1,4 + 2,9 + 1,7) = 1,8\,€.$$

Unter allen Lageparametern ist derjenige von besonderem Interesse, für den die mittlere Absolutabweichung einen möglichst kleinen Wert annimmt. Man kann zeigen, dass der Median diese Minimumeigenschaft besitzt:

$$\delta_{Me} \leq \delta_\mu \quad \text{für alle möglichen Lageparameter } \mu. \tag{4.23}$$

Die Minimumeigenschaft sei an einem anderen Beispiel erläutert.

Schwankende Verkaufszahlen (I)

Die 5 Mitarbeiter eines Maklerbüros haben im vergangenen Monat jeweils 18, 23, 19, 24 und 16 Kfz-Versicherungen verkauft. Es ergeben sich als Mittelwerte $Me = 19$ und $\bar{x} = 20$. Die korrespondierenden mittleren Absolutabweichungen lauten $\delta_{Me} = 2,6$ und $\delta_{\bar{x}} = 2,8$.

Wenn wir die Abweichungen bezüglich des Medians skizzieren, ergibt sich Abb. 4.25. Der Konstruktion des Medians entsprechend bildet dieser den mittleren der 5 Werte, je 2 Werte sind größer bzw. kleiner. Die Abstände der kleineren Werte 16 und 18 lauten 3 und 1, die der größeren Werte 23 und 24 lauten 4 und 5. Verwenden wir einen leicht vom Median abweichenden Lageparameter, so vergrößert sich die eine Hälfte der Abstände etwas, während sich die andere um genau den gleichen Betrag verringert. Nur für den

Medianpunkt selber ergibt sich ein zusätzlicher Abstand, der die mittlere Absolutabweichung erhöht. In der Skizze haben wir dies mithilfe des arithmetischen Mittelwerts dargestellt.

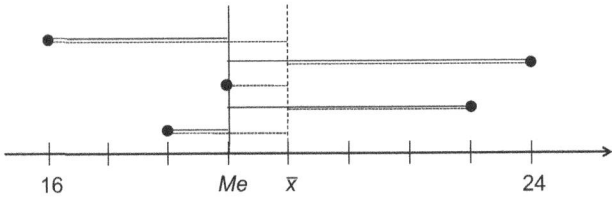

durchgezogene Linien: Abstände bezüglich des Medians

gepunktete Linien: Abstände bezüglich des arithmetischen
                           Mittelwerts

Abb. 4.25 Minimumeigenschaft des Medians

Auch der Median reagiert auf Ausreißer, allerdings in geringerem Maße als die Spannweite, da alle Abstände gemittelt werden und somit jeder einzelne Abstand nur zu einem n-tel in das Ergebnis einfließt.

Die mittlere Absolutabweichung ist wie die Spannweite ein sehr anschauliches Streuungsmaß, da sie sich unmittelbar geometrisch interpretieren lässt.

4.5.3   Varianz und Standardabweichung

In der Praxis wird die mittlere Absolutabweichung trotz ihrer geometrischen Anschaulichkeit selten verwendet, weil die dabei verwendeten Abstände mithilfe der mathematischen Betragsfunktion berechnet werden. Diese ist im Nullpunkt nicht differenzierbar. Um eine glatte Funktion zu erhalten, geht man zu quadrierten Abständen über. Dann kann man auf die Betragsfunktion verzichten, da die Quadratur sowieso stets nicht-negative Größen erzeugt.

Das Streuungsmaß, das auf den quadrierten Abständen basiert, wird als Varianz bezeichnet; die Quadratwurzel der Varianz heißt Standardabweichung.

▸ **Varianz und Standardabweichung** Die Varianz s^2 ist der ungewichtete Mittelwert der quadrierten Abstände aller Messwerte vom arithmetischen Mittelwert:

$$s^2 = \frac{1}{n} \cdot \sum_{i=1}^{n} (x_i - \bar{x})^2 \, . \tag{4.24}$$

Die Standardabweichung ist die positive Quadratwurzel der Varianz:

$$s = \sqrt{s^2} = \sqrt{\frac{1}{n} \cdot \sum_{i=1}^{n} (x_i - \bar{x})^2} \, . \tag{4.25}$$

Die Varianz könnte wie die mittlere Absolutabweichung bezüglich verschiedener Lageparameter definiert werden. Praktisch relevant ist jedoch nur der arithmetische Mittelwert, der der typische Lageparameter für metrisch skalierte Merkmale ist. Zudem gilt auch für die Varianz und die Standardabweichung eine Minimumeigenschaft bezüglich des arithmetischen Mittelwerts, d. h. jeder andere Lageparameter bezüglich derselben Messdaten bewirkt für Varianz und Standardabweichung höhere Werte.

Die Varianz ist mathematisch vergleichsweise leicht zu handhaben. Im Gegensatz zur mittleren Absolutabweichung ist sie aber eine vollkommen unanschauliche Größe. Deswegen spielt für die Interpretation die Standardabweichung eine größere Rolle als die Varianz. Die Standardabweichung ist als Streuungsparameter so dominant, dass sie oft auch nur kurz als Streuung bezeichnet wird. Sie wird im Gegensatz zur Varianz nicht in der quadrierten Maßeinheit, sondern in derselben Einheit gemessen wie das zugrunde liegende Merkmal. Knapp gesprochen gilt bei Varianz und Standardabweichung meistens die folgende Arbeitsteilung:

- Theoretische mathematische Analysen erfolgen mithilfe der Varianz.
- Praktische Anwendungen erfolgen mithilfe der Standardabweichung.

Im Vergleich zur mittleren Absolutabweichung werden bei Varianz und Standardabweichung in Folge der Quadratur größere Abstände stärker gewichtet. Weiter außen liegende Messwerte beeinflussen also das Ergebnis überproportional gegenüber Messwerten, die nah beim Mittelwert liegen.

Schwankende Verkaufszahlen (II)

Das vorige Beispiel der Vertriebsleistung eines Maklerbüros ergab einen Medianwert von 19 und einen arithmetischen Mittelwert von 20 verkauften Kfz-Versicherungsverträgen pro Mitarbeiter. Für die Varianz und die Standardabweichung errechnen wir also

$$s^2 = \frac{1}{5} \cdot \left[(18 - 20)^2 + (23 - 20)^2 + (19 - 20)^2 + (24 - 20)^2 + (16 - 20)^2 \right] = 9{,}2 \, ;$$

$$s = \sqrt{9{,}2} = 3{,}03 \, .$$

Dies bedeutet, dass die Verkaufszahlen der einzelnen Vermittler durchschnittlich um rund 3 Verträge um den Mittelwert schwanken. Das ist ein höherer Wert als sich für die mittlere Absolutabweichung ergibt (2,6 bezüglich des Medians; 2,8 bezüglich des arithmetischen Mittelwerts), weil die Berechnungsformel die Werte 16 und 24 deutlich stärker gewichtet: Zur Summe der quadrierten Abstände (46) tragen beide jeweils zu gut einem Drittel bei, zur Summe der einfachen Abstände (14) dagegen jeweils 4, also nur knapp 29 %.

Bei einer Häufigkeitsverteilung ändert sich die Varianzformel zu

$$s^2 = \frac{1}{n} \cdot \sum_{i=1}^{k} h_i \cdot (x_i - \bar{x})^2 = \sum_{i=1}^{k} f_i \cdot (x_i - \bar{x})^2 \; . \tag{4.26}$$

Rühren die Häufigkeiten von klassifizierten Daten her, so sind in dieser Formel die Merkmalswerte x_i durch die Klassenmitten m_i zu ersetzen. Die Standardabweichung bleibt natürlich weiterhin die Quadratwurzel der Varianz.

Ersatzweise kann die Varianz auch mithilfe der folgenden Formeln berechnet werden, bei denen vom arithmetischen Mittelwert der quadrierten Messwerte der quadrierte Mittelwert auf Basis der einfachen Messwerte abgezogen wird. Kurz gesagt: „Varianz gleich Mittelwert der Quadrate minus Quadrat des Mittelwerts (MQ-QM)".

$$s^2 = \left(\frac{1}{n} \cdot \sum_{i=1}^{n} x_i^2 \right) - \bar{x}^2 \quad \text{bzw.} \quad s^2 = \left(\frac{1}{n} \cdot \sum_{i=1}^{m} h_i \cdot x_i^2 \right) - \bar{x}^2 = \left(\sum_{i=1}^{m} f_i \cdot x_i^2 \right) - \bar{x}^2 \tag{4.27}$$

Schwankende Verkaufszahlen (III)

Wir berechnen noch einmal die Standardabweichung der Vertriebsleistung mit der MQ-QM-Formel. Die mittlere Verkaufszahl der 5 Vertreter betrug genau 20 Policen pro Monat. Daraus errechnet sich die Varianz zu

$$s^2 = \frac{1}{5} \cdot \left(18^2 + 23^2 + 19^2 + 24^2 + 16^2 \right) - 20^2 = \frac{2046}{5} - 400 = 9{,}2 \; .$$

Eins zu wenig oder eins zu viel?

In der Wahrscheinlichkeitsrechnung und schließenden Statistik werden Varianzen von Stichproben bestimmt. Die Berechnungsformeln der gemittelten Abstandsquadrate unterscheiden sich von den oben eingeführten dadurch, dass die Mittelung mit dem Faktor $1/(n-1)$ statt mit $1/n$ vorgenommen wird, also z. B.

$$s^2 = \frac{1}{n-1} \cdot \sum_{i=1}^{n} (x_i - \bar{x})^2 \; . \tag{4.28}$$

Der Grund liegt darin, dass der Lageparameter in Stichproben nur eine Schätzung für den wahren Lageparameter der Grundgesamtheit darstellt. Diese Schätzung kostet einen Teil der Information der Stichprobe (sogenannte Freiheitsgrade), weswegen der Nenner des Skalierungsfaktors um 1 reduziert werden muss auf $n-1$.

Es ist daher in vielen Literaturquellen und auch Statistik-Softwareprogrammen üblich, die Varianz auch in der deskriptiven Statistik mit dem kleineren Nenner zu berechnen. Dies vereinheitlicht die Berechnungsformeln, hebt allerdings die Interpretation der Formel als exakten Mittelwert der Abstandsquadrate auf. Wir bleiben daher der anderen Sichtweise treu, bei der die Varianz von Grundgesamtheiten mit dem Faktor $1/n$, die Varianz von Stichproben dagegen mit $1/(n-1)$ berechnet wird.

4.5.4 Variationskoeffizient

Die bisher betrachteten Streuungsparameter hängen von den absoluten Messwerten ab. Will man verschiedene Konstellationen vergleichen, die beispielsweise in unterschiedlichen Maßeinheiten erfasst wurden, benötigt man ein von der Maßeinheit unabhängiges Streuungsmaß. Ein solches ist einfach zu gewinnen, indem man die Standardabweichung in Beziehung zum Mittelwert setzt:

▸ **Variationskoeffizient** Gegeben sei ein Merkmal mit nichtnegativen (≥ 0) Merkmalsausprägungen und positivem (> 0) arithmetischem Mittelwert. Der Variationskoeffizient VK, auch Streuungskoeffizient genannt, ist dann definiert als Quotient aus Standardabweichung und arithmetischem Mittelwert:

$$VK = \frac{s}{\bar{x}} \qquad (4.29)$$

Die Voraussetzungen an das Merkmal, die z. B. bei verhältnisskalierten Merkmalen erfüllt sind, garantieren eine sinnvolle Beschränkung der Standardabweichung im Verhältnis zum Mittelwert.

Da Zähler und Nenner in derselben Einheit gemessen werden, ist der Variationskoeffizient eine dimensionslose Größe, die die prozentuale Schwankung der Messwerte um den arithmetischen Mittelwert misst.

- Variationskoeffizient und Standardabweichung verhalten sich proportional: Bei konstantem arithmetischem Mittelwert ist der Variationskoeffizient umso größer (kleiner), je größer (kleiner) die Standardabweichung ist.
- Variationskoeffizient und arithmetischer Mittelwert verhalten sich antiproportional: Bei konstanter Standardabweichung ist der Variationskoeffizient umso größer (kleiner), je kleiner (größer) der arithmetische Mittelwert ist.

Schwankung von Aktienkursen

Zu den Euro-Kursnotierungen

| Insecura AG: | 147,0 | 149,2 | 148,5 | 145,5 | 146,3 |
| Kulanzia AG: | 147,2 | 150,8 | 148,6 | 144,4 | 145,5 |

gehört für beide Gesellschaften der mittlere Aktienkurs 147,3 €. Die Standardabweichungen berechnen sich zu $s_{\text{Insecura}} = 1{,}37$ € und $s_{\text{Kulanzia}} = 2{,}26$ €. Die Variationskoeffizienten betragen $VK_{\text{Insecura}} = 0{,}009$ und $VK_{\text{Kulanzia}} = 0{,}015$. Die Tageskurse der Insecura schwanken also mit rund 0,9 % des Durchschnittskurses, die Kulanzia-Kurse mit ca. 1,5 %. Da die beiden Durchschnittskurse übereinstimmen, stehen die (relativen)

Variationskoeffizienten im selben Verhältnis zueinander wie die (absoluten) Standardabweichungen.

Erweitern wir die Betrachtung um das Kursprofil der

Vanitas AG:	49,4	53,0	50,8	46,6	47,7 ,

so ergeben sich zunächst der mittlere Wochenkurs 49,5 € und die Standardabweichung
$s_{Vanitas} = 2,26$ €, die exakt mit dem Wert $s_{Kulanzia}$ der Kulanzia übereinstimmt. Da aber
die mittleren Kurse beider Aktien sich um nahezu den Faktor 3 unterscheiden, ist auch
die prozentuale Schwankung des Variationskoeffizienten $VK_{Vanitas} = 0,046$ rund dreimal
so groß wie bei der Kulanzia-Aktie.

Die Dimensionsfreiheit des Variationskoeffizienten bewirkt folgende Skalierungsinva-
rianz: Entstehen die Werte einer Messreihe durch Multiplikation einer anderen Messreihe
mit einem konstanten Faktor, stimmen die Variationskoeffizienten beider Zahlenreihen
überein. Es unterscheiden sich nämlich sowohl die Mittelwerte als auch die Standardabweichungen beider Zahlenreihen jeweils um denselben konstanten Faktor.

Umrechnungsfaktor

Die Insecura-Aktie notiert bei einem Wechselkursverhältnis von 1,27 US$ pro € in der
betrachteten Woche wie folgt.

Insecura AG [$]:	115,7	117,5	116,9	114,6	115,2

Dem Durchschnittskurs von 147,3 € und der Standardabweichung von 1,37 € entsprechen in US$ ein Durchschnittskurs von 116,0 und eine Standardabweichung von
1,07. Der Variationskoeffizient beträgt in beiden Währungen 0,009.

4.5.5   Verteilungsparameter höherer Ordnung

Die beiden Verteilungen

$$X: \quad x_1 = -3, \; x_2 = 1, \; x_3 = 1, x_4 = 5, x_5 = 5, x_6 = 9, x_7 = 9, x_8 = 13$$

und

$$Y: \quad y_1 = -3, \; y_2 = 5, \; y_3 = 9, \; y_4 = 9$$

haben die Lage- und Streuungsparameter

$$\bar{x} = \bar{y} = 5 \; ; \quad s_{(X)} = s_{(Y)} = \sqrt{24} \; .$$

Offensichtlich ist die Struktur beider Verteilungen grundverschieden, beispielsweise
nach der Anzahl der Messwerte oder der Symmetrieeigenschaft. Dies zeigt, dass Lage- und

Streuungsparameter bei metrischen Datenverteilungen nicht immer ausreichen, um diese zu charakterisieren. Dazu werden weitere Parameter wie die Schiefe oder die Wölbung definiert.

Die Schiefe misst die Abweichung von der Symmetrie. Symmetrische Verteilungen haben eine Schiefe von Null, bei rechtsschiefen (linksschiefen) Verteilungen ist sie hingegen positiv (negativ).

Mithilfe der Wölbung, auch Kurtosis genannt wird gemessen, wie stark die Daten im Zentrum einer Verteilung konzentriert sind.

Momente von Verteilungen

Statistische Verteilungen lassen sich mithilfe ihrer sogenannten Momente im Prinzip beliebig genau beschreiben. Das zentrale Moment M_k der Ordnung k einer Verteilung ist definiert als

$$M_k = \frac{1}{n} \cdot \sum_{i=1}^{n} (x_i - \bar{x})^k \quad \text{bzw.} \quad M_k = \frac{1}{n} \cdot \sum_{i=1}^{m} h_i \cdot (x_i - \bar{x})^k = \sum_{i=1}^{m} f_i \cdot (x_i - \bar{x})^k . \tag{4.30}$$

Das zweite zentrale Moment entspricht gerade der Varianz. Mithilfe des dritten zentralen Moments kann durch

$$g_S = \frac{M_3}{s^3} \tag{4.31}$$

ein Maß für die Schiefe definiert werden, das der oben beschriebenen Einteilung entspricht: Symmetrische Verteilungen sind charakterisiert durch $g_S = 0$, für rechtsschiefe Verteilungen gilt $g_S > 0$, für linksschiefe $g_S < 0$ (vgl. Abb. 4.26a).

Durch

$$g_W = \frac{M_4}{s^4} - 3 \tag{4.32}$$

wird ein Wölbungsmaß festgelegt, das gerade so skaliert ist, dass es für normalverteilte Daten den Wert Null annimmt. Die Normalverteilung ist – der Name sagt es – ein häufig in realen Prozessen auftretender Verteilungstyp, den wir eingehend in Abschn. 7.3 untersuchen. Spitzere Verteilungen, bei denen weniger Werte im Zentrum und mehr Werte in den Flanken abseits des Zentrums konzentriert sind, sind stärker gewölbt als die Normalverteilung: $g_W > 0$. Bei weniger spitzen Verteilungen ist die Wölbung geringer und daher $g_W < 0$ (vgl. Abb. 4.26b).

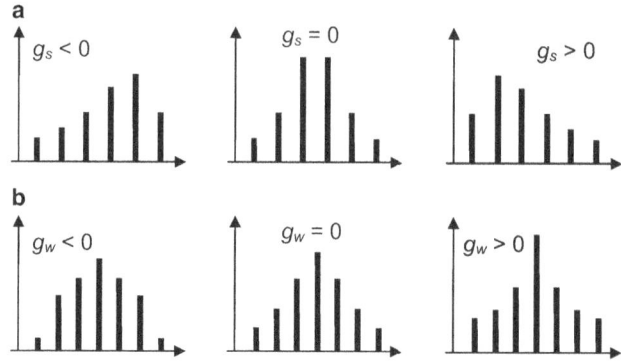

Abb. 4.26 Schiefemaße (**a**) und Wölbungsmaße (**b**)

4.6   Konzentrationsmessung

Nein, hier geht es nicht um die Aufmerksamkeit der Leser für die Grundlagen der Statistik. Bei der Konzentrationsmessung wird vielmehr die Frage untersucht, wie sich der Gesamtbetrag eines Merkmals (Merkmalsgesamtbetrag, MGB) auf die einzelnen Merkmalsträger verteilt. Konzentrationsmaße stellen insofern einen anderen Ansatz zur Streuungsmessung dar und setzen daher immer eine Metrik voraus.

Konzentration auf dem Gehaltszettel

Die 10 Mitarbeiter eines Callcenters bekommen alle das gleiche Gehalt in Höhe von 2000 € im Monat. Das Merkmal Einkommen zeigt keine Konzentration, da es für alle Merkmalsträger denselben Wert annimmt, das Gesamteinkommen sich also ganz gleichmäßig verteilt. Da das Merkmal nur eine einzige Ausprägung annimmt, kann man nicht guten Gewissens von einer Verteilung sprechen, denn diese besteht nur aus dem Wert 2000 € mit der maximal möglichen Häufigkeit $h = n = 10$. Dies ist der einzige denkbare Fall, in dem der arithmetische Mittelwert mit allen Einzelwerten identisch ist, es gibt also weder unterdurchschnittlich niedrige noch überdurchschnittlich hohe Werte. Zugleich nimmt jedes vernünftige Streuungsmaß den Wert Null an, z. B. die Spannweite (weil ja $x_{min} = x_{max} = 2000$) oder die Standardabweichung.

In der Ortsgruppe eines Strukturvertriebs verdienen 9 der 10 Mitarbeiter jeweils 1000 € im Monat, der Gruppenleiter aber 11.000 €. Mehr als die Hälfte des Gesamteinkommens der Gruppe von 20.000 € entfällt also auf eine einzige Person, sodass man von einer deutlichen Konzentration des Merkmals sprechen kann. Es liegt eine „echte" Verteilung vor mit mehreren verschiedenen Ausprägungen und positivem Streuungsmaß.

Der Gegensatz zur gleichmäßigen Verteilung eines Merkmals wäre dessen vollständige Konzentration auf einem einzigen Merkmalsträger: Die 9 Mitarbeiter verdienen dann gar nichts, der Leiter erzielt das gesamte Einkommen (vgl. Abb. 4.27).

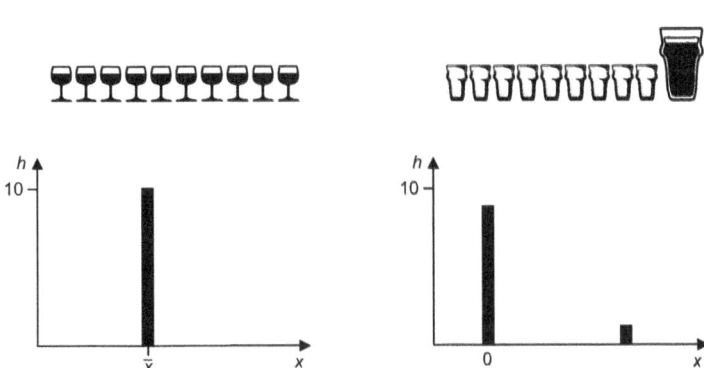

Abb. 4.27 Nullkonzentration und Vollkonzentration

In den Einführungsbeispielen haben wir die beiden äußersten Fälle kennengelernt:

- Keinerlei Konzentration bei gleichmäßiger Aufteilung des MGB. Es liegt *keine* echte Verteilung mit mehreren verschiedenen Merkmalsausprägungen vor.
- Vollständige Konzentration des MGB auf einen einzigen Merkmalsträger, alle anderen haben den Wert Null.

Das reale Leben spielt sich in aller Regel zwischen diesen Extremen ab. Konzentrationsmaße helfen bei der Entscheidung, ob sich eine Verteilung eher dem einen oder anderen Extrem zuneigt.

Achtung: Gleichmäßige Verteilung bedeutet nicht dasselbe wie Gleichverteilung! Bei der gleichmäßigen Verteilung gibt es nur eine identische Ausprägung des Merkmals für alle Merkmalsträger, die Gleichmäßigkeit bezieht sich auf den MGB. Gleichverteilung ist hingegen der Fachbegriff für eine Verteilung, bei der alle möglichen Merkmalswerte gleich oft auftreten, die Gleichmäßigkeit bezieht sich dabei auf die Gesamtheit der Merkmalsausprägungen.

Die Konzentrationsmessung bezieht sich immer auf eine gegebene Verteilung der Ausprägungen eines Merkmals, sie erfolgt daher statisch. Der dynamische Konzentrationsbegriff bezieht sich dagegen auf zeitliche Veränderungen, etwa den Konzentrationsprozess in einer Branche durch Unternehmensinsolvenzen, Unternehmensübernahmen oder Unternehmensfusionen.

Man unterscheidet relative und absolute Konzentrationsmessung. Die relative Konzentrationsmessung beantwortet die Frage: Wie viel Prozent des MGB entfallen auf wie viel Prozent (Anteil) der Merkmalsträger? Bei der absoluten Konzentrationsmessung geht es hingegen um die Frage: Wie viel Prozent des MGB entfallen auf wie viele (Anzahl) der Merkmalsträger?

4.6.1 Relative Konzentrationsmessung

Die Leitfrage lautet: Wie viel Prozent des MGB entfallen auf wie viel Prozent der Merkmalsträger? Ist der MGB gleichmäßig verteilt, stimmen beide Prozentwerte stets überein. Im Fall des Callcenters entfallen beispielsweise 20 % des Gesamteinkommens (4000 von 20.000 €) auf 20 % der Mitarbeiter (2 von 10).

Die gleichmäßige Verteilung, zumal die des Einkommens, tritt in der Realität so gut wie nie auf. Stattdessen setzt sich eine reale Verteilung aus kleineren und größeren Messwerten zusammen, wie das nächste Beispiel zeigt:

Noch einmal: Konzentration auf dem Gehaltszettel

Die 10 Mitarbeiter in der Schadenregulierung der Kulanzia AG haben folgende Verteilung der monatlichen Bruttoeinkommen (Tab. 4.17).

Tab. 4.17 Konzentration einer Einkommensverteilung

i	1	2	3	4	5	6	7	8	9	10
x_i	1450	1780	1840	1940	2150	2170	2380	2840	3520	4930

Merkmal X: Monatseinkommen in Euro.

Insgesamt verdienen die 10 Mitarbeiter monatlich 25.000 €. Das Durchschnittseinkommen (arithmetischer Mittelwert) liegt also bei 2500 €. Das niedrigste Einkommen
entspricht einem Anteil von 1450/25.000 = 0,058, also 5,8 % des Gesamteinkommens.
Dieser Anteil entfällt auf 10 % der Abteilungsmitarbeiter, nämlich genau einen. Die
beiden niedrigsten Einkommen repräsentieren mit zusammen 3230 € rund 12,9 % des
Gesamteinkommens, aber 20 % der Belegschaft usw. Die Einkommensanteile liegen also niedriger als die Anteile der dabei betroffenen Mitarbeiter der Schadenabteilung. Das
muss auch so sein, da wir die Betrachtung bei den niedrigen, also unterdurchschnittlich
großen Werten begonnen haben.

Die Prozentanteile am MGB und an der Gesamtzahl der Mitarbeiter werden nun durch
fortschreitende Einbeziehung aller Einkommenswerte in aufsteigender Höhe miteinander
verglichen und paarweise aufgezeichnet.

Liegen die Werte der Verteilung aufsteigend angeordnet vor, definieren wir zunächst die
relative Summenhäufigkeit des Merkmals für die ersten i Messwerte:

$$F_i^{\#} = \frac{x_1 + x_2 + \ldots + x_{i-1} + x_i}{x_1 + x_2 + \ldots + x_{n-1} + x_n} = \frac{1}{\text{MGB}} \cdot \sum_{j=1}^{i} x_j \,. \tag{4.33}$$

Es gilt definitionsgemäß $F_0^{\#} = 0$ und $F_n^{\#} = 1$.

Die Bestimmung der prozentualen Anteile F_i der Merkmalsträger, zu denen die kleinsten i Messwerte gehören, ist einfacher, nämlich

$$F_i = \frac{i}{n} \,. \tag{4.34}$$

Beispiel

Tab. 4.18 Hilfswerte zur Konzentrationsbestimmung

i	1	2	3	4	5	6	7	8	9	10
F_i	0,1	0,2	0,3	0,4	0,5	0,6	0,7	0,8	0,9	1,0
x_i	1450	1780	1840	1940	2150	2170	2380	2840	3520	4930
$\sum x_i$	1450	3230	5070	7010	9160	11.330	13.710	16.550	20.070	25.000
$F_i^{\#}$	0,058	0,129	0,203	0,280	0,366	0,453	0,548	0,662	0,803	1,000

Abb. 4.28 Beispiel einer Lorenzkurve

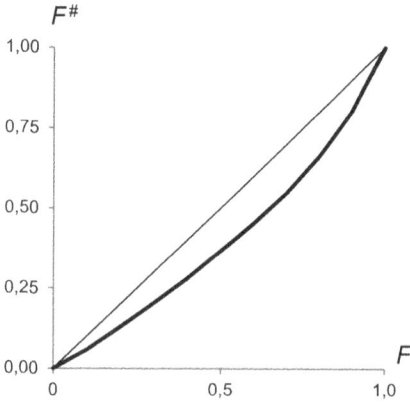

Die Punkte mit den Koordinaten $(F_i, F_i^{\#})$ werden für alle Merkmalsträger in ein zweidimensionales Diagramm eingetragen. Dazu gehören immer die Randpunkte $(0,0)$ für $i = 0$ und $(1,1)$ für $i = n$. Die Punkte werden durch einen Polygonzug verbunden, die sogenannte Lorenzkurve (vgl. Abb. 4.28).

Wie sehen Lorenzkurven nun aber aus? Wenn das Merkmal nicht konzentriert ist, gilt wegen der gleichmäßigen Verteilung des Merkmals, dass alle Punkte auf der Winkelhalbierenden, einer Ursprungsgeraden mit Steigungswinkel 45°, liegen, denn dann gilt $F_i = F_i^{\#}$ für alle i.

Liegt hingegen Konzentration vor, liegen die Punkte unterhalb der Winkelhalbierenden, das heißt es gilt $F_i < F_i^{\#}$. Je stärker die Konzentration ist, desto größer ist der Anteil des MGB, der auf die großen Ausprägungen entfällt. Im Extremfall totaler Konzentration treten nur die Messwerte $x_1 = \ldots = x_{n-1} = 0$ und $x_n = $ MGB auf. Die Lorenzpunkte liegen dann bis auf den rechten Randpunkt $(1, 1)$ alle auf der waagerechten Achse.

In den extremen Fällen liegt also die Lorenzkurve auf der Winkelhalbierenden (keine Konzentration) oder fällt nahezu mit den beiden Koordinatenachsen zusammen. Ansonsten verläuft sie mehr oder weniger stark gekrümmt unterhalb der Winkelhalbierenden. Die Krümmung ist umso stärker, je größer die Konzentration des Merkmals ist. Die verschiedenen Fälle zeigt Abb. 4.29.

Abb. 4.29 Typische Lorenzkurven

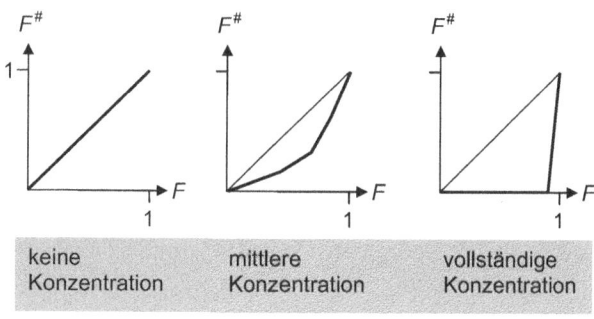

Liegen der Betrachtung Häufigkeitsverteilungen oder klassifizierte Daten zugrunde, erfahren die Berechnungsformeln der Hilfsgrößen die schon mehrfach demonstrierte Anpassung:

$$F_i^\# = \frac{1}{\text{MGB}} \cdot \sum_{j=1}^{i} \left(h_j \cdot x_i \right) \quad \text{bzw.} \quad F_i^\# = \frac{1}{\text{MGB}} \cdot \sum_{j=1}^{i} \left(h_j \cdot m_i \right); \quad F_i = \frac{1}{\text{MGB}} \cdot \sum_{j=1}^{i} h_j; \quad (4.35)$$

außerdem $F_k^\# = F_k = 1$.

Die Lorenzkurve liefert eine geometrische Darstellung der Konzentration eines Merkmals. Zudem wünscht man sich aber eine Kennzahl, mit der man die Konzentration auch messen kann. An eine solche Kennzahl stellt man sinnvollerweise einige Anforderungen:

- Liegt keine Konzentration vor, sollte das Konzentrationsmaß Null sein.
- Bei maximaler Konzentration sollte das Konzentrationsmaß den Wert 1 annehmen. Das ist eine übliche Normierung und für den Vergleich verschiedener Konzentrationen besser geeignet als ein nach oben unbegrenztes Maß.
- Konzentrationen, die zwischen den beiden Extremfällen liegen, ergeben eine Maßzahl zwischen 0 und 1.

Ein solches Konzentrationsmaß können wir mithilfe der Lorenzkurve leicht gewinnen. Die Konzentration steht offenbar in einer Beziehung zu der Fläche, die zwischen der 45°-Linie und der Lorenzkurve liegt, denn diese ist klein oder groß, wenn die Konzentration klein oder groß ist. Da das maximale Flächenmaß unter der 45°-Linie den Wert $A_{\max} = 0,5$ hat (die Hälfte des Einheitsquadrats), setzen wir die Fläche A in Beziehung dazu und definieren als Konzentrationsmaß den sogenannten Gini-Koeffizienten GK:

$$\text{GK} = \frac{A}{0,5} = 2 \cdot A \qquad (4.36)$$

Dieses Konzentrationsmaß liegt zwischen 0 und dem Maximalwert $\text{GK}_{\max} = 1 - 1/n$. Die Normierungsbedingung lässt sich sicherstellen, indem man den korrigierten Gini-Koeffizienten

$$\text{GK}_{\text{korr}} = \frac{\text{GK}}{\text{GK}_{\max}} \qquad (4.37)$$

bestimmt, was bei größeren Werten von n aber gar nicht nicht notwendig ist. Wir brauchen jetzt nur noch ein Verfahren, um die Fläche A zwischen Lorenzkurve und 45°-Linie zu berechnen. Dies gelingt mithilfe einer einfachen geometrischen Überlegung. Wir berechnen anstelle von A die komplementäre Fläche A^C unterhalb der Lorenzkurve, A hat dann den Wert $0,5\,A^C$. A^C setzt sich offenbar aus Trapezflächen zusammen, da die Lorenzkurve ein Polygonzug ist. Die vier Eckpunkte eines solchen Trapezes haben die F-Koordinaten F_{i-1} und F_i, die $F^\#$-Koordinaten lauten $F_{i-1}^\#$ und $F_i^\#$ (vgl. Abb. 4.30). Die Fläche des Trapezes

Abb. 4.30 Zur Berechnung des Gini-Koeffizienten

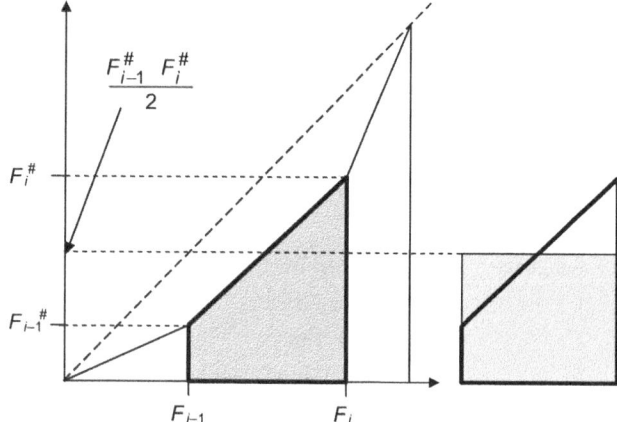

entspricht der Rechteckfläche mit Grundseitenlänge $F_i - F_{i-1}$ und Höhe $(F_{i-1}^\# + F_i^\#)/2$. Aus diesen Zutaten ergibt sich dann für den Gini-Koeffizienten:

$$\mathrm{GK} = 1 - \sum_{i=1}^{n} (F_i - F_{i-1}) \cdot \left(F_{i-1}^\# + F_i^\#\right) .$$

Da $F_0^\# = 0$, $F_n^\# = 1$ und die $F^\#$-Werte immer bei zwei benachbarten Trapezflächen auftreten, vereinfacht sich die Berechnungsformel zu

$$\mathrm{GK} = 1 - \frac{1}{n} \cdot \left(2\left(\sum_{i=1}^{n} F_i^\#\right) - 1\right) . \tag{4.38}$$

Konzentration: schwach

Im Beispiel von Tab. 4.18 ergibt sich für die Summe der $F_i^\#$ der Wert 4,502. Der Gini-Koeffizient lautet

$$\mathrm{GK} = 1 - \frac{1}{10} \cdot (2 \cdot 4,502 - 1) = 0,1996 ,$$

was einer eher schwachen Konzentration entspricht.

4.6.2 Absolute Konzentrationsmessung

Die Leitfrage lautet diesmal: Wie viel Prozent des MGB entfallen auf wie viele Merkmalsträger? Hierbei interessiert man sich üblicherweise für die Anzahl der Merkmalsträger, auf die ein hoher Prozentsatz des MGB entfällt. Die Betrachtung führen wir deshalb jetzt durch, indem wir von einer absteigenden Anordnung der Messwerte ausgehen.

Konzentration unter Lebensversicherern

Die 97 deutschen Lebensversicherungsunternehmen erzielten laut GDV im Jahr 2011 Gesamtbruttobeitragseinnahmen von 83,188 Mrd. €. Die zehn größten Gesellschaften haben dabei wie folgt abgeschnitten (Tab. 4.19).

Tab. 4.19 Die zehn größten deutschen Lebensversicherer nach gebuchten Bruttobeiträgen (ohne RfB)

Rangfolge	Unternehmen	Beiträge in Mio. €
1	Allianz Leben	14.829
2	R+V Leben	4457
3	AachenMünchener Leben	4453
4	Generali Leben	4052
5	Zurich Deutscher Herold	3808
6	Ergo Leben	3363
7	Debeka VVaG	3288
8	HDI-Gerling Leben	2290
9	Nürnberger	2260
10	AXA Leben	2173

Quelle: Zeitschrift für Versicherungswesen, Heft 16, 2012.

Der Anteil der größten Gesellschaft am Beitragskuchen beträgt

$$C_1 = \frac{14.829}{83.188} = 17,8\,\%\,,$$

der Anteil der beiden größten Gesellschaften

$$C_2 = \frac{14.829 + 4.457}{83.188} = 23,2\,\%\,.$$

Die C_i bezeichnen also allgemein den Anteil der i wertgrößten Merkmalsträger am MGB und werden i-te Konzentrationsrate genannt mit

$$C_i = \frac{x_1 + \ldots + x_i}{x_1 + \ldots + x_n} = \frac{\sum_{j=1}^{i} x_j}{\text{MGB}}\,. \tag{4.39}$$

Die Konzentrationsraten lassen die Information der Messreihe größtenteils ungenutzt. Alternativ wird deshalb als absolutes Konzentrationsmaß für die gesamte Verteilung auch der leicht zu berechnende Herfindahl-Index H verwendet:

$$H = \frac{\sum_{i=1}^{n} x_i^2}{\left(\sum_{i=1}^{n} x_i\right)^2} = \frac{1}{\text{MGB}^2} \cdot \sum_{i=1}^{n} x_i^2\,. \tag{4.40}$$

Der Herfindahl-Index liegt zwischen $1/n$ und 1: Bei gleichmäßiger Verteilung gibt es n identische Messwerte vom Betrag MGB/n und

$$H = \frac{1}{\text{MGB}^2} \cdot \sum_{i=1}^{n} \left(\frac{\text{MGB}}{n} \right)^2 = \frac{1}{\text{MGB}^2} \cdot n \cdot \frac{\text{MGB}^2}{n^2} = \frac{1}{n} . \tag{4.41}$$

Bei totaler Konzentration gilt $x_n = \text{MGB}$ und daher $H = 1$.

Noch einmal: Konzentration schwach

Für das Beispiel in Tab. 4.18 ergibt sich mit $\text{MGB}_2 = 625.000.000$ und

$$\sum_{i=1}^{10} x_i^2 = 72.176.800$$

ein Herfindahl-Index $H = 72.176.800/625.000.000 = 0{,}115$.

Abschließend schauen wir uns noch ein vergleichendes Beispiel an, um die unterschiedlichen Effekte der Verteilungsstruktur auf relative und absolute Konzentrationsmaße anhand von Gini-Koeffizient und Herfindahl-Index zu studieren. Dabei wird offenbar, dass die unterschiedliche Vergleichsbasis (Anteil gegenüber Anzahl) eine unterschiedliche Reaktion der beiden Typen von Konzentrationsmaßen auf gleichartige Veränderungen der Verteilungen nach sich zieht.

Konzentrationsmaße im Vergleich

In Tab. 4.20 werden sieben Prämienszenarien einander gegenübergestellt, die Szenarien I bis IV basieren auf 4, die drei anderen auf 8 Unternehmen. Das gesamte Prämienaufkommen ist auf 100 Einheiten normiert.

Tab. 4.20 Prämienszenarien im Vergleich

Unternehmen	Verteilung						
	I	II	III	IV	V	VI	VII
A	100	40	25	50	20	25	12,5
B	0	30	25	20	20	25	12,5
C	0	20	25	15	15	25	12,5
D	0	10	25	15	15	25	12,5
E					10	0	12,5
F					10	0	12,5
G					5	0	12,5
H					5	0	12,5
GK	0,75	0,25	0,00	0,280	0,25	0,50	0,000
H	1,00	0,30	0,25	0,335	0,15	0,25	0,125

In den Szenarien I und III nehmen die beiden Maße jeweils ihre Extremwerte an. Szenario I bedeutet totale Konzentration, daher gilt $GK = 1 - 1/n = 0{,}75$ und $H = 1$. In Szenario III liegt gleichmäßige Verteilung vor, das bedeutet $GK = 0$ und $H = 1/n = 0{,}25$.

Bei Szenario VI wurde gegenüber III zwar die Zahl der Unternehmen verdoppelt, die hinzugekommenen Unternehmen sind aber am Prämienaufkommen nicht beteiligt. Der Herfindahl-Index als absolutes Konzentrationsmaß nimmt in beiden Fällen den Wert 0,25 an, da jeweils ein Viertel (zwei Viertel usw.) aller Prämieneinnahmen auf ein (auf zwei usw.) Unternehmen entfallen. Der Gini-Koeffizient hingegen nimmt von III zu VI zu, da zunächst 100 %, bei Szenario VI aber nur noch 50 % der Unternehmen erforderlich sind, um den gesamten MGB aufzunehmen. Bei Szenario VII hingegen liegt wie bei III eine gleichmäßige Verteilung vor, die ebenfalls einer relativen Konzentration von 0 entspricht. Die absolute Konzentration halbiert sich dagegen, weil gleiche Anteile des MGB sich bei VII auf die doppelte Anzahl von Unternehmen verteilen wie bei III.

Beim Vergleich der Szenarien II und V fällt auf, dass die relative Konzentration übereinstimmt, da beispielsweise ein Prämienanteil von 40 % in beiden Fällen mit einem Anteil von 25 % der beteiligten Unternehmen korrespondiert. Die absolute Konzentration hingegen halbiert sich, da sich die korrespondierende Anzahl von Unternehmen von Szenario II zu V verdoppelt.

Bei Szenario II zeigt die Verteilung des Merkmals eine stärkere Krümmung als bei IV. Größter und kleinster Wert von IV liegen höher als bei II, bei den mittleren Werten verhält es sich umgekehrt.

Weiterführende Literatur

Bleymüller J, Gehlert G, Gülicher H (2012) Statistik für Wirtschaftswissenschaftler. Vahlen, München

Bleymüller J, Gehlert G (2011) Statistische Formeln, Tabellen und Programme. Vahlen, München

Bourier G (2013) Beschreibende Statistik. Springer Gabler, Wiesbaden

Brase CH, Brase CP (2010) Understanding Basic Statistics. Brooks/Cole, Independence

Fahrmeir L, Künstler R, Pigeot I, Tutz G (2009) Statistik. Springer, Heidelberg

Hartung J, Elpelt B, Klösener KH (2009) Statistik. Oldenbourg, München

Krämer W (2008) Statistik verstehen. Piper, München

Krämer W (2011) So lügt man mit Statistik. Piper, München

Pflaumer P, Heine B, Hartung J (2005) Statistik für Wirtschafts- und Sozialwissenschaftler: Deskriptive Statistik. Oldenbourg, München

Piazolo M (2007) Statistik für Wirtschaftswissenschaftler. Verlag Versicherungswirtschaft, Karlsruhe

Pulham S (2011) Statistik leicht gemacht. Gabler, Wiesbaden

Schwarze J (2009) Grundlagen der Statistik – Beschreibende Verfahren. nwb-Verlag, Herne

Schwarze J (2013) Aufgabensammlung zur Statistik. nwb-Verlag, Herne

Steland A (2013) Basiswissen Statistik. Springer Spektrum, Berlin

Stifl J (2011) Wirtschaftsstatistik. Oldenbourg, München

Elementare Wahrscheinlichkeitsrechnung

Zusammenfassung

Außerhalb der beschreibenden Statistik eröffnet sich der Bereich der Verallgemeinerungen und Prognosemodelle. Dort verlieren Aussagen ihren festliegenden Charakter und der Aspekt der Ungewissheit oder Unsicherheit tritt hinzu. Die Wahrscheinlichkeitsrechnung versucht, diese Ungewissheit berechenbar zu machen. Grundsätzlich existieren zwei Verfahrensklassen, um Wahrscheinlichkeitsmodelle einzuführen. Beim Ansatz „a priori" werden anhand theoretischer Überlegungen Modelle entworfen. Das damit verbundene Problem, inwieweit die theoretischen Modelle zu realen Fragestellungen passen, entschärft der Ansatz „a posteriori", bei dem Wahrscheinlichkeiten aus empirischen Versuchsreihen abgeleitet werden. Das Laplace-Modell wird als wichtigster a-priori-Ansatz, die Ermittlung von Sterbetafeln als Anwendung des a-posteriori-Ansatzes vorgestellt. Anhand geometrischer Anschauung werden außerdem elementare Eigenschaften und Rechenregeln von Wahrscheinlichkeiten abgeleitet.

Die Einführung von Nebenbedingungen führen zum Konzept bedingter Wahrscheinlichkeiten. Demgegenüber steht der Begriff der Unabhängigkeit, wenn zwischen verschiedenen Vorgängen kein statistischer Einfluss gegeben ist. Abschließend wird das Verhältnis zwischen beschreibender und schließender Statistik noch einmal aus einem anderen Blickwinkel beleuchtet.

Zufallsvariablen sind ein wichtiges Instrument, um die Berechnung von Wahrscheinlichkeiten systematischer zu gestalten. Aus dem Zusammenhang zwischen den Ausprägungen einer Zufallsvariable und Wahrscheinlichkeiten entsteht der Begriff der Wahrscheinlichkeitsverteilung. Analog zu Häufigkeitsverteilungen der beschreibenden Statistik können auch für Wahrscheinlichkeitsverteilungen Parameter definiert werden; die wichtigste Rolle spielen Erwartungswert und Varianz bzw. Standardabweichung.

A. Grimmer, *Statistik im Versicherungs- und Finanzwesen*, DOI 10.1007/978-3-658-02954-8_5,   73
© Springer Fachmedien Wiesbaden 2014

5.1   Was ist Wahrscheinlichkeit?

Unsere bisherigen Betrachtungen waren ausschließlich retrospektiv, d. h. vergangenheitsorientiert. Sie betrafen Daten, die bereits fest und unveränderlich vorlagen. Eine solche
Situation nennt man deterministisch.

In vielen realen Fragestellungen besteht hingegen kein Determinismus, die Daten liegen
also nicht eindeutig fest. Dies kann vor allem zwei Ursachen haben:

- Die Komplexität des Problems verhindert eine vollständige Analyse. Auf der Basis von
  Teilgesamtheiten (Stichproben) versucht man dann allgemeingültige Aussagen hochzu-
  rechnen. Die Beschränktheit der Informationsbeschaffung bewirkt, dass die Aussagen
  von der Auswahl der konkreten Stichprobe abhängen können.
  Beabsichtigt ein Versicherungsunternehmen z. B. eine Marktforschung, um das Absatz-
  potenzial eines neuen Tarifs zu erkunden, kann es nicht alle erwachsenen Einwohner in
  Deutschland testen oder befragen. Die Auswahl einer kleinen Gruppe von Personen –
  typischerweise einige Hundert bis hin zu wenigen Tausend Personen – erfolgt nach Zu-
  fallsprinzipien, sodass eine anders zusammengesetzte Auswahl fast immer auch andere
  Befragungsergebnisse nach sich zieht.
  Die Fragestellung ist eigentlich deskriptiv und vergangenheitsorientiert, aus methodi-
  schen Einschränkungen heraus aber zumindest teilweise mit Unsicherheit oder Ungewissheit verbunden.
- Man möchte Prognosen gewinnen, wie sich gewisse Größen oder Zusammenhänge in
  der Zukunft weiterentwickeln oder verändern werden. Die Ungewissheit ergibt sich jetzt
  nicht mehr aus der Unmöglichkeit, alle Merkmalsträger zu untersuchen. Sie liegt vielmehr darin, dass deren Messwerte noch gar nicht festliegen.
  Ein Beispiel ist die zu erwartende Umsatzentwicklung der Unternehmen einer Branche.
  Die Fragestellung ist nicht mehr rein deskriptiv, sondern führt ins weite Feld der schließenden Statistik und ist in die Zukunft gerichtet (prospektiv).

Die Wahrscheinlichkeitsrechnung ist ein wesentliches Hilfsmittel, um ungewisse Vorgänge zu beschreiben. Kennzeichnend ist dabei immer, dass ein Vorgang zu mehreren
möglichen Ergebnissen führen kann, bei denen sich nicht genau vorhersagen lässt, welches davon konkret eintreten wird.

Die Begriffsbildung der Wahrscheinlichkeitsrechnung weist trotzdem starke Ähnlichkeiten zur beschreibenden Statistik auf, denn in beiden Fällen geht es um die verschiedenen
Ausprägungen, die ein Merkmal annehmen kann.

Die Wahrscheinlichkeitsrechnung hat sich historisch aus dem Versuch entwickelt, die
Resultate von Glücksspielen vorherzusagen. Glücksspiele beruhen auf zufälligen Vorgängen. Ihr Ergebnis ist also nicht sicher vorhersagbar. Man kann aber mithilfe der Wahrscheinlichkeitsrechnung Vorstellungen entwickeln, welche Ergebnisse mit welcher Wahrscheinlichkeit auftreten könnten.

Die zentrale Aufgabe der Wahrscheinlichkeitsrechnung ist also die Vorhersage des Aus-
maßes an Sicherheit, mit dem ein bestimmtes mögliches Ergebnis eines zufallsabhängigen
Vorgangs vermutlich eintreten wird. Dieses Ausmaß an Sicherheit wird durch eine Dezi-
malzahl (zwischen 0 und 1) oder durch eine Prozentzahl (zwischen 0 % und 100 %) beschrieben. Eine Wahrscheinlichkeit von 0 bedeutet, dass das entsprechende Ergebnis gar
nicht auftreten kann. Eine Wahrscheinlichkeit von 1 (100 %) beschreibt hingegen das andere Extrem, dass nur dieses Ergebnis auftreten kann, also gar keine Unsicherheit vorliegt.
„Echte" Wahrscheinlichkeiten sind daher immer kleiner als 1 (bzw. als 100 %).

Eine wichtige Beziehung zwischen beschreibender und schließender Statistik stellen
die sogenannten Gesetze der großen Zahlen her. Sie besagen im Wesentlichen folgendes:
Wird ein bestimmter zufallsabhängiger Vorgang sehr oft wiederholt, unterscheiden sich die
relativen Häufigkeiten der einzelnen Ergebnisse immer weniger von ihren Wahrscheinlichkeiten, je größer die Zahl der Wiederholungen ist.

Der faire Würfel (I)

Das Werfen eines fairen (andere Redeweise: idealen) Würfels liefert sechs mögliche Ergebnisse. Jeder Wurf wird genau eine der sechs Augenwerte von „1" bis „6" liefern. Fair
bzw. ideal heißt ein Würfel, wenn keine Zahl eine höhere Chance hat zu fallen als irgendeine andere.

Die Aufzeichnung der Ergebnisse von 16 Würfen, die nacheinander erfolgen, ist rein
deskriptiv. Auf dieser Basis können wir z. B. die Frage beantworten, wie oft unter den
16 Wurfergebnissen die „1" aufgetreten ist. Einmal geworfen, sind die Ergebnisse unveränderlich.

Welche Zahl als nächste fallen wird, ist dagegen nicht sicher vorhersagbar. Man kann
nur eine gewisse Chance quantifizieren, dass dies eine bestimmte Zahl sein wird oder
dass unter den nächsten 16 Würfen genau dreimal eine „1" fallen wird. Diese Quanti-
fizierung geschieht mithilfe der Wahrscheinlichkeitsrechnung. Bei einem fairen Würfel
ist das Auftreten jeder der sechs Zahlen im nächsten Wurf gleich wahrscheinlich. Mit
Wahrscheinlichkeit 1/6 wird also eine „1" fallen. Wird der Würfel im Rahmen einer
Messreihe sehr häufig geworfen, wird sich nach den Gesetzen der großen Zahlen der
Anteil der Einser-Würfe immer mehr dem Wert 1/6 annähern.

Wie schon gesagt, sind Glücksspiele ein besonders geschätztes Anwendungsbeispiel
der Wahrscheinlichkeitsrechnung. Auch wenn diese Spiele auf den ersten Blick wenig
mit versicherungs- und finanzwirtschaftlichen Fragen zu tun haben, entpuppen sie sich
deshalb als ideales Übungsfeld beim Rechnen mit Wahrscheinlichkeiten.

Einige Beispiele für zufallsabhängige Vorgänge aus dem Versicherungs- und Finanzsek-
tor mögen hier genügen, um sich ein Vorstellung von der großen Zahl der Anwendungen
zu machen.

Beispiel

- Vorhersage der Entwicklung von Wertpapierrenditen auf der Grundlage historischer Daten und wirtschaftlicher Basisparameter
- Erstellung von Sterbetafeln, anhand derer die Lebenserwartung von Angehörigen bestimmter Personengruppen geschätzt werden kann
- Gewinnung von Vorhersagen über die Wahrscheinlichkeit, ein bestimmtes Lebensalter zu erreichen, als Grundlage für Versicherungsprämien
- Prognose der Entwicklung von Rohstoffpreisen, die den Wert von Termingeschäften bestimmen
- Schätzung der Anzahl von Schadensfällen und der Schadenhöhen in der Kfz-Versicherung für künftige Versicherungsperioden

5.2 Wahrscheinlichkeitsbegriffe für die Praxis

5.2.1 Wahrscheinlichkeiten „a priori"

Zu konkreten Wahrscheinlichkeiten gelangt man auf zwei Arten. Der Zugang „a priori" ist stärker theoretischer Natur, der Zugang „a posteriori" hingegen ist eher experimentell ausgerichtet.

A priori heißt so viel wie „von vorn herein", denn hierbei versucht man, mithilfe theoretischer Überlegungen oder Analogien Wahrscheinlichkeitswerte zufallsabhängiger Vorgänge abzuleiten. Analogie bedeutet Ähnlichkeit; dabei sucht man nach vergleichbaren Situationen, deren Wahrscheinlichkeiten man schon kennt. Ähnliche Sachverhalte haben bestimmte Struktureigenschaften gemeinsam, die eine gleichartige Beschreibung ermöglichen. Dadurch kann man oft eine konkrete Situation auf ein allgemeineres Modell zurückführen.

Das Beispiel des Würfels kann z. B. als Modell für Vorgänge dienen, deren mögliche Ergebnisse alle gleich wahrscheinlich sind – auch dann, wenn es mehr als sechs mögliche Ergebnisse gibt.

Der Nachteil von Modellen besteht darin, dass man oft nur schwer einschätzen kann, wie stark die Realität vom Modell abweicht. Bei falschen Modellannahmen passen natürlich auch die damit gewonnenen Wahrscheinlichkeiten nicht zur Situation.

Der faire Würfel (II)

Der faire Würfel ist ein idealer geometrischer Körper, bei dem keine der sechs Seiten gegenüber den anderen ausgezeichnet ist. Alle Seiten sind quadratisch, flächengleich und stoßen in rechten Winkeln aufeinander. Im Inneren hat der ideale Würfel eine vollkommen homogene Beschaffenheit. Wegen der völligen Austauschbarkeit der Seiten kann man jeder von ihnen die identische Wahrscheinlichkeit 1/6 zuordnen, nach einem Wurf oben zu liegen.

Reale Würfel weichen von diesem Modell mehr oder weniger stark ab. Das Material ist nicht exakt homogen, sodass einzelne Seiten ein minimales Übergewicht gegenüber den anderen haben können und dadurch seltener oben zu liegen kommen. Der Aufdruck oder die halbrunden Vertiefungen der Augensymbole stören die perfekte Symmetrie ebenso wie der Glattschliff der Ecken und Kanten, durch den der Würfel beim Abrollen „rund" läuft. Die Wahrscheinlichkeiten werden daher nie genau einem Sechstel entsprechen. Wie groß die Abweichungen sind oder ob der Würfel gar als gefälscht einzuschätzen ist, kann man nicht im Kopf, sondern nur durch Ausprobieren feststellen.

5.2.2 Wahrscheinlichkeiten „a posteriori"

Beim Wahrscheinlichkeitsbegriff „a posteriori wird natürlich auch nachgedacht, vor allem aber experimentiert. Der zufallsabhängige Vorgang wird so lange ausprobiert, bis man aus den relativen Häufigkeiten der Ergebnisse Wahrscheinlichkeiten schätzen kann. Diese Methode ist oft die einzig mögliche – umso eher, je komplexer sich das Problem darstellt. Wegen des Rückgriffs auf Größen, die bereits durch statistische Verfahren erzeugt werden, spricht man auch vom statistischen Wahrscheinlichkeitsbegriff.

Der reale Würfel

In einer Reihe von 600.000 Würfen würde man beim fairen Würfel hunderttausendmal die „1" erwarten. In einer realen Messreihe wurden stattdessen sogar 100.518 Einser beobachtet. Für die Wahrscheinlichkeit erhalten wir damit den Schätzwert 100.518/ 600.000 = 0,16753. Dieser Wert ist für den verwendeten Würfel nur „ungefähr" richtig, denn er hängt von der konkreten Versuchsreihe ab. Der Zufallscharakter des Experiments äußert sich darin, dass es bei erneuter Durchführung höchstwahrscheinlich andere Häufigkeiten liefert, z. B. 100.205. Ob die „echte" Wahrscheinlichkeit für die „1" nun näher bei 0,16753 liegt oder bei 0,16701 ließe sich nur anhand noch längerer Versuchsreihen klären.

Damit wir nicht nur ständig würfeln, werfen wir noch einen Blick auf ein Beispiel aus der Lebensversicherung.

Sterbetafeln

Sterbetafeln sind eine kompakte Darstellung der Basisdaten für die Schätzung von Sterbewahrscheinlichkeiten („Sterblichkeiten"). Die Lebenserwartung, also das erwartete Alter zum Zeitpunkt des Todes, und Sterblichkeiten sind nicht anhand geschlossener Formeln berechenbar, denn dazu müssten die verschiedenen Faktoren bekannt sein, die den Zeitpunkt des Lebensendes bestimmen.

Stattdessen werden Bevölkerungsstatistiken der Vergangenheit ausgewertet. Das statistische Bundesamt registriert beispielsweise, wie viele Personen eines Geburtsjahrgangs in jedem Jahr sterben und erstellt daraus nach Männern und Frauen unterschiedene Tafeln. Diese sagen etwa aus, dass von $l_0 = 100.000$ zwischen 1952 und 1954 lebend geborenen Männern nach Ablauf des ersten Lebensjahres noch $l_1 = 99.259$ am Leben waren, nach Ablauf eines weiteren Jahres noch $l_2 = 99.120$, nach Vollendung des 50. Lebensjahrs nur noch $l_{50} = 95.356$ usw. Die Wahrscheinlichkeit, dass ein Neugeborener das Alter 50 erreicht, wird daher mit $95.356/100.000 = 0,95356$ angegeben, weil $95,356\,\%$ dieser Geburtsjahrgänge dann noch am Leben sind. Folglich beträgt die Wahrscheinlichkeit, vor Vollendung des 50. Lebensjahrs zu sterben, für diese Jahrgänge $1 - 0,95356 = 0,04644$.

Um Sterbetafeln für die Versicherungswirtschaft zu erzeugen, sind noch einige weitere Schritte erforderlich:

- In späteren Jahrgängen wird man andere Sterbe- und Überlebenszahlen beobachten. Dieser Effekt setzt sich einerseits aus rein zufallsbedingten Schwankungen zusammen, andererseits erfolgt seit über 200 Jahren eine ständige Erhöhung der Lebenserwartung.
- Genau kennt man die Sterblichkeiten eines Jahrgangs erst, wenn seine Angehörigen allesamt gestorben sind. Der Versicherungswirtschaft hilft das wenig, da sie nun einmal überwiegend lebende Personen versichert. Aus den beobachteten Daten älterer Jahrgänge müssen also Trends abgeleitet werden, wie sich die Sterblichkeit für jüngere Jahrgänge entwickelt, deren Todesfälle noch in der Zukunft liegen und nicht ausgezählt werden können.
- Daneben müssen Versicherer ihre Tarife anhand vorsichtiger Annahmen kalkulieren, sodass die beobachteten und danach mit einem Trend fortgeschriebenen Sterbetafeln noch mit einer Sicherheitsmarge zu überarbeiten sind. Der Trendeinfluss bewirkt außerdem, dass die Sterbetafeln nicht einmalig erstellt werden können und danach auf Dauer gültig bleiben. Vielmehr müssen regelmäßig Anpassungen der Tafeln vorgenommen werden.
- Schließlich gibt es besondere Selektionseffekte, sodass die Sterblichkeiten in Versicherungsbeständen üblicherweise niedriger sind als in der Gesamtbevölkerung.

5.2.3 Grundbegriffe der Wahrscheinlichkeitsrechnung

In diesem Abschnitt führen wir einige weitere Basisbegriffe ein, die mit zufallsabhängigen Vorgängen und deren Ergebnissen im Zusammenhang stehen.

Anhand des Würfelexperiments können wir diese Begriffe anschaulich motivieren.

Einmaliger Wurf eines fairen Würfels (I)

Das Ergebnis eines Würfelwurfs ist nicht vorhersagbar. Warum, ist eher eine philosophische Frage: Man könnte sagen, dass das Wurfergebnis anhand physikalischer Gleichungen in Kenntnis von Schwerkraft, Reibung usw. prinzipiell berechenbar wäre, wenn man die präzise Wurfrichtung, Wurfgeschwindigkeit und alle physikalischen Größen mit hinreichender Genauigkeit angeben könnte. Dann wäre das Würfeln ein im Prinzip deterministischer Vorgang, der nur aufgrund seiner hohen Komplexität zufallsabhängig erscheint. Andererseits wirken auf der molekularen Ebene Mechanismen, die in den mechanischen Modellen der Physik als tatsächlich nicht deterministisch und daher zufallsbedingt angesehen werden.

Das Würfeln hat die Eigenschaft, dass man es, von der allmählichen Abnutzung des Würfels und der Unterlage einmal abgesehen, beliebig oft unter gleichbleibenden Bedingungen wiederholen kann. Das bedeutet, dass auch bei weiteren Würfen dieselben Augenwerte auftreten können und dass sich die Wahrscheinlichkeiten dabei nicht verändern. Derartige Vorgänge, die auf identische Weise immer wieder durchgeführt werden können, bezeichnet man als Experimente.

Als einzelne Ergebnisse können beim Würfeln die sechs Augenwerte „1“, „2“, „3“, „4“, „5“ oder „6“ auftreten, aber niemals gleichzeitig. Man kann die Wurfergebnisse aber auch aus diesen Zahlen zusammenfassen, beispielsweise sind auch „gerader Augenwert“ oder „Augenwert kleiner als 4“ jeweils ein Ergebnis, das sich im ersten Fall aus den Zahlen „2“, „4“ und „6“, im zweiten Fall aus „1“, „2“ und „3“ zusammensetzt. Die Gesamtheit der Einzelereignisse ist nicht mehr zufallsabhängig, sondern sicher, da sie nur besagt, dass beim Würfeln überhaupt einer der sechs Augenwerte auftritt. Werte, die gar nicht auf dem Würfel vorkommen, sind als Ergebnis unmöglich.

Diese Eigenschaften des Würfelexperiments geben Anlass zu folgenden allgemeinen Definitionen.

▶ **Zufallsvorgang** Ein Zufallsvorgang ist ein Vorgang, der mindestens zwei mögliche Ergebnisse haben kann und dessen konkretes Ergebnis aus Unkenntnis, z. B. wegen seiner hohen Komplexität, oder aus prinzipieller Unsicherheit nicht vorhergesagt werden kann.

▶ **Zufallsexperiment** Ein Zufallsvorgang der planmäßig und unter identischen Bedingungen wiederholt werden kann, heißt Zufallsexperiment.

▶ **Elementarereignis** Ein Elementarereignis ist das einzelne Ergebnis eines Zufallsexperiments, das nicht weiter unterteilt werden kann. Verschiedene Elementarereignisse schließen sich gegenseitig aus.

▶ **Ereignisraum** Die Menge aller möglichen Elementarereignisse eines Zufallsexperiments bilden den Ereignisraum (Symbol: Ω (griechischer Buchstabe „Omega“).

▶ **Ereignis** Jede Kombination aus Elementarereignissen bezeichnet man allgemein als Ereignis (Symbol: Großbuchstaben in Fettschrift A, B, C, . . .). Insbesondere sind die Elementarereignisse selbst auch Ereignisse im allgemeinen Sinn.

Für Ereignisse verwendet man üblicherweise eine Mengenschreibweise, bei der in geschweiften Klammern die einzelnen Elementarereignisse aufgezählt werden, aus denen

Abb. 5.1 Venn-Diagramm

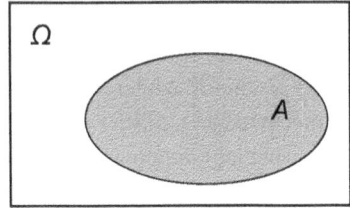

sich ein Ereignis zusammensetzt. So tritt im obigen Beispiel eines fairen Würfels das Ereignis A, „gerader Augenwert", immer dann ein, wenn eine „2", eine „4" oder eine „6" geworfen wird:

$$A = \{2, 4, 6\}$$

Das Ereignis B, „Augenwert kleiner als 4", ist gegeben durch

$$B = \{1, 2, 3\} \, .$$

Für das sichere Ereignis schreiben wir

$$\Omega = \{1, 2, 3, 4, 5, 6\}$$

und für das unmögliche Ereignis C

$$C = \{\varnothing\} \, .$$

Ereignisräume können natürlich auch aus unendlich vielen Elementarereignissen bestehen – sie müssen nicht einmal abzählbar sein, wenn das Ergebnis des Zufallsvorgangs z. B. eine beliebige reelle Zahl sein kann.

Als grafisches Hilfsmittel zur Darstellung zufallsabhängiger Ereignisse können Mengenschaubilder verwendet werden, sogenannte Venn-Diagramme (vgl. Abb. 5.1).

Die soeben eingeführten Begriffe können wir sofort verwenden, um ein besonders wichtiges Verfahren zur Berechnung von Wahrscheinlichkeiten a priori einzuführen. Es geht auf den französischen Mathematiker Pierre Simon Laplace (1749–1827) zurück. Wurfergebnisse fairer Würfel sind ein typisches Beispiel für die Anwendung der Wahrscheinlichkeitsberechnung nach Laplace. Zwei Voraussetzungen müssen erfüllt sein:

- Es gibt nur endlich viele Elementarereignisse; ihre Zahl sei n.
- Alle Elementarereignisse sind gleichwahrscheinlich.

Dann beträgt die Wahrscheinlichkeit jedes Elementarereignisses $1/n$. Besteht ein beliebiges Ereignis A aus k verschiedenen Elementarereignissen („günstige Elementarereignisse"), so gilt für die Wahrscheinlichkeit von A:

$$P(A) = \frac{\text{Anzahl günstiger Elementarereignisse}}{\text{Anzahl möglicher Elementarereignisse}} = \frac{k}{n} \qquad (5.1)$$

P steht dabei für das englische *probability* (Wahrscheinlichkeit).

Einmaliger Wurf eines fairen Würfels (II)

Für die beiden weiter oben definierten Ereignisse für gerade Augenwerte (A) und Augenwerte unterhalb von „4" (B) ergeben sich die folgenden Wahrscheinlichkeiten. Dabei bringt das Gartenzaunsymbol (#) vor einer Menge zum Ausdruck, dass die Anzahl ihrer Elemente gemeint ist:

$$P\left(A\right) = \frac{\#\left\{A\right\}}{\#\left\{\Omega\right\}} = \frac{\#\left\{2, 4, 6\right\}}{\#\left\{1, 2, 3, 4, 5, 6\right\}} = \frac{3}{6} = \frac{1}{2}$$

Die gleiche Wahrscheinlichkeit ergibt sich für das Ereignis B, weil es ebenfalls aus drei Elementarereignissen besteht.

Bei der Anwendung der Laplace'schen Methode müssen die Elementarereignisse bisweilen geeignet gewählt werden, damit diese tatsächlich alle gleich wahrscheinlich sind, wie das folgende Beispiel zeigt:

Augensummen beim zweimaligen Würfeln

Gesucht ist die Wahrscheinlichkeit, beim zweimaligen Werfen eines Würfels die Augensumme „10" zu erhalten. Bei zwei Würfen gibt es elf mögliche Augensummen, die zwischen dem Wert „2" (zweimal die „1") und „12" (zweimal die „6") liegen.

Die Wahrscheinlichkeit für die Augensumme „10" ist aber nicht 1/11 (rund 9,1 %), denn die verschiedenen Augensummen können auf unterschiedlich viele Arten erzeugt werden. Die Summe „2" kann nur auf eine Art entstehen, nämlich durch die Wurfpaarung „1"+„1", also je eine „1" im ersten und zweiten Wurf. Die Summe „10" dagegen erzielt man auf die drei möglichen Arten „4"+„6", „5"+„5" und „6"+„4". „4"+„6" und „6"+„4" unterscheiden sich dabei nicht in den geworfenen Augenwerten, sondern nur in deren Reihenfolge.

Die korrekt festgelegten Elementarereignisse sind demnach die 6 mal 6, also 36, möglichen Würfelpaarungen und die Wahrscheinlichkeit für die Augensumme „10" beträgt nach Laplace 3/36 (etwa 8,3 %).

5.2.4 Verknüpfung von Ereignissen

Aus zwei Ereignissen A und B lässt sich ein neues Ereignis bilden, das sämtliche Elementarereignisse sowohl von A als auch von B enthält. Dieses zusammenfassende Ereignis wird Vereinigung von A und B genannt und durch die Notation $A \cup B$ symbolisiert (vgl. Abb. 5.2a).

Jedes Elementarereignis der Vereinigung $A \cup B$ gehört zu A oder zu B, es kann aber auch zu beiden Ereignissen gehören. Alle Elementarereignisse, die sowohl zu A als auch B gehören, bilden den Durchschnitt von A und B, symbolisiert durch $A \cap B$ (vgl. Abb. 5.2b). Haben A und B keine gemeinsamen Elementarereignisse, so ist ihr Durchschnitt leer, $A \cap B = \emptyset$. Solche überlappungsfreien Ereignisse nennt man disjunkt (vgl. Abb. 5.2c).

Abb. 5.2 Verknüpfung von
Ereignissen. **a** Vereinigung von
Ereignissen, **b** Durchschnitt
von Ereignissen, **c** Disjunkte
Ereignisse, **d** Komplementär-
ereignis

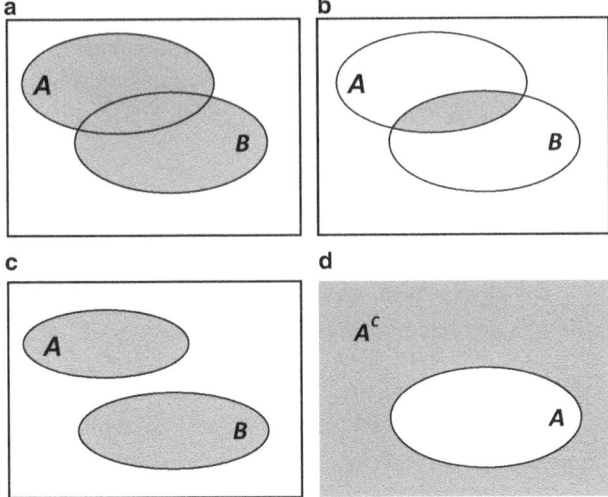

Alle Elementarereignisse, die nicht zu einem Ereignis A gehören, bilden das Komplementärereignis (kurz: Komplement) von A. Gekennzeichnet wird es entweder durch ein
hochgestelltes C rechts am Ereignissymbol, also A^C, oder durch einen waagerechten Strich
über dem Mengensymbol, $\bar{A}$ (vgl. Abb. 5.2d). Ein Ereignis und sein Komplementärereignis
sind jedenfalls disjunkt: $A \cap B = \emptyset$. Da jedes Elementarereignis entweder zu A oder zu $\bar{A}$
gehört, bilden beide zusammen den gesamten Ereignisraum, $\Omega = A \cup B$ ab.

Wir wenden die neue Terminologie auf unser Würfelbeispiel an:

Einmaliger Wurf eines fairen Würfels (III)
Mit den beiden Ereignissen $A = \{2, 4, 6\}$ und $B = \{1, 2, 3\}$ ergeben sich (vgl. Abb. 5.3)

- als Vereinigung: $A \cup B = \{1, 2, 3, 4, 6\}$, $P(A \cup B) = 5/6$,
- als Durchschnitt: $A \cap B = \{2\}$, $P(A \cap B) = 1/6$,
- als Komplement von $A : A^C = \{1, 3, 5\}$, $P(A^C) = 1/2$.

Offenbar sind $A \cap B$ und A^C disjunkt.

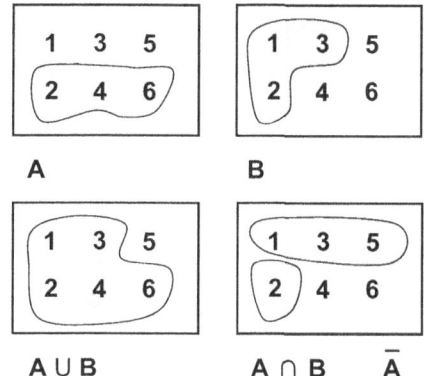

Abb. 5.3 Venn-Diagramme verknüpfter Ereignisse

Aus dem Würfelbeispiel lassen sich einige grundsätzliche Eigenschaften von Wahrscheinlichkeiten gewinnen:

- Wahrscheinlichkeiten liegen zwischen 0 und 1, da die Anzahl der günstigen Elementarereignisse nie negativ und auch niemals größer als die Anzahl aller möglichen Elementarereignisse sein kann:
- Die Wahrscheinlichkeit des sicheren Ereignisses $P(\Omega)$ ist gleich eins bzw. 100 %.
- Die Wahrscheinlichkeit des unmöglichen Ereignisses $P(\varnothing)$ ist null.
- Die Wahrscheinlichkeiten eines Ereignisses und seines Komplementärereignisses addieren sich zu eins, weil die Vereinigung von A und A^C sämtliche möglichen Elementarereignisse umfasst:

$$P(A) + P\left(A^C\right) = 1 \Rightarrow P\left(A^C\right) = 1 - P(A) \quad . \tag{5.2}$$

5.3 Weitere Rechenregeln

5.3.1 Addition von Ereignissen

Wir haben beim obigen Würfelbeispiel die Vereinigung der zwei Ereignisse $A = \{2, 4, 6\}$, „gerader Augenwert", und $B = \{1, 2, 3\}$, „Augenwert kleiner als 4", gebildet. Die Wahrscheinlichkeit für das Auftreten des Ereignisses $A \cup B$ ergab sich durch Abzählen mit dem Laplace-Verfahren zu $P(A \cup B) = 5/6$, während für die beiden Einzelereignisse $P(A) = P(B) = 1/2$ gilt. Offenbar ist also $P(A) + P(B) \neq P(A \cup B)$. Der Grund ist klar: Die Zahl „2" kommt sowohl beim Ereignis A als auch bei B vor. Wenn wir die beiden Einzelwahrscheinlichkeiten addieren, wird die „2" doppelt berücksichtigt. Daher muss die

Abb. 5.4 Vereinigung von
drei Ereignissen

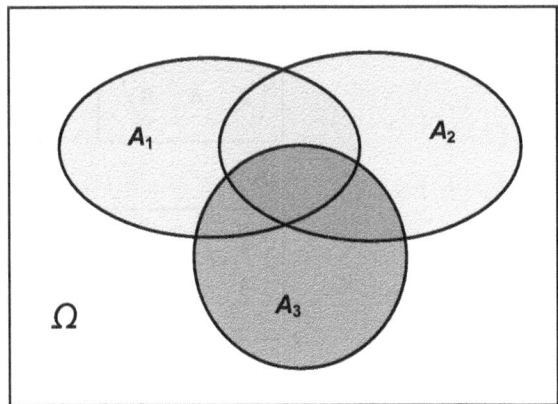

Wahrscheinlichkeit dafür einmal wieder abgezogen werden, um auf die richtige Summen-
wahrscheinlichkeit zu kommen. Damit gelangen wir zur allgemeinen Additionsformel: Die
Wahrscheinlichkeit, dass mindestens eines der beiden Ereignisse A und B eintritt, ist gegeben durch

$$P(A \cup B) = P(A) + P(B) - P(A \cap B) \ . \qquad (5.3)$$

Die direkte Addition ohne den Korrekturterm ist dann korrekt, wenn A und B disjunkt,
also überschneidungsfrei sind, denn dann ist $P(A \cap B) = \emptyset$.

Die Additionsformel für mehr als zwei Ereignisse zu formulieren ist möglich, aber schon
bei drei Ereignissen sind insgesamt vier Korrekturterme vonnöten (vgl. Abb. 5.4).

Sind jedoch die Ereignisse alle paarweise disjunkt, gilt unmittelbar

$$P(A_1 \cup A_2 \cup \cdots \cup A_n) = P(A_1) + P(A_2) + \cdots + P(A_n) = \sum_{i=1}^{n} P(A_i) \ . \qquad (5.4)$$

5.3.2 Bedingte Wahrscheinlichkeiten

Häufig interessieren nicht die Wahrscheinlichkeiten in Bezug auf den gesamten Ereignisraum Ω, sondern nur, wenn der Bezugsrahmen durch zusätzliche Bedingungen einge-
schränkt ist. Dies führt zum Konzept der bedingten Wahrscheinlichkeiten.

Einmaliger Wurf eines fairen Würfels (IV)

Wir betrachten diesmal neben dem Ereignis $A = \{2, 4, 6\}$, „gerader Augenwert", das
Elementarereignis $B = \{6\}$. Wir wissen schon, dass $P(A) = 1/2$. Die Wahrscheinlichkeit, überhaupt eine „6" zu werfen, ist natürlich wieder 1/6 (Elementarereignis!).

Wir stellen nun die Frage, wie wahrscheinlich das Auftreten einer „6" ist, wenn
wir schon wissen, dass die geworfene Zahl eine gerade Zahl ist. Dass es sich um eine
gerade Zahl handelt ist eine zusätzliche Bedingung, was die Bezeichnung „bedingte
Wahrscheinlichkeit" rechtfertigt. Offenbar spielen jetzt die ungeraden Zahlen für die

Abb. 5.5 Bedingte Wahrscheinlichkeit

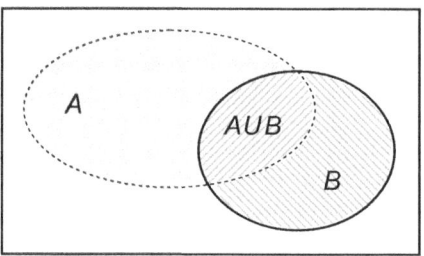

Wahrscheinlichkeitsberechnung gar keine Rolle. Immer noch gibt es ein günstiges
Elementarereignis, die möglichen Elementarereignisse sind aber jetzt nur noch die
drei Augenwerte „2", „4", „6". Die bedingte Wahrscheinlichkeit für das Auftreten einer
„6", wenn die geworfene Zahl gerade sein muss, ist hier mit 1/3 also größer als die
unbedingte Wahrscheinlichkeit, welche 1/6 beträgt.

Die Schreibweise für die Wahrscheinlichkeit, dass Ereignis A unter der Bedingung
B eintritt, lautet $P(A|B)$. Gelesen wird dies als „P von A unter der Bedingung B" oder
noch kürzer „P von A gegeben B". Hier schreiben wir also

$$P(A|B) = \frac{1}{3} \ .$$

Das Beispiel können wir zum Ausgangspunkt einer allgemeinen Definition bedingter
Wahrscheinlichkeiten machen. Für die bedingte Wahrscheinlichkeit, dass ein Ereignis A
unter der Nebenbedingung B eintritt, sind als Bezugsmenge (mögliche Elementarereignisse) nur die Elementarereignisse der Nebenbedingung von Interesse. Die günstigen Elementarereignisse sind aber nicht notwendig alle, die zu A gehören, sondern ebenfalls nur die,
die auch in die Bezugsmenge fallen. Dies ist aber gerade der Durchschnitt von A und B
(vgl. Abb. 5.5).

Für die bedingte Wahrscheinlichkeit ergibt sich damit nach dem Ansatz von Laplace
allgemein:

▸ **Bedingte Wahrscheinlichkeit** Die Wahrscheinlichkeit, dass das Ereignis A unter der
Nebenbedingung des Ereignisses B eintritt, ist gegeben durch

$$P(A|B) = \frac{P(A \cap B)}{P(B)} \ . \tag{5.5}$$

In der Praxis sind vielfach bedingte Wahrscheinlichkeiten leicht bestimmbar, während
die Wahrscheinlichkeit für den Durchschnitt von Ereignissen schwerer zu ermitteln ist. In
diesen Fällen kann man die obige Formel nach $P(A \cap B)$ auflösen und erhält

$$P(A \cap B) = P(A|B) \cdot P(B) \ . \tag{5.6}$$

Bedingte Sparer

35 % aller Haushalte, aber immerhin 60 % der Haushalte mit mehr als 5000 € Nettomo-
natseinkommen besitzen mindestens einen Lebensversicherungsvertrag. Zudem verfügen 20 % aller Haushalte über ein Monatsnettoeinkommen von mehr als 5000 €. Wie
groß ist dann der Anteil der Haushalte, die sowohl im Besitz einer Lebensversicherung
als auch eines Monatseinkommens von wenigstens 5000 € sind?

Gegeben sind die beiden Ereignisse A: „Ein Haushalt besitzt eine Lebensversicherung." und B: „Ein Haushalt verfügt über ein Nettoeinkommen von mindestens 5000 €.",
außerdem die bedingte Wahrscheinlichkeit für den Besitz einer Lebensversicherung bei
den Haushalten mit mindestens 5000 € Monatseinkommen:

$$P(A) = 0{,}35;\ P(B) = 0{,}2;\ P(A|B) = 0{,}6\ .$$

Für die gesuchte Wahrscheinlichkeit, dass ein Haushalt sowohl eine Lebensversicherung als auch ein Monatseinkommen von nicht weniger als 5000 € besitzt, ist der
Gesamtanteil der Haushalte mit einer Lebensversicherung $P(A)$ gar nicht von Bedeutung, denn man erhält sofort (vgl. Abb. 5.6)

$$P(A \cap B) = P(A|B) \cdot P(B) = 0{,}6 \cdot 0{,}2 = 0{,}12\ .$$

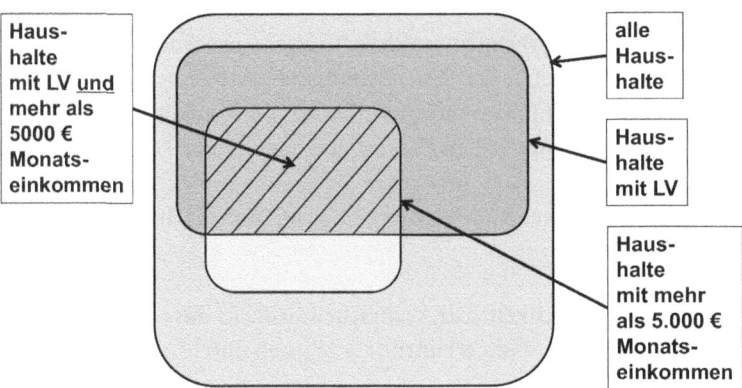

Abb. 5.6 Versicherungspolicen bei hohen Einkommen

Man beachte, dass man offenbar Anteile von Mengen ebenso wie Wahrscheinlichkeiten
berechnen kann. Die Aussage „35 % aller Haushalte besitzen eine Lebensversicherung" ist
gleichbedeutend mit der Aussage „Mit 35-prozentiger Wahrscheinlichkeit besitzt ein zufällig ausgewählter Haushalt eine Lebensversicherung". Die erste Aussage ist eine relative
Häufigkeitsangabe, also typisch für die deskriptive Statistik. Die zweite Aussage formuliert den Sachverhalt als Wahrscheinlichkeitsaussage und gehört damit in den Bereich der

schließenden Statistik. Dies ist ein weiterer Beleg für die Ähnlichkeit beider Betrachtungsweisen.

Eine besonders wichtige Anwendung der bedingten Wahrscheinlichkeit begegnet uns bei der Konstruktion von Sterbetafeln (vgl. Abschn. 5.2.2). Weiterführend sei hierzu auf Führer und Grimmer (2010) [6] verwiesen.

DAV-Sterbetafeln

Wir betrachten folgenden Auszug aus der Sterbetafel DAV 2008 T M der Deutschen Aktuarvereinigung (DAV) (vgl. Tab. 5.1). Die Sterbetafeln der DAV werden von Versicherungsmathematikern in Abstimmung mit der Versicherungsaufsicht (BaFin) erstellt und dienen den meisten Lebensversicherungsunternehmen als Basis Ihrer Kalkulation. Dabei wird berücksichtigt, dass die Versicherten in den Vertragsbeständen der Unternehmen eine geringere Sterblichkeit haben als die Gesamtbevölkerung; außerdem müssen gewisse Korrekturen für eine vorsichtige Kalkulation vorgenommen werden, die gesetzlich vorgeschrieben ist. Die Zahlenwerte der Sterbetafel sind also keine real beobachteten Zahlen, sondern bereits für den Gebrauch der Versicherungsmathematiker bereinigt.

Tab. 5.1 Auszug der DAV-Sterbetafel 2008 T M

x	l_x	d_x
0	1.000.000	6113
1	993.887	420
2	993.467	341
...	...	...
50	947.629	3773
51	943.856	4125
52	939.731	4522
53	935.209	4965
54	930.244	5448
55	924.796	5974
...	...	...

Hierbei wird mit x das Alter einer Person in vollendeten Lebensjahren bezeichnet, wie es dem allgemeinen Sprachgebrauch entspricht. l_x (gesprochen: „ell iks") steht für die Zahl derjenigen Personen aus dem Ausgangskollektiv, die das Alter x erreicht haben. l_{50} umfasst also alle, die ihren 50. Geburtstag erlebt haben – gleichgültig, ob sie am Folgetag sterben oder noch weitere 50 Jahre vor sich haben. Die DAV-Tafel ist normiert auf ein Ausgangskollektiv von $l_0 = 1.000.000$ Personen. Ansonsten verwendet die Tafel die Bezeichnung d_x für die Zahl derjenigen, die im Lebensjahr sterben, also in dem auf den Geburtstag x folgenden Jahr. Damit ist d_x eine Teilmenge von l_x.

Die Wahrscheinlichkeit, als x-Jähriger im folgenden $(x+1)$-ten Lebensjahr zu sterben, wird nach allgemein üblicher Konvention mit q_x („kuh iks") bezeichnet. Für die

Wahrscheinlichkeit, im $(x+1)$-ten Lebensjahr *nicht* zu sterben (also nach dem x-ten auch noch das $x+1$-te Lebensjahr zu vollenden), steht das Symbol p_x. Folglich gilt für jedes d_x die Beziehung

$$p_x + q_x = 1 \,. \tag{5.7}$$

Bei q_x und p_x handelt es sich um bedingte Wahrscheinlichkeiten. Die Bedingung liegt in der Anforderung, dass die betreffenden Personen bereits das x-te Lebensjahr vollendet haben.

Für die Anschauung definieren wir beispielhaft

- das Ereignis A: {„Eine Person des Geburtsjahrgangs stirbt im Alter 50.“}
- das Ereignis B: {„Eine Person des Geburtsjahrgangs erreicht das Alter 50.“}

Es gilt

$$P(A) = \frac{d_{50}}{l_0} = \frac{l_{50} - l_{51}}{l_0} = \frac{3773}{1.000.000} = 0,00377$$

und

$$P(B) = \frac{l_{50}}{l_0} = \frac{947.629}{1.000.000} = 0,94763 \,.$$

Aus diesen unbedingten Wahrscheinlichkeiten ergibt sich

$$q_{50} = P(\text{„Eine Person, die das Alter 50 erreicht hat,}$$

$$\text{stirbt im darauffolgenden 51. Lebensjahr.“})$$

$$= P(A|B) = \frac{P(A \cap B)}{P(B)} = \frac{P(A)}{P(B)} = \frac{d_{50}}{l_{50}} = \frac{3773}{947.629} = 0,00398,$$

$$p_{50} = P(\text{„Eine Person, die das Alter 50 erlebt, erlebt auch noch das Alter 51.“})$$

$$= \frac{l_{51}}{l_{50}} = \frac{l_{50} - d_{50}}{l_{50}} = 1 - q_{50} = 0,99602 \,.$$

Das Rechnen mit bedingten Wahrscheinlichkeiten ist hier geboten, weil jede Prämienkalkulation beim aktuellen Alter eines Versicherten anfängt. Die Besonderheit besteht darin, dass die Mengen l_x ineinander geschachtelt sind, sodass ein l_x alle l_{x+1}, l_{x+2} etc. umfasst:

$$l_0 \subset l_1 \subset l_2 \subset \cdots \subset l_{50} \subset l_{51} \subset l_{52} \subset \ldots \,.$$

5.3.3 Stochastische Unabhängigkeit

Stochastik ist ein etwas betagter Begriff, den der Schweizer Mathematiker Jakob Bernoulli (1654–1705) einführte und der im Wesentlichen alle Methoden der wahrscheinlichkeitsabhängigen, also nicht-deskriptiven Statistik bezeichnet. Stochastische Unabhängigkeit beschreibt eine besondere Beziehung zwischen den Wahrscheinlichkeiten verschiedener Ereignisse.

Abb. 5.7 Geometrische Interpretation der stochastischen Unabhängigkeit

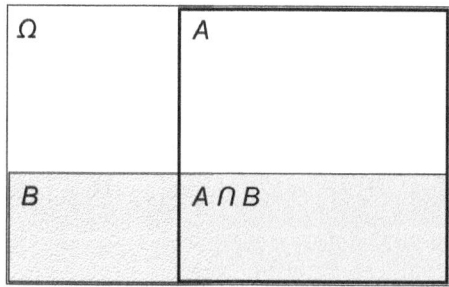

Im ersten Anlauf kann man sich darunter durchaus Unabhängigkeit im umgangssprachlichen Sinn vorstellen: Zwei Ereignisse sind demnach unabhängig, wenn das eine nicht davon abhängt, ob auch das andere Ereignis eintritt oder nicht. Beispielsweise sind zwei nacheinander ausgeführte Würfe mit einem fairen Würfel unabhängig, denn der Würfel hat kein Gedächtnis. Das Ergebnis des zweiten Wurfs realisiert sich daher unabhängig vom Ergebnis des ersten.

▸ **Stochastische Unabhängigkeit** Zwei Ereignisse A und B heißen stochastisch unabhängig, wenn die Wahrscheinlichkeit von A nicht davon abhängt, ob auch B eintritt oder nicht:

$$P(A) = P(A|B) \tag{5.8}$$

Nach Definition der bedingten Wahrscheinlichkeit folgt daraus

$$P(A) = P(A|B) = \frac{P(A \cap B)}{P(B)} \Rightarrow P(A \cap B) = P(A) \cdot P(B) , \tag{5.9}$$

sofern die Wahrscheinlichkeit von B positiv (> 0) ist. Die Wahrscheinlichkeit, dass zwei stochastisch unabhängige Ereignisse simultan (gleichzeitig) eintreten, ist also gleich dem Produkt der Einzelwahrscheinlichkeiten.

Stochastische Unabhängigkeit lässt sich geometrisch interpretieren: Wegen $P(\Omega) = 1$ kann die obige Definitionsformel auch geschrieben werden als

$$\frac{P(A)}{P(\Omega)} = P(A) = P(A|B) = \frac{P(A \cap B)}{P(B)} . \tag{5.10}$$

Betrachten wir nur die beiden äußeren Terme bedeutet dies, dass die Wahrscheinlichkeit von A im gleichen Verhältnis zum gesamten Ereignisraum steht wie die Beschränkung von A auf das zweite Ereignis B (vgl. Abb. 5.7).

Zufälliges Ziehen vom Kartenstapel (Skatblatt)

Es gibt im Kartenspiel die vier Farben „Kreuz", „Pik", „Herz" und „Karo" (Abb. 5.8). Alle Farben haben dieselben acht Wertstufen „7", „8", „9", „10", „Bube", „Dame", „König",

„As". Aus den 32 gut durchmischten Karten wird ein Stapel gebildet und daraus verdeckt eine Karte nach dem Zufallsprinzip gezogen. Mit den beiden Ereignissen A = {„Die gezogene Karte zeigt einen Kopf"} und B = {„Die gezogene Karte ist eine Kreuz-Karte"} gelten dann folgende Wahrscheinlichkeiten:

$$P(A) = \frac{12}{32} = 0{,}375 \; ; \quad P(B) = \frac{8}{32} = 0{,}25$$

Abb. 5.8 Skatblatt

Für die bedingte Wahrscheinlichkeit, dass die Karte einen Kopf zeigt, wenn die gezogene Karte auf jeden Fall eine Kreuzkarte ist, gilt

$$P(A|B) = \frac{3}{8} = 0{,}375 = P(A) \,,$$

beide Ereignisse sind also im Sinne der Definition stochastisch unabhängig.

In ähnlicher Weise wie in Abb. 5.7 können wir stochastische Abhängigkeit geometrisch darstellen. Die Definition wird kaum überraschen: Zwei Ereignisse A und B sind stochastisch abhängig, wenn sie nicht unabhängig sind, wenn also

$$P(A) \neq P(A|B) \ . \tag{5.11}$$

Dies stellt sich in Abb. 5.9 so dar, dass der Flächenanteil von A an Ω prozentual ein anderer ist als derjenige von $A \cap B$ an B.

Abb. 5.9 Geometrische Interpretation der stochastischen
Abhängigkeit

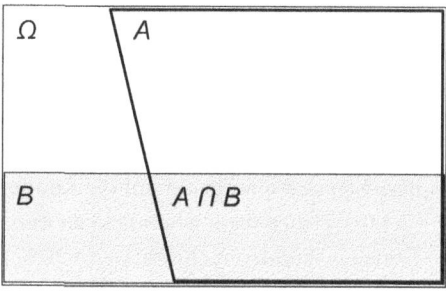

Die Unabhängigkeit von zufallsabhängigen Ereignissen ist eine symmetrische Eigenschaft. Ist A unabhängig von B, so auch B von A. Formal geschrieben:

$$\text{Mit } P\,(A|B) = P\,(A) \text{ gilt auch } P\,(B|A) = P\,(B)\ . \qquad (5.12)$$

Wird ein Zufallsexperiment mehrfach wiederholt und haben die einzelnen Wiederholungen keinen kausalen Einfluss aufeinander, sind die Ergebnisse der Einzelexperimente ebenfalls unabhängig voneinander.

Zweifacher Wurf eines fairen Würfels (I)

Wir geben eine etwas andere Interpretation der Konstellation des Schlussbeispiels aus Abschn. 5.2.3. Ein fairer Würfel wird dort zweimal nacheinander geworfen. Die Wahrscheinlichkeiten, dass die beiden Ereignisse A: „Im ersten Wurf fällt eine 6." und B: „Im zweiten Wurf fällt eine 6." eintreten, beträgt jeweils 1/6. Der zweite Wurf hängt vom Resultat des ersten nicht kausal ab, der eine ist also nicht Ursache oder Auslöser des anderen. Die Wahrscheinlichkeit, dass in beiden Würfen eine „6" fällt, ist dann einfach das Produkt der Einzelwahrscheinlichkeiten also 1/36. Dieses Prinzip werden wir noch intensiv bei der Herleitung diskreter Wahrscheinlichkeitsverteilungen einsetzen.

5.3.4 Totale Wahrscheinlichkeit und Bayes'sche Formel

In Abschn. 5.3.2 hatten wir folgendes gesehen: Ist für zwei Ereignisse A und B statt der Wahrscheinlichkeit $P\,(A \cap B)$, dass beide zusammen eintreten, die bedingte Wahrscheinlichkeit $P\,(A|B)$ bekannt, kann erstere anhand der zweiten berechnet werden:

$$P\,(A \cap B) = P\,(A|B) \cdot P\,(B)$$

Diesen Sachverhalt kann man sich auch in anderen Situationen zunutze machen.

Insolvenzwahrscheinlichkeiten (I)

Die Bank für Bauförderung vergibt Immobiliendarlehen an Privatkunden. Anhand einer individuellen Bonitätsprüfung kann sie alle Kunden drei Bonitätsklassen zuordnen.

In Klasse **AAA** ist durchschnittlich mit einer Wahrscheinlichkeit von nur 1 % mit dem Zahlungsausfall eines Kunden zu rechnen. In Klasse **AA** beträgt diese Wahrscheinlichkeit im Mittel schon 3 % und in Klasse **A** 6 %. Interessenten mit einer schlechteren Bonitätseinstufung erhalten keine Darlehen. Bei den genannten drei Prozentzahlen handelt es sich um bedingte Wahrscheinlichkeiten, denn die Ausfallwahrscheinlichkeiten beziehen sich jeweils nur auf die Kunden einer Klasse.

Mit welcher Wahrscheinlichkeit muss nun die Bank insgesamt mit dem Ausfall eines Darlehenskunden rechnen, wenn 30 % der Kunden Klasse **AAA** zugeordnet sind, 60 % der Klasse **AA** und 10 % der Klasse **A**?

Wir entnehmen der Abb. 5.10 unmittelbar, dass sich das hier interessierende Ereignis **F**: „Ein Kunde fällt als Tilgungszahler aus" auf die drei Kundenklassen verteilt. Diese Klassen sind disjunkt und vollständig in dem Sinne, dass jeder Kunde genau einer Klasse angehört, also auch kein Kunde bei der Bonitätseinstufung „vergessen" wurde.

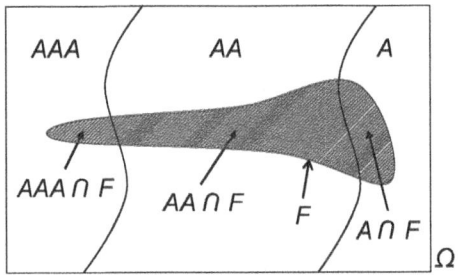

Abb. 5.10 Berechnung einer Wahrscheinlichkeit durch Ereigniszerlegung

Offenbar setzt sich das Ereignis aus seinen Schnittmengen mit jeder der drei Klassen zusammen. Dazu gehört 1 % der Kunden aus Klasse **AAA**, welche ihrerseits 30 % aller Darlehenskunden stellt. Damit tragen die Zahlungsausfälle dieser Klasse also $0{,}01 \cdot 0{,}3$ zum gesuchten Ergebnis bei. Der Beitrag der beiden anderen Klassen ist dementsprechend 3 % von 60 % (Klasse **AA**) und 6 % von 10 % (Klasse **A**). Insgesamt erleiden also $0{,}01 \cdot 0{,}3 + 0{,}03 \cdot 0{,}6 + 0{,}06 \cdot 0{,}1 = 0{,}027$ und damit 2,7 % aller Kunden einen Anfall von Zahlungsschwäche.

Die Überlegungen des Beispiels lassen sich leicht verallgemeinern:

▸ **Satz über die totale Wahrscheinlichkeit** Ein Ereignisraum Ω zerfalle vollständig in k disjunkte Ereignisse $B_1, B_2, \ldots, B_k$. Dann berechnet sich die Wahrscheinlichkeit eines weiteren Ereignisses **A** als Summe der Wahrscheinlichkeiten für die Schnittmengen von A mit $B_1, B_2, \ldots, B_k$:

$$P(A) = P(A \cap B_1) + P(A \cap B_2) + \cdots + P(A \cap B_k)$$

Die einzelnen Wahrscheinlichkeiten auf der rechten Seite lassen sich nun wieder mithilfe der bedingten Wahrscheinlichkeiten ausdrücken:

$$P(A) = P(A|B_1) \cdot P(B_1) + P(A|B_1) \cdot P(B_1) + \cdots + P(A|B_k) \cdot P(B_k)$$
$$= \sum_{i=1}^{k} P(A|B_i) \cdot P(B_i) \ . \tag{5.13}$$

Im Beispiel besteht die disjunkte Zerlegung aus den $k = 3$ Bonitätsklassen AAA, AA und A, die die Rolle der B_i einnehmen. Das Ereignis F tritt an die Stelle des eigentlich interessierenden Ereignisses A. Damit lautet die Berechnungsformel der totalen Wahrscheinlichkeit

$$P(F) = P(F|AAA) \cdot P(AAA) + P(F|AA) \cdot P(AA) + P(F|A) \cdot P(A)$$
$$= 0{,}01 \cdot 0{,}3 + 0{,}03 \cdot 0{,}5 + 0{,}06 \cdot 0{,}1 = 0{,}027 \ .$$

Anhand bedingter Wahrscheinlichkeiten lässt sich ein weiterer Zusammenhang herstellen; man kann nämlich den Bedingungszusammenhang gewissermaßen umdrehen. Die bedingte Wahrscheinlichkeit, dass ein Ereignis A unter der Voraussetzung des Ereignisses B eintritt, errechnet sich formal zu

$$P(A|B) = \frac{P(A \cap B)}{P(B)} \ . \tag{5.14}$$

Für die bedingte Wahrscheinlichkeit, dass das Ereignis B unter der Nebenbedingung A eintritt, gilt dagegen

$$P(B|A) = \frac{P(A \cap B)}{P(A)} \tag{5.15}$$

mit dem soeben berechneten Wert für $P(A \cap B)$. In den beiden obigen Formeln begegnet uns derselbe Ausdruck im Zähler, weswegen wir ihn auf zwei Arten schreiben können. Einmal als

$$P(A \cap B) = P(A|B) \cdot P(B) \ , \tag{5.16}$$

zum anderen als

$$P(A \cap B) = P(B|A) \cdot P(A) \ . \tag{5.17}$$

Die beiden rechten Seiten dieser Umformungen stimmen folglich überein. Nach Gleichsetzen und Umformen ergibt sich die sogenannte Bayes'sche Formel, benannt nach dem presbyterianischen Geistlichen Thomas Bayes (~1701–1761).

▸ **Bayes'sche Formel** Zu Ereignissen A und B mit $P(A) > 0, P(B) > 0$ besteht zwischen den bedingten Wahrscheinlichkeiten die Beziehung

$$P(A, B) = P(B|A) \cdot \frac{P(A)}{P(B)} \ . \tag{5.18}$$

Insolvenzwahrscheinlichkeiten (II)

1 % der *AAA*-Kunden der Bank für Bauförderung gerät in Zahlungsschwierigkeiten, so die weiter oben getroffene Annahme. Mit welcher Wahrscheinlichkeit ist dann ein Kunde, der in Zahlungsschwierigkeiten gerät, ein *AAA*-Kunde? Kürzer formuliert: Wie groß ist $P(AAA|F)$?

Es bezeichne wiederum F das Ereignis des Zahlungsrückstands im gesamten Kundenbestand. Inzwischen ist uns schon bekannt, dass $P(AAA) = 0,3$ gilt. Außerdem wissen wir, dass $P(F) = 0,027$ und $P(F|AAA) = 0,01$. Dann verrät die Bayes'sche Formel, dass für die gesuchte Wahrscheinlichkeit

$$P(AAA|K) = P(K|AAA) \cdot \frac{P(AAA)}{P(K)} = 0,01 \cdot \frac{0,3}{0,027} = 0,111$$

gilt. Nur 11,1 % der säumigen Kunden sind also *AAA*-Kunden, obwohl fast ein Drittel aller Kunden – also ein deutlich größerer Anteil – in die Klasse *AAA* fallen. Das würde man von Premiumkunden auch erwarten.

5.3.5 Beziehung zwischen beschreibender und schließender Statistik

Wir greifen in diesem Abschnitt die Gedankengänge aus Abschn. 5.1 nochmals auf, um die enge Verwandtschaft zwischen den zwei Welten der beschreibenden und schließenden Statistik herauszustellen, die auf den ersten Blick so verschieden erscheinen. Tatsächlich beruht diese Verschiedenheit vor allem auf dem Perspektivenwechsel, wenn die vergangenheitsorientierte mit der zukunftsorientierten Betrachtung vertauscht wird.

Zur Illustration wählen wir eine Frage, die in den letzten Jahren Einzug in die Gestaltung von Tarifen der Lebensversicherung genommen hat, nämlich die nach den Rauchergewohnheiten in der Bevölkerung. Der gelegentliche oder regelmäßige Genuss von Tabakwaren ist statistisch ein zweiwertiges (dichotomes) Merkmal: Entweder man ist Raucher oder nicht.

Über die Einwohner der Bundesrepublik könnte ein allwissender Betrachter umfassend Auskunft geben. Er könnte beispielsweise über jeden Einwohner sagen, ob es sich dabei um einen Raucher handelt. Die gleiche Aussage ließe sich mit viel Aufwand mithilfe der beschreibenden Statistik gewinnen, indem man sämtliche Einwohner befragt und durch entsprechende Beobachtung auch diejenigen identifiziert, die zwar Raucher sind, sich aber bei der Befragung nicht getraut haben, das auch zu sagen.

Dieser deskriptive Ansatz ist natürlich in der beschriebenen Allgemeinheit nicht durchführbar. Deshalb kennt man die Zahl der Raucher in Deutschland auch nicht exakt, sondern nur näherungsweise. Ihr Anteil an der Gesamtbevölkerung – die relative Häufigkeit – beträgt rund 26 %.

Gehen wir nun von einer repräsentativen Auswahl an Personen aus, die ebenfalls zu rund 26 % aus Rauchern besteht. Ohne weitere Untersuchung kann nicht entschieden werden, ob eine konkrete Person dieser Auswahl Raucher ist oder nicht. Wenn wir eine Person zufällig herausgreifen, sorgt der Zufallsmechanismus dafür, dass sich die relative Häufigkeit nun als Wahrscheinlichkeit präsentiert, dabei auf einen Raucher zu stoßen. Dadurch ist der Bogen zur schließenden Statistik geschlagen.

Die Beziehung zwischen relativen Häufigkeiten als Mittel der Beschreibung und Wahrscheinlichkeiten als Instrument der Schätzung oder Vorhersage (Prognose) gilt auch bei komplexeren Merkmalen, vor allem bei metrischen Merkmalen; diese liegen in praktischen Anwendungen meistens in klassifizierter Form vor. So wird beispielsweise aus einer Verteilung relativer Häufigkeiten, mit denen bestimmte Versicherungssummen sich zu einem kompletten Vertragsbestand zusammenfügen, eine Verteilung von Wahrscheinlichkeiten, bei zufälliger Auswahl eines Vertrages die jeweils entsprechende Versicherungssumme vorzufinden.

Mit derartigen Verteilungen von Wahrscheinlichkeiten befassen sich die nächsten beiden Kapitel. Bevor wir uns diesem Thema zuwenden können, benötigen wir ein Werkzeug, mit dem wir die möglichen Ausprägungen eines Merkmals bei zufälliger Auswahl von Merkmalsträgern kennzeichnen und mit Wahrscheinlichkeitswerten in Beziehung setzen können – ganz so, wie wir zuvor die tatsächlichen Ausprägungen von Merkmalen mit den absoluten oder relativen Häufigkeiten ihres Auftretens verknüpft haben. Dieses Werkzeug sind die sogenannten Zufallsvariablen.

Üblicherweise kennt man Zahlen wie die Raucherquote nicht, sondern versucht diese anhand einer repräsentativen Auswahl aus der Grundgesamtheit zu schätzen. Auch dieses Verfahren zählt zur schließenden Statistik, weil es auf Zufallsmechanismen basiert. Wir setzen uns damit in Kap. 8 eingehend auseinander.

5.4 Zufallsvariable

5.4.1 Eigenschaften und Konstruktion von Zufallsvariablen

Mithilfe von Zufallsvariablen soll die Welt der Wahrscheinlichkeiten berechenbar gemacht werden. Wir wissen schon, dass die Gesamtheit der möglichen Resultate eines Zufallsexperiments den Ereignisraum Ω bildet.

Eine Schadenanzahlvariable

Betrachten wir einen Bestand von Versicherungsverträgen in der Kraftfahrzeug-Haftpflichtversicherung, so sind für jeden Vertrag Merkmale wie die maximal versicherte Schadensumme oder das Autokennzeichen des versicherten Fahrzeugs bekannt. Nicht bekannt ist dagegen zu Beginn eines Jahres, ob es im Laufe des Jahres einen oder sogar mehrere Unfallschäden verursachen wird. Das Merkmal „Anzahl der Unfallschäden im Jahr" wird in den meisten Fällen den Wert Null annehmen, weil erfreulicherweise Haftpflichtschäden durch Unfälle und ähnliche Ereignisse relativ selten eintreten. Wird aber ein Fahrzeug in einen Unfall verwickelt, erhält das Merkmal einen ganzzahligen positiven Wert. Es handelt sich also um ein diskretes Merkmal. Dessen Wert ist am Jahresanfang noch unbekannt und kann als weitgehend zufallsabhängig betrachtet werden. Er ist also eine variable Größe und nimmt erst am Ende des Jahres einen konkreten, festen Wert an. Mit bestimmten Wahrscheinlichkeiten wird dieser Wert 0, 1 oder eine höhere Zahl sein. Diese Wahrscheinlichkeiten hängen z. B. von der Region ab, in der das Fahrzeug zugelassen ist, vom Fahrzeugtyp, von der Fahrleistung, also den im Jahr gefahrenen Kilometern, und von anderen Faktoren. Die Bestimmung der Wahrscheinlichkeiten ist ein Anwendungsfall des a-posteriori-Begriffs von Wahrscheinlichkeiten: Im einfachsten Fall werden die relativen Unfallhäufigkeiten der Vergangenheit als Wahrscheinlichkeiten verwendet. Präziser ist es, die Trendentwicklung dieser Häufigkeiten in die Zukunft fortzuschreiben. Die Zuordnung der möglichen Unfallzahlen (0, 1, 2, …) eines Fahrzeugs zu den Wahrscheinlichkeiten, dass genau diese Unfallzahl eintreten wird, nennt man Wahrscheinlichkeitsverteilung. Die Zahl der Unfälle eines Fahrzeugs im folgenden Jahr ist also einerseits diskret und variabel, andererseits zufallsabhängig und deswegen ein Beispiel für eine sogenannte diskrete Zufallsvariable. Die zugehörige Wahrscheinlichkeitsverteilung ist somit die Wahrscheinlichkeitsverteilung einer Zufallsvariable.

Interessanter aus Sicht des Versicherungsunternehmens ist die Gesamtzahl der Schäden, die im Jahr eintreten wird. Diese Zahl ist die Summe der Unfallschäden jedes einzelnen versicherten Fahrzeugs. Da die Unfallzahl eines Fahrzeugs als zufallsabhängig betrachtet werden muss, gilt dies erst recht für die Gesamtzahl der Unfälle im Bestand der versicherten Fahrzeuge. Sie kann ziemlich viele verschiedene Werte annehmen und ist ebenfalls eine diskrete Zufallsvariable.

Aus den (niedrigen) Wahrscheinlichkeiten, mit denen ein einzelnes Fahrzeug einen Unfall oder mehrere Unfälle haben wird, lassen sich entsprechende Wahrscheinlichkeiten für die möglichen Unfallzahlen im Gesamtbestand ermitteln.

Analog zu diesem Beispiel können auch quasi-stetige und stetige Zufallsvariablen definiert werden. Da deren Handhabung jedoch schwieriger und weniger anschaulich ist, befassen wir uns erst einmal nur mit diskreten Zufallsvariablen; die Definitionen in diesem Abschnitt gelten zunächst auch nur für solche. Die genauere Beschreibung stetiger Zufallsvariablen stellen wir jetzt noch ein Weilchen zurück, sondern begnügen uns an dieser Stelle mit einem Beispiel:

Eine Schadenhöhenvariable

Betrachten wir noch einmal den Bestand von Versicherungsverträgen in der Kraftfahrzeug-Haftpflichtversicherung. Diesmal interessiert uns die Höhe eines Haftpflichtschadens. Verursacht das versicherte Fahrzeug einen Schaden, erhält das Merkmal „Schadenshöhe" einen positiven Wert. Da dies jeder Wert in einem recht großen Intervall möglicher Schadenssummen sein kann, handelt es sich bei centgenauer Rundung um ein quasi-stetiges, bei Interpretation als reelle Zahl sogar um ein stetiges Merkmal. Wir erinnern uns, dass wir in der beschreibenden Statistik für solche Merkmale eine Klas seneinteilung der Messwerte vorgenommen hatten (Abschn. 4.3). Der Wertebereich des Merkmals wurde dabei in Teilintervalle eingeteilt und jeder der so erzeugten Klassen die Anzahl der Merkmalsträger zugewiesen, deren Merkmalsausprägungen in diese Klasse fielen. Ordneten wir zuletzt jeder Klassenmitte die relative Häufigkeit der Messwerte in ihrer Klasse zu, ergab sich im Ergebnis eine diskrete empirische Häufigkeitsverteilung.

Eine derartige empirische Häufigkeitsverteilung kann wieder als Ausgangspunkt für eine a-posteriori-Bestimmung von Wahrscheinlichkeitswerten dienen. Die Klassenmitten als mögliche Schadenswerte führen dabei jedoch wieder zu einer diskreten Zufallsvariable. Stetig wird die Zufallsvariable erst, wenn alle reellen Schadenswerte innerhalb des Wertebereichs zugelassen werden. Für die Wahrscheinlichkeitsverteilung ergibt sich dann analog zu dem in der Vertiefung am Ende von Abschn. 4.3 angedeuteten Verfahren wiederum eine stetige Dichtefunktion. Dieses Konstruktionsverfahren stetiger Wahrscheinlichkeitsverteilungen wird in Kap. 7 nochmals genauer aufgegriffen.

Nun aber endlich zum zentralen Begriff dieses Abschnitts:

▷ **Zufallsvariable (ZV)** Eine Zufallsvariable X ordnet jedem möglichen Elementarereignis des Ereignisraums eines Zufallsexperiments eine reelle Zahl zu. Die Notation für diese Abbildung lautet:

$$X : \Omega \to \mathbb{R}$$

Zufallsvariablen werden üblicherweise durch Großbuchstaben aus dem hinteren Bereich des Alphabets gekennzeichnet, X, Y etc.

Die Zuordnungsvorschrift ist in der Regel einfacher zu finden als man denkt und ergibt sich direkt aus der Struktur des untersuchten Problems. Besonders einfach ist die Zuordnung, wenn das Ergebnis eines Zufallsexperiments schon eine Zahl ist. Dazu noch ein paar Beispiele:

Würfel

Das Ergebnis eines Würfelwurfs ist eine von sechs möglichen Augenwerten. Im einfachsten Fall ordnet die Zufallsvariable also jedem Augenwert seinen Zahlenwert zu:

$$\text{„1"} \mapsto 1; \quad \text{„2"} \mapsto 2; \quad \text{„3"} \mapsto 3 \quad \text{etc}.$$

Da der Wertebereich der Zufallsvariable diskret ist, spricht man präziser von einer diskreten Zufallsvariable.

Augensumme

Bei zwei Würfen mit einem Würfel besteht der Ereignisraum aus den 36 Wertepaaren („1"; „1"), („1"; „2") usw. bis („6"; „6"). Die Zufallsvariable „Augensumme" ordnet jeder dieser Paare die entsprechende Augensumme zu, also

$$(\text{„1"; „1"}) \mapsto 2; \quad (\text{„1"; „2"}) \mapsto 3; \quad \dots; \quad (\text{„6"; „6"}) \mapsto 12.$$

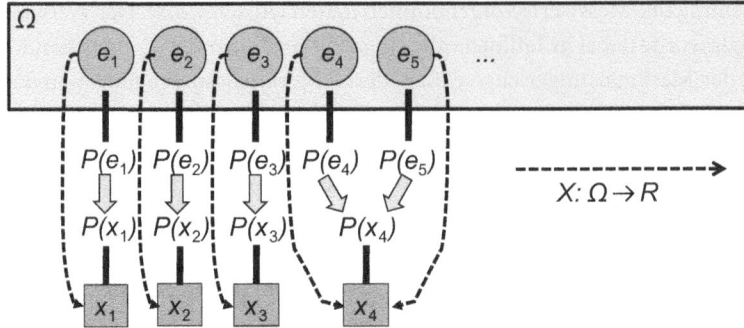

Abb. 5.11 Wahrscheinlichkeitsverteilung einer Zufallsvariable

---

Aktienkurs

Der Kurs einer Aktie ist täglichen Schwankungen ausgesetzt. Der Kurs am nächsten Tag kann als zufällig angesehen werden, da er von vielen Faktoren abhängt, die nicht im Einzelnen vorhergesagt werden können. Die stetige Zufallsvariable „Aktienkurs an einem zukünftigen Tag" kann dann als stetiges Merkmal jeden reellen Wert oder jeden Wert in einem reellen Intervall annehmen; als quasi-stetiges Merkmal immerhin noch eine Vielzahl von Werten in beispielsweise centgenauer Rundung.

Wie man einer Zufallsvariable eine Wahrscheinlichkeitsverteilung zuordnen kann, demonstrieren wir hier nur für den diskreten Fall. Auf den stetigen Fall gehen wir erst in Kap. 7 wieder ein.

In der diskreten Wahrscheinlichkeitsrechnung spielt der Begriff des Elementarereignisses eine wichtige Rolle. Eine diskrete Zufallsvariable X ordnet jedem möglichen Elementarereignis E_i des diskreten Ereignisraums eine reelle Zahl x_i zu. Verschiedenen Elementarereignissen kann dabei durchaus dieselbe reelle Zahl zugewiesen werden. Die Wahrscheinlichkeit, dass die Zufallsvariable den Wert x annimmt, ergibt sich dann als Summe der Wahrscheinlichkeiten aller Elementarereignisse, für die $X(E_i) = x$ gilt (vgl. Abb. 5.11).

Am einfachen Beispiel der Augensumme bei zweimaligem Würfelwurf demonstrieren wir das Verfahren:

Zweifacher Wurf eines fairen Würfels (II)

Die 36 möglichen Paarungen treten alle mit gleicher Wahrscheinlichkeit 1/36 auf. Die Zufallsvariable X ordnet jedem Wurfpaar die Augensumme zu. Sie kann also die endlich vielen ganzzahligen Werte zwischen 2 und 12 annehmen. Der Wert 2 wird nur einmal angenommen, für das Wurfpaar („1"; „1"). Der Wert 7 wird hingegen für sechs verschiedene Wurfpaare angenommen, die von („1"; „6"), („2"; „5"), ... bis („6"; „1") reichen. Die Bestimmung der Wahrscheinlichkeiten erfolgt nun, wie schon gesehen, durch Addition der Elementarwahrscheinlichkeiten für alle Elementarereignisse, die zur selben

Augensumme führen, also

$$P(X = 2) = P\left(\text{„1"};\text{„1"}\right) = \frac{1}{36}\,,$$

$$P(X = 3) = P\left(\text{„1"};\text{„2"}\right) + P\left(\text{„2"};\text{„1"}\right) = 2 \cdot \frac{1}{36} = \frac{1}{18}\text{, etc.}$$

Die Darstellung der Wahrscheinlichkeitsverteilung kann als Tabelle oder als Diagramm erfolgen (vgl. Tab. 5.2 oder Abb. 5.12).

Tab. 5.2 Tabellarische Darstellung der Wahrscheinlichkeitsverteilung einer Zufallsvariable

$X = x$	$P(X = x)$	$X = x$	$P(X = x)$
2	1/36	8	5/36
3	2/36	9	4/36
4	3/36	10	3/36
5	4/36	11	2/36
6	5/36	12	1/36
7	6/36		

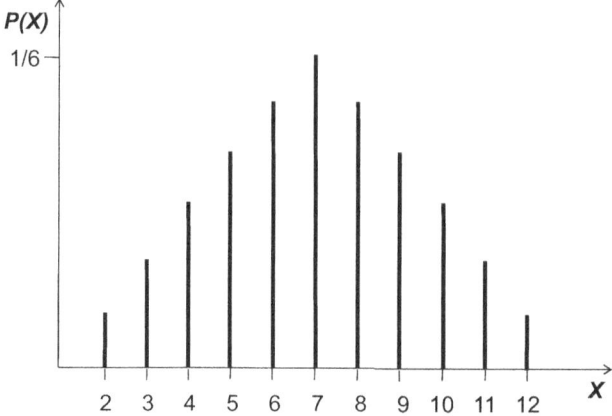

Abb. 5.12 Stabdiagramm der Wahrscheinlichkeitsverteilung einer Zufallsvariable

In wichtigen praktischen Fällen kann die Wahrscheinlichkeitsverteilung besonders kompakt mithilfe geschlossener mathematischer Ausdrücke berechnet werden. Dies ist Gegenstand des nächsten Kapitels.

Fassen wir die Analogien zwischen Wahrscheinlichkeitsrechnung und beschreibender Statistik noch ein letztes Mal zusammen:

- In der beschreibenden Statistik spielen statistische Merkmale und ihre Ausprägungen eine vergleichbare Rolle, wie sie in der Wahrscheinlichkeitsrechnung Zufallsexperimente und ihre möglichen Ergebnisse bzw. Zufallsvariablen und ihre Ausprägungen spielen.
- Beobachtete relative Häufigkeiten beschreiben, wie oft Ausprägungen eines statistischen Merkmals tatsächlich aufgetreten sind. Wahrscheinlichkeiten beschreiben demgegenüber die zu erwartenden Häufigkeiten der möglichen Resultate eines Zufallsexperiments oder der möglichen Werte einer korrespondierenden Zufallsvariable.
- Relative Häufigkeitsverteilungen statistischer Merkmale entsprechen den Wahrscheinlichkeitsverteilungen von Zufallsvariablen.

Auch für die typischen Parameter empirischer Häufigkeitsverteilungen existieren Analogien in der Wahrscheinlichkeitsrechnung.

5.4.2   Parameter einer Zufallsvariable

Bei häufiger Wiederholung eines Zufallsexperiments realisiert sich bei jedem Versuch genau eines der möglichen Ergebnisse. Die Wahrscheinlichkeiten eines jeden möglichen Ergebnisses geben Auskunft darüber, wie oft man mit dem Eintritt dieses Ergebnisses rechnen kann. Sind die Ergebnisse Zahlen, so ergibt sich daraus ein Wert, den man bei häufiger Ausführung des Zufallsexperiments durchschnittlich erwarten kann. Dieser im Mittel zu erwartende Wert heißt Erwartungswert. Er erfüllt also für eine Wahrscheinlichkeitsverteilung die gleiche Funktion wie der arithmetische Mittelwert der Häufigkeitsverteilung eines metrischen Merkmals, und er wird auch wie dieser berechnet. Da der Erwartungswert nur bestimmbar ist, wenn die Ergebnisse des Zufallsexperiments metrischer Natur sind, definiert man den Erwartungswert nicht direkt auf der Grundlage der möglichen Ergebnisse, sondern immer ausgehend von den Ausprägungen einer passenden Zufallsvariable.

▶ **Erwartungswert einer diskreten Zufallsvariable**   Der Erwartungswert $E(X)$ einer diskreten Zufallsvariable X ist definiert als wahrscheinlichkeitsgewichteter Durchschnittswert der möglichen Ausprägungen x_i von X:

$$E(X) = \sum_i P(X = x_i) \cdot x_i = \sum_i f(x_i) \cdot x_i \qquad (5.19)$$

Dabei steht $f(x_i)$ für die Wahrscheinlichkeit $P(X = x_i)$, dass X den Wert x_i annimmt.

Einmaliger Wurf eines fairen Würfels (V)

Für die Zufallsvariable X, die die geworfene Augenzahl beim einmaligen Würfeln angibt, erhält man den Erwartungswert

$$E(X) = \frac{1}{6} \cdot 1 + \frac{1}{6} \cdot 2 + \frac{1}{6} \cdot 3 + \frac{1}{6} \cdot 4 + \frac{1}{6} \cdot 5 + \frac{1}{6} \cdot 6 = 3{,}5 \ .$$

Lebenserwartung

Betrachten wir die Zufallsvariable X, die das Sterbealter einer Person zum Gegenstand hat. Die Lebenserwartung definieren wir zunächst als mittleres zu erwartendes Sterbealter einer Person. Sie gibt die durchschnittliche Anzahl vollendeter Lebensjahre zum Zeitpunkt des Todes an. Mit den in Abschn. 5.3.2 eingeführten Bezeichnungen gilt zunächst allgemein

$$P(X = x) = \frac{d_x}{l_0}$$

und daher

$$E(X) = \sum_i P(X = x_i) \cdot x_i \, ,$$

also mit den Zahlen der Sterbetafel DAV 2008 T M (vgl. Tab. 5.1):

$$E(X) = \frac{1}{l_0} \cdot \sum_{i=1}^{110} d_{x_i} \cdot x_i$$

$$= \frac{1}{1.000.000} \cdot (6113 \cdot 0 + 420 \cdot 1 + 341 \cdot 2 + \cdots + 3773 \cdot 50 + 4126 \cdot 51 + \cdots) = 73{,}98 \, .$$

Die mittlere Lebenserwartung von Männern beträgt also in Deutschland laut Sterbetafel ziemlich genau 74 Jahre. Das ist ungefähr vier Jahre weniger als die empirische Lebenserwartung der männlichen Bevölkerung und erklärt sich aus der vorsichtigen Kalkulation einer Sterbetafel: Die reale Sterblichkeit muss bei einer Versicherung gegen das Todesfallrisiko überschätzt werden, um einen Sicherheitspuffer zu haben.

Wir haben weiter oben die formale Ähnlichkeit zwischen relativen Häufigkeiten in der beschreibenden Statistik und Wahrscheinlichkeiten in der Wahrscheinlichkeitsrechnung und schließenden Statistik herausgestellt. Diese Ähnlichkeit beruht auf einem mathematischen Sachverhalt, der unter dem Namen „Starkes Gesetz der großen Zahlen" bekannt ist. Es gibt verschiedene Formulierungen dieses Gesetzes, die im Wesentlichen darauf hinauslaufen, dass sich in hinreichend langen Versuchsreihen eines Zufallsexperiments die relativen Häufigkeiten der einzelnen möglichen Versuchsausgänge und deren Wahrscheinlichkeiten immer weniger voneinander unterscheiden. Unter ziemlich schwachen Voraussetzungen gilt hierbei sinngemäß:

▹ **Starkes Gesetz der großen Zahlen** Ist p die Wahrscheinlichkeit für das Ereignis **A** in einem Zufallsexperiment, so nähert sich die relative Häufigkeit von **A** in langen Versuchsreihen der theoretischen Wahrscheinlichkeit immer besser an:

$$\lim_{n \to \infty} \frac{\text{Anzahl der Eintritte von } A \text{ in } n \text{ Versuchen}}{n} = \lim_{n \to \infty} f_{(n)}(A) \to p \qquad (5.20)$$

Präziser formuliert lautet der Satz: Die Wahrscheinlichkeit, dass $f_{(n)}(A)$ *nicht* gegen p strebt, geht mit wachsendem n gegen null. Mit dem tiefgestellten (n) soll angedeutet werden, dass die Folge der relativen Häufigkeiten von der Länge einer Versuchsfolge abhängt.

Abbildung 5.13 zeigt, dass dieses „immer besser" nicht streng monoton zu verstehen ist; der Fehler zwischen relativen Häufigkeiten und Wahrscheinlichkeit kann zwischendurch auch einmal größer werden. Entscheidend ist aber die langfristige Tendenz zur Annäherung.

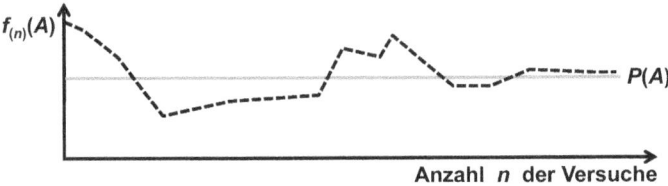

Abb. 5.13 Starkes Gesetz der großen Zahlen

Dies ist der tiefere Grund dafür, dass Wahrscheinlichkeiten überhaupt sinnvoll empirisch, das heißt mit einem a-posteriori-Verfahren, definiert werden können.

Eine Konsequenz des Gesetzes der großen Zahlen ist, dass der arithmetische Mittelwert der Ausprägungen einer Zufallsvariable in langen Versuchsreihen sich dem Erwartungswert annähern wird:

$$\tilde{x}_{(n)} \rightarrow E(X_{(n)}) \tag{5.21}$$

Die bei solchen Versuchsreihen beobachteten relativen Häufigkeiten nähern sich den zugrunde liegenden Wahrscheinlichkeiten zwar auf lange Sicht beliebig genau an, sie stimmen aber nur ausnahmsweise exakt mit ihnen überein. Eine verbreitete Fehlinterpretation von Wahrscheinlichkeiten besteht darin, dass sie sich direkt in relative Häufigkeiten übersetzen lassen.

Dass das nicht stimmt, wird vor allem bei sehr kurzen Versuchsreihen klar: Beim einmaligen Wurf eines idealen Würfels kann sich nur genau eine der sechs möglichen Zahlen realisieren. Auch bei mehreren Würfen wird sich keine streng gleichmäßige Verteilung der Zahlen ergeben. Nur selten wird z. B. bei sechs Würfen jede Zahl genau einmal auftreten wie in der Ergebnisfolge

$$1\text{–}4\text{–}6\text{–}3\text{–}5\text{–}2\,.$$

In den meisten Fällen werden einige Zahlen mehrfach auftreten, andere dagegen fehlen, z. B. in der Folge

$$3\text{–}4\text{–}3\text{–}5\text{–}1\text{–}1\,.$$

Dies liegt daran, dass die einzelnen Wiederholungen des Zufallsexperiments voneinander unabhängig sind. Nach jedem Wurf ist also die Wahrscheinlichkeit für das Auftreten einer Zahl dieselbe, egal wie häufig sie zuvor bereits gefallen ist.

Neben dem arithmetischen Mittelwert in Gestalt des Erwartungswerts findet auch das wichtigste metrische Streuungsmaß, nämlich die Varianz bzw. Standardabweichung, ein

Analogon in der Wahrscheinlichkeitsrechnung. Diese Analogie ist so weitgehend, dass sogar die identische Bezeichnung gewählt wurde. Die Varianz der Wahrscheinlichkeitsverteilung einer Zufallsvariable beschreibt also die durchschnittliche quadratische Abweichung ihrer möglichen Ausprägungen vom Erwartungswert, die Standardabweichung die Quadratwurzel daraus:

▸ **Varianz und Variationskoeffizient einer diskreten Zufallsvariable** Die Varianz $\sigma^2(X)$ bzw. Var(X) einer diskreten Zufallsvariable X ist die wahrscheinlichkeitsgewichtete durchschnittliche quadratische Abweichung ihrer Ausprägungen vom Erwartungswert. Die Standardabweichung ist die Quadratwurzel der Varianz:

$$\sigma^2(X) = \text{Var}(X) = E\left(\left[X - E(X)\right]^2\right) = \sum_i f(x_i) \cdot (x_i - E(X))^2,\qquad(5.22)$$

$$\sigma(X) = \sqrt{\sigma^2(X)}.\qquad(5.23)$$

Der Variationskoeffizient gibt die Größe der Standardabweichung im Verhältnis zum Erwartungswert an,

$$\text{VK} = \frac{\sigma(X)}{E(X)}.\qquad(5.24)$$

Auch hier kann für die Varianz ein vereinfachter Berechnungsansatz verwendet werden,

$$\sigma^2(X) = E\left(X^2\right) - \left[E(X)\right]^2 = \sum_i f(x_i) \cdot x_i^2 - \left[E(X)\right]^2,$$

hinter dem unschwer die entsprechende Formel aus der beschreibenden Statistik zu erkennen ist. Bei dieser ist der Erwartungswert durch den arithmetischen Mittelwert ersetzt, statt der Wahrscheinlichkeiten erscheinen die relativen Häufigkeiten der Versuchsergebnisse. Wie auch in der beschreibenden Statistik ist die Varianz einer Wahrscheinlichkeitsverteilung keine anschauliche Größe. Nur die Standardabweichung entspricht dem Bild einer mittleren Abweichung der Ausprägungen der Zufallsvariable vom Erwartungswert.

Einmaliger Wurf eines fairen Würfels (VI)

Die Zufallsvariable X („geworfener Augenwert") hat, wie oben gezeigt, den Erwartungswert 3,5. Für die Varianz der Zufallsvariable bedeutet dies wegen $x_i = i$:

$$\sigma^2(X) = \frac{1}{6} \cdot \sum_{i=1}^{6} (i - E(X))^2 = \frac{1}{6} \cdot \sum_{i=1}^{6} (i - 3,5)^2$$

$$= \frac{1}{6} \cdot \left[(1 - 3,5)^2 + \cdots + (6 - 3,5)^2\right] = 2,91\bar{6}$$

Tab. 5.3 Analogie der Begriffsbildungen in beschreibender und schließender Statistik

Merkmal X	Zufallsvariable X
Merkmalswert	Ausprägung/Realisation
Relative Häufigkeit	Wahrscheinlichkeit
Relative Häufigkeitsverteilung	Wahrscheinlichkeitsverteilung
Arithmetischer Mittelwert	Erwartungswert
Varianz	Varianz
Standardabweichung	Standardabweichung

und für die Standardabweichung

$$\sigma(X) = \sqrt{2{,}91\overline{6}} = 1{,}708 .$$

Diese Zahl bedeutet, dass die geworfene Augenzahl bei wiederholtem Wurf durchschnittlich um 1,7 vom Erwartungswert 3,5 abweichen wird. Der Variationskoeffizient

$$\text{VK} = \frac{\sigma(X)}{E(X)} = \frac{1{,}708}{3{,}5} = 0{,}49$$

besagt, dass die Streuung rund halb so groß ist wie der Erwartungswert.

Multipliziert man eine Zufallsvariable X mit einem konstanten Faktor a, erhält man eine neue Zufallsvariable $Y = aX$. Dies geschieht beispielsweise, wenn eine monetäre Größe von einer Währung in eine andere umgerechnet wird. Für die Parameter gilt dann

$$E(Y) = a \cdot E(X) ; \quad \sigma^2(Y) = a^2 \cdot \sigma^2(X) ; \quad \sigma(Y) = a \cdot \sigma(X) . \qquad (5.25)$$

Auch Summen von Zufallsvariablen spielen eine Rolle. Betrachtet man etwa den Jahresgewinn zweier Unternehmen als Zufallsvariable X_1 und X, so ist auch der Gesamtgewinn beider Unternehmen eine Zufallsvariable $X = X_1 + X_2$. Hier ergibt sich für die Erwartungswerte

$$E(X) = E(X_1) + E(X_2) .$$

Die Erwartungswerte addieren sich stets, gleichgültig, welchen Typs die Wahrscheinlichkeitsverteilungen von X_1 und X_2 sind. Hingegen ergibt sich eine vergleichbar einfache Varianzformel nur, wenn X_1 und X_2 unabhängig sind. Dann gilt:

$$\sigma^2(X) = \sigma^2(X_1) + \sigma^2(X_2) ; \quad \sigma(X) = \sqrt{\sigma^2(X_1) + \sigma^2(X_2)} .$$

Wir präsentieren zum Abschluss dieses Abschnitts in Tab. 5.3 noch einmal die Beziehung zwischen den wesentlichen Fachbegriffen der beschreibenden und der schließenden Statistik.

Weiterführende Literatur

Bleymüller J, Gehlert G, Gülicher H (2012) Statistik für Wirtschaftswissenschaftler. Vahlen, München

Bleymüller J, Gehlert G (2011) Statistische Formeln, Tabellen und Programme. Vahlen, München

Bourier G (2013) Wahrscheinlichkeitsrechnung und schließende Statistik. Springer Gabler, Wiesbaden

Brase CH, Brase CP (2010) Understanding Basic Statistics. Brooks/Cole, Independence

Fahrmeir L, Künstler R, Pigeot I, Tutz G (2009) Statistik. Springer, Heidelberg

Führer C, Grimmer A (2010) Einführung in die Lebensversicherungsmathematik. Verlag Versicherungswirtschaft, Karlsruhe

Hartung J, Elpelt B, Klösener KH (2009) Statistik. Oldenbourg, München

Krämer W (2008) Statistik verstehen. Piper, München

Krengel U (2005) Einführung in die Wahrscheinlichkeitstheorie und Statistik. Vieweg, Wiesbaden

Milbrodt H (2010) Wahrscheinlichkeitstheorie. Verlag Versicherungswirtschaft, Karlsruhe

Pflaumer P, Heine B, Hartung J (2001) Statistik für Wirtschafts- und Sozialwissenschaftler: Induktive Statistik. Oldenbourg, München

Piazolo M (2007) Statistik für Wirtschaftswissenschaftler. Verlag Versicherungswirtschaft, Karlsruhe

Pulham S (2011) Statistik leicht gemacht. Gabler, Wiesbaden

Schwarze J (2013) Grundlagen der Statistik – Wahrscheinlichkeitsrechnung und induktive Statistik. nwb-Verlag, Herne

Schwarze J (2013) Aufgabensammlung zur Statistik. nwb-Verlag, Herne

Steland A (2013) Basiswissen Statistik. Springer Spektrum, Berlin

Stifl J (2011) Wirtschaftsstatistik. Oldenbourg, München

Diskrete Wahrscheinlichkeitsverteilungen

6

Zusammenfassung

Ist der Wertebereich einer Zufallsvariable diskret, gilt gleiches für die dazu gehörende Wahrscheinlichkeitsverteilung. Anhand von Beispielen werden die wichtigsten Vertreter dieses Typs eingeführt, nämlich diskrete Gleichverteilung, Binomialverteilung, Hypergeometrische Verteilung und Poissonverteilung. Als verallgemeinerter Zugang werden Urnenmodelle beschrieben, außerdem Approximationsbedingungen, die den Übergang zwischen verschiedenen Verteilungen erlauben.

6.1 Grundbegriffe

Diskrete Zufallsvariablen können definitionsgemäß nur endlich viele oder abzählbar viele verschiedene Werte annehmen. Die Zuordnung $x_i \mapsto P(x_i)$ für alle möglichen Indexwerte i ergibt dann die zugehörige diskrete Wahrscheinlichkeitsverteilung.

Davon ausgehend gelangen wir zunächst zu zwei Definitionen:

▸ **Wahrscheinlichkeitsfunktion** Da jeder Ausprägung x_i der diskreten Zufallsvariable X eindeutig eine Wahrscheinlichkeit $P(x_i)$ zugeordnet ist, kann man eine Wahrscheinlichkeitsfunktion $f(x)$ definieren gemäß

$$f(x) = \begin{cases} P(x) & \text{für alle Ausprägungen } x \text{ von } X\,, \\ 0 & \text{sonst}\,. \end{cases}$$

Die Wahrscheinlichkeitsfunktion ist demnach auf ganz $\mathbb{R}$ definiert. Ihre Werte sind fast überall null, mit Ausnahme der diskret vielen Ausprägungen der Zufallsvariable. Ihre Darstellung erfolgt üblicherweise im Stabdiagramm, wobei die Längen der Stäbe proportional zu den Wahrscheinlichkeiten gewählt sind.

A. Grimmer, *Statistik im Versicherungs- und Finanzwesen*, DOI 10.1007/978-3-658-02954-8_6,   107
© Springer Fachmedien Wiesbaden 2014

In Analogie zum Begriff der relativen Summenhäufigkeit (vgl. Abschn. 4.2) kann nun noch die Verteilungsfunktion definiert werden:

▶ **Verteilungsfunktion einer diskreten Zufallsvariable** Die Verteilungsfunktion $F(x)$ einer diskreten Zufallsvariable X ist gegeben durch

$$F(x) = P(X \le x) = \sum_{x_i \le x} f(x_i) \ .$$

Die Verteilungsfunktion $F(x)$ gibt die Wahrscheinlichkeit an, dass die Zufallsvariable höchstens den Wert x annimmt. Da nur abzählbar viele Werte x mit positiver Wahrscheinlichkeit existieren, ändert die Verteilungsfunktion sich auch nur für diese x, indem sie um die entsprechende Wahrscheinlichkeit nach oben springt. Zwischen zwei Ausprägungen der Zufallsvariable erfolgt hingegen keine Wahrscheinlichkeitszunahme, sodass die Verteilungsfunktion dort konstant ist. Sie gleicht also grafisch einer Treppenfunktion:

Wahrscheinlichkeitsfunktion und Verteilungsfunktion beim fairen Würfel
Die Wahrscheinlichkeitsfunktion beim fairen Würfel ist gegeben durch

$$f(x) = \begin{cases} 1/6 & \text{für } x = 1, 2, 3, 4, 5, 6 \ , \\ 0 & \text{sonst} \ . \end{cases}$$

Für die Verteilungsfunktion (Abb. 6.1) ergibt sich

$$F(x) = \begin{cases} 0 & \text{für } x < 1 \ , \\ 1/6 & \text{für } 1 \le x < 2 \ , \\ 1/3 & \text{für } 2 \le x < 3 \ , \\ 1/2 & \text{für } 3 \le x < 4 \ , \\ 2/3 & \text{für } 4 \le x < 5 \ , \\ 5/6 & \text{für } 5 \le x < 6 \ , \\ 1 & \text{für } x \ge 6 \ . \end{cases}$$

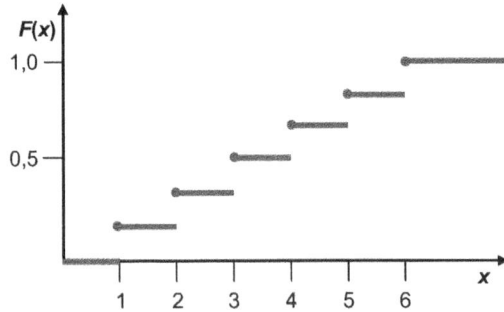

Abb. 6.1 Verteilungsfunktion beim fairen Würfel

Abb. 6.2 Der faire Würfel als Beispiel einer diskreten Gleichverteilung

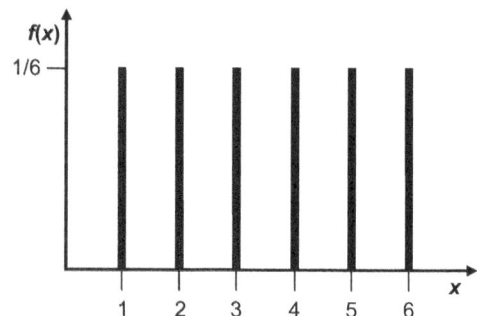

In einigen praxisrelevanten Konstellationen können diskrete Wahrscheinlichkeitsverteilungen durch geschlossene Formeln beschrieben werden. In den folgenden Abschnitten betrachten wir beispielhaft die wichtigsten Vertreter solcher Verteilungen, nämlich die Gleichverteilung, die Binomialverteilung, die Hypergeometrische Verteilung und die Poissonverteilung.

6.2 Diskrete Gleichverteilung

Die diskrete Gleichverteilung ist die einfachste „echte" Wahrscheinlichkeitsverteilung. Das einmalige Würfeln mit einem fairen Würfel ist ein typisches Beispiel: Die diskrete Zufallsvariable kann nur endlich viele Werte annehmen und jeder Wert hat die gleiche Wahrscheinlichkeit. Bei n möglichen Werten (im Würfelbeispiel 6) ist daher die Wahrscheinlichkeit für das Auftreten jedes dieser Werte genau $1/n$ (Abb. 6.2).

Das lässt sich verallgemeinern: Ist für einen Zufallsvorgang der Wahrscheinlichkeitsbegriff von Laplace anwendbar und ordnet eine geeignete Zufallsvariable jedem Elementarereignis einen anderen Wert zu, gehorcht auch diese Zufallsvariable einer diskreten Gleichverteilung. Dies liegt daran, dass dann jeder Wert der Zufallsvariable durch genau ein Elementarereignis ausgelöst wird und diese unter dem Laplace-Kalkül alle gleich wahrscheinlich sind.

6.3 Binomialverteilung

6.3.1 Ein Beispiel

Die Herleitung dieser wichtigen Wahrscheinlichkeitsverteilung stützt sich auf folgende beispielhafte Fragestellung:

Kreditausfallwahrscheinlichkeit

Eine Bank hat an ihre 5 Kunden Albrecht (A), Bender (B), Cuno (C), Detlefsen (D) und Ehmig (E) jeweils ein Immobiliendarlehen vergeben. Sie schätzt, dass jeder Kunde seinen Kredit mit einer Wahrscheinlichkeit von immerhin 25 % nicht vollständig tilgen kann. Diese Wahrscheinlichkeit wird für alle Kunden als gleich angenommen. Allerdings hängt die Ausfallwahrscheinlichkeit eines Kunden nicht von der der übrigen Kunden ab.

Wie groß ist die Wahrscheinlichkeit, dass genau 3 der 5 Kunden ihren Kredit nicht komplett zurückzahlen können?

Anhand der Namen können wir die Kunden voneinander unterscheiden. Die Fragestellung ist allerdings allgemein gehalten. Es geht nur darum, wie wahrscheinlich der Zahlungsausfall von 3 beliebigen Kunden ist, nicht von 3 ganz bestimmten. Wir werden sehen, dass wir anhand der speziellen Frage nach der Ausfallwahrscheinlichkeit für 3 bestimmte Kunden auch die allgemeine Frage beantworten können.

Wir bezeichnen die Wahrscheinlichkeit, dass ein Kunde mit seiner Tilgung scheitert, mit p; die Gegenwahrscheinlichkeit, dass der Kredit vollständig zurückgezahlt wird, sei mit $q = 1 - p$ bezeichnet. Die konkreten Werte sind also $p = 0{,}25$ und $q = 0{,}75$. Die Zahl X der Kunden, die ihren Kredit nicht zu tilgen vermögen, ist eine Zufallsvariable, die die Werte 0 bis 5 annehmen kann. Gesucht ist demnach die Wahrscheinlichkeit, dass diese Zufallsvariable den Wert 3 annimmt: $P(X = 3)$.

Die Wahrscheinlichkeit, dass gerade die Kunden A, B und C mit der Kredittilgung scheitern, beträgt

$$p \cdot p \cdot p \cdot q \cdot q = p^3 \cdot q^2 = 0{,}25^3 \cdot 0{,}75^2 = 0{,}008789 \; ,$$

also etwas weniger als ein Prozent. Denn wegen der angenommenen Unabhängigkeit des Kreditausfalls können die entsprechenden Wahrscheinlichkeiten für jeden Kunden einfach miteinander multipliziert werden. Für A, B und C nimmt diese aber den Wert $p = 0{,}25$ an, für D und E dann zwangsläufig den Wert $q = 0{,}75$.

Die Wahrscheinlichkeit, dass beispielsweise B, D und E ihren Kredit nicht komplett tilgen können, errechnet sich in gleicher Weise zu

$$q \cdot p \cdot q \cdot p \cdot p = p^3 \cdot q^2 = 0{,}008789 \; .$$

Denn nun sind B, D und E mit der Wahrscheinlichkeit p, A und C dagegen mit q zu berücksichtigen. Offenbar hängt also die Wahrscheinlichkeit für den Kreditausfall nicht davon ab, *welche* 3 Kunden konkret davon betroffen sind, da die Wahrscheinlichkeit p für alle Kunden dieselbe ist und das Tilgungsverhalten aller Kunden voneinander unabhängig ist.

Um die Gesamtwahrscheinlichkeit bestimmen zu können muss man demnach herausfinden, auf wie viele Arten man die 3 zahlungsgefährdeten aus den insgesamt 5 Kunden auswählen kann. Jede einzelne Möglichkeit dafür ist ein gleich wahrscheinlicher Bestandteil der Lösung der eingangs gestellten Frage. Für die Gesamtwahrscheinlichkeit ist daher

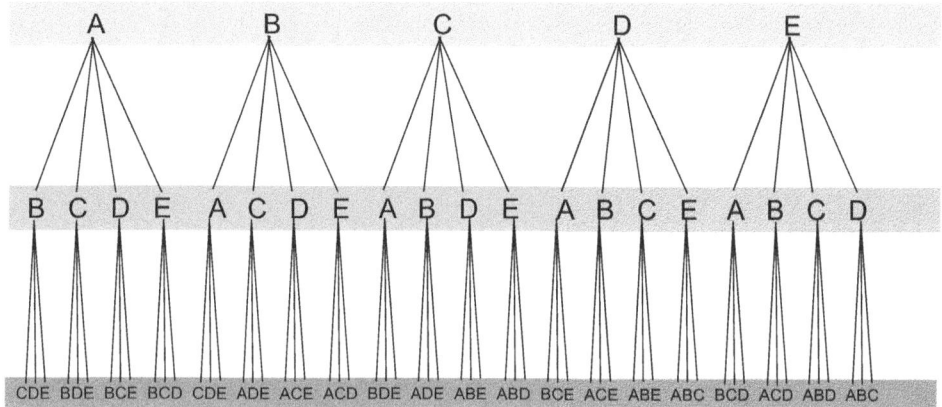

Oberste Auswahlebene: 5 Möglichkeiten
Zweite Auswahlebene: eine Möglichkeit weniger (4)
Dritte Auswahlebene: noch eine Möglichkeit weniger (3)

Abb. 6.3 Dreiergruppen, die aus 5 Personen gebildet werden können

diese Anzahl der Auswahlmöglichkeiten mit der oben errechneten Wahrscheinlichkeit von 0,8789 % zu multiplizieren.

Die Frage, auf wie viele Arten man 3 aus 5 Kunden auswählen kann, lässt sich durch systematisches Abzählen aller Möglichkeiten beantworten. Fragen dieser Art sind Aufgabe einer speziellen Teildisziplin der Mathematik, der Kombinatorik.

Jeder der 5 Kunden kann zu einer Teilgruppe von 3 „Nicht-Tilgern" gehören, beispielsweise A. Die beiden anderen Kunden einer solchen Teilgruppe sind dann aus den 4 übrigen Kunden B, C, D oder E zu wählen, da natürlich jeder nur einmal als Mitglied einer Gruppe gezählt werden kann. Neben A kann also zunächst noch ein weiterer Kunde ausgewählt werden, wofür es 4 Möglichkeiten gibt, beispielsweise B. Für den dritten Kunden in einer Teilgruppe stehen jetzt nur noch die 3 übrigen Kunden C, D oder E zur Wahl, z. B. C. Damit haben wir nun für die Wahl des ersten Kunden einer Teilgruppe 5 Möglichkeiten, für den zweiten 4 Möglichkeiten, für den dritten 3 Möglichkeiten. Somit gibt es insgesamt $5 \cdot 4 \cdot 3 = 60$ mögliche Dreiergruppen, die aus den 5 Kunden gebildet werden können (vgl. Abb. 6.3).

Dies beantwortet allerdings noch nicht unsere Frage. So besteht der erste Pfad in der Abbildung aus den 3 Kunden A (Albrecht), B (Bender) und C (Cuno). Für den vierten Pfad gilt dies aber ebenso, nur werden diese 3 in anderer Reihenfolge ausgewählt. Insgesamt stellt man fest, dass 6 Pfade existieren, die die Auswahl derselben Dreiergruppe bewirken, lediglich in wechselnder Reihenfolge: A-B-C, A-C-B, B-A-C, B-C-A, C-A-B und C-B-A. Die Reihenfolge spielt jedoch in unserem Zusammenhang gar keine Rolle.

Die 6 Möglichkeiten der identischen Auswahl finden wir für jede andere mögliche Dreiergruppe wieder. In Abb. 6.4 ist als weiteres Beispiel die Gruppe hervorgehoben, die aus den Kunden A, D und E gebildet werden kann.

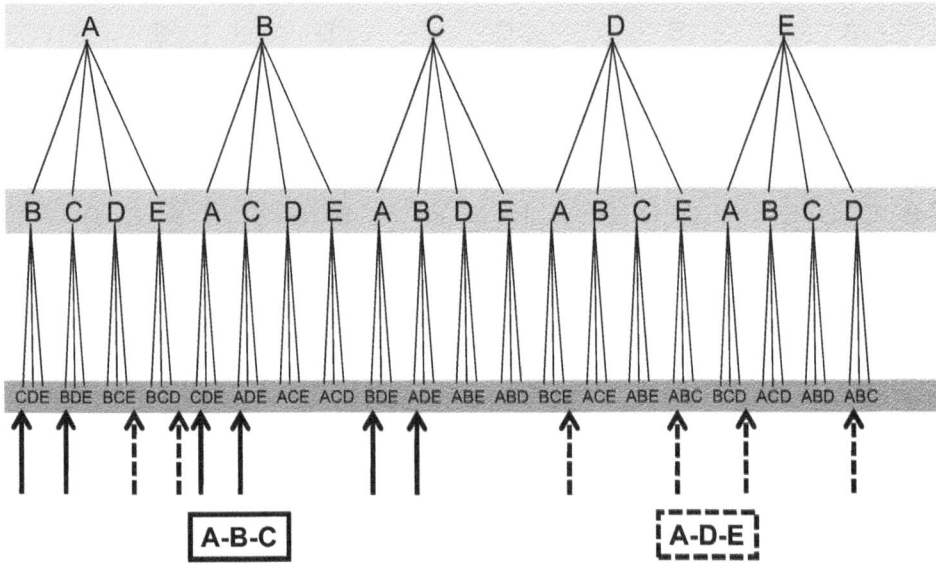

Abb. 6.4 Auswahlmöglichkeiten für Dreiergruppen gleicher Zusammensetzung

Abb. 6.5 Verschieden zusammengesetzte Dreiergruppen

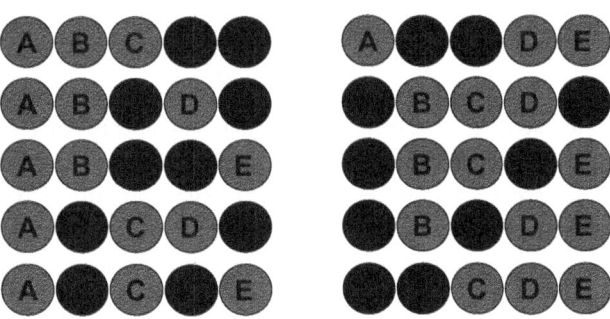

Halten wir fest: Insgesamt können 60 Dreiergruppen aus den 5 Kunden ausgewählt werden. Jeweils 6 dieser Gruppen unterscheiden sich aber nur in der Anordnung *derselben*
Kunden, sodass es insgesamt nur 10 *verschiedene* Dreiergruppen gibt. Man überzeuge sich
anhand von Abb. 6.5, dass es tatsächlich nicht mehr verschieden zusammengesetzte Dreiergruppen gibt.

Für die gesuchte Gesamtwahrscheinlichkeit ergibt sich nun

$$P(X = 3) = (\text{\# verschiedener Dreiergruppen})$$
$$\cdot (\text{Einzelwahrscheinlichkeit jeder Gruppe})$$
$$= 10 \cdot 0{,}008789 = 0{,}08789.$$

Die Wahrscheinlichkeit beträgt also unter den im Beispiel genannten Voraussetzungen rund 8,8 %, dass genau 3 beliebige der 5 Darlehensnehmer ihren Kredit nicht ordnungsgemäß zurückzahlen können.

6.3.2 Der allgemeine Fall

Die Frage aus dem vorigen Abschnitt lässt sich leicht verallgemeinern, indem man sich von den konkreten Zahlen löst:

Wie groß ist die Wahrscheinlichkeit, dass genau k von n Bankkunden ihr Immobiliendarlehen nicht komplett zurückzahlen können, wenn die Ausfallwahrscheinlichkeit für jeden Kunden einheitlich p beträgt? Auch weiterhin sei davon ausgegangen, dass der Ausfall eines Kunden unabhängig von allen übrigen Kunden erfolgen kann.

Fragestellungen wie diese lassen sich in einen sehr viel weiteren Kontext einordnen. Dafür benötigen wir immer ein Zufallsexperiment mit einigen einfachen Eigenschaften:

▶ **Bernoulli-Experiment** Unter einem Bernoulli-Experiment versteht man die mehrfache Wiederholung eines Zufallsexperiments, für welches gilt:

1. Es sind nur zwei Ausgänge möglich, „Erfolg" und „Misserfolg", welche komplementär eintreten.
2. Die Wiederholung erfolgt auf identische und unabhängige Art und Weise, d. h. der Ausgang jeder Wiederholung des Zufallsexperiments hängt nicht vom Ergebnis der übrigen Wiederholungen ab.
3. Mit gleich bleibender Wahrscheinlichkeit p trete bei jeder Wiederholung des Experiments ein Erfolg, mit der Komplementärwahrscheinlichkeit $q = 1 - p$ ein Misserfolg ein.

Führen wir insgesamt n Wiederholungen durch, kann die Gesamtzahl der Erfolge wieder mithilfe einer Zufallsvariable X gezählt werden, die die ganzzahligen Werte von 0 bis n annehmen kann. Die Bezeichnungen „Erfolg" und „Misserfolg" sind dabei nicht im umgangssprachlichen Sinne zu verstehen, sondern sollen lediglich ausdrücken, dass es zwei Ergebnisse des Zufallsexperiment gibt, die sich gegenseitig ausschließen. Definitionsgemäß ist dann eine Ergebnis, das mit Wahrscheinlichkeit p eintritt, ein Erfolg, das andere Ergebnis ein Misserfolg.

Ehe wir die Herleitung der Wahrscheinlichkeitsverteilung für X fortsetzen, seien noch einige Beispiele für Bernoulli-Experimente aufgeführt:

Beispiele für Bernoulli-Experimente

- In einem Versicherungsbestand aus n Kraftfahrzeugen eines Typs betrage die Unfallwahrscheinlichkeit jedes Fahrzeugs unabhängig vom übrigen Bestand innerhalb eines Jahres p; mit Wahrscheinlichkeit $1 - p$ bleibt ein Fahrzeug während des Jahres unfallfrei. Versicherungstechnisch interessant ist die Frage, mit welcher Wahrscheinlichkeit k Fahrzeuge des Bestandes im Jahr einen Unfall haben werden. Einen Unfall zu haben ist im Sinne unserer Sprechweise ein „Erfolg"; gesucht ist also die Wahrscheinlichkeit für (genau) k Erfolge bei $n - k$ Misserfolgen.

- Von den n Studenten eines Semesters habe jeder die gleiche Chance p, die Klausur im Fach Finanzmathematik zu bestehen. Besteht ein Student, ist dies ein Erfolg, fällt er durch, ein Misserfolg. Sofern der Erfolg eines jeden Studenten nicht von dem seiner Kommilitonen abhängt, liegt ein Bernoulli-Experiment vor, und es stellt sich die Frage: Wie wahrscheinlich ist es, dass k der n Studenten die Klausur bestehen?

- In einer Lichterkette, die aus n Glühbirnen besteht, fällt jede unabhängig vom Rest mit einer Wahrscheinlichkeit p aus (Erfolg!) oder bleibt mit Wahrscheinlichkeit $1 - p$ intakt (Misserfolg!). Gesucht ist die Wahrscheinlichkeit, dass insgesamt k Glühbirnen erneuert werden müssen.

Offenbar kann auch das obige Kreditproblem als spezielles Bernoulli-Experiment interpretiert werden: Für jeden Kunden gibt es nur zwei sich gegenseitig ausschließende Möglichkeiten, nämlich die ordnungsgemäße oder die nicht ordnungsgemäße Tilgung des Darlehens. Da im Beispiel nach der Zahl der Kunden gefragt wird, die vorzeitig mit der Rückzahlung scheitern, ist es in diesem Falle sinnvoll, dies als Erfolg mit der Erfolgswahrscheinlichkeit p zu definieren, obgleich dieser „Erfolg" aus Sicht der Bank natürlich ein ungünstiges Resultat ist.

Die Berechnung der Wahrscheinlichkeit für k Erfolge, dass also k der n Kunden ihren Kredit nicht zurückzahlen können, geht prinzipiell wie im speziellen Zahlenbeispiel von Abschn. 6.3.1 vor sich:

1. Zunächst wird die entsprechende Wahrscheinlichkeit für k *bestimmte* Kunden bestimmt.
2. Danach folgt die Berechnung der Anzahl der Möglichkeiten, *verschieden* zusammengesetzte Teilgruppen von k Kunden aus der Gesamtheit der n Kunden auszuwählen.
3. Die gesuchte Wahrscheinlichkeit $P(X = k)$ ergibt sich schließlich als Produkt beider Werte.

1. Schritt: Die Kunden sind unterscheidbar, beispielsweise durch Zuordnung einer Nummer von 1 bis n. Die Wahrscheinlichkeit, dass die Kunden mit den Nummern von 1 bis k ihren Kredit nicht tilgen können, die übrigen Kunden mit den Nummern $k + 1$ bis n dagegen schon, ist dann gerade

$$\underbrace{p \cdot p \cdot \ldots \cdot p \cdot p}_{\text{Kunden von 1 bis } k} \cdot \underbrace{(1-p) \cdot \ldots \cdot (1-p)}_{\text{Kunden von } k+1 \text{ bis } n} = p^k \cdot (1-p)^{n-k} = p^k \cdot q^{n-k} \, . \tag{6.1}$$

Werden k andere Kunden ausgewählt, ist die Wahrscheinlichkeit dieselbe; es kommt nur auf die Anzahl der Faktoren p bzw. q an, nicht auf die konkrete Auswahl.

2. Schritt: Das Abzählargument bei der Bestimmung der Zahl N_1 aller möglichen *verschiedenen* k-Gruppen bleibt im Kern erhalten. Wir bestimmen zunächst die Anzahl N_2 aller Auswahlmöglichkeiten *einschließlich* derer, die sich nur in der Reihenfolge unterscheiden. Anschließend eliminieren wir die Zahl N_3 der Gruppen, die sich nicht in der Auswahl unterscheiden, sondern nur in deren Reihenfolge. Zwischen diesen Größen gilt die Beziehung

$$N_1 = \frac{N_2}{N_3} \, .$$

Bei der Auswahl des ersten Kunden für eine k-Gruppe stehen alle n Kunden zur Auswahl, bei der Auswahl des zweiten Kunden einer k-Gruppe ist es einer weniger, $n-1$, bei der Auswahl des dritten Kunden noch $n-2$ usw. Für den k-ten Kunden kann dann noch unter $n-k+1$ Kunden ausgewählt werden. Damit ist N_2 als Produkt all dieser Auswahlmöglichkeiten gegeben:

$$N_2 = n \cdot (n-1) \cdot (n-2) \cdot \ldots \cdot (n-k+2) \cdot (n-k+1) \, . \tag{6.2}$$

Für solche Produkte aus auf- oder absteigenden Zahlen gibt es die Kurznotation

$$n \cdot (n-1) \cdot (n-2) \cdot \ldots \cdot 3 \cdot 2 \cdot 1 = n! \, . \tag{6.3}$$

Der Ausdruck $n!$ wird „n Fakultät" gelesen. Da wir für N_2 nur die ersten k Faktoren von $n!$ benötigen, wird durch die nicht benötigten $n-k$ kleineren Faktoren geteilt. Deren Produkt lässt sich analog als $(n-k+1)!$ darstellen. Damit wird

$$
\begin{aligned}
N_2 &= n \cdot (n-1) \cdot (n-2) \cdot \ldots \cdot (n-k+2) \cdot (n-k+1) \\
&= \frac{n \cdot (n-1) \cdot (n-2) \cdot \ldots \cdot (n-k+1) \cdot (n-k) \cdot (n-k-1) \cdot \ldots \cdot 3 \cdot 2 \cdot 1}{(n-k) \cdot (n-k-1) \cdot (n-k-2) \cdot \ldots \cdot 3 \cdot 2 \cdot 1} \\
&= \frac{n!}{(n-k)!} \, .
\end{aligned}
\tag{6.4}
$$

Mit der Fakultät lässt sich auch die Anzahl verschiedener Anordnungen *derselben* k Kunden beschreiben, folglich ist

$$N_3 = k \cdot (k-1) \cdot \ldots \cdot 3 \cdot 2 \cdot 1 = k \tag{6.5}$$

und damit insgesamt

$$N_1 = \frac{N_2}{N_3} = \frac{n!}{(n-k)! \cdot k!} \, . \tag{6.6}$$

Im Einführungsbeispiel des vorherigen Abschnitts war mit $n=5$ und $k=3$ gearbeitet worden. Also gilt dort

$$N_2 = \frac{5!}{(5-3)!} = \frac{5!}{2!} = \frac{5 \cdot 4 \cdot 3 \cdot 2 \cdot 1}{2 \cdot 1} = 5 \cdot 4 \cdot 3 = 60$$

Abb. 6.6 Pascal'sches Dreieck

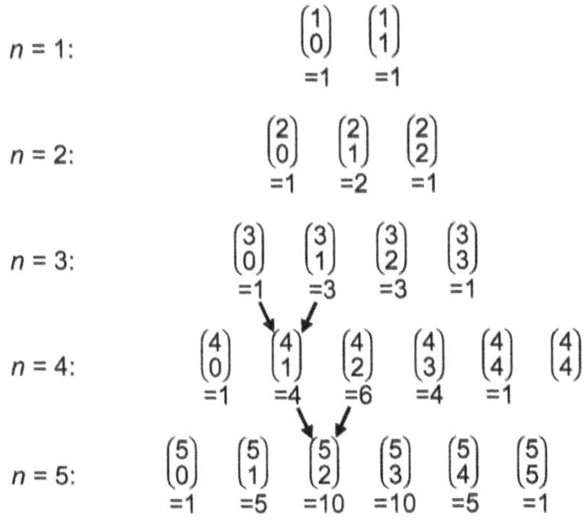

$$n = 1: \qquad \binom{1}{0} \quad \binom{1}{1}$$
$$\qquad \qquad \qquad =1 \quad\;\; =1$$

$$n = 2: \qquad \binom{2}{0} \quad \binom{2}{1} \quad \binom{2}{2}$$
$$\qquad \qquad \qquad =1 \quad\;\; =2 \quad\;\; =1$$

$$n = 3: \qquad \binom{3}{0} \quad \binom{3}{1} \quad \binom{3}{2} \quad \binom{3}{3}$$
$$\qquad \qquad \qquad =1 \quad\;\; =3 \quad\;\; =3 \quad\;\; =1$$

$$n = 4: \qquad \binom{4}{0} \quad \binom{4}{1} \quad \binom{4}{2} \quad \binom{4}{3} \quad \binom{4}{4}$$
$$\qquad \qquad \qquad =1 \quad\;\; =4 \quad\;\; =6 \quad\;\; =4 \quad\;\; =1$$

$$n = 5: \qquad \binom{5}{0} \quad \binom{5}{1} \quad \binom{5}{2} \quad \binom{5}{3} \quad \binom{5}{4} \quad \binom{5}{5}$$
$$\qquad \qquad \qquad =1 \quad\;\; =5 \quad\;\; =10 \quad =10 \quad =5 \quad\;\; =1$$

und

$$N_3 = 3! = 3 \cdot 2 \cdot 1 = 6 \,,$$

sodass die Gesamtzahl verschiedener k-Gruppen durch

$$N_1 = \frac{N_2}{N_3} = \frac{60}{6} = 10$$

gegeben ist.

Für den allgemeinen kombinatorischen Ausdruck N_1 hat sich ebenfalls eine kompakte Schreibweise eingebürgert:

$$N_1 = \frac{N_2}{N_3} = \frac{n!}{(n-k)! \cdot k!} =: \binom{n}{k} \,. \qquad (6.7)$$

Dieser kombinatorische Ausdruck wird als Binomialkoeffizient bezeichnet und „n über k" gelesen. Er nimmt stets ganzzahlige Werte an und folgt dem Bildungsgesetz des sogenannten Pascal'schen Dreiecks (nach dem französischen Mathematiker Blaise Pascal, 1623–1662) (vgl. hierzu Abb. 6.6).

Eigenschaften der Binomialkoeffizienten
Das Zahlenbeispiel

$$\binom{7}{3} = \frac{7!}{3! \cdot (7-3)!} = \frac{7 \cdot 6 \cdot 5 \cdot 4 \cdot 3 \cdot 2 \cdot 1}{(3 \cdot 2 \cdot 1) \cdot (4 \cdot 3 \cdot 2 \cdot 1)} = \frac{7 \cdot 6 \cdot 5}{3 \cdot 2 \cdot 1}$$

zeigt exemplarisch, dass im Zähler und Nenner eines Binomialkoeffizienten maximal k verschiedene Faktoren berücksichtigt werden müssen; alle anderen kürzen sich heraus.

Das Pascal-Dreieck ist symmetrisch, d. h.

$$\binom{n}{k} = \binom{n}{n-k} \,,$$

also z. B.

$$\binom{6}{2} = \binom{6}{6-2} = \binom{6}{4} .$$

Man benutzt also für die Berechnung von Binomialkoeffizienten am besten die kleinere der beiden Zahlen k und $n-k$.

Die Summe zweier benachbarter Binomialkoeffizienten ergibt den im Pascal-Dreieck unter ihnen stehenden Koeffizienten nach dem allgemeinen Bildungsgesetz

$$\binom{n}{k} + \binom{n}{k+1} = \binom{n+1}{k+1} ,$$

also z. B.

$$\binom{6}{2} + \binom{6}{3} = \binom{7}{3} .$$

3. Schritt: Die gesuchte Gesamtwahrscheinlichkeit ist nun gegeben durch

$$P(X = k) = \binom{n}{k} \cdot p^k \cdot q^{n-k} .$$

Dies ist die Berechnungsformel der Binomialverteilung. Wir fassen zusammen:

▸ **Binomialverteilung** Die Wahrscheinlichkeit, dass bei einem Bernoulli-Experiment mit n Versuchswiederholungen und Erfolgswahrscheinlichkeit p genau k Erfolge auftreten, ist gegeben durch

$$P(X = k) = f_B(k|n; p) = \binom{n}{k} \cdot p^k \cdot q^{n-k} . \tag{6.8}$$

Der Erwartungswert ist gegeben durch

$$E(X) = n \cdot p , \tag{6.9}$$

für die Varianz gilt

$$\sigma^2 = n \cdot p \cdot q . \tag{6.10}$$

Zum Schluss dieses Abschnitts betrachten wir im Vergleich einige binomialverteilte Zufallsgrößen bei ausgewählten Konstellationen der Parameter n und p.

In der linken Spalte der Abb. 6.7 sind die Verteilungen zu verschiedenen Werten von p und für $n = 10$ geplottet, in der rechten Spalte sind die Plots für $n = 30$ gegenübergestellt. Man sieht, dass die Binomialverteilung zu einem glockenförmigen Verlauf tendiert. Dieser ist nahezu symmetrisch, sofern die Verteilung nicht den Rand erreicht. Nicht den Rand zu

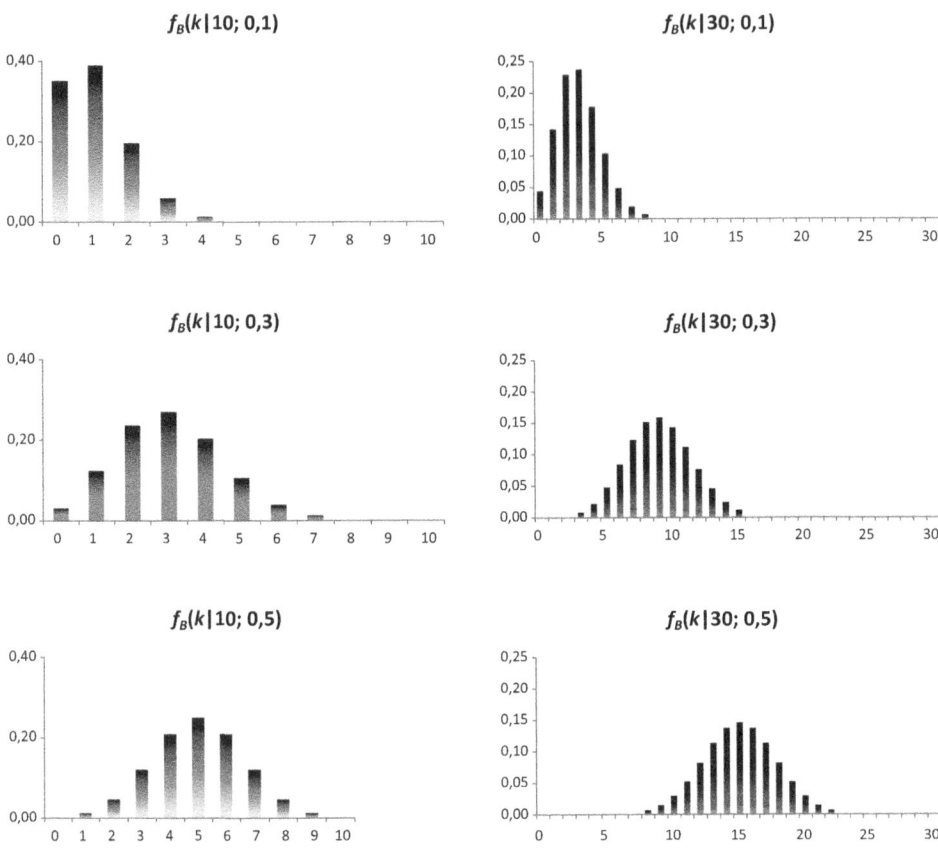

Abb. 6.7 Binomialverteilte Zufallsgrößen im Vergleich

erreichen ist dabei qualitativ zu verstehen und bedeutet, dass die Wahrscheinlichkeitswerte $P(X = k)$ für k nahe bei 0 oder n sehr klein sind.

Mit wachsendem n erscheint die Verteilung zudem schmaler und spitzer, wenn wir den Skalenbereich von 0 bis n optisch immer gleich breit darstellen. Dies wird verständlich, wenn wir den Variationskoeffizienten der Binomialverteilung betrachten, der die Standardabweichung in Beziehung zum Erwartungswert setzt:

$$\text{VK} = \frac{\sqrt{n \cdot p \cdot q}}{n \cdot p} = \sqrt{\frac{q}{n \cdot p}} \; . \tag{6.11}$$

Bei festem p und wachsendem n wird der Variationskoeffizient immer kleiner, allerdings nur mit $\sqrt{n}$. Absolut hingegen nimmt die Standardabweichung wegen $\sigma = \sqrt{n \cdot p \cdot q}$ mit wachsendem n mit demselben Faktor $\sqrt{n}$ zu. Sie verbreitert sich also zunehmend, wie Abb. 6.8 beispielhaft zeigt. Im Unterschied zu Abb. 6.7 wächst hierbei der Darstellungsbereich des Diagramms mit n an.

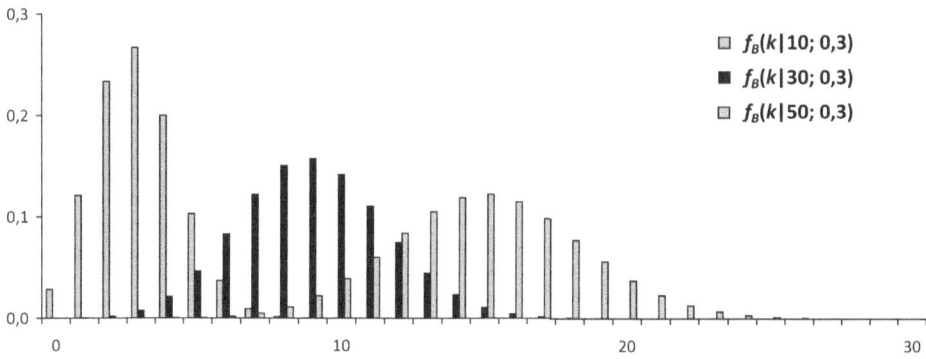

Abb. 6.8 Verbreiterung der Binomialverteilung bei wachsendem n

6.3.3 Urnenmodelle

Ein Bernoulli-Experiment kann in einem allgemeineren Kontext interpretiert werden, aus dem sich bei geringfügiger Änderung der Durchführungsbedingungen noch weitere Wahrscheinlichkeitsverteilungen gewinnen lassen. Wir bedienen uns dazu eines sogenannten Urnenmodells.

Eine Urne ist ein Gefäß, aus dessen Innerem man eine zufallsabhängige Auswahl treffen kann, ohne dabei das Resultat der Auswahl zu beeinflussen. Man zieht also sozusagen mit verbundenen Augen. In der Urne mögen sich einheitliche Kugeln befinden, die sich nur – von außen nicht einsehbar – in der Farbe unterscheiden. Nur zwei Farben kommen dabei vor, beispielsweise rot und schwarz. Die Gesamtzahl der Kugeln sei N („Groß-N"). Darunter befinden sich M rote Kugeln, wobei diese Zahlen so gewählt sind, dass $p = M/N$ gilt.

Ein Bernoulli-Experiment mit n („Klein-n") unabhängigen Wiederholungen des Zufallsvorgangs kann nun betrachtet werden als n-facher Griff in die Urne, bei dem jeweils eine Kugel entnommen, deren Farbe registriert und anschließend sofort wieder in die Urne zurückgelegt wird. Die Zahl der Erfolge entspricht dann der Zahl k der roten unter den n gezogenen Kugeln. Da das Ziehen mit Zurücklegen erfolgt, bleibt die Erfolgswahrscheinlichkeit p für eine rote Kugel von Zug zu Zug unverändert und jeder Zug ist von den anderen unabhängig. Im Ergebnis interessiert nur die Zahl roter Kugeln, aber nicht, in welcher Reihenfolge die roten und schwarzen Kugeln gezogen wurden.

Dieses Modell „Ziehen ohne Zurücklegen und ohne Beachtung der Reihenfolge" erfüllt die Voraussetzungen der Binomialverteilung:

▸ **Binomialverteilung: Ziehen mit Zurücklegen** Aus einer Urne, deren Inhalt insgesamt N gleichartige Kugeln enthält, darunter M rote und $N - M$ schwarze Kugeln, werden zufällig n Kugeln mit Zurücklegen und ohne Beachtung der Ziehungsreihenfolge gezogen. Eine Zufallsvariable X zähle die Anzahl der roten

unter den n gezogenen Kugeln. Dann berechnet sich die Wahrscheinlichkeit,
dass genau k dieser n Kugeln rot sind, nach der Formel

$$P(X = k) = \binom{n}{k} \cdot \left(\frac{M}{N}\right)^k \cdot \left(\frac{N-M}{N}\right)^{n-k} \qquad (6.12)$$

bzw. mit dem Verhältniswert $p = M/N$

$$P(X = k) = \binom{n}{k} \cdot p^k \cdot (1-p)^{n-k} . \qquad (6.13)$$

Beim Ziehen mit *Zurücklegen* kann die Zahl n der Entnahmen auch größer sein als
die Zahl N der Kugeln in der Urne. Für die Zahl der Wiederholungen des Bernoulli-
Experiments existiert also keine natürliche Obergrenze. Die Zahl k der Erfolge kann
hingegen selbstverständlich nie größer sein als die Anzahl der Wiederholungen des Zufallsexperiments.

Beim Ziehen ohne Zurücklegen nimmt dagegen die Zahl der Kugeln in der Urne be-
ständig ab, sodass jedenfalls $n \leq N$ erfüllt sein muss. Auch der Anteil M/N roter Kugeln
in der Urne ändert sich im Verlauf des Entnahmevorgangs; die einzelnen Ziehungen sind
jetzt nicht mehr voneinander unabhängig. Diese Variante des Ziehens beschreiben wir im
nächsten Abschnitt.

Der Fall, dass die Ziehungen *mit* Beachtung der Reihenfolge durchgeführt wird, sodass
es also eine Rolle spielt, welche der gezogenen Kugel rot und schwarz sind, findet in wirt-
schaftswissenschaftlichen Fragestellungen keine Anwendung. Deshalb gehen wir darauf
nicht weiter ein.

6.4 Hypergeometrische Verteilung

6.4.1 Herleitung

Die Hypergeometrische Verteilung basiert auf dem Urnenmodell „Ziehen ohne Zurücklegen". In Analogie zu Abschn. 6.3.3 betrachten wir eine Urne mit N Kugeln. Darunter sei
eine bestimmte Anzahl M roter Kugeln. Beim Ziehen ohne Zurücklegen können natürlich
nicht mehr Kugeln gezogen werden, als ursprünglich in der Urne waren. Auch die Zahl
der gezogenen roten Kugeln kann die der ursprünglich vorhandenen M roten Kugeln nicht
übersteigen.

Für die Berechnung der Wahrscheinlichkeit, unter n nach diesem Modell gezogenen
Kugeln genau k rote zu finden, ist der Umstand wesentlich, dass gezogenen Kugeln nicht
zurückgelegt werden. Es liegt also kein Bernoulli-Experiment vor, denn die Einzelziehun-
gen sind voneinander nicht mehr unabhängig: Die Wahrscheinlichkeit für das Ziehen einer
roten Kugel hängt nämlich davon ab, wie viele rote Kugeln in den bereits durchgeführten

Ziehungen schon gezogen wurden. Dadurch verändert sich laufend das Mischungsverhältnis roter zu schwarzen Kugeln.

Die gesuchte Wahrscheinlichkeit berechnen wir mithilfe des Laplace'schen Ansatzes. Das folgende Argument wird möglicherweise leichter verständlich, wenn man sich vorstellt, die Kugeln seien durchnummeriert, und zwar von 1 bis M auf Seiten der roten Kugeln und von $M + 1$ bis N auf Seiten der schwarzen. Um aus N Kugeln n ohne Wiederholungsmöglichkeit auszuwählen, gibt es dann $N \cdot (N-1) \cdot (N-2) \cdot \ldots \cdot (N-n+1)$ Möglichkeiten; jede Auswahl von Kugeln kommt dabei in $n \cdot (n-1) \cdot \ldots \cdot 3 \cdot 2 \cdot 1$ unterschiedlichen Anordnungen vor. Lassen wir die Reihenfolge unbeachtet, in der die Kugeln gezogen werden, gibt es also genau

$$\frac{N \cdot (N-1) \cdot (N-2) \cdot \ldots \cdot (N-n+1)}{n \cdot (n-1) \cdot \ldots \cdot 3 \cdot 2 \cdot 1} = \binom{N}{n} \tag{6.14}$$

verschiedene Möglichkeiten, aus N Kugeln n Stück auszuwählen („mögliche Elementarereignisse"), und diese sind alle gleich wahrscheinlich. Davon interessieren jedoch nur diejenigen („günstige Elementarereignisse"), welche exakt k rote und $n - k$ schwarze Kugeln enthalten. Deren Anzahl kann jedoch genauso bestimmt werden: Es gibt

$$\binom{M}{k}$$

Möglichkeiten, ohne Wiederholungsmöglichkeit und ohne Beachtung der Reihenfolge aus M roten Kugeln k Stück auszuwählen; ebenso

$$\binom{N-M}{n-k}$$

Möglichkeiten der Auswahl der restlichen $n - k$ Kugeln aus den schwarzen. Zudem kann jede Auswahl roter Kugeln mit jeder Auswahl der schwarzen Kugeln kombiniert werden. Zusammengeführt ergibt sich daraus für die gesuchte Wahrscheinlichkeit die folgende Aussage:

▶ **Hypergeometrische Verteilung: Ziehen ohne Zurücklegen.** Aus einer Urne, deren Inhalt insgesamt N bis auf die Farbe gleichartige Kugeln enthält, darunter M rote und $N - M$ schwarze Kugeln, werden zufällig n Kugeln ohne Zurücklegen und ohne Beachtung der Ziehungsreihenfolge gezogen. Eine Zufallsvariable X zähle die Anzahl der roten unter den n gezogenen Kugeln. Dann berechnet sich die Wahrscheinlichkeit, dass genau k dieser n Kugeln rot sind, nach der Formel

$$P(X = k) = f_H(k|n; M; N) = \frac{\binom{M}{k}\binom{N-M}{n-k}}{\binom{N}{n}} . \tag{6.15}$$

Der Erwartungswert ist gegeben durch

$$E(X) = n \cdot \frac{M}{N} , \tag{6.16}$$

für die Varianz gilt

$$\sigma^2 = n \cdot \frac{M}{N} \cdot \frac{N-M}{N} \cdot \frac{N-n}{N-1} .$$
(6.17)

Achtung: In der Literatur finden sich für die Darstellung der Wahrscheinlichkeitsfunktion $f_H(k|n;M;N)$ auch andere Anordnungen der drei Parameter n, M und N!

Geradezu typische Anwendungsbeispiele der hypergeometrischen Verteilung sind die diversen Varianten des Zahlenlottos:

Zahlenlotto „6 aus 49"

In den Wochenendziehungen werden aus einer gläsernen Lostrommel mit 49 durchnummerierten Kugeln jeweils 6 ohne Zurücklegen gezogen. Ein Tippquadrat gilt als korrekt ausgefüllt, wenn genau 6 Zahlen angekreuzt wurden. Deshalb spielt die Reihenfolge der Zahlen bei den Ziehungen keine Rolle.

Um zu gewinnen, muss ein Spieler auf einem Tippquadrat mindestens 3 Zahlen der aktuellen Ausspielung getroffen haben. Aus seiner Sicht zerfallen also die 49 Zahlen in zwei Kategorien: die 6 richtigen der Ziehung, welche gewinnrelevant sind, und die 43 übrigen, für die es kein Geld gibt („Nieten"). Die Anzahl der „Richtigen" hängt vom Zufall der Ziehung ab und definiert daher eine Zufallsvariable X.

Das Urnenmodell kann auf zwei Arten Anwendung finden:

1. 49 mit den Zahlen auf dem Tippschein beschriftete Kugeln dienen zum Befüllen einer Urne, die 6 angekreuzten Zahlen werden rot eingefärbt. Aus dieser Urne erfolgt die Wochenendziehung, deren Auswahl dann zwischen 0 und 6 der roten Kugeln enthält. Das ist die Perspektive des einzelnen Lotto-Spielers.

2. Die 6 richtigen Zahlen der Wochenendziehung legen fest, welche von 49 nummerierten Kugeln einer Urne rot gefärbt werden. Davon werden dann die Ankreuzungen der Tippscheine gezogen, die ebenfalls zwischen 0 und 6 der 6 richtigen Zahlen enthalten. Das ist die Perspektive der Lotto-Gesellschaft und für die Festlegung der Gewinnhöhen wesentlich, da ja nicht nur ein, sondern Millionen Spieler an der Lotterie teilnehmen. Natürlich ist dabei die Chronologie auf den Kopf gestellt, denn die Tippscheine werden ja vor der Ziehung angekreuzt. Außerdem spielt es für die Gewinnwahrscheinlichkeit gar keine Rolle, ob ein Lotto-Spieler seinen Schein zufällig ankreuzt oder z. B. nach einem stets gleich bleibenden Schema. Selbstverständlich ist es aber, dass das Ankreuzen ohne Kenntnis der tatsächlichen Gewinnzahlen erfolgt; in diesem Sinn ist auch die Verwendung eines gleichbleibenden Ankreuzschemas aus Sicht der Gewinnwahrscheinlichkeit zufällig. Kreuzen viele Spiele die richtigen Zahlen an, erhöht das nicht ihre Gewinnchance, es senkt aber die Gewinnhöhen evtl. dramatisch, weswegen man z. B. für Geburtsdaten relevante Zahlen wie die 19 meiden sollte.

Die Wahrscheinlichkeit, genau k Zahlen richtig angekreuzt zu haben ($k = 3, 4, 5, 6$), berechnet sich nun mithilfe der hypergeometrischen Verteilung. Die Gesamtzahl der (in diesem Fall tatsächlich durchnummerierten) Kugeln ist $N = 49$. Davon sind die $M = 6$ Richtigen rot, die $N - M = 43$ Nieten, welche nicht gezogen wurden, schwarz. Gezogen werden aus der Urne $n = 6$ Zahlen, darunter k rot gefärbte. Die Wahrscheinlichkeit lautet daher

$$P(X = k) = \frac{\binom{6}{k} \cdot \binom{43}{6-k}}{\binom{49}{6}}$$

Es gibt nur eine Möglichkeit, alle 6 richtigen Zahlen anzukreuzen. Daher ist

$$P(X = 6) = \frac{1}{\binom{49}{6}} = \frac{1}{13.983.816} = 0{,}00000007 \, .$$

Die Wahrscheinlichkeit für 5 „Richtige" ist 258/13.983.816; das ist immer noch vernachlässigbar. Erst bei 4 und weniger Treffern sind gemäß Tab. 6.1 die Wahrscheinlichkeiten nennenswert:

Tab. 6.1 Erfolgswahrscheinlichkeiten im Zahlenlotto „6 aus 49"

k „Richtige"	0	1	2	3	4
$P(X = k)$	43,6 %	41,3 %	13,2 %	1,8 %	0,1 %

6.4.2 Eigenschaften

Bei der Darstellung der Hypergeometrischen Verteilung für verschiedene Parameterkonstellationen n, M und N zeigt sich, dass wie bei der Binomialverteilung eine nahezu symmetrische, glockenförmige Gestalt überwiegt (vgl. z. B. Abb. 6.9 unten). Dies deutet auf eine enge Verwandtschaft beider Verteilungen unter gewissen Voraussetzungen hin. Bei der Darstellung der Verteilung für das Zahlenlotto sieht man dagegen keine Symmetrie (vgl. Abb. 6.9 oben).

Ein weiteres Indiz für die Beziehung zwischen der hypergeometrischen und der Binomialverteilung ist die Gestalt von Erwartungswert und Varianz. Ersetzen wir bei den Parametern der hypergeometrischen Verteilung den Quotienten M/N des anfänglichen Anteils roter Kugeln durch die Erfolgswahrscheinlichkeit p, so ist leicht zu sehen, dass der Erwartungswert mit dem der Binomialverteilung übereinstimmt, während die Varianz gegenüber der Binomialverteilung einen Dämpfungsfaktor enthält, da bei Auswahl von mindestens zwei Kugeln stets

$$\frac{N - n}{N - 1} < 1 \tag{6.18}$$

gilt. Dies erscheint plausibel, da im Gegensatz zum Ziehen mit Zurücklegen die Auswahlmöglichkeiten beim Ziehen ohne Zurücklegen fortwährend abnehmen, wenn nur

Abb. 6.9 Beispiele hypergeometrisch verteilter
Zufallsvariablen

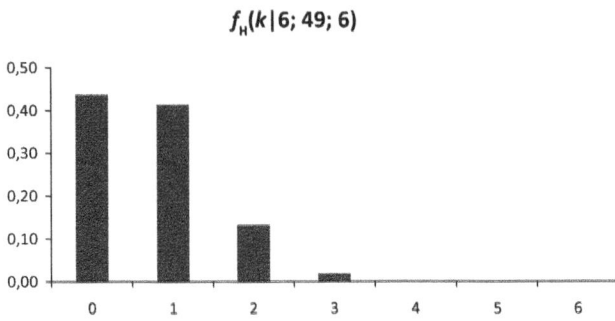

$f_H(k\,|\,6;\,49;\,6)$

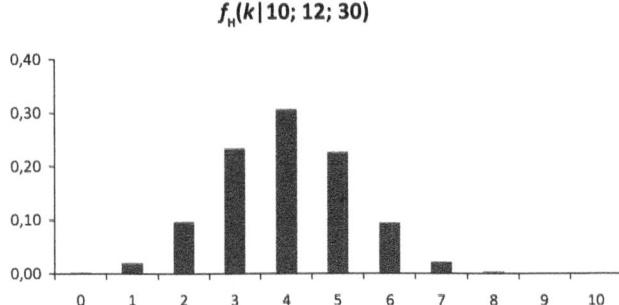

$f_H(k\,|\,10;\,12;\,30)$

die Grundgesamtheit schneller vergrößert wird als die Stichprobe. Ist die Stichprobe n im Verhältnis zur Gesamtzahl N klein, geht der Korrekturfaktor gegen 1, weil sich dann die beiden Ziehungsmodelle kaum voneinander unterscheiden: Bei Entnahme von nur relativ wenigen Kugeln ändert sich von Zug zu Zug das Mischungsverhältnis roter zu schwarzen Kugeln kaum – egal, welche Kugeln entnommen werden.

Dies führt zu einer Ähnlichkeitseigenschaft: Bei Auswahlsätzen n, die im Verhältnis zu N klein sind, verhält sich die hypergeometrische Verteilung annähernd wie die Binomialverteilung und kann daher vereinfacht wie diese berechnet werden. „Klein" sind Auswahlsätze, n dabei nicht notwendig absolut nach ihrer Stückzahl, sondern immer in Relation zu N. Aus einer Million Lose 1000 Stück auszuwählen bedeutet absolut, eine eher große Zahl im Verhältnis zur Gesamtzahl der Lose aber mit gerade einem Promille eine eher kleine Zahl.

▸   **Approximationseigenschaft der Binomialverteilung** Ist beim Urnenmodell
      „Ziehen ohne Zurücklegen ohne Beachtung der Reihenfolge" die Stichprobe im
      Verhältnis zur Gesamtheit der Kugeln klein,

$$n < 0{,}05 \cdot N \,,\qquad\qquad\qquad\qquad (6.19)$$

und liegen beide Farben mit einem Mindestanteil vor,

$$0{,}1 < \frac{M}{N} < 0{,}9 \, , \tag{6.20}$$

so kann die hypergeometrische Verteilung näherungsweise durch die Binomialverteilung berechnet (approximiert) werden:

$$f_H\left(k|n; M; N\right) \approx f_B\left(k|n; \frac{M}{N}\right) \, . \tag{6.21}$$

Bei festem n ist die Approximationsgüte umso höher, je näher die Erfolgswahrscheinlichkeit $p = M/N$ bei 1/2 liegt.

Die Güte der Approximation demonstriert folgendes Beispiel:

Zahlenvergleich von $f_H(k)$ und $f_B(k)$

In der Konstellation des Ziehens aus einer Urne wurde das Ziehen von 4 aus 100 Kugeln, unter denen sich 20 rote befinden, einmal hypergeometrisch, einmal binomialverteilt berechnet. Die Tab. 6.2 stellt die diskreten Wahrscheinlichkeiten einander gegenüber und listet ganz rechts den prozentualen Fehler e auf:

$$e = \frac{f_B - f_H}{f_H} \text{ mit } f_H = f_H\left(k|4; 20; 100\right) \text{ und } f_B = f_B\left(k|4; 20/100\right)$$

Tab. 6.2 Hypergeometrische und binomiale Verteilung im Vergleich

k	$f_H(k\,|4; 20; 100)$	$f_B(k|4; 20/100)$	e [%]
0	0,4033	0,4096	1,6
1	0,4191	0,4096	2,3
2	0,1531	0,1536	0,3
3	0,0233	0,0256	10,1
4	0,0012	0,0016	29,5

Der prozentuale Fehler wird am oberen Ende der Verteilung ($k \geq 3$) ziemlich groß; dieser Effekt geht aber auf die dort sehr geringen Wahrscheinlichkeitswerte zurück. Im vorderen Bereich größerer Wahrscheinlichkeitswerte ist die Approximation hingegen recht gut. Unter „recht gut" versteht man dabei einen Unterschied von weniger als 5 %. Man beachte, dass die rechte Spalte den relativen Fehler (in Prozent) und nicht den absoluten Fehler (in Prozentpunkten) angibt.

Die Approximation spielt beispielsweise dann eine Rolle, wenn man die Auswahl von Personen aus einer größeren Zahl betrachtet. Das geschieht regelmäßig bei Meinungsumfragen, bei denen ja ein und dieselbe Person nicht mehrfach befragt werden soll.

In der Versicherungswirtschaft interessiert bei der Untersuchung von Schadenzahlen die Wahrscheinlichkeit, dass ein versichertes Risiko in einem bestimmten Zeitraum einen Schaden erleidet oder nicht. Ob man Mehrfachschäden in Betracht ziehen muss, hängt von der Art der Versicherung und dem Zeitraum ab. In der Kraftfahrzeugversicherung sind mehrere Schadensfälle pro Fahrzeug innerhalb eines Jahres durchaus möglich, in der Wohngebäudeversicherung üblicherweise nicht.

In der Regel kann man in all diesen Fällen eine Situation „ohne Zurücklegen" durch das Modell „mit Zurücklegen" annähern, da die Stichprobe der befragten Personen bzw. die Menge der Schadensfälle im Verhältnis zur Zielgruppe der Meinungsumfrage bzw. zum gesamten Versicherungsbestand klein sind.

6.5 Poissonverteilung

Als letztes Beispiel einer diskreten Verteilung betrachten wir die Poissonverteilung. Sie wird auch als „Verteilung seltener Ereignisse" bezeichnet, da sie zumindest näherungsweise Zufallsvorgänge mit niedriger Eintrittswahrscheinlichkeit gut beschreibt. Während bei binomial- und hypergeometrisch verteilten Zufallsvariablen (zu gegebenen Parametern n und p bzw. n, N und M) deren mögliche Werte durch n bzw. $\min(n, M)$ begrenzt sind, kann eine poissonverteilte Zufallsvariable theoretisch beliebig hohe Werte annehmen, wenngleich mit rasch abnehmender Wahrscheinlichkeit.

▸ **Poissonverteilung** Eine diskrete Zufallsvariable X mit Wertebereich $\{0, 1, 2, 3, \ldots\}$ heißt poissonverteilt, wenn für ihre Wahrscheinlichkeiten gilt:

$$P(X = k) = f_P(k|\lambda) = \frac{\lambda^k}{k!} \cdot e^{-\lambda} \text{ mit reellem Parameter } \lambda > 0 \, . \qquad (6.22)$$

Für die Poissonverteilung gilt die Parameterbeziehung

$$E(X) = \sigma^2(X) = \lambda \, . \qquad (6.23)$$

Die Poissonverteilung ist besonders einfach zu handhaben, weil sie nur einen freien Parameter, λ, enthält.

Beispiele für (zumindest näherungsweise) poissonverteilte Zufallsgrößen sind

- die Anzahl der täglichen Verkehrstoten in Hessen,
- die Anzahl schwerer Erdbeben pro Jahr mit Stärken oberhalb von 6,5 (Richterskala) am Rand der pazifischen Kontinentalplatte,
- die Anzahl schwerer Karibikstürme pro Jahr mit Festlandberührung.

Das klassische Beispiel jedoch, das als recht spektakulärer Einzelfall zur Formulierung der Poissonverteilung diente, entstammt den Reiterställen der preußischen Kavallerie.

Hufschlagtote in der preußischen Kavallerie

20 Jahre lang wurde in zehn Reiterregimentern registriert, wie viele Todesfälle unter Soldaten es pro Regiment und Jahr durch Huftritte preußischer Schlachtrösser gegeben hatte. Von diesen 200 „Regimentsjahren" wurden in 109 Jahren überhaupt keine Todesfälle registriert, in 65 Jahren jeweils genau einer, in 22 Jahren je deren 2, in 3 Jahren jeweils 3 und einmal sogar 4 Tote.

Bezeichnet X die Zufallsvariable der Hufschlagtoten pro Regimentsjahr, so kann dieser der empirisch ermittelte Erwartungswert

$$\lambda = \frac{1}{200} \cdot (109 \cdot 0 + 65 \cdot 1 + 22 \cdot 2 + 3 \cdot 3 + 1 \cdot 4) = 0{,}61 \text{ Tote/Regimentsjahr}$$

zugeordnet werden. Bestimmen wir die diskreten Werte einer Poissonverteilung zu diesem Parameter, ergibt sich im Vergleich mit den relativen Häufigkeiten folgendes Bild (Tab. 6.3).

Tab. 6.3 Hufschlagtote in der preußischen Armee

i	0	1	2	3	4	≥ 5
h_i	109	65	22	3	1	0
f_i	0,545	0,325	0,110	0,015	0,005	0
$f_P(i\mid\lambda)$	0,543	0,331	0,101	0,021	0,003	< 0,001

Offenbar beschreibt die Poissonverteilung den Sachverhalt in guter Näherung.

Die Poissonverteilung kann als Approximation der Binomialverteilung dienen, wenn zusätzliche Bedingungen erfüllt sind.

▶ **Approximationseigenschaft der Poissonverteilung** Ist beim Urnenmodell „Ziehen mit Zurücklegen ohne Beachtung der Reihenfolge" die Anzahl der Versuche hinreichend groß,

$$n \geq 30 \,, \tag{6.24}$$

und liegt die Erfolgswahrscheinlichkeit hinreichend nahe bei null,

$$p \leq 0{,}1 \,, \tag{6.25}$$

so kann die Binomialverteilung näherungsweise durch die Poissonverteilung berechnet werden:

$$f_B(k, n; p) \approx f_P(k, \lambda) \,. \tag{6.26}$$

Die diskreten Approximationseigenschaften der in Abschn. 6.3 bis 6.5 betrachteten drei Verteilungen stellt Abb. 6.10 noch einmal in der Zusammenschau dar.

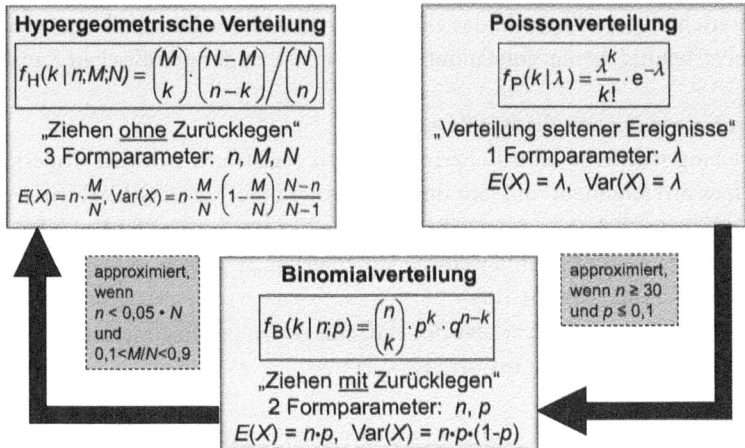

Abb. 6.10 Approximationseigenschaften diskreter Verteilungen

Weiterführende Literatur

Bleymüller J, Gehlert G, Gülicher H (2012) Statistik für Wirtschaftswissenschaftler. Vahlen, München

Bleymüller J, Gehlert G (2011) Statistische Formeln, Tabellen und Programme. Vahlen, München

Bourier G (2013) Wahrscheinlichkeitsrechnung und schließende Statistik. Springer Gabler, Wiesbaden

Brase CH, Brase CP (2010) Understanding Basic Statistics. Brooks/Cole, Independence

Fahrmeir L, Künstler R, Pigeot I, Tutz G (2009) Statistik. Springer, Heidelberg

Hartung J, Elpelt B, Klösener KH (2009) Statistik. Oldenbourg, München

Krämer W (2008) Statistik verstehen. Piper, München

Krengel U (2005) Einführung in die Wahrscheinlichkeitstheorie und Statistik. Vieweg, Wiesbaden

Milbrodt H (2010) Wahrscheinlichkeitstheorie. Verlag Versicherungswirtschaft, Karlsruhe

Pflaumer P, Heine B, Hartung J (2001) Statistik für Wirtschafts- und Sozialwissenschaftler: Induktive Statistik. Oldenbourg, München

Piazolo M (2007) Statistik für Wirtschaftswissenschaftler. Verlag Versicherungswirtschaft, Karlsruhe

Pulham S (2011) Statistik leicht gemacht. Gabler, Wiesbaden

Schwarze J (2013) Grundlagen der Statistik – Wahrscheinlichkeitsrechnung und induktive Statistik. nwb-Verlag, Herne

Schwarze J (2013) Aufgabensammlung zur Statistik. nwb-Verlag, Herne

Steland A (2013) Basiswissen Statistik. Springer Spektrum, Berlin

Stifl J (2011) Wirtschaftsstatistik. Oldenbourg, München

Stetige Wahrscheinlichkeitsverteilungen 7

Zusammenfassung

In Fortführung der Überlegungen zur Klassifizierung von Daten stetiger Merkmale in der beschreibenden Statistik führen wir den Begriff der stetigen Zufallsvariablen und den stetigen Wahrscheinlichkeitsbegriff ein. Der Zusammenhang zwischen Wahrscheinlichkeitsdichte und Verteilungsfunktion wird erläutert und es wird gezeigt, wie stetige Wahrscheinlichkeiten im Grundsatz berechnet werden.

Als bedeutendste Beispiele stetiger Wahrscheinlichkeitsverteilungen lernen wir die stetige Gleichverteilung, die Gauß'sche Normalverteilung und diverse unsymmetrische Verteilungen wie die Exponentialverteilung und die Lognormalverteilung kennen.

7.1 Das Grundprinzip

Einige Grundlagen für stetige Wahrscheinlichkeitsverteilungen wurden in den bisherigen Kapiteln bereits gelegt. So war in Abschn. 3.2.3 der Begriff des stetigen Merkmals eingeführt worden. In Abschn. 4.3 trat in Gestalt der Klassifizierung ein wichtiges Instrument zur Verarbeitung und Darstellung empirischer Datenbestände hinzu, die auf Ausprägungen stetiger Merkmale basieren.

Dabei entstand das Konzept der Häufigkeitsdichte, weil bei Darstellungen stetiger Merkmale in Form eines Histogramms Häufigkeiten nicht längenproportional (wie z. B. im Stabdiagramm), sondern flächenproportional dargestellt werden. Die Häufigkeitsdichte wird dabei so gewählt, dass das Maß der Rechteckfläche über einem klassenbildenden Intervall als Produkt aus Klassenbreite und Häufigkeitsdichte gerade der auf die Klasse entfallenden Häufigkeit (in der Regel: der relativen Häufigkeit) entspricht.

Vergrößert man die Zahl der Klassen fortwährend, etwa durch wiederholte Halbierung der Klassenbreiten, verteilen sich die Messwerte auf immer mehr Klassen. Letztlich halten sich die Reduzierung der Klassenbreiten infolge der Unterteilung und die Reduzierung der absoluten wie relativen Häufigkeiten pro Klasse in etwa die Waage, weil sich die Ge-

A. Grimmer, *Statistik im Versicherungs- und Finanzwesen*, DOI 10.1007/978-3-658-02954-8_7, 129
© Springer Fachmedien Wiesbaden 2014

Abb. 7.1 Übergang von der diskreten Häufigkeitsdichte zur stetigen Dichtefunktion

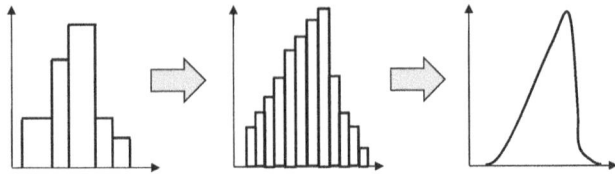

samtzahl der Messwerte infolge der Verfeinerung der Klassenbreiten ja nicht ändert. Die äußere Kontur des Histogramms wird dabei durch immer kleinere Stufen geprägt. Führen wir diesen Prozess gedanklich weiter, wird aus der Stufenkontur schließlich eine glatte Kontur, deren Verlauf durch eine Häufigkeitsdichtefunktion beschrieben werden kann. Zur Illustration sei auf Abb. 7.1 verwiesen, die schon aus Abschn. 4.3 bekannt ist.

Ganz analog gelangt man auf der Basis einer stetiger Zufallsvariable X zur stetigen Wahrscheinlichkeitsdichtefunktion $f(X)$. Wahrscheinlichkeiten werden nun ähnlich der Darstellungsweise im Histogramm als Flächen zwischen horizontaler Achse und dem Graphen der Wahrscheinlichkeitsdichtefunktion dargestellt. Diese Flächen konkret auszumessen, gelingt mithilfe der Integralrechnung. Statt wie im diskreten Fall jedem Wert eine punktuelle Wahrscheinlichkeit zuzuordnen, kann man dabei konkrete Wahrscheinlichkeiten nur noch (unter Umständen sehr kleinen) Teilintervallen des Wertebereichs der Zufallsvariable zuordnen.

Hintergrundinformationen

Dass eine stetige Wahrscheinlichkeitsverteilung keine positiven Punktwahrscheinlichkeiten der Form $P(X = x_i) = f_i$ liefert, kann man sich dadurch klarmachen, dass die gegenteilige Annahme zu einem Widerspruch führt.

Nehmen wir also an, anhand einer stetigen Wahrscheinlichkeitsdichtefunktion ließen sich den zufälligen Ausprägungen x von X Punktwahrscheinlichkeiten zuordnen. Diese Dichtefunktion $f(x)$ wäre nicht negativ, sie müsste sogar irgendwo in ihrem Definitionsbereich – dem Wertebereich der stetigen Zufallsvariablen – über einem bestimmten Intervall $[a; b]$ oberhalb eines unter Umständen sehr kleinen Wertes $p > 0$ verlaufen (vgl. Abb. 7.2), denn irgendwo muss die Wahrscheinlichkeit ja positive Werte annehmen.

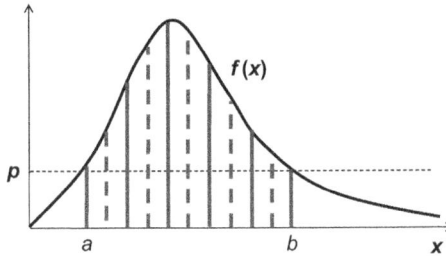

Abb. 7.2 Wahrscheinlichkeitsdichten liefern keine Punktwahrscheinlichkeiten

Markieren wir zwischen a und b äquidistant 4 Punkte x_i, hätte jeder dieser Punkte eine Wahrscheinlichkeit $P(X = x_i) > p$. Die kumulierte Wahrscheinlichkeit, dass die stetige Zufallsvariable irgendeinen dieser insgesamt 6 Werte annimmt, wäre demnach mindestens 6p. Nehmen wir zwischen je zwei Punkten einen weiteren hinzu, liefert auch dieser einen Wahrscheinlichkeitsbeitrag von mindestens p, sodass die nun insgesamt 11 Punkte eine kumulierte Wahrscheinlichkeit von mindestens 11p darstellen. So kann die Zahl der Punkte durch weitere Unterteilung jedes Mal annähernd verdoppelt werden (im nächsten Schritt um 10 zusätzliche Punkte auf 21, im darauf folgenden um 20 auf 41 usw.) und damit auch die Untergrenze für die Gesamtwahrscheinlichkeit, dass die Zufallsvariable irgendeinen dieser Werte annimmt. Da X stetig ist, können wir beliebig oft weitere Zwischenpunkte hinzunehmen. Irgendwann wird die summierte Wahrscheinlichkeit größer als 1 werden, was aber nicht sein kann. Die Annahme, dass einzelnen Werten der Zufallsvariable positive Wahrscheinlichkeiten zugeordnet werden können, war also falsch: Die Wahrscheinlichkeit, dass ein *bestimmter* Wert des Wertebereichs angenommen wird, kann folglich nur null sein!

$$P(X = x) = 0 \text{ für alle } x \text{ im Wertebereich von } X \tag{7.1}$$

Dies kann man so interpretieren, dass es praktisch ausgeschlossen ist, dass eine stetige Zufallsvariable selbst bei beliebig häufiger Wiederholung des zugrundeliegenden Zufallsexperiments zweimal exakt denselben Wert annimmt.

Sinnvoll kann man stetige Wahrscheinlichkeiten daher nur für ganze Intervalle des Wertebereichs von X angeben.

Die Messung von Wahrscheinlichkeiten über Flächeninhalte unterhalb einer Wahrscheinlichkeitsdichtefunktion (im Folgenden sprechen wir der Kürze halber nur noch von Wahrscheinlichkeitsdichte) geschieht mithilfe der Integralrechnung. Ist eine Wahrscheinlichkeitsdichte $f(x)$ zur Zufallsvariable X gegeben, ergibt sich die Wahrscheinlichkeit dafür, dass die Variable Werte in einem Intervall $[a; b]$ annimmt, als Integral von $f(x)$ über diesem Intervall:

$$P(a \leq X \leq b) = \int_a^b f(x)\mathrm{d}x \ . \tag{7.2}$$

Das versinnbildlicht Abb. 7.3. Wir bezeichnen die Variable der Wahrscheinlichkeitsdichte mit dem Kleinbuchstaben x statt X, um den Charakter von f als Funktion zu betonen, behalten aber dabei im Gedächtnis, dass die Variable ihre Werte zufallsabhängig annimmt.

Eine stetige Funktion $f(x)$ muss zwei Eigenschaften erfüllen, um überhaupt als Wahrscheinlichkeitsdichte in Frage zu kommen:

1. Da es keine negativen Wahrscheinlichkeiten gibt, muss $f(x) > 0$ für alle möglichen Werte x der Zufallsvariable X, und damit auch $f(x) \geq 0$ für alle $x \in \mathbb{R}$ gelten. Diese Eigenschaft wird Positivität genannt.
2. Da die Wahrscheinlichkeit des sicheren Ereignisses gleich 1 ist, muss weiterhin folgende Normierung gelten:

$$\int_{-\infty}^{+\infty} f(x)\mathrm{d}x = 1 \tag{7.3}$$

Der Wertebereich stetiger Zufallsvariable kann alle reellen Zahlen oder einen Teil der reellen Achse umfassen. Monetäre Größen, z. B. das Beitragsvolumen einer Versicherungsgesellschaft, sind oft nach oben unbegrenzt, können aber nicht negativ werden; sie sind also

Abb. 7.3 Wahrschein-
lichkeitsrechnung mit
Dichtefunktionen

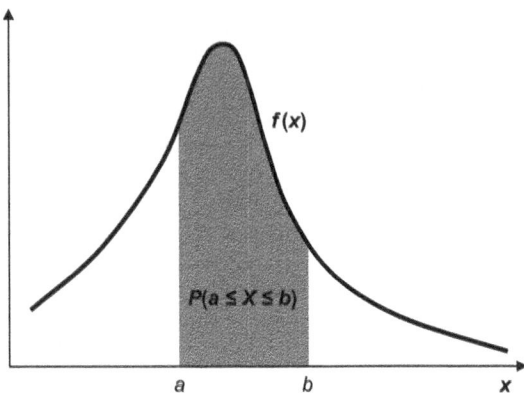

nach unten durch 0 begrenzt. Auch beidseitig begrenzte Intervalle sind möglich, z. B. bei
Schadenhöhen in der Privathaftpflichtversicherung, deren Deckungssummen eine Obergrenze haben. In jedem Fall lässt sich aber die Wahrscheinlichkeitsdichte auch außerhalb
des Wertebereichs von X durch den Wert Null auf ganz $\mathbb{R}$ fortsetzen, sodass Integrale wie
das oben notierte mit unendlichen Integrationsgrenzen sinnvoll berechnet werden können.

Mithilfe des Integrals wird die Verteilungsfunktion $F(x)$ einer stetigen Wahrscheinlichkeitsverteilung definiert:

▸ **Verteilungsfunktion einer stetigen Zufallsvariable** Die Verteilungsfunktion einer stetigen Zufallsvariable X ist gegeben durch

$$F(x) = P(X \leq x) = \int_{-\infty}^{x} f(t)\mathrm{d}t \,. \tag{7.4}$$

Sie gibt die Wahrscheinlichkeit an, dass X höchstens den Wert x annimmt.

Hierbei wird zur besseren Unterscheidung im Integral die Integrationsvariable mit t
bezeichnet, da x obere Integrationsgrenze ist. Die Verteilungsfunktion ist also eine Stammfunktion der Wahrscheinlichkeitsdichte, mit deren Hilfe Wahrscheinlichkeiten einer stetigen Zufallsvariable direkt berechnet werden können, weil

$$P(a \leq X \leq b) = \int_{a}^{b} f(x)\mathrm{d}x = F(b) - F(a) \,. \tag{7.5}$$

Geometrisch veranschaulicht Abb. 7.4 diesen Zusammenhang.

Wir hatten gesehen, dass für stetige Zufallsvariablen keine Punktwahrscheinlichkeiten
existieren:

$$P(X = x) = 0 \ \text{ für alle } x \,.$$

Abb. 7.4 $P(a < X < b)$

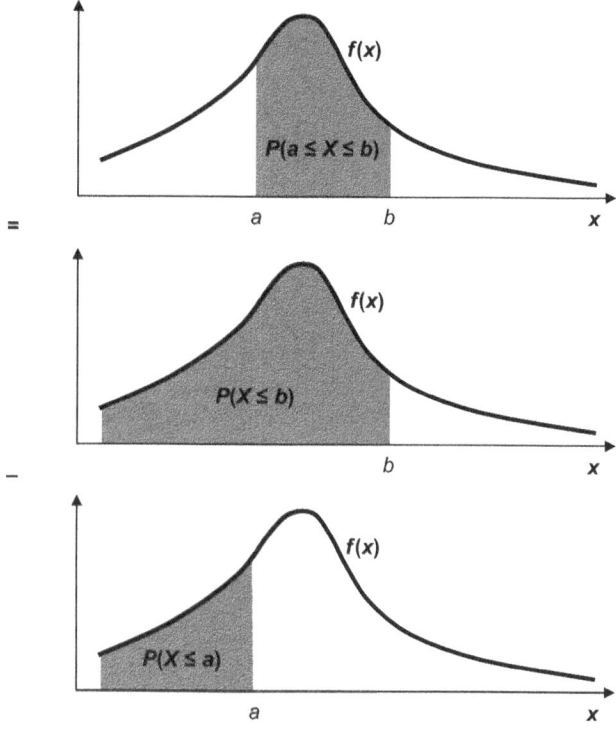

Deshalb können die Ungleichungen stark (unter Ausschluss der Intervallgrenzen) oder schwach (mit Einschluss der Intervallgrenzen) formuliert werden, ohne dass dies die Wahrscheinlichkeit verändert:

$$P(a \leq X \leq b) = P(a \leq X < b) = P(a < X \leq b) = P(a < X < b) = F(b) - F(a) . \quad (7.6)$$

Da $F(x)$ Stammfunktion zu $f(x)$ ist, bildet umgekehrt $f(x)$ die Ableitung $F(x)$ der Verteilungsfunktion. In dieser Eigenschaft gibt die Wahrscheinlichkeitsdichte $f(x)$ die Steigung von $F(x)$ an. Die Verteilungsfunktion ist also wegen $f(x) \geq 0$ monoton wachsend (für $f(x) > 0$ sogar streng monoton wachsend), und sie wächst dort am stärksten, wo $f(x)$ am größten ist (vgl. Abb. 7.5).

Aus der Normierungseigenschaft der Wahrscheinlichkeitsdichte folgt weiterhin

$$F(x) \to 0 \text{ für } x \to -\infty \qquad (7.7)$$

und

$$F(x) \to 1 \text{ für } x \to +\infty . \qquad (7.8)$$

Nimmt X nur Werte in einem endlichen Intervall $[a; b]$ an, gilt insbesondere

$$F(a) = 0 \text{ und } F(b) = 1 .$$

Abb. 7.5 Wachstumsverhalten
der Verteilungsfunktion

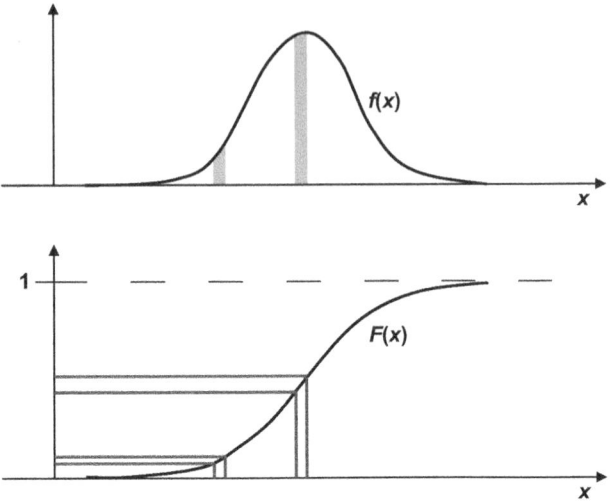

Über die Komplementärwahrscheinlichkeit lassen sich auch Wahrscheinlichkeiten der Form $P(X \geq a)$ berechnen, denn

$$P(X \geq a) = 1 - P(X < a) = 1 - F(a) .\tag{7.9}$$

Die Parameter Erwartungswert und Varianz lassen sich vom diskreten auf den stetigen Fall übertragen, indem in den Formeln aus Abschn. 5.4.2 die Summen durch Integrale ersetzt werden:

▸ **Erwartungswert stetiger Zufallsvariablen**

$$E(X) = \int\limits_{-\infty}^{+\infty} f(x)x\mathrm{d}x =: \mu \tag{7.10}$$

▸ **Varianz und Standardabweichung stetiger Zufallsvariablen**

$$\mathrm{Var}(X) = \int\limits_{-\infty}^{+\infty} f(x)(x - \mu)^2 \mathrm{d}x =: \sigma^2 \tag{7.11}$$

Als weitere Lageparameter können auf naheliegende Art und Weise Modus und Median bestimmt werden. Als Modus stetiger Zufallsvariablen gilt, sofern existent, der Gipfelpunkt der Wahrscheinlichkeitsdichte,

$$\mathrm{Mo} = \max_x f(x);$$

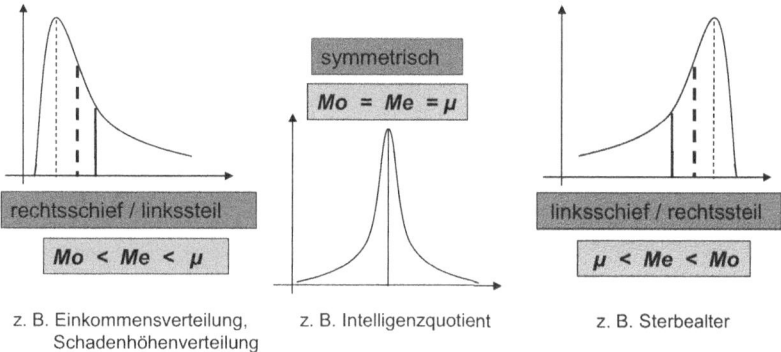

Abb. 7.6 Symmetrieeigenschaften stetiger Wahrscheinlichkeitsverteilungen

der Median teilt die Wahrscheinlichkeitsmasse in zwei gleich große Hälften,

$$P(X \leq \text{Me}) = P(X > \text{Me}) = F(\text{Me}) = 0{,}5 . \tag{7.12}$$

Anhand der Abb. 7.6 können auch im stetigen Fall in Abhängigkeit von den Symmetrieeigenschaften drei Fälle unterschieden werden:

Vor allem bei unsymmetrischen Verteilungen spielen zwei weitere Parameter eine Rolle:

▷ **Schiefe und Wölbung stetiger Wahrscheinlichkeitsverteilungen** Die Schiefe γ_1 ist ein Maß für die Abweichung einer Wahrscheinlichkeitsverteilung von einer bezüglich des Erwartungswerts symmetrischen Form:

$$\gamma_1 = \frac{E\left([X - \mu]^3\right)}{\sigma^3} = \frac{\int\limits_{-\infty}^{+\infty} f(x) \cdot (x - \mu)^3 \mathrm{d}x}{\sigma^3} . \tag{7.13}$$

Die Wölbung γ_2 ist ein Maß für die Konzentration der Wahrscheinlichkeit um den Erwartungswert:

$$\gamma_2 = \frac{E\left([X - \mu]^4\right)}{\sigma^4} - 3 = \frac{\int\limits_{-\infty}^{+\infty} f(x) \cdot (x - \mu)^4 \mathrm{d}x}{\sigma^4} - 3 . \tag{7.14}$$

Der Schiefeparameter nimmt bei symmetrischen Verteilungen den Wert null an. Er ist negativ bei linksschiefen (rechtssteilen) und positiv bei rechtsschiefen (linkssteilen) Verteilungen.

Der Wölbungsparameter ist so skaliert, dass er für die Gauß'sche Normalverteilung (vgl. Abschn. 7.3) den Wert null annimmt. Er ist positiv bei spitzeren Verteilungen, negativ bei flacheren Verteilungen (vgl. Abb. 7.7).

Abb. 7.7 Wölbungsparameter

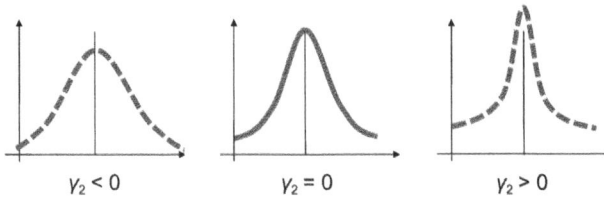

$$\gamma_2 < 0 \qquad \gamma_2 = 0 \qquad \gamma_2 > 0$$

Abb. 7.8 Stetige Gleichverteilung

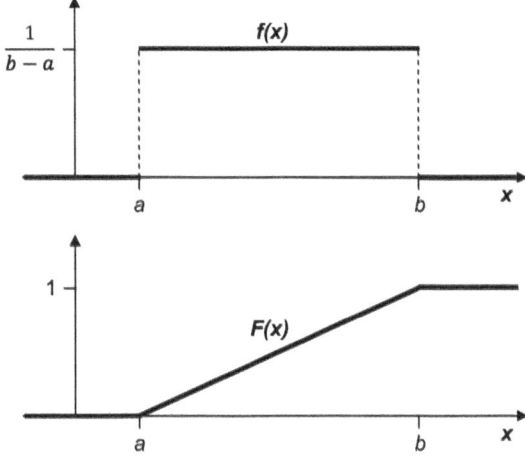

7.2 Stetige Gleichverteilung

Die stetige Gleichverteilung ist ein Pendant zur diskreten Gleichverteilung. Sie ist definiert
auf einem endlichen Intervall $[a; b]$. Gleichverteilung bedeutet, dass die Wahrscheinlichkeitsdichte in $[a; b]$ einen konstanten Wert annimmt. Da die Gesamtwahrscheinlichkeit der
zugrundeliegenden Zufallsvariable, einen Wert innerhalb von $[a; b]$ anzunehmen, 100 %
sein muss, hat diese Konstante den Wert $1/(b - a)$. Außerhalb des Intervalls ist die Wahrscheinlichkeit null (vgl. Abb. 7.8 oben).

Gleichverteilung bedeutet: Die Wahrscheinlichkeit, dass die gleichverteilte Zufallsvariable Werte in einem Teilintervall $[x_1; x_2] \subset [a; b]$ annimmt, ist proportional zur Länge des
Teilintervalls:

$$P\left(x_1 \leq X \leq x_2\right) = \frac{x_2 - x_1}{b - a} \ . \tag{7.15}$$

Die Verteilungsfunktion steigt deshalb gleichmäßig von 0 auf 1 an (vgl. Abb. 7.8 unten).
Für die Parameter der Verteilung gilt

$$\mu = \frac{a + b}{2} \quad \text{und} \quad \sigma^2 = \frac{\left(b - a\right)^2}{12} \ . \tag{7.16}$$

7.3 Gauß'sche Normalverteilung

7.3.1 Grundlagen

Die nach dem Mathematiker Carl Friedrich Gauß (1777–1855) benannte Normalverteilung ist das wichtigste Beispiel einer symmetrischen Verteilung. Sie tritt bei vielen Naturprozessen und Messvorgängen auf. Ihrer Form halber wird sie auch als Gauß'sche Glockenkurve bezeichnet. Der Einfachheit halber sprechen wir im weiteren Verlauf nur von Normalverteilung.

Umlaufrendite

Nachfolgend sind die mittleren wöchentlichen Umlaufrenditen aus fünf Quartalen gelistet:

3,164	3,216	3,250	3,142	3,229	3,311	3,383	3,301	3,412	3,238	3,268	3,325	3,441
3,353	3,215	3,121	3,319	3,360	3,204	3,322	3,370	3,257	3,335	3,472	3,314	3,338
3,459	3,246	3,308	3,393	3,277	3,371	3,174	3,249	3,338	3,410	3,264	3,208	3,252
3,367	3,428	3,480	3,522	3,443	3,322	3,237	3,192	3,259	3,292	3,275	3,198	3,137
3,158	3,289	3,386	3,475	3,436	3,515	3,432	3,282	3,346	3,393			

Dargestellt in einem Histogramm sieht die Häufigkeitsverteilung der Renditen glockenförmig aus, wie wir das von der Binomialverteilung schon kennen (vgl. Abb. 7.9). Allerdings handelt es sich bei der Umlaufrendite nicht um eine diskrete Zufallsgröße, sondern um eine stetige. Eine normalverteilte stetige Größe zeigt den typisch glockenförmigen Verlauf umso besser, je mehr Messungen man vornimmt und je feiner die Klasseneinteilung wird.

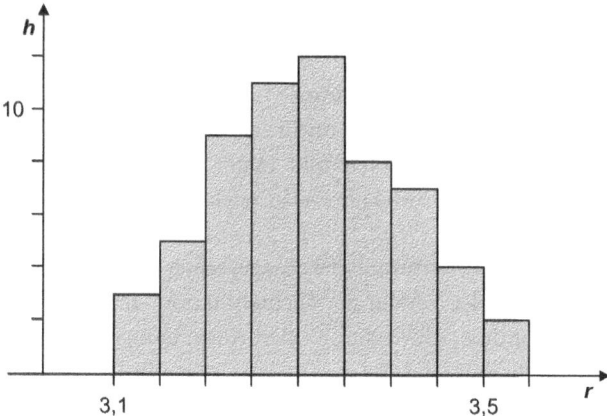

Abb. 7.9 Häufigkeitsverteilung von Umlaufrenditen

Abb. 7.10 Normalverteilung
zu Parametern $\mu = 10$, $\sigma = 2$

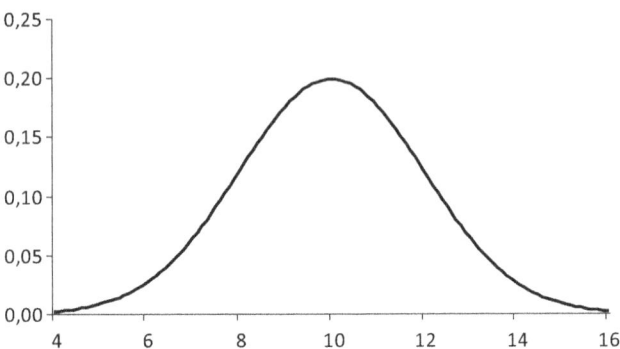

Aus einer Histogramm-Darstellung der relativen Häufigkeiten geht für kleiner werden-
de Klassenbreiten im Grenzwert eine stetige Dichtekurve hervor, deren Form von den
beiden Parametern Mittelwert und Varianz bzw. Standardabweichung beschrieben wird.
In der *a-posteriori*-Betrachtung geht die empirische Dichte wiederum in eine Wahrscheinlichkeitsdichte über. Die beiden Parameter Erwartungswert μ und Varianz σ^2 Standardabweichung σ legen die genaue Form dieser Verteilung fest. Die Dichtefunktion ist analytisch
gegeben durch:[1]

$$f_N\left(x|\mu;\sigma\right) = \frac{1}{\sqrt{2\pi}\cdot\sigma}\cdot e^{-\frac{1}{2}\left(\frac{x-\mu}{\sigma}\right)^2}. \tag{7.17}$$

Diese ist für alle reellen x definiert und positiv. Der Exponent der Dichtefunktion wird
für $x = \mu$ null und ist für alle anderen x negativ. Deshalb hat die Normalverteilung den
Gipfel ihrer Wahrscheinlichkeitsdichte im Erwartungswert (vgl. Abb. 7.10). Da zudem der
Klammerausdruck im Exponenten der *e*-Funktion quadriert wird, ist die Dichtefunktion
symmetrisch bezüglich des Erwartungswerts:

$$f_N\left(\mu - d|\mu;\sigma\right) = f_N\left(\mu + d|\mu;\sigma\right) \quad \text{für jeden reellen Wert } d. \tag{7.18}$$

Der Erwartungswert bestimmt die Symmetrieachse der Verteilung. Unterscheiden sich
zwei gegebene Normalverteilungen nur im Erwartungswert μ, so hat diejenige mit dem
größeren Erwartungswert ihren Gipfelpunkt weiter rechts. Durch Veränderung des Erwartungswerts lässt sich die Dichtekurve also nach rechts oder links verschieben (vgl.
Abb. 7.11).

Die Standardabweichung bestimmt die waagerechte Breite der Normalverteilung. Je
kleiner σ, desto spitzer ist der Verlauf der Dichtefunktion, denn die Standardabweichung
misst ja gerade die mittlere Abweichung aller Ausprägungen der Zufallsvariable vom
Erwartungswert. Durch Veränderung von σ lässt sich die Dichtekurve in horizontaler
Richtung strecken oder stauchen (vgl. Abb. 7.12).

---

[1] In der Literatur wird statt $f_N(x|\mu;\sigma)$ häufig die Notation $f_N(x|\mu;\sigma^2)$ verwendet. Das spielt bei
Berechnungen aber keine Rolle, wenn man nur die jeweiligen Parameter korrekt verwendet.

Abb. 7.11 Normalverteilungen mit verschiedenen Erwartungswerten

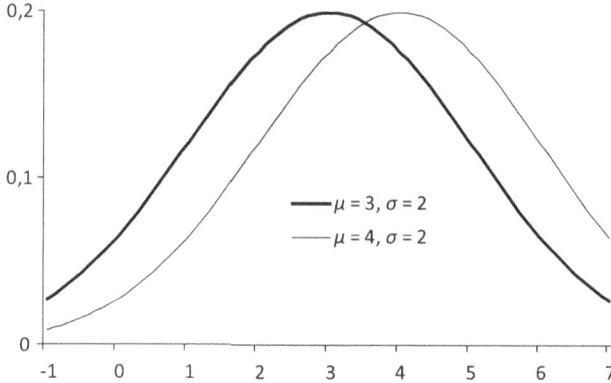

Abb. 7.12 Normalverteilungen mit verschiedenen Standardabweichungen

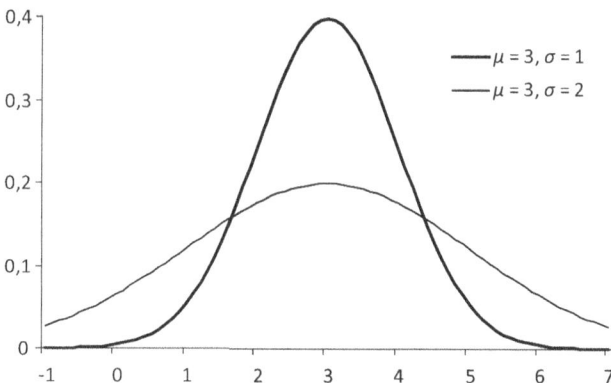

Unter allen Normalverteilungen ist die Standardnormalverteilung mit den Parametern $\mu = 0$ und $\sigma = 1$ besonders einfach strukturiert:

$$f_N\left(x\,|\,0;1\right) = \frac{1}{\sqrt{2\pi}} \cdot e^{-\frac{1}{2}x^2} =: f_{SN}(x) \tag{7.19}$$

7.3.2 Standardisierung

Wir werden die Standardnormalverteilung als das entscheidende Instrument zur Berechnung konkreter Wahrscheinlichkeiten bei normalverteilten Zufallsgrößen kennenlernen. Durch eine einfache lineare Transformation kann nämlich jede Normalverteilung in eine Standardnormalverteilung überführt werden: Ist die Zufallsvariable X zu Parametern μ und σ normalverteilt, $X \sim N\left(\mu;\sigma\right)$, so ist die transformierte Zufallsgröße $Z := \left(X - \mu\right)/\sigma$ standardnormalverteilt, $Z \sim N\left(0;1\right)$. Die lineare Transformation

$$X \mapsto Z = \frac{X - \mu}{\sigma} \tag{7.20}$$

nennt man Standardisierung, weil die Zielgröße Z standardnormalverteilt ist.

Abb. 7.13 Standardnormalverteilung: $P(Z < z)$

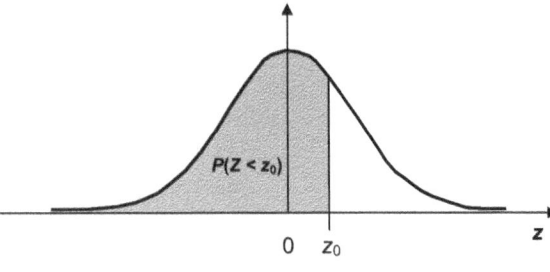

Abb. 7.14 $P(Z < -z) =$
$P(Z > z)$

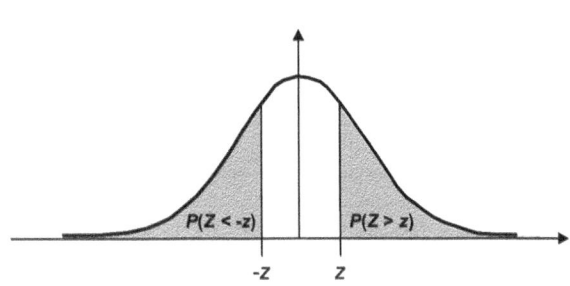

Wahrscheinlichkeiten der Größe Z werden wie bei stetigen Verteilungen üblich mithilfe
der Verteilungsfunktion berechnet (vgl. Abb. 7.13):

$$P(Z < z) = \int_{-\infty}^{z} f_{\mathrm{SN}}(t)\mathrm{d}t =: F_{\mathrm{SN}}(z) . \qquad (7.21)$$

Aus der Symmetrie der Standardnormalverteilung bezüglich der senkrechten Achse ergibt sich als wichtige Folgerung (vgl. Abb. 7.14):

$$P(Z < -z) = P(Z > z) \Rightarrow F(z) = 1 - F(-z) . \qquad (7.22)$$

Man kann also die Wahrscheinlichkeiten $P(Z < z)$ für negative z aus denen für positive
z berechnen und umgekehrt. Insbesondere ergibt sich sofort aus $F(0) = 1 - F(0)$, dass

$$P(Z < 0) = P(Z > 0) = 0{,}5 . \qquad (7.23)$$

Die Verteilungsfunktion der Standardnormalverteilung (und damit jeder anderen Normalverteilung auch) ist nun leider nicht durch eine geschlossene Formel darstellbar, weswegen ihre Werte nur approximativ berechnet und als Tabelle dargestellt werden. Natürlich
wäre es extrem unhandlich, solche Tabellen für jedes Paar von μ und σ anzufertigen. Hierin
liegt der besondere Nutzen der Standardisierung: Mit ihrer Hilfe können Wahrscheinlichkeiten für beliebige Normalverteilungen auf eine einzige Verteilung, die Standardnormalverteilung, zurückgeführt werden. Denn einerseits gilt für eine normalverteilte Zufallsgröße mit $X \sim N(\mu; \sigma)$:

$$P(a < X < b) = F_N(b|\mu; \sigma) - F_N(a|\mu; \sigma) . \qquad (7.24)$$

Abb. 7.15 Flächentransformation bei der Standardisierung

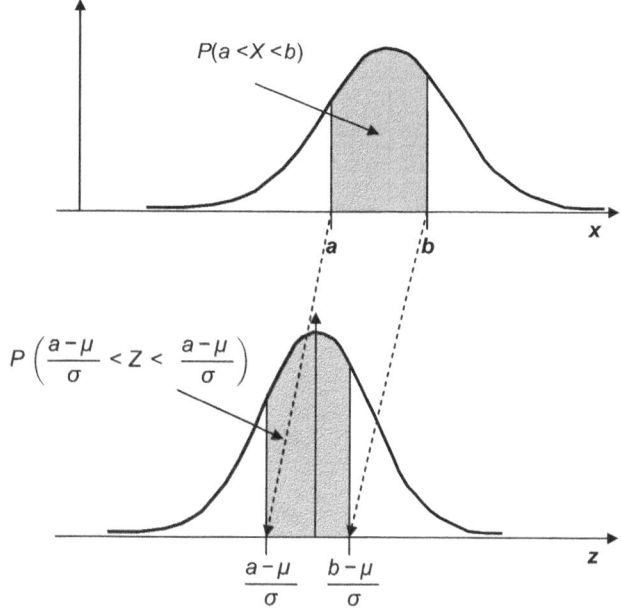

Andererseits liefert die Standardisierung

$$P(a < X < b) = P\left(\frac{b-\mu}{\sigma} < \frac{X-\mu}{\sigma} < \frac{a-\mu}{\sigma}\right) = P\left(\frac{b-\mu}{\sigma} < Z < \frac{a-\mu}{\sigma}\right), \qquad (7.25)$$

denn die Wahrscheinlichkeitsaussage ändert sich nicht, wenn die Ungleichungskette äquivalent umgeformt wird. Weiterhin ergibt sich daraus:

$$P\left(\frac{b-\mu}{\sigma} < Z < \frac{a-\mu}{\sigma}\right) = F_{SN}\left(\frac{b-\mu}{\sigma}\right) - F_{SN}\left(\frac{a-\mu}{\sigma}\right).$$

Den Zusammenhang zwischen beiden Formulierungen verdeutlicht Abb. 7.15.

Die tabellierten Werte der Verteilungsfunktion der Standardnormalverteilung werden normalerweise nur für Koordinaten $z \geq 0$ dargestellt, da sich die Werte für negative z daraus mithilfe der Symmetrieeigenschaft bestimmen lassen. In der Tab. 7.1 im Anhang variieren die z-Koordinaten in Schritten von 0,01. Dabei wird die erste Nachkommastelle zeilenweise, die zweite Nachkommastelle spaltenweise durchlaufen. Dies sei hier anhand der ersten Zeilen der Tab. 7.1 demonstriert.

Für $z = 0{,}37$ ist die vierte Tabellenzeile maßgeblich (erste Nachkommastelle: 3) und die siebte Spalte (zweite Nachkommastelle: 7). Am Kreuzungspunkt befindet sich der Eintrag 0,6443. Das bedeutet

$$P(z < 0{,}37) = F_{SN}(0{,}37) = 0{,}6443.$$

Tab. 7.1 Struktur einer Normalverteilungstabelle

z	0,00	0,01	0,02	0,03	0,04	0,05	0,06	0,07	0,08	0,09
0,0	0,5000	0,5040	0,5080	0,5120	0,5160	0,5199	0,5239	0,5279	0,5319	0,5359
0,1	0,5398	0,5438	0,5478	0,5517	0,5557	0,5596	0,5636	0,5675	0,5714	0,5753
0,2	0,5793	0,5832	0,5871	0,5910	0,5948	0,5987	0,6026	0,6064	0,6103	0,6141
0,3	0,6179	0,6217	0,6255	0,6293	0,6331	0,6368	0,6406	0,6443	0,6480	0,6517
0,4	0,6554	0,6591	0,6628	0,6664	0,6700	0,6736	0,6772	0,6808	0,6844	0,6879
...	...	...	...	...	...	...	...	...	...	...

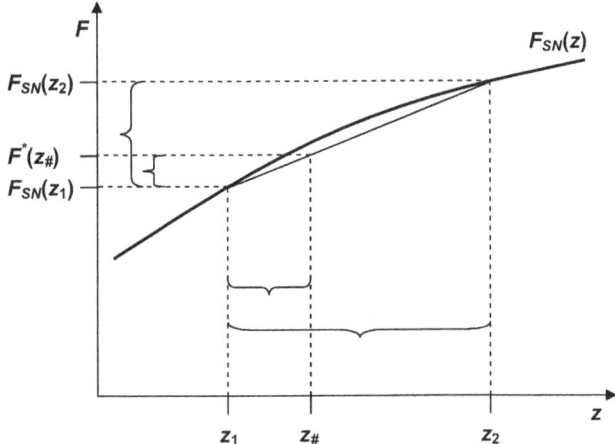

Abb. 7.16 Lineare Interpolation zur Auswertung der Standardnormalverteilung

Eine höhere Genauigkeit kann durch lineare Interpolation erreicht werden. Soll beispielsweise der Verteilungswert für $z = 0{,}372$ berechnet werden, müssen die beiden benachbarten Werte 0,6443 (für $z = 0{,}37$) und 0,6480 (für $z = 0{,}38$) geeignet gewichtet werden. Das Verfahren basiert auf einem einfachen Dreisatz und ist in Abb. 7.16 dargestellt.

$F_{\mathrm{SN}}(z_\#)$ wird dabei näherungsweise durch $F^*(z_\#)$ angegeben, da die Verteilungsfunktion selbst nicht linear ist. Es gilt nun die folgende Beziehung:

$$\frac{F^*(z_\#) - F_{\mathrm{SN}}(z_1)}{z_\# - z_1} = \frac{F_{\mathrm{SN}}(z_2) - F_{\mathrm{SN}}(z_1)}{z_2 - z_1}.$$

Auflösen nach dem gesuchten Wert ergibt dann

$$F_{\mathrm{SN}}(z_\#) \approx F^*(z_\#) = \frac{z_2 - z_\#}{z_2 - z_1} \cdot F_{\mathrm{SN}}(z_1) + \frac{z_\# - z_1}{z_2 - z_1} \cdot F_{\mathrm{SN}}(z_2) \ . \tag{7.26}$$

Im obigen Zahlenbeispiel bedeutet das

$$
\begin{aligned}
F_{SN}\left(z_{\#}\right) &\approx \frac{0{,}38 - 0{,}372}{0{,}38 - 0{,}37} \cdot F_{SN}\left(0{,}37\right) + \frac{0{,}372 - 0{,}37}{0{,}38 - 0{,}37} \cdot F_{SN}\left(0{,}38\right) \\
&= 0{,}8 \cdot F_{SN}\left(0{,}37\right) + 0{,}2 \cdot F_{SN}\left(0{,}38\right) \\
&= 0{,}8 \cdot 0{,}6443 + 0{,}2 \cdot 0{,}6480 \\
&= 0{,}64504
\end{aligned}
$$

Schwankung eines Aktienkurses

Eine Aktie schwanke im Zeitraum einer Woche normalverteilt mit Standardabweichung $\sigma = 2{,}50\,€$ um ihren mittleren Kurs $\mu = 91{,}30\,€$. Mit welcher Wahrscheinlichkeit wird der Aktienkurs in der Woche nicht unter 90 € fallen und auch nicht über 94 € steigen?

Der Aktienkurs (in Euro) kann als normalverteilte Zufallsvariable X mit Parametern $\mu = 91{,}3$ und $\sigma = 2{,}5$ interpretiert werden. Gesucht ist dann die Wahrscheinlichkeit $P\left(90 \leq X \leq 94\right)$. Wir formen um:

$$
\begin{aligned}
P\left(90 \leq X \leq 94\right) &= P\left(\frac{90 - 91{,}3}{2{,}5} \leq \frac{X - 91{,}3}{2{,}5} \leq \frac{94 - 91{,}3}{2{,}5}\right) = P\left(-0{,}52 \leq Z \leq 1{,}08\right) \\
&= F_{SN}\left(1{,}08\right) - F_{SN}\left(-0{,}52\right) = 0{,}8599 - 0{,}3015 = 0{,}5584 \ .
\end{aligned}
$$

Mit einer Wahrscheinlichkeit von annähernd 56 % verlässt der Aktienkurs im Betrachtungszeitraum das definierte Intervall nicht. An dieser Stelle sei aber die Warnung ausgesprochen, dass reale Aktienkurse sich keineswegs immer normalverteilt verhalten.

Die zu einem Wert x der normalverteilten Zufallsvariable X gehörende standardisierte Koordinate z besitzt eine anschauliche Interpretation. Dazu betrachten wir die Standardisierung für einige spezielle Koordinaten x:

$$
x = \mu + \sigma \Rightarrow z = \frac{\left[\mu + \sigma\right] - \mu}{\sigma} = 1 \ , \tag{7.27}
$$

$$
x = \mu + 2\sigma \Rightarrow z = \frac{\left[\mu + 2\sigma\right] - \mu}{\sigma} = 2 \ , \tag{7.28}
$$

$$
x = \mu + 3\sigma \Rightarrow z = \frac{\left[\mu + 3\sigma\right] - \mu}{\sigma} = 3 \ , \tag{7.29}
$$

$$
x = \mu - \sigma \Rightarrow z = \frac{\left[\mu - \sigma\right] - \mu}{\sigma} = -1 \ , \tag{7.30}
$$

$$
x = \mu - 2\sigma \Rightarrow z = \frac{\left[\mu - 2\sigma\right] - \mu}{\sigma} = -2 \quad \text{etc.} \tag{7.31}
$$

Der standardisierte Wert z gibt also an, um wie viele Standardabweichungen σ der nicht standardisierte Wert x vom Erwartungswert μ entfernt liegt. Das Vorzeichen von z sagt aus, ob x links ($z < 0$) oder rechts ($z > 0$) vom Erwartungswert liegt (vgl. Abb. 7.17).

Abb. 7.17 Interpretation der standardisierten Koordinate z

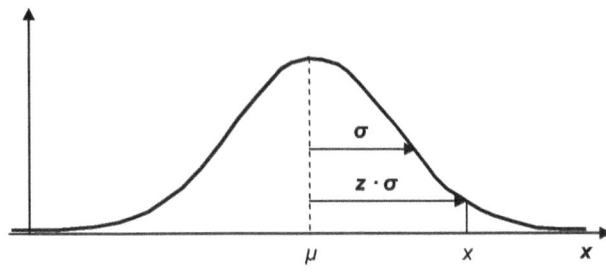

Abb. 7.18 Ein- und Zwei-Sigma-Bereich der Normalverteilung

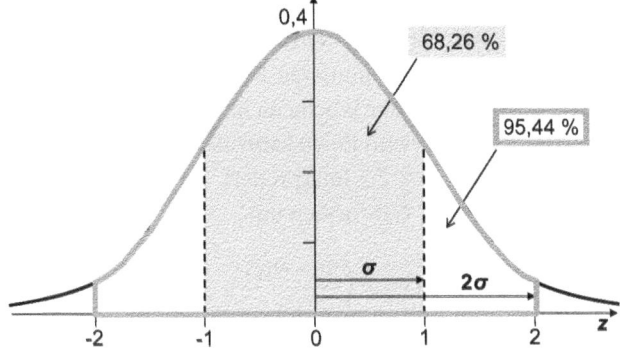

Mit welcher Wahrscheinlichkeit nimmt die $N(\mu;\sigma)$-verteilte Zufallsvariable X Werte innerhalb des sogenannten k-Sigma-Bereichs $[\mu - k \cdot \sigma; \mu + k \cdot \sigma]$ um den Erwartungswert an? Der Faktor k ist hierbei eine natürliche Zahl. Für $k = 1$ berechnen wir

$$P\left(\mu - \sigma \leq X \leq \mu + \sigma\right) = P\left(-1 \leq Z \leq 1\right) = F_{SN}\left(1\right) - F_{SN}\left(-1\right)$$
$$= 0{,}8413 - 0{,}1587 = 0{,}6826 \,.$$

Die Zufallsvariable nimmt also mit einer Wahrscheinlichkeit von 68,26 % nur Werte an, die nicht mehr als eine Standardabweichung vom Erwartungswert entfernt liegen. Dies gilt für jede Normalverteilung, unabhängig von μ und σ.

Für $k = 2$ lautet die entsprechende Wahrscheinlichkeit 95,44 % und für $k = 3$ bereits 99,74 % (vgl. Abb. 7.18).

Die Wahrscheinlichkeitsmasse konzentriert sich also in einem relativ kleinen Bereich um den Erwartungswert. Zwar ist die Wahrscheinlichkeitsdichte für jedes reelle x positiv, doch steckt in den Flanken der Verteilung nur ein sehr geringer Teil der Wahrscheinlichkeitsmasse.

Bisher wurde untersucht, mit welcher Wahrscheinlichkeit eine normalverteilte Zufallsvariable X Werte unterhalb einer gegebenen Grenze x annimmt. Diese Frage beantwortet die Verteilungsfunktion aufgrund der Beziehung

$$P(X < x) = F_N(x|\mu;\sigma) \,.$$

Abb. 7.19 Symmetrieeigenschaften bei Quantilen der Normalverteilung

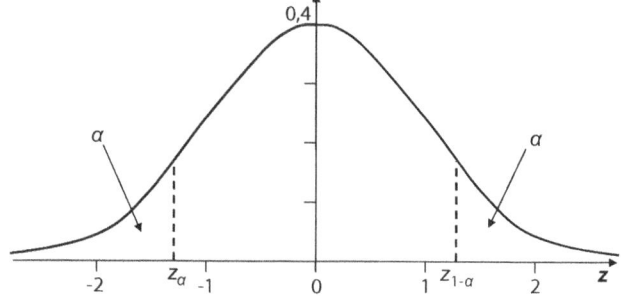

Umgekehrt kann auch die Frage gestellt werden, für welche Koordinate x die Verteilungsfunktion einen vorgegebenen Wert α erreicht. Anders formuliert: Welches x unterschreitet die normalverteilte Zufallsvariable mit vorgegebener Wahrscheinlichkeit α? Dieses x wird als „α-Quantil" von X bezeichnet. Besonders wichtig ist dieser Zusammenhang wiederum bei der Standardnormalverteilung, denn für sie kann man ihn anhand der Verteilungstabelle auswerten. Für das α-Quantil schreibt man in diesem Fall suggestiv z_α („zett-alpha"), und es gilt

$$P\left(Z < z_\alpha\right) = F_{SN}\left(z_\alpha\right) = \alpha \ . \tag{7.32}$$

Auch für α-Quantile ergeben sich aufgrund der Symmetrie der Standardnormalverteilung zwei spezielle Identitäten (vgl. Abb. 7.19).

$$z_\alpha = -z_{1-\alpha} \tag{7.33}$$

$$F_{SN}(z_{1-\alpha}) = 1 - F_{SN}(z_\alpha) \tag{7.34}$$

Beispielsweise entnehmen wir der Tabelle das 67 %-Quantil $z_{0,67} = 0,44$, woraus sich sofort das 33 %-Quantil $z_{0,33} = z_{0,67} = 0,44$ ergibt. Bei der Suche in der Tabelle macht man sich die Monotonie der Verteilungsfunktion zunutze, denn die tabellierten Wahrscheinlichkeiten wachsen zeilenweise von oben nach unten und innerhalb der Zeilen von links nach rechts an. Gegebenenfalls muss dabei das weiter oben beschriebene Verfahren der linearen Interpolation umgekehrt werden. Möchte man beispielsweise das 60 %-Quantil bestimmen, findet man zunächst, dass sich dieses zwischen $z = 0,25$ und $z = 0,26$ befindet. Für die genauere Rechnung liefert die Interpolationsformel zunächst (mit allgemeinem α):

$$\alpha = F_{SN}\left(z_\alpha\right) \approx \frac{z_2 - z_\alpha}{z_2 - z_1} \cdot F_{SN}\left(z_1\right) + \frac{z_\alpha - z_1}{z_2 - z_1} \cdot F_{SN}\left(z_2\right) \ .$$

Dies nach z_α aufgelöst, ergibt

$$z_\alpha \approx z_1 + \frac{\alpha - F_{SN}\left(z_1\right)}{F_{SN}\left(z_2\right) - F_{SN}\left(z_1\right)} \cdot \left(z_2 - z_1\right) \ . \tag{7.35}$$

Tab. 7.2 Quantile der Standardnormalverteilung

α	10 %	90 %	95 %	97,5 %	99 %	99,5 %	99,9 %
z_α	−1,282	1,282	1,645	1,960	2,327	2,576	3,090

Im konkreten Beispiel ($\alpha = 0,6$) erhalten wir also

$$z_{0,6} \approx 0,25 + \frac{0,6 - 0,5987}{0,6026 - 0,5987} \cdot (0,26 - 0,25) = 0,25 + \frac{0,0013}{0,0039} \cdot 0,01 = 0,253 \,.$$

Einige in Praxis besonders häufig gebrauchte Quantile listet Tab. 7.2.

Schwankung von Aktienkursen

Die Aktie der Superbia AG notiert am 1. April bei genau 95 €: Aus fundamentalen Untersuchungen sei bekannt, dass der Kurs der Aktie bis zum 1. Juli auf 105 € steigen wird, mit einer Streuung von ±2 €. Hierbei wird unterstellt, dass der Aktienkurs einer Normalverteilung folgt.

a) Mit welcher Wahrscheinlichkeit wird der Aktienkurs am 1. Juli nicht über 110 € liegen?

b) Welchen Kurswert wird die Aktie am 1. Juli mit 95 % Wahrscheinlichkeit überschreiten?

Die stetige Zufallsvariable X beschreibe den Aktienkurs der Superbia am 1. Juli. Es gilt voraussetzungsgemäß, dass $X \sim N(\mu; \sigma)$ mit $\mu = 105\,€$, $\sigma = 2\,€$.

Gesucht wird in Teilfrage (a) zunächst $P(X < 110)$. Die Berechnung lautet

$$P(X < 110) = P\left(Z < \frac{110 - \mu}{\sigma}\right) = P\left(Z < \frac{110 - 105}{2}\right) = P(Z < 2,5) = F_{\text{SN}}(2,5) = 0,9938 \,.$$

Ein Kurs von 110 € wird am 1. Juli also nur mit der komplementären Wahrscheinlichkeit 0,62 % überschritten werden.

Weiterhin wird in Teilfrage (b) ein Kurs x gesucht, für den $P(X > x) = 0,95$ gilt. Wegen

$$P(X > x) = 0,95 = 1 - P(X \le x) \cdot P(X \le x) = 0,05$$

ist

$$P(X \le x) = P\left(Z \le \frac{x - \mu}{\sigma}\right) = P\left(Z \le \frac{x - 110}{2}\right) = 0,05 \,,$$

und demnach

$$\frac{x - 110}{2} = z_{0,05} = -1,645 \Rightarrow x = 110 - 1,645 \cdot 2 = 106,71 \,.$$

Mit 95 % Wahrscheinlichkeit wird demnach der Aktienkurs am 1. Juli oberhalb von 106,71 € liegen.

7.3.3 Reproduktionseigenschaft

Setzt sich eine zufallsabhängige Größe aus anderen, normalverteilten Größen zusammen, kommt eine wichtige Eigenschaft der Normalverteilung zum Tragen, die sogenannte Reproduktionseigenschaft. Wir formulieren das zunächst ganz allgemein:

▶ **Reproduktionseigenschaft** Entsteht eine Zufallsvariable X durch Addition normalverteilter und unabhängiger Zufallsvariablen X_i, so ist auch X normalverteilt. Genauer gilt:
Wenn

$$X = \sum_i X_i, \quad \text{wobei} \quad X_i \sim N(\mu_i; \sigma_i) \ , \tag{7.36}$$

dann gehören zu X die Parameter

$$\mu = \sum_i \mu_i \quad \text{und} \quad \sigma^2 = \sum_i \sigma_i^2 \ . \tag{7.37}$$

Dabei müssen die Verteilungen X_i in ihren Parametern μ_i und σ_i *nicht* übereinstimmen.

Anlageportfolio

In einem Portfolio befinden sich drei verschiedene Assets, deren Kurse sich voneinander unabhängig normalverteilt entwickeln. Dem Kursverlauf der drei Assets entsprechen drei Zufallsvariablen $X_1 \sim N(\mu_1; \sigma_1)$, $X_2 \sim N(\mu_2; \sigma_2)$ und $X_3 \sim N(\mu_3; \sigma_3)$. Damit ist auch der Kursverlauf des Gesamtportfolios durch eine normalverteilte Zufallsvariable $X \sim N(\mu; \sigma)$ beschrieben. Für den Stichtag der Betrachtung werden die Kursstände $\mu_1 = 100\,€$, $\mu_2 = 150\,€$ und $\mu_3 = 250\,€$ erwartet. Dazu gehören die Standardabweichungen $\sigma_1 = 3\,€$, $\sigma_2 = 5\,€$ und $\sigma_3 = 10\,€$. Dann hat das Portfolio den Kurserwartungswert

$$\mu = \mu_1 + \mu_2 + \mu_3 = 100 + 150 + 250 = 500\,€ \ .$$

Die Standardabweichung ergibt sich wegen

$$\sigma^2 = \sigma_1^2 + \sigma_2^2 + \sigma_3^2 = 3^2 + 5^2 + 10^2 = 134 \text{ zu } \sigma = \sqrt{134} = 11{,}58\,€ \ .$$

Der Gesamtkurs des Portfolios wird nun beispielsweise den Wert 520 € mit der Wahrscheinlichkeit

$$P(X \le 520) = P\left(Z \le \frac{520 - 500}{11{,}58}\right) = P(Z \le 1{,}727) = 0{,}958 \triangleq 95{,}8\,\%$$

nicht überschreiten.

Abb. 7.20 Approximation der Binomialverteilung durch die Normalverteilung

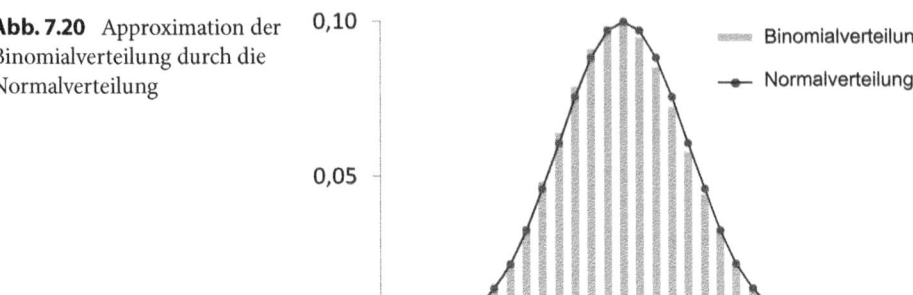

7.3.4 Approximation der Binomialverteilung

In Abschn. 6.3 über die Binomialverteilung hatten wir gesehen, dass diese Verteilung ein nahezu symmetrisches, glockenförmiges Aussehen annimmt, wenn die Anzahl n der Versuchswiederholungen (beim Bernoulli-Experiment) bzw. der Ziehungen (beim Urnenmodell) größer wird (vgl. Abb. 6.7). Diese äußere Ähnlichkeit mit der Normalverteilung kann mathematisch begründet werden. In der praktischen Anwendung macht man sich diese Eigenschaft zunutze, um die Berechnung von diskreten Wahrscheinlichkeiten zu vereinfachen. Es gilt folgende Aussage:

▶ **Approximation der Binomialverteilung durch die Normalverteilung** Eine diskrete Zufallsgröße X sei binomialverteilt mit den Parametern n und p. Dann kann die exakte Verteilung näherungsweise mithilfe einer Normalverteilung zu den Parametern $\mu = n \cdot p$ und $\sigma^2 = n \cdot p \cdot q$ berechnet werden, wenn folgende beiden Bedingungen erfüllt sind:

$$1. \quad n \cdot p \cdot q > 9 \tag{7.38}$$

$$2. \quad 0,1 \leq p \leq 0,9 \tag{7.39}$$

Die praktische Erfahrung zeigt, dass der zulässige Bereich für p in der zweiten Bedingung umso weiter in Richtung 0 bzw. 1 ausgeweitet werden kann, je deutlicher Bedingung 1 erfüllt ist.
Die Approximationseigenschaft gilt insbesondere für die beiden Verteilungsfunktionen

$$F_B(x|n;p) \approx F_N(x|np; \sqrt{npq}) . \tag{7.40}$$

In Abb. 7.20 ist ein Beispiel für $n = 100$ und $p = 0,2$ dargestellt.

Die beiden Approximationsbedingungen sind einfache Faustregeln, bei deren Erfüllung Binomial- und Normalverteilung nicht zu stark voneinander abweichen. Da Faustregeln immer ziemlich grob sind, finden sich in der Literatur auch anders lautende Regeln, die

aber weitgehend gleichwertig sind. Anstelle der beiden Bedingungen 1. und 2. werden beispielsweise die Bedingungen vorgeschlagen, dass sowohl $n \cdot p$ als auch $n \cdot q$ mindestens den
Wert 5 erreichen.

Wie geht die Approximation rechnerisch vor sich? Um die Wahrscheinlichkeit zu berechnen, dass eine mit Parametern n und p binomialverteilte Zufallsvariable X Werte zwischen einer unteren Grenze k_1 und einer oberen Grenze k_2 annimmt, müsste man exakt so
vorgehen:

$$(k_1 \leq X \leq k_2) = \sum_{k=k_1}^{k=k_2} \binom{n}{k} \cdot p^k \cdot q^{n-k} . \tag{7.41}$$

Mithilfe der Normalverteilung kann man stattdessen mit $\mu = n \cdot p$ und $\sigma = \sqrt{n \cdot p \cdot q}$
berechnen:

$$P(k_1 \leq X \leq k_2) \approx F_N(k_2|\mu;\sigma) - F_N(k_1|\mu;\sigma) = F_{SN}\left(\frac{k_2 - \mu}{\sigma}\right) - F_{SN}\left(\frac{k_1 - \mu}{\sigma}\right) . \tag{7.42}$$

Dieses Vorgehen lässt sich noch verbessern. Da die Normalverteilung stetig ist, teilt man
den Abstand zwischen den Untergrenzen k_1 und ihrer Nachbarzahl $k_1 - 1$ zwischen beiden
Zahlen auf und wertet die Normalverteilung nicht für k_1, sondern für $k_1 - 0{,}5$ aus. Die
Obergrenze verschiebt man entsprechend von k_2 nach $k_2 + 0{,}5$. Diese Abwandlung heißt
Stetigkeitskorrektur, weil man damit die stetige Approximation verbessern kann.

Beispiel

Ein Spezialversicherer weiß, dass 14 % seiner Neukunden Eigentümer einer vermieteten
Immobilie sind. Wie groß ist die Wahrscheinlichkeit, dass unter den 200 Neukunden
einer Woche höchstens 25 vermietete Immobilien besitzen?

Die exakte Berechnung der Wahrscheinlichkeit basiert offenbar auf dem Modell
„Ziehen mit Zurücklegen": Zweihundertmal wird ein Kunde ausgewählt, der mit Wahr-
scheinlichkeit $p = 0{,}14$ Immobilienbesitzer ist, mit $q = 0{,}86$ nicht. Gesucht ist die
Wahrscheinlichkeit, dass die Zahl X der Immobilienbesitzer dabei nicht über 25 liegt:

$$P(X \leq 25) = \sum_{k=0}^{25} \binom{200}{k} \cdot 0{,}14^k \cdot 0{,}86^{200-k} = 0{,}312 .$$

Die Normalverteilungsapproximation ist zulässig, weil die beiden Bedingungen

$$npq = 200 \cdot 0{,}14 \cdot 0{,}86 = 24{,}08 > 9 \quad \text{und} \quad 0{,}1 \leq p \leq 0{,}9$$

erfüllt sind. Sie verwendet die Parameter

$$\mu = np = 200 \cdot 0{,}14 = 28 \quad \text{und} \quad \sigma = \sqrt{npq} = \sqrt{200 \cdot 0{,}14 \cdot 0{,}86} = \sqrt{24{,}08} = 4{,}91.$$

Ohne Stetigkeitskorrektur liefert die Approximation

$$P(X \leq 25) \approx F_N\left(25|28; \sqrt{24{,}08}\right) = F_{SN}\left(\frac{25 - 28}{\sqrt{24{,}08}}\right) = F_{SN}(-0{,}611) = 0{,}271 .$$

Mit Stetigkeitskorrektur dagegen erfolgt die Auswertung an der Stelle $x = 25,5$ (obere Grenze!):

$$P(X \leq 25) \approx F_N\left(25,5|28; \sqrt{24,08}\right) = F_{SN}\left(\frac{25,5 - 28}{\sqrt{24,08}}\right) = F_{SN}(-0,509) = 0,305 \ .$$

Offensichtlich bewirkt die Stetigkeitskorrektur eine deutliche Verbesserung der Approximation: Der prozentuale Approximationsfehler sinkt von

$$e_{\text{ohne}} = \frac{P_{\text{approx.}} - P_{\text{exakt}}}{P_{\text{exakt}}} = \frac{0,271 - 0,312}{0,312} = -13,1\,\%$$

auf

$$e_{\text{mit}} = \frac{0,305 - 0,312}{0,312} = -2,2\,\% \ .$$

7.4 Unsymmetrische Wahrscheinlichkeitsverteilungen

Gerade versicherungs- und finanzwirtschaftliche Fragestellungen führen oft auf nicht symmetrische Verteilungen. Wichtige Beispiele sind die Verteilungen von Schadenhöhen in Versicherungsportfolios. Da Schäden nicht negativ sein können, nehmen diese Verteilungen nur für die rechte Halbachse der Schadenvariablen positive Werte an. Je nach Struktur der Versicherungsrisiken konzentriert sich die Wahrscheinlichkeitsmasse im Bereich kleiner oder mittlerer Schäden. Die Wahrscheinlichkeit dafür, dass bestimmte Schadenhöhen auftreten, nimmt bei großen Werten schnell ab. Es handelt sich also um rechtsschiefe Verteilungen. Die verschiedenen Verteilungstypen für Versicherungsschäden unterscheiden sich vor allem in dem Gewicht (also der Wahrscheinlichkeit), das solchen großen Werten zukommt. Zwar ist dieses absolut sehr klein, ergibt aber unter Umständen dennoch einen recht großen Beitrag zum Schadenerwartungswert, wenn man das Produkt aus Schadenhöhe und Eintrittswahrscheinlichkeit betrachtet.

Wichtige Beispiele unsymmetrischer Verteilungen sind die

- Exponentialverteilung,
- Paretoverteilung,
- Lognormalverteilung,
- Weibullverteilung,
- Gammaverteilung,
- χ^2-Verteilung („Chi-Quadrat"-Verteilung).

Einige davon werden in diesem Kapitel näher betrachtet, die Chi-Quadrat-Verteilung in Kap. 10 im Zusammenhang mit Testverfahren.

Abb. 7.21 Exponentialverteilung für $\lambda = 0{,}5$

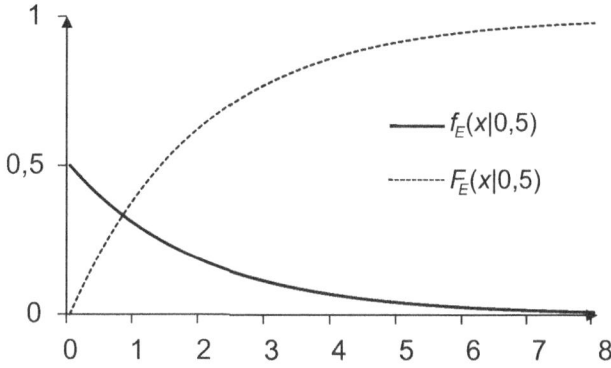

7.4.1 Exponentialverteilung

Besonders einfach strukturiert ist die Exponentialverteilung. Ihre Dichtfunktion ist gegeben durch

$$f_{\mathrm{E}}(x|\lambda) = \begin{cases} \lambda e^{-\lambda x} & \text{für } x \geq 0\,, \\ 0 & \text{sonst} \end{cases} \quad \text{mit } \lambda \geq 0\,, \tag{7.43}$$

die Verteilungsfunktion durch

$$F_{\mathrm{E}}(x|\lambda) = \begin{cases} 1 - e^{-\lambda x} & \text{für } x \geq 0\,, \\ 0 & \text{sonst}\,. \end{cases} \tag{7.44}$$

Ähnlich wie die Normalverteilung klingt die Exponentialverteilung für $x \rightarrow \infty$ so schnell ab, dass sie sich nur für Versicherungsportfolios mit geringer Anfälligkeit für Großschäden eignet (vgl. Abb. 7.21).

7.4.2 Paretoverteilung

Die Paretoverteilung eignet sich vor allem für Risiken mit großer Streuung, wie sie z. B. in der Feuerversicherung auftreten. Namensgebend war das Multitalent Vilfredo Pareto (1848–1923), der vor allem als Ökonom und Soziologe bekannt wurde und unter anderem herausfand, dass die Einkommensverteilung in einer Gesellschaft normalerweise rechtsschief, also unsymmetrisch ist. Die Paretoverteilung besitzt zwei wählbare positive Parameter und ist damit flexibler als die Exponentialverteilung (vgl. Abb. 7.22).

Ihre Dichtefunktion lautet

$$f_{\mathrm{Pa}}(x|a;b) = \begin{cases} \dfrac{b}{a}\left(\dfrac{a}{x}\right)^{b+1} & \text{für } x > a\,, \\ 0 & \text{für } x \leq a\,, \end{cases} \tag{7.45}$$

Abb. 7.22 Paretoverteilung
für $a = 1$

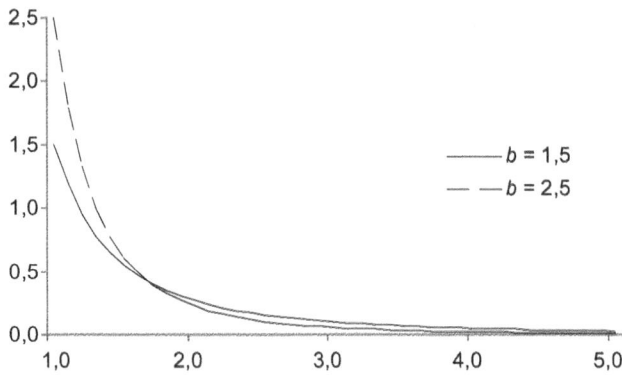

die Verteilungsfunktion

$$F_{\text{Pa}}(x|a;b) = \begin{cases} 1 - \left(\dfrac{a}{x}\right)^{b} & \text{für } x > a \, , \\[2mm] 0 & \text{für } x \leq a \, . \end{cases} \tag{7.46}$$

Der Erwartungswert ist nur für $b > 1$ endlich, die Varianz für $b > 2$.

7.4.3 Lognormalverteilung

Betrachtet man die zeitliche Entwicklung von Aktienkursen, so fällt auf, dass die Normalverteilung dafür nur eine grobe Näherung ist, die über eher kurze Zeiträume greift. Crash-Szenarien unterschätzt sie gnadenlos, wie der empirische Befund seit den späten 1980er-Jahren zeigt. Normalverteilte Aktienkurse oder Indizes dürften viel seltener starke Einbrüche zeigen, als dies tatsächlich der Fall ist. Allerdings verhält sich oft statt eines Aktienkurses X dessen Logarithmus normalverteilt:

$$\ln(X) \sim N(\mu; \sigma) \, .$$

Die daraus resultierende Verteilung von X heißt daher Lognormalverteilung. Sie wird beschrieben durch die Dichtefunktion

$$f_{\text{LN}}(x|\mu;\sigma) = \begin{cases} \dfrac{1}{\sqrt{2\pi} \cdot \sigma x} \cdot e^{-\frac{1}{2}\left(\frac{\ln(X)-\mu}{\sigma}\right)^{2}} & \text{für } x > 0 \, , \\[3mm] 0 & \text{sonst} \, . \end{cases} \tag{7.47}$$

Werden die Werte $\ln(X)$ dargestellt, gleicht dies einer Gauß'schen Glockenkurve. Abbildung 7.23 stellt die Situation beispielhaft dar für $\mu = 0$ und $\sigma = 1$.

Abb. 7.23 Normalverteilter Logarithmus einer Zufallsvariable

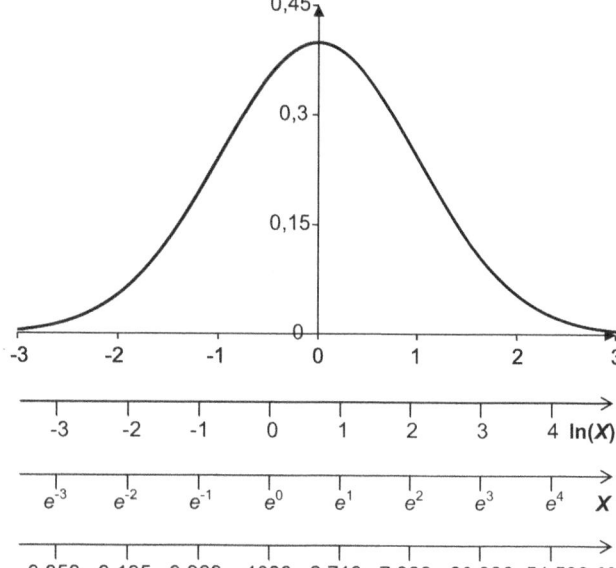

Abb. 7.24 Übergang zur logarithmischen Skala

Ersetzen wir bei der Achsendarstellung die logarithmischen Werte durch die entsprechenden Werte von X, ändert sich die Skalendarstellung; wir erhalten eine typische logarithmische Skala (vgl. Abb. 7.24).

Beim Übergang von der logarithmischen Skala für X zu einer äquidistanten Skala wird der Wertebereich zwischen 0 und 1 nun deutlich gestaucht, der Wertebereich jenseits der 1 hingegen gestreckt, und zwar umso stärker, je größer die Werte der logarithmischen Skala sind (vgl. Abb. 7.25).

Diese Entzerrung bewirkt eine entsprechende Transformation der symmetrischen Glockenkurve in die rechtsschiefe Lognormalverteilungskurve (Abb. 7.26).

Berechnungen gestalten sich wie bei normalverteilten Größen, es muss nur am Anfang und Ende der Übergang zwischen logarithmischen und nicht-logarithmischen Größen vollzogen werden.

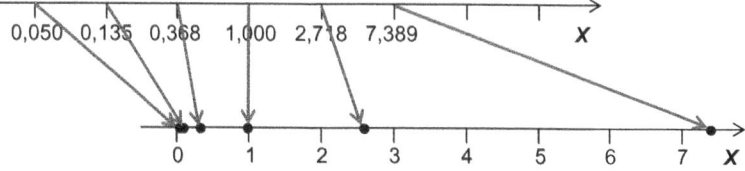

Abb. 7.25 Entzerren einer logarithmischen Skala

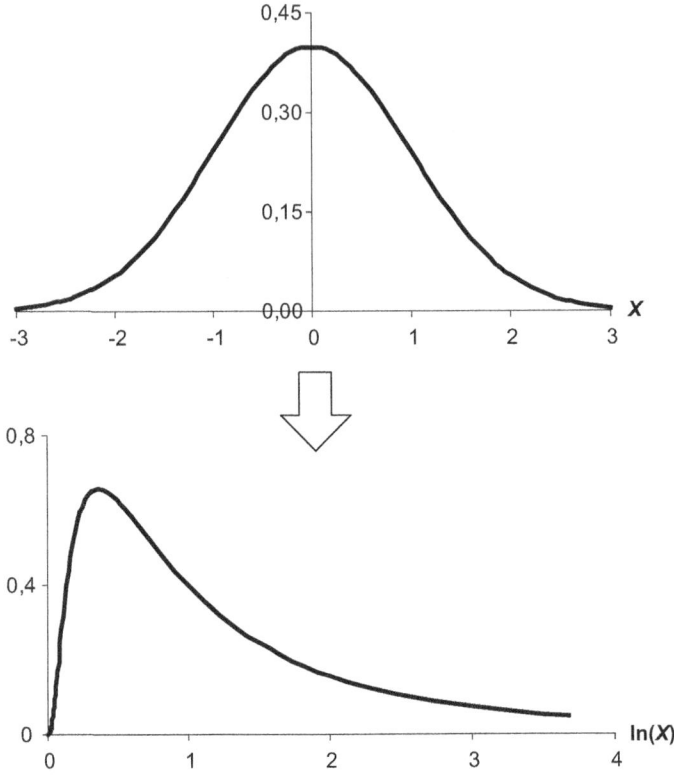

Abb. 7.26 Graph einer Lognormalverteilung zu Standardparametern $\mu = 0$ und $\sigma = 1$

Beispiel

Ein Haftpflichtversicherer beobachtet, dass die Schadenhöhen S (in Euro) in seinem Vertragsbestand gut durch eine Lognormalverteilung beschrieben werden können, d. h. $\ln(S) \sim N(\mu; \sigma)$. Welche Schadenhöhe S_0 wird dann lediglich mit einer Wahrscheinlichkeit von einem Prozent überschritten, wenn für die Parameter der Verteilung $\mu = 10{,}5$ und $\sigma = 3{,}5$ gilt?

Es soll S_0 so bestimmt werden, dass $P(S > S_0) = 0{,}01$. Äquivalenzumformungen verändern den Aussagewert mathematischer Ungleichungen nicht, sodass folgende Umformungen vorgenommen werden können:

$$P(S > S_0) = 0{,}01 \iff P(\ln(S) > \ln(S_0)) = 0{,}01 \Rightarrow P(\ln(S) \le \ln(S_0)) = 0{,}99 \,.$$

An dieser Stelle greift wieder die Standardisierung, da ja nach Voraussetzung $\ln(S)$ normalverteilt ist:

$$P\left(\frac{\ln(S) - \mu}{\sigma} \le \frac{\ln(S_0) - \mu}{\sigma}\right) = P\left(Z \le \frac{\ln(S_0) - 10{,}5}{3{,}5}\right) = 0{,}99 \,.$$

Für $Z = z_{0,99} = 2{,}326$ ergibt sich in der Klammer die Gleichheit, und aus

$$2{,}326 = \frac{\ln\left(S_0\right) - 10{,}5}{3{,}5}$$

folgt $\ln\left(S_0\right) = 18{,}642$. Die gesuchte Schadenhöhe beträgt also

$$S_0 = e^{18{,}642} = 124{,}8 \text{ Mio.} \in .$$

Vorsicht: Dieses Ergebnis ist durch den letzten Schritt des Delogarithmierens – das ist die Umrechnung von $\ln(S)$ auf S – sehr anfällig gegenüber Rundungsabweichungen im Verlauf der Rechnung!

Weiterführende Literatur

Bleymüller J, Gehlert G, Gülicher H (2012) Statistik für Wirtschaftswissenschaftler. Vahlen, München

Bleymüller J, Gehlert G (2011) Statistische Formeln, Tabellen und Programme. Vahlen, München

Bourier G (2013) Wahrscheinlichkeitsrechnung und schließende Statistik. Springer Gabler, Wiesbaden

Brase CH, Brase CP (2010) Understanding Basic Statistics. Brooks/Cole, Independence

Fahrmeir L, Künstler R, Pigeot I, Tutz G (2009) Statistik. Springer, Heidelberg

Hartung J, Elpelt B, Klösener KH (2009) Statistik. Oldenbourg, München

Krämer W (2008) Statistik verstehen. Piper, München

Krengel U (2005) Einführung in die Wahrscheinlichkeitstheorie und Statistik. Vieweg, Wiesbaden

Milbrodt H (2010) Wahrscheinlichkeitstheorie. Verlag Versicherungswirtschaft, Karlsruhe

Pflaumer P, Heine B, Hartung J (2001) Statistik für Wirtschafts- und Sozialwissenschaftler: Induktive Statistik. Oldenbourg, München

Piazolo M (2007) Statistik für Wirtschaftswissenschaftler. Verlag Versicherungswirtschaft, Karlsruhe

Pulham S (2011) Statistik leicht gemacht. Gabler, Wiesbaden

Schwarze J (2013) Grundlagen der Statistik – Wahrscheinlichkeitsrechnung und induktive Statistik. nwb-Verlag, Herne

Schwarze J (2013) Aufgabensammlung zur Statistik. nwb-Verlag, Herne

Steland A (2013) Basiswissen Statistik. Springer Spektrum, Berlin

Stifl J (2011) Wirtschaftsstatistik. Oldenbourg, München

Schätzverfahren für statistische Parameter 8

Zusammenfassung

Die vollständige Untersuchung von Grundgesamtheiten anhand deskriptiver Verfahren stößt in der Praxis schnell an Grenzen. Die meisten Erhebungen, mit denen statistische Größen erfasst werden sollen, beschränken sich daher auf Teilgesamtheiten, sogenannte Stichproben. Dieses Kapitel handelt vom Grundprinzip des Schätzens, mit dem sich solche Stichprobeninformationen auf die übergeordnete Gesamtheit übertragen lassen. Das Prinzip wird für den einfachsten Anwendungsfall ausführlich vorgestellt, die Schätzung von Prozentanteilen, wie sie in jeder Meinungsumfrage vorkommen. Die Methode wird dann auf die Fragestellung übertragen, den Durchschnittswert eines metrischen Merkmals zu schätzen.

8.1 Die Idee

Wenn in einer Grundgesamtheit die Ausprägungen eines quantitativen Merkmals für alle Merkmalsträger bekannt sind, können daraus mit den Methoden der beschreibenden Statistik (vgl. Abschn. 4.4 und 4.5) Parameter bestimmt werden. Beispiele sind das Durchschnittseinkommen (also der arithmetische Mittelwert) der Belegschaft eines Unternehmens oder der Prozentsatz der Aktienbesitzer unter den Elektroingenieuren in Baden-Württemberg. Im Kontext der schließenden Statistik wird ein Prozentsatz üblicherweise als Anteilswert bezeichnet.

Bei großen Grundgesamtheiten ist eine Vollerhebung in der Regel zu teuer, zu zeitaufwendig oder gar nicht möglich. Dann untersucht man alternativ nur eine Teilmenge der Grundgesamtheit, eine sogenannte Stichprobe. Statistische Schätzverfahren erlauben es, die gesuchten Parameterwerte der Grundgesamtheit aus den Messdaten einer Stichprobe mit vorher festgelegter Genauigkeit zu bestimmen.

Die Auswahl einer Stichprobe sollte zufällig und repräsentativ erfolgen. So kann die Stichprobe als verkleinertes Abbild der Grundgesamtheit aufgefasst werden. Eine Über-

A. Grimmer, *Statistik im Versicherungs- und Finanzwesen*, DOI 10.1007/978-3-658-02954-8_8,   157
© Springer Fachmedien Wiesbaden 2014

Abb. 8.1 Schätzungen auf Basis verschiedener Stichproben

tragung von Beobachtungsergebnissen von der Stichprobe auf die Grundgesamtheit wird dadurch möglich. Die Übertragung unterliegt dabei gewissen Einschränkungen, die man aber kontrollieren kann.

Es soll beispielsweise die oben gestellte Frage nach dem Anteil der Aktienbesitzer in der Grundgesamtheit der Elektroingenieure beantwortet werden. Der naheliegende Ansatz besteht darin, in einem ersten Schritt eine Stichprobe auszuwählen und darin den Anteil der Aktienbesitzer zu bestimmen (im Folgenden als Stichprobenanteilswert bezeichnet). In einem zweiten Schritt ist dann zu klären, inwieweit dieser Punktschätzwert (so genannt, weil es sich um *einen* Wert und keinen Wertebereich handelt) auch für die Grundgesamtheit gilt. Abbildung 8.1 zeigt, dass verschiedene Stichproben gleicher Größe (durch rote Kreise markiert) aus derselben Grundgesamtheit dennoch verschiedene Anteile von Aktienbesitzern (blau hervorgehoben) enthalten können: In der Grundgesamtheit beträgt der Anteilswert 25 % (8 von 32), in der oberen Stichprobe 20 % (1 von 5), in der unteren 40 % (2 von 5).

Der Unterschied ist hier sehr groß. Bei größeren Stichproben wird er kleiner, aber er verschwindet nur in Ausnahmefällen ganz. Der Stichprobenanteilswert ist also offenbar eine Zufallsgröße, die von der konkreten Stichprobe abhängt. Da man in der Praxis aus Kostengründen nur ein oder zwei Stichproben betrachten wird, können deren Anteilswerte demnach nicht eins zu eins auf die Grundgesamtheit übertragen werden. Stattdessen lässt sich der Anteil dort immer nur mit einer Unschärfe bestimmen, die sich nach der Streuung der Anteilswerte in einer Vielzahl möglicher Stichproben richtet.

8.2 Schätzverfahren für Anteilswerte

8.2.1 Stichprobenverteilungen

Die Verfahrensweise zur Schätzung eines Anteilswerts soll durchgehend anhand des folgenden Beispiels genauer demonstriert werden:

Telematiksysteme in der Autoversicherung (I)

Es soll der Prozentsatz der Autofahrer ermittelt werden, der für einen günstigeren Autoversicherungstarif bereit wäre, telematische Systeme zur Erfassung des Fahrverhaltens zu akzeptieren. Zu diesem Zweck werden 1054 Autofahrer repräsentativ nach dem Zufallsprinzip ausgewählt und befragt. 390 von ihnen geben an, dass sie grundsätzlich mit Telematiksystem fahren würden, um dadurch Versicherungsbeiträge zu sparen. Diese Gruppe nennen wir im Folgenden kurz Telematikfreunde, während wir die komplementäre Gruppe, die solche Systeme ablehnt, als Telematikgegner bezeichnen wollen.

Die Schätzung eines Parameters anhand einer Stichprobe erfordert für diese zunächst einen Auswahlmechanismus. Um ein möglichst repräsentatives Abbild der Grundgesamtheit zu erhalten, existieren sehr viele Verfahren, die auf mehr oder weniger zufällige Art Elemente aus der Grundgesamtheit herausgreifen. Einen Überblick über solche Verfahren findet man in den Literaturangaben zu diesem Kapitel. Für den Moment betrachten wir ein Verfahren, das wir schon kennengelernt haben: die zufällige Auswahl von Elementen in einem Urnenmodell. Die Grundgesamtheit bildet den N-elementigen (großes N!) Inhalt einer Urne, aus der wir eine n-elementige (kleines n!) Stichprobe entweder mit oder ohne Zurücklegen auswählen. Von den N Elementen der Grundgesamtheit (im Beispiel: Autofahrer) weist ein Anteil p das zu untersuchende Merkmal (Telematikfreunde zu sein) auf, das sind $M = N \cdot p$. Üblicherweise ist man nicht daran interessiert, dass ein Element mehrfach vorkommt. Bei einer repräsentativen Umfrage etwa wird man natürlich vermeiden wollen, ein und dieselbe Person mehrfach zu interviewen. Im Regelfall ist für die Auswahl daher das Modell „Ziehen ohne Zurücklegen" angemessen, damit lässt sich die Wahrscheinlichkeit dafür berechnen, dass sich in der Stichprobe gerade eine bestimmte Anzahl k der Merkmalsträger mit der interessierenden Eigenschaft (Telematikfreunde) befindet. Die Zahl k ist wieder Ausprägung einer Zufallsgröße X. Die Wahrscheinlichkeit, dass sich in der Stichprobe genau k der M Telematikfreunde befinden, berechnet sich folglich exakt mithilfe der Hypergeometrischen Verteilung:

$$P(X = k) = \frac{\binom{M}{k} \cdot \binom{N-M}{n-k}}{\binom{N}{n}} .$$

Allerdings hält die Praxis Situationen bereit, die die Anwendung anderer Verteilungen erlauben:

Ist die Varianzbedingung $n \cdot p \cdot (1 - p) = n \cdot p \cdot q > 9$ erfüllt mit $p = M/N$, kann anstelle eines diskreten Modells die stetige Normalverteilung Anwendung finden, $X \sim N(\mu, \sigma)$. Als Parameter dient $\mu = n \cdot p$ in der Rolle des Erwartungswerts, während hinsichtlich der Varianz zwei Fälle unterschieden werden müssen:

1. Die Stichprobe ist klein im Verhältnis zur Grundgesamtheit und erfüllt die Bedingung $n < 0{,}05 \cdot N$. Dann ist die Varianz der approximierenden Normalverteilung gegeben durch $\sigma^2 = n \cdot p \cdot q$ (vgl. Abschn. 7.3).

2. Bei größeren Stichproben ist die Normalverteilungsapproximation ebenfalls anwendbar, in der Varianzformel tritt aber noch der Korrekturfaktor der Hypergeometrischen Verteilung hinzu, also $\sigma^2 = n \cdot p \cdot q \cdot (N - n) / (N - 1)$ (vgl. Abschn. 6.4.2).

Der Stichprobenanteilswert hängt von der konkret ausgewählten Stichprobe ab, $\hat{p}$ („Klein-p-Dach") ist dabei der konkrete Wert der von der Zufallsvariable X abhängigen Funktion

$$\hat{P} = \frac{X}{n}. \tag{8.1}$$

Sie ist, wie eben für X geprüft wurde, näherungsweise normalverteilt – allerdings zu Parametern, die mithilfe der Formeln aus Abschn. 5.4.2 berechnet werden müssen, und zwar bei kleiner Stichprobe gemäß

$$\mu_p = \frac{n \cdot p}{n} = p, \; \sigma_p = \sqrt{\frac{n \cdot p \cdot q}{n^2}} = \sqrt{\frac{p \cdot q}{n}}, \tag{8.2}$$

bei größerer Stichprobe dementsprechend mit dem größenabhängigen Korrekturterm

$$\mu_p = p, \; \sigma_p = \sqrt{\frac{p \cdot q}{n}} \cdot \sqrt{\frac{N - n}{N - 1}}. \tag{8.3}$$

Die Schwankung der Stichprobenanteilswerte um den wahren Wert p wird also umso kleiner, je größer die Stichproben gewählt werden – so, wie man es von einem sinnvollen Verfahren auch erwarten würde.

Zur klaren Unterscheidung führen wir noch einmal die unterschiedlichen Anteilswerte auf, die in der Schätzung eine Rolle spielen:

▸ **Anteilswerte im Schätzverfahren** Insgesamt drei verschiedene Anteilswerte sind im Schätzverfahren zu berücksichtigen:

• p: Originärer Anteilswert des Merkmals in der Grundgesamtheit; dieser Wert soll geschätzt werden.

- $\hat{P}$: Stichprobenanteilswert; hierbei handelt es sich um eine zufallsabhängige Größe, nämlich eine von der Zufallsvariable X abhängige Stichprobenfunktion. Sie nimmt für jede betrachtete Stichprobe einen aufgrund der Zufälligkeit des Auswahlmechanismus unvorhersehbaren Wert an. Der Stichprobenanteilswert ist binomial- oder hypergeometrisch verteilt, oftmals unter Zusatzvoraussetzungen auch näherungsweise normalverteilt. Der Erwartungswert von $\hat{P}$ ist p.
- $\hat{p}$: Realisation der Stichprobenfunktion $\hat{P}$ in einer *konkreten* Stichprobe.

Zusammenfassend ergeben sich die folgenden Approximationen.

▶   **Stichprobenverteilungen für den Anteilswert**

- Fall kleiner Stichproben: Wenn $n \cdot p \cdot q > 9$ und $n < 0{,}05 \cdot N$, so ist die Funktion des Stichprobenanteilswerts $\hat{P}$ näherungsweise normalverteilt mit den Parametern

$$\mu = \mu_p = p \quad \text{und} \quad \sigma = \sigma_p = \sqrt{\frac{p \cdot q}{n}} \, . \tag{8.4}$$

- Fall größerer Stichproben: Wenn $n \cdot p \cdot q > 9$ und $n \geq 0{,}05 \cdot N$, so ist die Funktion des Stichprobenanteilswerts $\hat{P}$ näherungsweise normalverteilt mit den Parametern

$$\mu = \mu_p = p \quad \text{und} \quad \sigma = \sigma_p = \sqrt{\frac{p \cdot q}{n}} \cdot \sqrt{\frac{N - n}{N - 1}} \, . \tag{8.5}$$

Da p unbekannt ist, werden die konkreten Berechnungen ersatzweise mit $\hat{p}$ durchgeführt:

$$\mu \approx \hat{p} \quad \text{und} \quad \sigma \approx \sigma_{\hat{p}} = \sqrt{\frac{\hat{p} \cdot \hat{q}}{n}} \quad \text{bzw.} \quad \sigma \approx \sigma_{\hat{p}} = \sqrt{\frac{\hat{p} \cdot \hat{q}}{n}} \cdot \sqrt{\frac{N - n}{N - 1}} \, . \tag{8.6}$$

Telematiksysteme in der Autoversicherung (II)

In unserem Beispiel ist die Größe N der Grundgesamtheit unbekannt. Da es um „die" Autofahrer geht, kann von einer so großen Zahl ausgegangen werden, dass die untersuchte Stichprobe jedenfalls „klein" ist im Sinne der obigen Festlegungen. Mit dem Stichprobenanteilswert

$$\hat{p} = \frac{k}{n} = \frac{390}{1054} = 0{,}37$$

wird die Varianzbedingung geprüft, also

$$n \cdot \hat{p} \cdot \hat{q} = 1054 \cdot 0{,}37 \cdot 0{,}63 = 245{,}7 > 9 \, .$$

Damit ergeben sich die Parameter der approximierenden Normalverteilung zu

$$\mu = \hat{p} = 0{,}37 \mathrel{\hat{=}} 37\,\% \quad \text{und} \quad \sigma_{\hat{p}} = \sqrt{\frac{\hat{p} \cdot \hat{q}}{n}} = \sqrt{\frac{0{,}37 \cdot 0{,}63}{1054}} = 0{,}0149 \approx 1{,}5\,\% \;.$$

8.2.2 Inklusionsschluss

Obwohl Schätzverfahren auch auf der Basis diskreter Stichprobenverfahren konstruiert werden können, gehen wir im weiteren Verlauf zur Vereinfachung der Darstellung davon aus, dass die Bedingungen aus Abschn. 8.2.1 erfüllt sind, die Verteilung von X in der Stichprobe also wenigstens näherungsweise normal ist – und damit auch die Wahrscheinlichkeitsverteilung der Funktion $\hat{P}$, des Stichprobenanteilswerts. Der Form der Normalverteilung entsprechend ist es wahrscheinlich, dass der Stichprobenanteilswert nahe bei p liegt. Es ist hingegen deutlich weniger wahrscheinlich, dass er weit von p entfernt liegt. Die Maßeinheit für „nah" und „fern" ist hierbei die Standardabweichung σ_p. Zu einer gegebenen Wahrscheinlichkeit α existiert also ein symmetrischer Bereich um p herum, sodass die Realisationen der Funktion $\hat{P}$ des Stichprobenanteilswerts mit Wahrscheinlichkeit $1-\alpha$ innerhalb und nur mit Wahrscheinlichkeit α außerhalb dieses Bereichs liegen werden. Der Wert α ist üblicherweise kleiner als $10\,\%$. Mithilfe der Standardisierung aus Abschn. 7.3 kann der symmetrische Bereich um p einfach bestimmt werden:

Gesucht wird ein Abstandsmaß e, sodass $\hat{P}$ mit Wahrscheinlichkeit $1-\alpha$ Werte im Intervall $[p-e; p+e]$ annehmen wird und jeweils mit Wahrscheinlichkeit $\alpha/2$ unterhalb von $p-e$ bzw. oberhalb von $p+e$. Offenbar lässt sich e mithilfe eines passenden Quantils der Normalverteilung ausdrücken. Denn $p-e$ wird durch die Standardisierung auf den Wert $-e/\sigma_p$ transformiert. Nun wird verwendet, dass

$$P\left(\hat{P} < -\frac{e}{\sigma_p}\right) = \frac{\alpha}{2}$$

gelten soll. Daher ist $-e/\sigma_p = z_{\alpha/2}$, also $e = -z_{\alpha/2} \cdot \sigma_p = z_{1-\alpha/2} \cdot \sigma_p$.

Halten wir fest: $e = z_{1-\alpha/2} \cdot \sigma_p$ ist so bemessen, dass die Zufallsgröße $\hat{P}$ mit der vorher festgelegten Wahrscheinlichkeit $1-\alpha$ Werte im Intervall $[p-e; p+e]$ annehmen wird. Jede mögliche Stichprobe liefert ein konkretes $\hat{p} = k/n$, welches selbst nicht mehr vom Zufall abhängt. Legen wir für α den in der Praxis häufig verwendeten Wert 0,05 zugrunde, wird nur etwa jede zwanzigste Stichprobe (das entspricht $\alpha = 0{,}05$) auf einen Stichprobenanteilswert $\hat{p}$ führen, der außerhalb des Intervalls liegt. Abbildung 8.2 verdeutlicht das Prinzip.

Der Name Inklusionsschluss rührt daher, dass hier die als bekannt vorausgesetzte Situation der Grundgesamtheit einfach auf die in ihr enthaltene Stichprobe heruntergebrochen wird; Inklusion bedeutet dasselbe wie „Einschluss". Deshalb wird p als bekannt vorausgesetzt und damit die Stichprobenverteilung berechnet, die entsprechenden Größen wie σ_p

Abb. 8.2 Inklusionsschluss

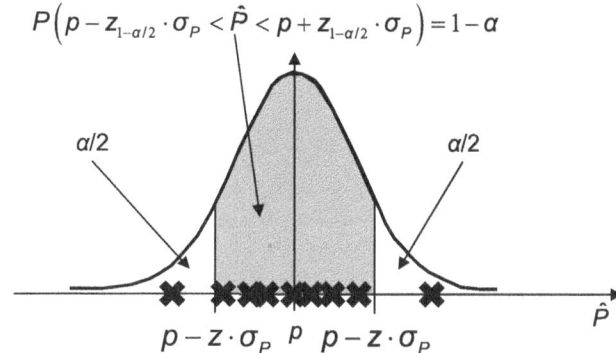

$$P\left(p - z_{1-\alpha/2} \cdot \sigma_P < \hat{P} < p + z_{1-\alpha/2} \cdot \sigma_P\right) = 1 - \alpha$$

tragen daher den Index p. Entscheidend für die weitere Konstruktion von Schätzverfahren ist, dass sich der Inklusionsschluss umkehren lässt, um den in der Praxis unbekannten Wert p einzugrenzen.

8.2.3 Repräsentationsschluss

Das in Abschn. 8.2.2 konstruierte Intervall $[p - e; p + e]$ enthält mit vorgegebener Wahrscheinlichkeit $1 - \alpha$ die Stichprobenanteilswerte, die auf der Basis von Zufallsstichproben gewonnen werden; mit Wahrscheinlichkeit α liegen diese hingegen außerhalb. Für $\alpha = 0{,}05$ bedeutet das: Bei 20 Zufallsstichproben landet $\hat{P}$ durchschnittlich 19-mal innerhalb, nur einmal außerhalb des Intervalls.

Man kann nun die zufällig erzeugten Ausprägungen $\hat{p}$ von P in einem Diagramm markieren und jeweils ein zweiseitiges Intervall $[\hat{p} - e; \hat{p} + e]$ der Ausdehnung e dazu zeichnen (vgl. Abb. 8.3). Dann besteht die folgende Übereinstimmung:

- Jedes Intervall $[\hat{p} - e; \hat{p} + e]$, dessen Zentralpunkt $\hat{p}$ im Intervall $[p - e; p + e]$ um p liegt, enthält seinerseits den Wert p.
- Jedes Intervall $[\hat{p} - e; \hat{p} + e]$, dessen Zentralpunkt $\hat{p}$ außerhalb des Intervalls $[p - e; p + e]$ um p liegt, enthält seinerseits den Wert p nicht.

Demnach beträgt die Wahrscheinlichkeit ebenfalls $1 - \alpha$, dass ein von der Zufallsstichprobe abhängiges Intervall $[\hat{p} - e; \hat{p} + e]$ den Wert p enthalten wird.

Mithilfe des Verfahrens, zu gegebener Stichprobe ein derartiges Intervall zu konstruieren, können wir also Bereiche generieren, die den tatsächlichen Anteilswert mit Wahrscheinlichkeit $1 - \alpha$ enthalten. Repräsentationsschluss heißt dieses Verfahren, weil die Stichprobe nun – in Umkehrung des Inklusionsschlusses – als repräsentativ für die Grundgesamtheit betrachtet und der Punktschätzwert $\hat{p}$ auf diese übertragen wird. Ein Intervall $[\hat{p} - e; \hat{p} + e]$ um den konkreten Stichprobenanteilswert $\hat{p}$ heißt Sicherheitsintervall oder Konfidenzintervall zum Niveau $1 - \alpha$. Die Größe e wird Schätzfehler genannt, weil der

Abb. 8.3 Repräsentationsschluss

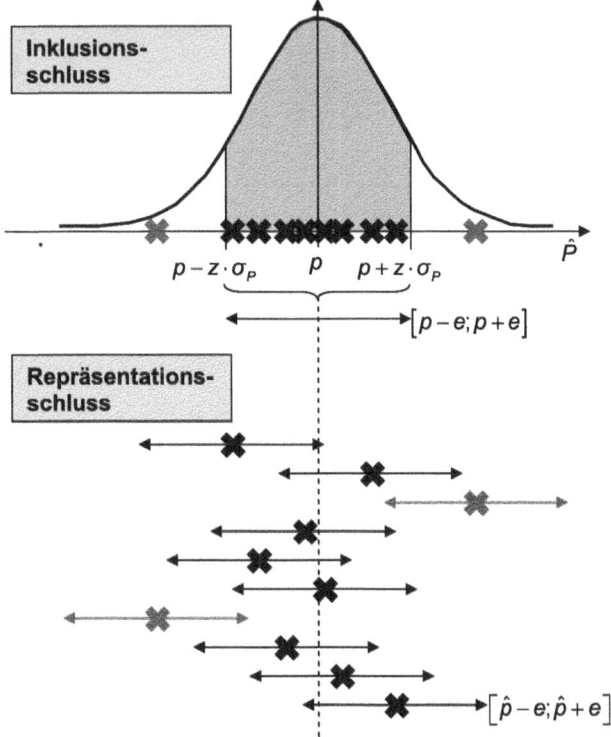

Anteilswert p der Grundgesamtheit nicht punktgenau, sondern nur mit der durch e beschriebenen Unschärfe eines Konfidenzintervalls bestimmt werden kann.

Hierbei ist zu beachten, worauf sich die Wahrscheinlichkeit $1 - \alpha$ bezieht. Sie besagt *nicht*, dass ein *bestimmtes* Konfidenzintervall $[\hat{p} - e; \hat{p} + e]$ den Anteilswert p mit ebendieser Wahrscheinlichkeit enthält. Denn ein konkretes Intervall enthält entweder den Wert p (dann aber mit Sicherheit), oder es enthält ihn nicht (und zwar auch mit Sicherheit). Die Wahrscheinlichkeit bezieht sich vielmehr auf das Verfahren, derartige Konfidenzintervalle zu erzeugen. Mit Wahrscheinlichkeit $1 - \alpha$ wird dabei ein Intervall erzeugt, welches p enthält. Deshalb bezeichnet man $1 - \alpha$ präziser als Sicherheits- oder Konfidenzniveau, α als Irrtumswahrscheinlichkeit.

Beispielhaft heißt das für den Fall $\alpha = 0{,}05$, dass bei 20 Zufallsstichproben durchschnittlich 19-mal ein $\hat{p}$ mit einem „richtigen" Konfidenzintervall erzeugt wird in dem Sinn, dass

$$p \in [\hat{p} - e; \hat{p} + e] \ ,$$

ungefähr einmal hingegen muss man mit einem Irrtum rechnen, also mit einem falsch bestimmten Konfidenzintervall, das den tatsächlichen Anteilswert *nicht* enthält. Die Schätzung ist dann unzutreffend.

Die Beziehung zwischen Inklusions- und Repräsentationsschluss für ein symmetrisches Konfidenzintervall kann nach dem oben Gesagten griffiger zusammengefasst werden:

▸ Es sei eine Irrtumswahrscheinlichkeit α festgelegt. Dann gelten für die Schätzung eines Anteilswertes p mit approximativ normalverteiltem Stichprobenanteilswert $\hat{P}$ die folgenden Aussagen:

Inklusionsschluss

$$P\left(p - z_{1-\frac{\alpha}{2}} \cdot \sigma_P \leq \hat{P} \leq p + z_{1-\frac{\alpha}{2}} \cdot \sigma_P\right) = 1 - \alpha \tag{8.7}$$

Repräsentationsschluss

$$P\left(\hat{P} - z_{1-\frac{\alpha}{2}} \cdot \sigma_P \leq p \leq \hat{P} + z_{1-\frac{\alpha}{2}} \cdot \sigma_P\right) = 1 - \alpha \tag{8.8}$$

In beiden Fällen ist $\hat{P}$ eine Zufallsvariable. Das Konfidenzintervall ist daher ein Intervall mit zufallsabhängigen Ober- und Untergrenzen, deren Realisierungen von der konkreten Stichprobenauswahl abhängen.

Um in der Anwendung den Schätzfehler e zu berechnen, sind nach der Bestimmung der Stichprobenverteilung $\hat{P} \sim N\left(p; \sigma_p\right)$ drei weitere Schritte erforderlich:

1. Abhängig von p und der Stichprobengröße n ist die Standardabweichung der Verteilung von $\hat{P}$ zu ermitteln. Auch hier wird anstelle des unbekannten p der gemessene Wert $\hat{p}$ der Stichprobenfunktion $\hat{P}$ eingesetzt und daher mit den folgenden Parametern gearbeitet:

$$\mu = \hat{p}; \ \sigma_{\hat{p}} = \sqrt{\frac{\hat{p} \cdot \hat{q}}{n}} \ .$$

2. Abhängig vom Konfidenzniveau $1-\alpha$ ist ein Quantil der Normalverteilung zu ermitteln.
3. Der Schätzfehler ergibt sich als Produkt der in den Schritten 1 und 2 berechneten Standardabweichung und des Quantils.

Telematiksysteme in der Autoversicherung (III)

Wir können nun ein symmetrisches Konfidenzintervall für den Prozentsatz der Telematikfreunde berechnen. Dafür benötigen wir also die Standardabweichung der Stichprobenverteilung von $\hat{P}$

$$\sigma_{\hat{p}} = \sqrt{\frac{\hat{p} \cdot \hat{q}}{n}} = \sqrt{\frac{0{,}37 \cdot 0{,}63}{1054}} = 0{,}0149.$$

Weiterhin lautet das Quantil $z_{1-\alpha/2}$ für das Konfidenzniveau $1 - \alpha = 0{,}95$

$$z_{0{,}975} = 1{,}96 \ .$$

Abb. 8.4 Ein- und zweiseitige Konfidenzintervalle

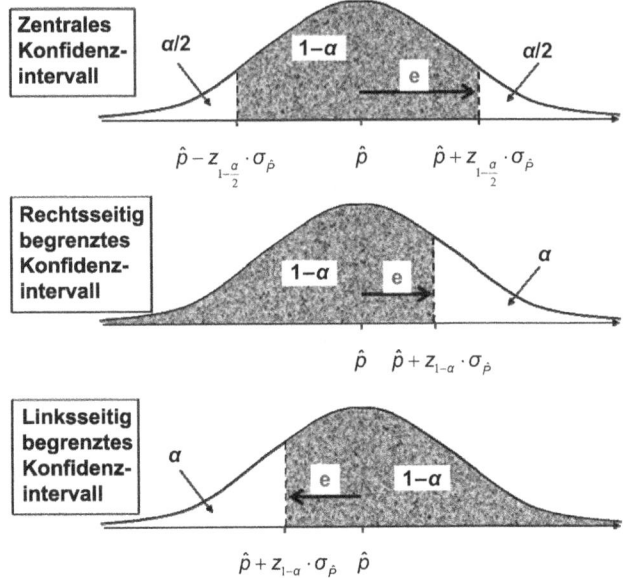

Insgesamt lautet darum der Schätzfehler

$$e = z_{0,975} \cdot \sigma_{\hat{p}} = 1,96 \cdot 0,0149 = 0,03$$

und das Konfidenzintervall

$$\mathrm{KI} = [\hat{p} - e; \hat{p} + e] = [0,37 - 0,03; 0,37 + 0,03] = [0,34; 0,40] \ .$$

Das symmetrische Konfidenzintervall wird oft auch kompakt in der Form

$$\mathrm{KI} = 37 \pm 3\,\%$$

geschrieben.

Bisher haben wir nur zentrale, symmetrische Konfidenzintervalle betrachtet. Es ist aber auch möglich, einseitige Konfidenzintervalle zu bestimmen, die nur von oben (rechtsseitig) oder von unten (linksseitig) begrenzt sind (vgl. Abb. 8.4).

Ein von oben (rechts) begrenztes Intervall wird man dann berechnen, wenn man abschätzen will, wie groß der Anteilswert höchstens sein kann. Ein von unten (links) begrenztes Intervall ist von Interesse, wenn man abschätzen will, wie groß der Anteilswert mindestens sein muss.

Bei einseitigen Konfidenzintervallen wird die Irrtumswahrscheinlichkeit nur auf einer Seite der Normalverteilung lokalisiert. Statt des $z_{1-\alpha/2}$-Quantils wird folglich das

$z_{1-\alpha}$-Quantil benötigt. Damit ergibt sich dann der Schätzfehler bei einseitigem Konfidenzintervall zu

$$e = z_{1-\alpha} \cdot \sigma_{\hat{p}} \ . \tag{8.9}$$

Das von oben (rechtsseitig) begrenzte Konfidenzintervall lautet damit

$$\text{KI} = [0; \hat{p} + e] \ , \tag{8.10}$$

das von unten (linksseitig) begrenzte Intervall

$$\text{KI} = [\hat{p} - e; 1] \ . \tag{8.11}$$

Auch hier zeigt sich, dass die Normalverteilung des Stichprobenanteilswertes nur eine Näherung darstellt, denn deren Träger ist unbegrenzt, während reale Stichprobenanteilswerte natürlich nicht außerhalb des Bereichs zwischen 0 % und 100 % liegen können.

Beispiel

Die Kulanzia AG möchte durch eine repräsentative Befragung ihrer Bestandskunden herausfinden, welcher Prozentsatz darunter mindestens bereit wäre, ihr Versicherungsprodukt an Verwandte, Freunde oder Bekannte weiterzuempfehlen. Zu diesem Zweck lässt sie 900 Versicherte aus ihrem Kundenstamm von mehr als 200.000 Personen befragen. Davon erklären 729 ihre Bereitschaft zur Weiterempfehlung. Kulanzia möchte das Ergebnis mit einer Irrtumswahrscheinlichkeit von 10 % absichern.

Die Stichprobe $n = 900$ ist klein im Verhältnis zum gesamten Kundenstamm (900 < 0,05 · 200.000), sodass ein binomialverteilter Stichprobenanteilswert angenommen werden kann. Für den Stichprobenanteilswert $\hat{p} = 729/900 = 0,81$ gilt zudem $n \cdot \hat{p} \cdot \hat{q} = 900 \cdot 0,81 \cdot 0,19 = 138,5 > 9$, sodass sogar ein normalverteilter Stichprobenanteilswert zugrundegelegt werden darf.

Die Parameter dieser Normalverteilung lauten näherungsweise

$$\mu = \hat{p} = 0,81 \quad \text{und} \quad \sigma_{\hat{p}} = \sqrt{\frac{\hat{p} \cdot \hat{q}}{n}} = \sqrt{\frac{0,81 \cdot 0,19}{900}} = 0,013 \ .$$

Gesucht ist ein Konfidenzintervall, das von links durch den gesuchten Mindestanteilswert begrenzt ist. Deshalb wird zum gegebenen Sicherheitsniveau $1 - \alpha = 0,9$ das Quantil

$$z_{1-\alpha} = z_{0,9} = 1,282$$

bestimmt, um damit den Schätzfehler

$$e = z_{1-\alpha} \cdot \sigma_{\hat{p}} = 1,282 \cdot 0,013 = 0,017$$

und das von unten begrenzte Konfidenzintervall

$$\text{KI} = [\hat{p} - e; 1] = [0,81 - 0,017; 1] = [0,793; 1]$$

zu erhalten.

Wir beschließen diesen Abschnitt mit dem allgemeinen Schema zur Durchführung von Anteilswertschätzungen:

▸   **Schema zur Durchführung von Anteilswertschätzungen**

1. Schritt: Auswahl einer Stichprobe und Festlegung einer Irrtumswahrscheinlichkeit α bzw. eines Konfidenzniveaus $1 - \alpha$;
2. Schritt: Bestimmung des Punktschätzwerts $\hat{p}$ und der Verteilungsform der Zufallsvariable des Stichprobenanteilswerts $\hat{P}$;
3. Schritt: Näherungsweise Berechnung der Standardabweichung des Stichprobenanteilswerts σ_p mithilfe des Punktschätzwerts $\hat{p}$ ergibt $\sigma_{\hat{p}}$;
4. Schritt: Bestimmung des Quantils $z_{1-\alpha}$ (bei einseitiger Schätzung) bzw. $z_{1-\alpha/2}$ (bei zweiseitiger Schätzung) zum gegebenen Konfidenzniveau;
5. Schritt: Berechnung des maximalen Schätzfehlers $e = z \cdot \sigma_{\hat{p}}$ und der Grenzen des Konfidenzintervalls.

8.2.4   Einzelfragen

Aus den allgemeinen Eigenschaften der Wahrscheinlichkeitsverteilungen von Stichprobenanteilswerten ergeben sich einige Konsequenzen.

- Wird die Irrtumswahrscheinlichkeit α herabgesetzt, vergrößert sich das zugehörige Quantil und ebenso der Schätzfehler (vgl. Abb. 8.5). Das leuchtet anschaulich ein, denn α ist die Wahrscheinlichkeit dafür, dass ein Stichprobenanteilswert rein zufallsbedingt außerhalb des Konfidenzintervalls landet; soll diese Wahrscheinlichkeit kleiner werden, muss man offensichtlich das Konfidenzintervall verbreitern.
- ein vorgegebenen Werten für α und den Schätzfehler e kann die dafür benötigte Stichprobengröße geschätzt werden. Gilt für den Stichprobenanteilswert die Normalverteilungsapproximation kleiner Stichproben, so ergibt sich nämlich durch elementare Umformungen.

$$e = z \cdot \sigma_{\hat{p}} = z \cdot \sqrt{\frac{\hat{p} \cdot \hat{q}}{n}} \Rightarrow e^2 = z^2 \cdot \frac{\hat{p} \cdot \hat{q}}{n} \Rightarrow n \geq \frac{z^2 \cdot \hat{p} \cdot \hat{q}}{e^2} . \qquad (8.12)$$

Abb. 8.5 Irrtumswahrscheinlichkeit und Schätzfehler

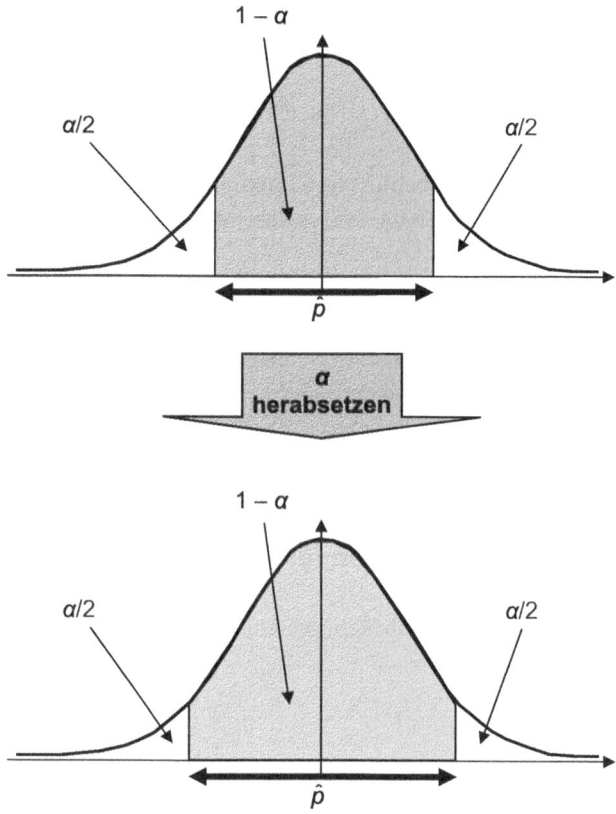

Vor Festlegung der Stichprobengröße sind aber $\hat{p}$ und $\hat{q}$ nicht bekannt. Existiert wenigstens eine grobe Schätzung, kann man diese verwenden. Ansonsten muss man vom schlechtesten denkbaren Fall ausgehen, wenn $\hat{p} = \hat{q} = 1/2$. Dann ist

$$n \geq \frac{z^2}{4e^2} \, . \tag{8.13}$$

Telematiksysteme in der Autoversicherung (IV)

Statt des weiter oben errechneten Schätzfehlers $e = 3\,\%$ wird eine Ungenauigkeit der Schätzung von maximal $\pm 1\,\%$ für akzeptabel gehalten, bei gleichem Konfidenzniveau von 95 %. Mit $z_{0{,}975} = 1{,}96$ ergibt sich als Untergrenze der Stichprobengröße

$$n = \frac{1{,}96^2}{4 \cdot 0{,}01^2} = 9604 \, ,$$

bei Anwendung des Punktschätzers $\hat{p} = 0{,}37$ dagegen nur

$$n = \frac{1{,}96^2 \cdot 0{,}37 \cdot 0{,}63}{0{,}01^2} = 8955 \, .$$

Für einen Anteilswert $p = 0,1$ resultiert sogar

$$n = \frac{1,96^2 \cdot 0,1 \cdot 0,9}{0,01^2} = 3457 \; .$$

Die Stichprobenformel ist bezüglich 0,5 symmetrisch, das heißt $\hat{p} = 1 - 0,37 = 0,63$ führt ebenfalls zu $n = 8955$, während sich für $p = 1 - 0,1 = 0,9$ auch die Stichprobengröße $n = 3457$ ergibt.

Das Beispiel zeigt, dass sich bei übereinstimmender Irrtumswahrscheinlichkeit α Anteilswerte mit umso kleinerer Stichprobe schätzen lassen, je weiter sie von 0,5 entfernt liegen, je näher sie also entweder bei 0 oder bei 1 liegen. Da die Normalverteilungsapproximation bereits einen Fehler enthält, sind die oben berechneten Stichprobengrößen auch eher Richtwerte.

8.3   Schätzverfahren für Mittelwerte

Die Schätzung des unbekannten Durchschnittswerts

$$\mu = \frac{1}{n} \cdot \sum_{i=1}^{n} x_i \qquad (8.14)$$

einer metrischen Größe X in einer Grundgesamtheit ist ein anderes Anwendungsfeld der Schätztheorie. Die Grundidee des Verfahrens der Anteilswertschätzung bleibt dabei erhalten. Allerdings sind in der praktischen Anwendung mehrere Fälle zu unterscheiden, je nachdem, welche Informationen über die Grundgesamtheit bekannt sind. In einer Stichprobe kann ein Stichprobenmittelwert bestimmt werden, der wieder mit $\bar{x}$ bezeichnet sei. Da die Auswahl einer konkreten Stichprobe zufallsabhängig erfolgt, ist $\bar{x}$ einerseits als Punktschätzung für μ aufzufassen, andererseits auch als Realisation einer Zufallsfunktion $\bar{X}$, die für alle Zufallsstichproben des Umfangs n jeweils konkrete Stichprobenmittelwerte annimmt. Betrachten wir also $\bar{X}$ als Funktion, die von der Zufälligkeit der Stichprobenwahl abhängt, so gilt

$$\bar{X} = \frac{1}{n} \cdot \sum_{i=1}^{n} X_i \qquad (8.15)$$

mit den n Zufallsvariablen X_i, die den Ausprägungen von X bei allen Elementen der Stichprobe zugeordnet werden.

Nach Voraussetzung dieses Abschnitts ist X *kein* zweiwertiges Merkmal mit den beiden Ausprägungen „Eigenschaft ist vorhanden" und „Eigenschaft ist nicht vorhanden". Da X metrische Eigenschaften besitzt, liegt vielmehr in der Grundgesamtheit eine Verteilung des Merkmals vor, die nicht allein durch ihren arithmetischen Mittelwert μ charakterisiert ist, sondern auch durch die Varianz σ^2 bzw. die Standardabweichung σ.

Die Details eines Schätzverfahrens für μ hängen nun unter anderem davon ab,

- ob der Verteilungstyp von X in der Grundgesamtheit überhaupt bekannt ist oder nicht,
- ob der Wert der Standardabweichung σ bekannt ist oder nicht,
- ob die Stichprobe nach dem Modell „Ziehen ohne Zurücklegen" oder „Ziehen mit Zurücklegen" erzeugt wird,
- ob die Stichprobe eine bestimmte Mindestzahl an Elementen enthält.

Die wesentlichen Unterschiede zwischen den dabei möglichen Kombinationen werden nachfolgend kurz dargestellt und ihre Auswirkungen auf das Schätzverfahren beschrieben.

8.3.1 Normalverteiltes Merkmal mit bekannter Streuung σ

Dies ist der einfachste mögliche Fall. Zugleich erlaubt er die genaueste Schätzung, weil die vorhandenen Größen nicht approximiert werden müssen, sondern exakt gegeben sind.

Nach Voraussetzung gilt also $X \sim N(\mu, \sigma)$, wobei μ gesucht und σ gegeben ist. Ähnlich wie bei Anteilswertschätzungen ist der arithmetische Mittelwert $\bar{x}$ einer Stichprobe von der konkreten Stichprobe und damit vom Zufall abhängig, da ja die Stichprobenauswahl nach einem zufälligen Prinzip erfolgen soll. Für beliebige Stichproben muss der arithmetische Mittelwert also wieder als Funktion $\bar{X}$ der Zufallsvariable X angesehen werden, von der $\bar{x}$ lediglich eine bestimmte Realisation darstellt. Auch $\bar{X}$ ist normalverteilt. Der Erwartungswert von $\bar{X}$ ist dabei der gesuchte Parameter μ. Während aber die Streuung des Merkmals in der Grundgesamtheit den Wert σ annimmt, schwankt $\bar{X}$ in Abhängigkeit von der ausgewählten Stichprobe nur in der Größenordnung

$$\sigma_{\bar{X}} = \frac{\sigma}{\sqrt{n}} \ . \qquad (8.16)$$

Die Schwankung des Stichprobenmittelwerts nimmt also ab, wenn die betrachteten Stichproben größer werden, die Schätzung wird dadurch genauer. Dieses Phänomen kennen wir schon von der Anteilswertschätzung.

Hintergrundinformationen

Ausdrücklich sei noch einmal auf den Unterschied zwischen σ und $\sigma_{\bar{X}}$ hingewiesen: σ bezieht sich auf die Schwankung des gesamten Merkmals in der Grundgesamtheit. Demgegenüber informiert $\sigma_{\bar{X}}$ nur über die Schwankung des Mittelwerts zwischen verschiedenen Stichproben, über die Werteverteilung in einer Stichprobe erfahren wir dabei nichts. Das bedeutet keinen Informationsverlust, wenn X in der Grundgesamtheit normalverteilt ist, denn dann ist automatisch auch $\bar{X}$ normalverteilt. Ist die Verteilung von X dagegen von anderem Typ oder sogar unbekannt, dann wissen wir über die genaue Verteilung von $\bar{X}$ in der Stichprobe erst einmal gar nichts. Der zentrale Grenzwertsatz verrät uns allerdings, dass $\bar{X}$ bei ausreichender Stichprobengröße näherungsweise normalverteilt ist – unabhängig von der Verteilung von X in der Grundgesamtheit! Wählen wir also zufällig eine größere Zahl verschiedener Stichproben aus und bestimmen deren Mittelwerte $\bar{x}$, so streuen diese normalverteilt um den wahren Wert μ, und zwar mit der Streuung

$$\sigma_{\hat{X}} = \frac{\sigma}{\sqrt{n}},$$

die mit der Quadratwurzel der Stichprobengröße n abnimmt.

Die Eigenschaft, dass der Stichprobenmittelwert $\bar{X}$ im Mittel den Wert μ annimmt, nennt man Erwartungstreue, weil die Schätzfunktion als Erwartungswert den gesuchten Parameterwert aufweist.

Ein zentrales Konfidenzintervall für $\bar{X}$ lässt sich nun wieder mithilfe des Produkts aus der Schwankung der Schätzgröße und einem von der gewünschten Schätzsicherheit abhängigen Quantil der Standardnormalverteilung ausdrücken. Soll die Irrtumswahrscheinlichkeit der Schätzung durch den Wert α begrenzt bleiben, lautet das zentrale Konfidenzintervall

$$\mathrm{KI} = \left[\bar{x} - z_{1-\frac{\alpha}{2}} \cdot \sigma_{\hat{X}}; \bar{x} + z_{1-\frac{\alpha}{2}} \cdot \sigma_{\hat{X}} \right] = \left[\bar{x} - z_{1-\frac{\alpha}{2}} \cdot \frac{\sigma}{\sqrt{n}}; \bar{x} + z_{1-\frac{\alpha}{2}} \cdot \frac{\sigma}{\sqrt{n}} \right].$$

Bei Abschätzungen nach unten oder nach oben wird wieder das $(1-\alpha)$-Quantil benötigt, also

$$\mathrm{KI} = \left[\bar{x} - z_{1-\alpha} \cdot \sigma_{\hat{X}}; \infty \right]$$

bei der Abschätzung nach unten oder

$$\mathrm{KI} = \left[0; \bar{x} + z_{1-\alpha} \cdot \sigma_{\hat{X}} \right]$$

bei der Abschätzung nach oben.

Leider ist der einfachste Fall auch der seltenste, denn σ ist in praktischen Fragestellungen fast immer unbekannt und muss aus Beobachtungsdaten erst geschätzt werden.

8.3.2 Normalverteiltes Merkmal mit unbekannter Streuung σ, $n > 30$

Auch wenn σ unbekannt ist, kann man bei genügend großer Stichprobe das simple Vorgehen aus Abschn. 8.3.1 beibehalten, wenn man anstelle von σ einen Näherungswert $\hat{\sigma}$ verwendet. Dazu berechnet man

$$\hat{\sigma}^2 = \frac{1}{n-1} \sum_{i=1}^{n} \left(x_i - \bar{x} \right)^2. \tag{8.17}$$

Man kann zeigen, dass nur diese Größe für wachsendes n gegen den wahren Wert σ^2 konvergiert, also $\hat{\sigma}^2 \to \sigma^2$ für $n \to \infty$. Man nennt diese Formel daher erwartungstreu. Würde man statt durch $n-1$ wie in der beschreibenden Statistik durch n teilen, wäre der so gewonnene Schätzwert nicht mehr erwartungstreu. Daraus leitet sich die empirische Faustregel für den Alltagsgebrauch ab:

▸ Bei Berechnung der Varianz einer Grundgesamtheit wird die Summe der Abweichungsquadrate durch die Anzahl der Stichprobenelemente geteilt:

$$s^2 = \frac{1}{n} \sum_{i=1}^{n} (x_i - \bar{x})^2 \,.$$

Dies bringt zum Ausdruck, dass die Varianz analog zum arithmetischen Mittelwert gebildet wird, als durchschnittliches Abweichungsquadrat. Wenn man die Varianz hingegen nur für Stichproben ermittelt, verwendet man die Berechnungsformel

$$s^2 = \frac{1}{n-1} \sum_{i=1}^{n} (x_i - \bar{x})^2 \,,$$

wobei n jetzt die Anzahl der Stichprobenelemente bedeutet. Da in der praktischen Anwendung permanent anhand von Stichproben geschätzt und getestet wird, verwenden viele Autoren auch für die Varianz von Grundgesamtheiten die Stichprobenformel, teilen also generell nur durch $n - 1$. Die Verkleinerung des Teilungsfaktors vergrößert die Varianz, doch gilt dieser Unterschied schon ab Stichprobengrößen von etwa $n > 30$ als akzeptabel.
Die Existenz zweier Varianzformeln, die teilweise konkurrierend verwendet werden, bedeutet z. B. bei der Anwendung von EDV-Programmen für Statistik, dass man vorab sicherstellen muss, mit welcher Variante diese arbeiten.

Ein Anwendungsbeispiel verdeutlicht das Verfahren:

Kurs-Gewinn-Verhältnis (KGV)

Für 51 große Unternehmen eines Landes sind die Kurs-Gewinn-Verhältnisse ihrer Aktienpapiere gegeben:

11	35	19	13	15	21	40	18	60	72	9	20	19
29	53	16	26	21	14	21	27	10	12	47	14	18
33	14	18	17	20	19	13	25	23	27	5	16	32
8	49	44	20	27	8	19	12	31	67	51	26	

Daraus soll ein zentrales 90 %-Konfidenzintervall für das durchschnittliche KGV aller Großunternehmen des Landes bestimmt werden.

Aus den Messdaten errechnet sich ein mittleres KGV in der Stichprobe von $\bar{x} = 25{,}18$. Der Streuungsparameter wird erwartungstreu im oben geschilderten Sinn (Division durch $n - 1$) geschätzt durch $\hat{\sigma} = 15{,}47$. Damit wird

$$\hat{\sigma}_{\bar{X}} = \frac{\hat{\sigma}}{\sqrt{n}} = 2{,}1$$

zur erwartungstreuen Schätzgröße für die Streuung $\sigma_{\bar{X}}$ des durchschnittlichen KGV in Stichproben der Größe n.

Der vorgegebenen Irrtumswahrscheinlichkeit $\alpha = 0,1$ entspricht ein Sicherheitsniveau von 90 %; für ein zentrales Konfidenzintervall wird also noch $z_{1-\alpha/2} = z_{0,95} = 1,645$ benötigt. Der Schätzfehler beträgt daher

$$e = z_{0,95} \cdot \hat{\sigma}_{\bar{X}} = 1,645 \cdot 2,1 = 3,57 \,,$$

und das Konfidenzintervall lautet

$$KI = [25,18 - 3,57; 25,18 + 3,57] = [21,61; 28,75]$$

oder kürzer

$$KI = 25,18 \pm 3,57 \,.$$

8.3.3   Normalverteiltes Merkmal mit unbekannter Streuung σ, $n \leq 30$

Bei kleinen Stichproben ist der Stichprobenmittelwert $\bar{X}$ nicht mehr normalverteilt. Statt dessen stoßen wir auf die sogenannte t-Verteilung oder Studentverteilung mit $v = n - 1$ Freiheitsgraden (v wird „nü" gelesen).

Die t-Verteilung wird nicht unmittelbar auf $\bar{X}$, sondern auf die standardisierte Prüfgröße

$$t = \frac{\bar{X} - \mu}{\hat{\sigma}_{\bar{X}}} = \frac{\bar{X} - \mu}{\frac{\hat{\sigma}}{\sqrt{n}}} \tag{8.18}$$

angewendet. Sie ist symmetrisch und nähert sich für große Werte von v immer mehr der Normalverteilung an. Die Zahl v der Freiheitsgrade kann man als formgebenden Parameter ansehen. Die Wahrscheinlichkeitsdichten der t-Verteilungen haben wie die Normalverteilung Glockenform, allerdings etwas dickere Flanken (vgl. Abb. 8.6).

Wegen der Abhängigkeit von der Zahl der Freiheitsgrade gibt es keine „Standard-t-Verteilung", vielmehr müssen die Quantile der Verteilungsfunktion nicht nur abhängig von der Irrtumswahrscheinlichkeit α, sondern auch von v tabelliert werden. Aus Gründen der Übersichtlichkeit beschränkt man sich dabei auf ausgewählte α wie in Tab. 8.1.

Es gilt also z. B. für eine t-verteilte Größe T mit 5 Freiheitsgraden:

$$P(T \leq t_{5;0,975}) = P(T \leq 2,571) = 0,975 \,.$$

Start-up-Kosten für eine Versicherungsagentur

Für die Start-up-Kosten von sechs Versicherungsagenturen in vergleichbarer Stadtlage wurden folgende Werte erhoben (jeweils in 1000 €): 72, 94, 121, 96, 73, 106.

Man möchte anhand dessen die durchschnittlich zu erwartenden Start-up-Kosten nach oben abschätzen, wenn das Konfidenzniveau 95 % betragen soll. Mit nur 5 %iger

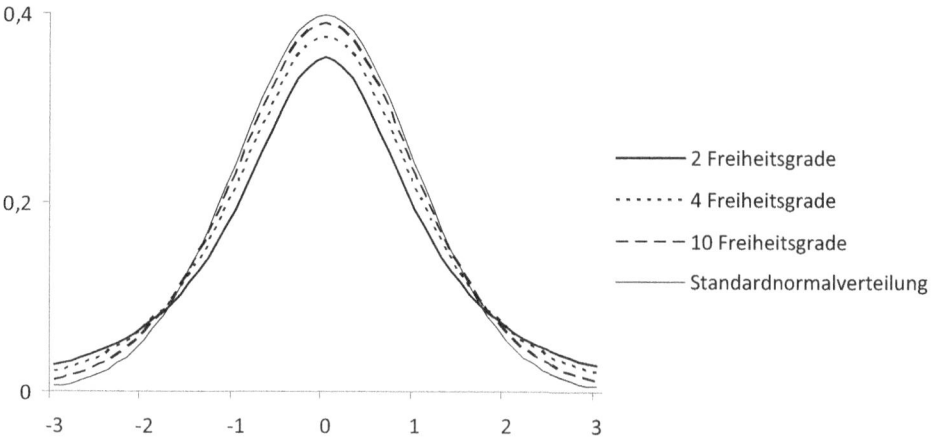

Abb. 8.6 Dichtefunktionen der t-Verteilung

Tab. 8.1 Quantile $t_{v;1-\alpha}$ der t-Verteilung für verschiedene Freiheitsgrade und Sicherheitsniveaus

$v\downarrow 1-\alpha\rightarrow$	0,95	0,975	0,99
1	6,314	12,706	31,821
2	2,920	4,303	6,965
3	2,353	3,182	4,541
4	2,132	2,776	3,747
5	2,015	2,571	3,365
…	…	…	…
30	1,697	2,042	2,457

Wahrscheinlichkeit sollen also die tatsächlichen Durchschnittskosten für die Gründung einer Versicherungsagentur oberhalb des gefundenen Schätzwertes liegen. Dabei wird unterstellt, dass diese Kosten selbst normalverteilt sind.

In diesem Fall ist ein einseitiges Konfidenzintervall zu bestimmen, dessen linke Grenze bei 0 € liegt und dessen rechte Grenze der gesuchte Wert bildet. Die Zufallsvariable $\bar{X}$, „Durchschnittliche Start-up-Kosten", ist wegen der kleinen Zahl an erhobenen Daten jetzt nicht mithilfe der Normalverteilung auszuwerten. Vielmehr gehorcht die standardisierte Größe

$$T = \frac{\bar{X} - \mu}{\frac{\hat{\sigma}}{\sqrt{n}}}$$

einer t-Verteilung mit $v = 6 - 1 = 5$ Freiheitsgraden. Anhand der Datenstichprobe ergeben sich folgende Parameter:

$$\bar{x} = \frac{1}{6}\,(72 + 94 + \cdots + 106) = 93,7;$$

$$\hat{\sigma} = \sqrt{\frac{1}{6-1}\left[(72 - 93,7)^2 + \cdots + (106 - 93,7)^2\right]} = 19; \quad \hat{\sigma}_{\bar{X}} = \frac{\hat{\sigma}}{\sqrt{n}} = \frac{19}{\sqrt{6}} = 7,75\,.$$

Für ein einseitiges Konfidenzintervall wird das $(1 - \alpha)$-Quantil benötigt, also $t_{v;1-\alpha} = t_{5;0,95} = 2,015$. Damit ergibt sich für den Schätzfehler

$$e = t_{v;1-\alpha} \cdot \hat{\sigma}_{\bar{X}} = 2,015 \cdot 7,75 = 15,6$$

und für das rechtsseitig begrenzte Konfidenzintervall

$$KI = [0; 93,7 + 15,6] \approx [0; 109]\,.$$

Die mittleren Start-up-Kosten werden also mit 95 %iger Sicherheit nicht mehr als ca. 109.000 € betragen.

8.3.4 Nicht normalverteiltes Merkmal

Wenn die Verteilung des Merkmals X in der Grundgesamtheit von anderem Typ oder sogar unbekannt ist, versagen die obigen Herleitungen. Dennoch können Schätzverfahren konstruiert werden, wenn die betrachteten Stichproben nicht zu klein sind. Die Faustregel lautet hierbei wiederum $n > 30$. In diesem Fall greift nämlich der zentrale Grenzwertsatz, demzufolge der Stichprobenmittelwert $\bar{X}$ dann näherungsweise normalverteilt ist mit Parametern μ und $\sigma_{\bar{X}} = \sigma/\sqrt{n}$. Die unbekannte Standardabweichung σ wird wieder durch die geschätzte Streuung in der Stichprobe, $\hat{\sigma}$, ersetzt.

Bei kleinen Stichproben kann die bisher praktizierte Methode zur Bestimmung von Konfidenzintervallen als Schätzbereiche für den arithmetischen Mittelwert nicht angewendet werden, da sie zu ungenaue Ergebnisse liefert.

Wir beenden das Kapitel mit einer schematischen Zusammenfassung des Schätzverfahrens:

▸   **Schema zur Durchführung von Mittelwertschätzungen**

1. Schritt: Auswahl einer Stichprobe und Festlegung einer Irrtumswahrscheinlichkeit α bzw. eines Konfidenzniveaus $1 - \alpha$,
2. Schritt: Bestimmung des Punktschätzwerts $\bar{x}$ und der Verteilungsform der Zufallsfunktion des Stichprobenmittelwerts $\bar{X}$,

3. Schritt: Berechnung der Streuung des Stichprobenmittelwerts $\sigma_{\bar{X}}$ (ggf. näherungsweise) laut Tab. 8.2,

4. Schritt: Bestimmung des Quantils, je nachdem, ob ein einseitiges oder zweiseitiges Konfidenzintervall gesucht wird,

5. Schritt: Berechnung des maximalen Schätzfehlers und der Grenzen des Konfidenzintervalls.

Tab. 8.2 Verteilungstyp des Stichprobenmittelwerts

Verteilung des Merkmals in der Grundgesamtheit	„Kleine" Stichprobe ($n \leq 30$)	„Große" Stichprobe ($n > 30$)	Streuung des Stichprobenmittelwerts $\sigma_{\bar{X}}$
Normalverteilt, σ bekannt	Normalverteilt		$\sigma/\sqrt{n}$
Normalverteilt, σ unbekannt	t-verteilt mit $\nu = n - 1$ Freiheitsgraden	Normalverteilt	$\hat{\sigma}/\sqrt{n}$
Nicht normalverteilt	–	Normalverteilt	$\hat{\sigma}/\sqrt{n}$

Weiterführende Literatur

Bleymüller J, Gehlert G, Gülicher H (2012) Statistik für Wirtschaftswissenschaftler. Vahlen, München

Bleymüller J, Gehlert G (2011) Statistische Formeln, Tabellen und Programme. Vahlen, München

Bourier G (2013) Wahrscheinlichkeitsrechnung und schließende Statistik. Springer Gabler, Wiesbaden

Brase CH, Brase CP (2010) Understanding Basic Statistics. Brooks/Cole, Independence

Fahrmeir L, Künstler R, Pigeot I, Tutz G (2009) Statistik. Springer, Heidelberg

Hartung J, Elpelt B, Klösener KH (2009) Statistik. Oldenbourg, München

Krämer W (2008) Statistik verstehen. Piper, München

Krengel U (2005) Einführung in die Wahrscheinlichkeitstheorie und Statistik. Vieweg, Wiesbaden

Pflaumer P, Heine B, Hartung J (2001) Statistik für Wirtschafts- und Sozialwissenschaftler: Induktive Statistik. Oldenbourg, München

Piazolo M (2007) Statistik für Wirtschaftswissenschaftler. Verlag Versicherungswirtschaft, Karlsruhe

Pulham S (2011) Statistik leicht gemacht. Gabler, Wiesbaden

Schwarze J (2013) Grundlagen der Statistik – Wahrscheinlichkeitsrechnung und induktive Statistik. nwb-Verlag, Herne

Schwarze J (2013) Aufgabensammlung zur Statistik. nwb-Verlag, Herne

Steland A (2013) Basiswissen Statistik. Springer Spektrum, Berlin

Stifl J (2011) Wirtschaftsstatistik. Oldenbourg, München

Parametrische Testverfahren

9

Zusammenfassung

Oftmals liegen bei schließenden Verfahren bereits Informationen vor, die als Hypothesen für Testverfahren verwendet werden können. Parametrische Testverfahren sind in direkter Ergänzung zu Schätzverfahren zu sehen und können bei allen statistischen Parametern zum Einsatz kommen, um zwischen konkurrierenden Hypothesen eine Entscheidung zu treffen. Bei allen Testverfahren sind dabei zwei konkurrierende Fehler zu kontrollieren, da sie sich auch irrtümlich für eine der beiden Hypothesen entscheiden können. Neben der konkreten Berechnung parametrischer Testverfahren erfolgen deshalb grundsätzliche Überlegungen zur Einschätzung der Güte dieser Verfahren.

9.1 Die Grundidee des statistischen Testens

Im Verlauf von Kap. 8 wurde stets der Versuch unternommen, einen Parameter zu schätzen, ohne dass über die Grundgesamtheit viel bekannt war. Mithilfe des Wissens über diskrete und stetige Wahrscheinlichkeitsverteilungen war es trotzdem möglich, zu Aussagen über das Verhalten des Parameters in einer zufällig ausgewählten Stichprobe zu gelangen.

In praktischen Anwendungen verfügt man jedoch oft über Vorwissen, das bei der Untersuchung von Parametern verwendet werden kann. Man kennt etwa Werte aus der Vergangenheit und möchte erfahren, ob sich diese geändert haben. Dies spielt eine große Rolle, wenn beispielsweise die Volatilität von Wertpapieren bewertet werden soll. In anderen Fällen interessiert man sich dafür, ob eine statistische Größe einen kritischen Schwellenwert über- oder unterschreitet. So kann man etwa versuchen herauszufinden, ob eine Wertpapierklasse bei vertretbaren Kursschwankungen eine geforderte Mindestrendite erreicht.

Fragestellungen dieser Art sind Gegenstand parametrischer Testverfahren. Hierbei formuliert man auf der Basis verfügbarer Informationen Annahmen über einen Parameter, sogenannte Hypothesen. Ein geeignetes Testverfahren erlaubt dann die Überprüfung, ob die Annahme zutrifft oder nicht (Abb. 9.1).

A. Grimmer, *Statistik im Versicherungs- und Finanzwesen*, DOI 10.1007/978-3-658-02954-8_9,   179
© Springer Fachmedien Wiesbaden 2014

Abb. 9.1 Unterschiedlicher
Ansatz von Schätz- und Testverfahren

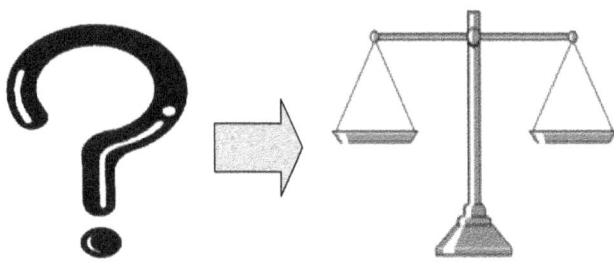

Schätzverfahren: **Testverfahren:**

Informationsgewinn   Informationsgewinn auf
bei weitgehender   der Basis von Vorwissen
Unkenntnis über die   über die Grundgesamtheit;
Grundgesamtheit   Entscheidungsverfahren

Diese Prüfung geschieht wiederum mit der Hilfe zufällig ausgewählter Stichproben. Die
so gewonnenen Entscheidungen sind daher nur mit einer begrenzten, allerdings kontrol-
lierbaren Wahrscheinlichkeit „richtig".

▸ **Statistisches Testen** Statistisches Testen bezeichnet allgemein ein Verfahren, um zwischen zwei sich gegenseitig ausschließenden Hypothesen über eine statistische Grundgesamtheit eine Entscheidung zu treffen.

In der Definition ist nicht von statistischen Parametern die Rede. Tatsächlich finden
Testverfahren auch in vielen anderen Zusammenhängen Anwendung. Neben parameter-
bezogenen Tests – sogenannten parametrischen Testverfahren – interessieren wir uns in
diesem Kapitel für Verteilungstests, bei denen Hypothesen über die Verteilung von Merkmalsausprägungen in einer Grundgesamtheit untersucht werden. Das Prinzip des Zusammenhangs zwischen der realen Situation und einem Testverfahren erläutert das folgende
Beispiel.

Aktienbesitz
Es soll untersucht werden, ob sich infolge diverser Finanzkrisen und Finanzmarktturbu-
lenzen der Prozentsatz der Bundesbürger, die direkt oder in Form von Fondsbeteiligun-
gen über Aktienbesitz verfügen, vom Jahr 2000 bis 2010 verändert hat. Angesichts der
zeitweise dramatischen Kursverluste an den Börsen besteht die begründete Vermutung,
dass dies tatsächlich der Fall ist. Getestet werden soll also, ob der Anteil der Aktienbesitzer in Deutschland im Jahr 2010 ein anderer war als im Jahr 2000.

Da Testverfahren eine Entscheidung zwischen zwei Aussagen treffen, die sich gegenseitig ausschließen, müssen dazu stets zwei Annahmen formuliert werden.

Dies ist zum einen die Basisannahme, die üblicherweise als Nullhypothese (oft auch einfach nur als Hypothese) bezeichnet und mit dem Kürzel H_0 versehen wird. Diese könnte man im obigen Beispiel so formulieren:

H_0: Zwischen 2000 und 2010 ist der Anteil p der Bundesbürger mit direktem oder indirektem Aktienbesitz unverändert geblieben.

Da der Anteil der Aktienbesitzer des Jahres 2000 als Anteilswert p_0 bestimmbar ist, lässt sich die Nullhypothese kompakter formulieren:

$$H_0 : p = p_0 \;.$$

Dieser Behauptung wird ihr logisches Gegenteil gegenübergestellt. Die zweite Behauptung heißt üblicherweise Alternativhypothese oder kurz Alternative und erhält das Kürzel H_1.

H_1: Zwischen 2000 und 2010 hat sich der Anteil p der Bundesbürger mit direktem oder indirektem Aktienbesitz verändert.

Auch hier ist eine Kompaktfassung unter Rückgriff auf den Wert p_0 möglich:

$$H_1 : p \neq p_0 \;.$$

Testverfahren werden unter der Annahme konstruiert, dass die Nullhypothese zutrifft, und besitzen deshalb eine gewisse Trägheit. Diese bewirkt, dass die Nullhypothese gegenüber der Alternativhypothese tendenziell im Vorteil ist. Ein Test neigt also dazu, die Nullhypothese beizubehalten. Deshalb formuliert man gewöhnlich die eigentlich beweisbedürftige Aussage als Alternativhypothese. Dies ist zumeist diejenige, deren irrtümliche Annahme durch den Test die schwerwiegenderen oder weniger erwünschten Auswirkungen hätte.

Betrugserkennung

Ein Kfz-Haftpflichtversicherer bekommt von einem selbstständigen Versicherungsdetektiv das Angebot, gegen eine stattliche personenbezogene Gebühr die Schadensachbearbeiter des Versicherers in Techniken zu schulen, mit denen Betrugsversuche bei Schadensmeldungen verlässlicher erkannt werden sollen. Der Versicherer entschließt sich, das Angebot mit einer kleinen Auswahl seiner Mitarbeiter zu testen. Die Schulungsgebühr für alle Sachbearbeiter beansprucht allerdings den größten Teil des Schulungsbudgets und lohnt sich nach Ansicht des Vorstands nur, wenn die Quote der durch diese Mitarbeiter aufgedeckten Betrugsversuche sich im Nachhinein mindestens verdoppelt. Das legt folgende Hypothesenwahl nahe:

H_0: Die Quote der aufgedeckten Betrugsversuche hat sich nach der Schulung weniger als verdoppelt.

H_1: Die Quote der aufgedeckten Betrugsversuche hat sich nach der Schulung mindestens verdoppelt.

Tab. 9.1 Zusammenspiel von Testergebnis und Realität

Realer Zustand → Testaussage↓	H$_0$: Anteil der Aktienbesitzer ist unverändert	H$_1$: Anteil der Aktienbesitzer hat sich geändert
H$_0$	richtige Aussage	falsche Aussage (β-Fehler)
H$_1$	falsche Aussage (α-Fehler)	richtige Aussage

Die Nullhypothese wird nur abgelehnt, wenn die gewünschte Quotenverdopplung hinreichend sicher gewährleistet ist. Eine Entscheidung für die Alternativhypothese bedeutet in der Konsequenz, noch weitere Schadensachbearbeiter durch die Versicherungsdetektei schulen zu lassen.

Ein Testverfahren ist zur Beantwortung der Frage, ob die Nullhypothese oder die Alternativhypothese zutrifft, immer dann anzuwenden, wenn diese Entscheidung auf der Grundlage einer Vollerfassung der Grundgesamtheit gar nicht oder nicht mit vertretbarem Aufwand möglich ist. Es bedient sich dabei einer Analyse einer (hoffentlich!) repräsentativen Stichprobe, deren Elemente der Grundgesamtheit angehören müssen. Wie der Test konkret abläuft, muss uns an dieser Stelle noch nicht interessieren. Entscheidend ist lediglich, dass der Test durch ein festgelegtes Untersuchungsverfahren entweder zur Entscheidung kommt, dass die Messdaten mit der Nullhypothese vereinbar sind und dieser daher vertraut wird, oder dass die Daten eher für die Alternativhypothese sprechen.

Die Antwort auf die Testfrage lautet also entweder H$_0$ („Die Nullhypothese wird beibehalten") oder H$_1$ („Die Nullhypothese wird abgelehnt und deshalb die Alternativhypothese angenommen"). Da über die Stichprobe zufallsabhängige Effekte auftreten, kann es immer passieren, dass die Testentscheidung fehlerhaft ist. Grundsätzlich sind daher vier Konstellationen möglich (vgl. auch Tab. 9.1):

- Die Nullhypothese trifft in der Realität zu (im Beispiel ist der Anteil der Aktienbesitzer in Deutschland also tatsächlich zwischen 2000 und 2010 unverändert geblieben) und der Test gelangt zum selben Ergebnis. Dieser Fall ist erwünscht, da die Testentscheidung die Realität korrekt abbildet.
- Die Nullhypothese trifft in der Realität zu, der Test gelangt aber zum gegenteiligen Ergebnis. Dieser Fall ist unerwünscht, da die Testentscheidung von der Realität abweicht. Man nennt diese Art von Fehlentscheidung Testfehler erster Art oder auch α-Fehler: Die Nullhypothese wird zu Unrecht abgelehnt, da sie in Wahrheit zutrifft.
- Die Nullhypothese trifft in der Realität nicht zu, sondern die Alternativhypothese. Im Beispiel hat sich der Anteil der Aktienbesitzer also verändert und damit zu- oder abgenommen. Der Test gelangt zum selben Ergebnis. Auch dieser Fall ist erwünscht, weil der Test korrekt entscheidet.
- Die Nullhypothese trifft in der Realität nicht zu, der Test jedoch bestätigt sie. Dieser Fall ist wiederum unerwünscht, weil der Test falsch entscheidet. Diese Art der Fehlentschei-

dung nennt man Testfehler zweiter Art oder auch β-Fehler: Die Nullhypothese wird zu Unrecht beibehalten, da sie in Wahrheit nicht zutrifft.

Gerne würde man erreichen, dass die beiden Fehler verschwinden. Ein Testverfahren sollte idealerweise so konstruiert sein, dass es nur zutreffende Entscheidungen liefert. Aufgrund der Zufallseinflüsse ist dieses Idealziel aber in der Praxis unerreichbar. Deshalb kann man bestenfalls versuchen, den α- und β-Fehler zu kontrollieren und zu begrenzen.

Die folgenden Abschnitte werden die wichtigsten Arten von Testverfahren genauer betrachten:

- Die schon erwähnten Parametertests beantworten die Frage, ob gegebene Daten mit einem vermuteten Parameterwert (Anteilswert, arithmetischer Mittelwert, Varianz etc.) in Übereinstimmung zu bringen sind oder nicht.
- Anpassungstests beantworten die Frage, ob die gegebenen Daten mit einem bestimmten Typ von Wahrscheinlichkeitsverteilung in Übereinstimmung zu bringen sind oder nicht (vgl. Kap. 10).
- Unabhängigkeitstests beantworten die Frage, ob zwei statistische Merkmale als voneinander unabhängig angesehen werden können oder nicht (vgl. Abschn. 11.3).

Die ersten Fragen bei statistischen Tests beziehen sich auf die Klärung, welche Art von Test Anwendung finden soll. Das betrifft die Zusammensetzung und Größe der Grundgesamtheit, welche statistischen Merkmale untersucht werden sollen oder die Frage nach den Wahrscheinlichkeitsverteilungen für die Zufallsvariablen, die mit den Merkmalen verbunden ist.

9.2 Grundlagen parametrischer Testverfahren

Wir rekapitulieren kurz: Bei einem parametrischen Schätzverfahren wird anhand einer Stichprobe ein Konfidenzintervall so bestimmt, dass sich eine geeignete Prüfgröße mit vorher festgesetzter Wahrscheinlichkeit in diesem Intervall befinden wird. Diese Prüfgröße kann der untersuchte Parameter selbst sein oder von ihm abgeleitet werden.

Dagegen wird bei einem parametrischen Testverfahren eine Hypothese über den gesuchten Wert formuliert. Passend dazu wird ein sogenannter Annahme- oder Beibehaltungsbereich bestimmt. Anhand einer konkreten Stichprobe wird sodann der Parameter ausgewertet. Fällt er in den Annahmebereich, wird die Hypothese akzeptiert (beibehalten), andernfalls verworfen.

Die Prinzipien von Schätz- und Testverfahren ähneln sich somit, denn das Konfidenzintervall des Schätzverfahrens und der Annahmebereich des Testverfahrens haben eine vergleichbare Funktion. Oftmals ist es eine Geschmacksfrage, welche Methode man anwendet.

Das folgende Beispiel greift die in Abschn. 9.1 beschriebene Untersuchung der Aktienbesitzquote noch einmal auf.

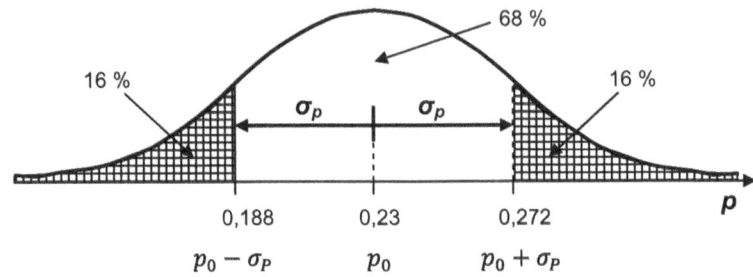

Abb. 9.2 Annahmebereich bei Parametertests

Aktienbesitzquote

Die BankAssecurata GmbH ist in der Vermittlung fondsgebundener Lebensversicherungen aktiv. Eine Untersuchung hatte vor mehreren Jahren ergeben, dass 23 % der Zielgruppe ihres Vertriebs über Aktienbesitz verfügten. Zur Vorbereitung einer Marketingaktion möchte die Gesellschaft überprüfen, ob sich die damalige Quote verändert hat. Bei einer aktuellen Befragung von 100 Personen der Zielgruppe erklären 19, dass sie gegenwärtig in Aktien investiert haben.

Deutet dieses Ergebnis auf einen veränderten Anteil von Aktienbesitzern in der Zielgruppe hin?

Vor der Konstruktion eines mathematisch präzise begründeten Verfahrens stellen wir anhand dieses Beispiels ein paar plausible Überlegungen an:

Gehen wir zunächst davon aus, dass sich der Anteil der Aktienbesitzer seit der letzten Befragung nicht verändert hat, also immer noch $p_0 = 0{,}23$ beträgt. Wegen

$$n \cdot p_0 \cdot (1 - p_0) = 100 \cdot 0{,}23 \cdot 0{,}77 = 17{,}7 > 9$$

ist der Stichprobenanteilswert näherungsweise normalverteilt, und zwar mit den Parametern

$$\mu = p_0 = 0{,}23 \quad \text{und} \quad \sigma_{p_0} = \sqrt{\frac{p_0 \cdot q_0}{n}} = 0{,}042 \, .$$

Erinnern wir uns an die Eigenschaften der Normalverteilung, so beträgt die Wahrscheinlichkeit rund 68 %, dass die Zufallsfunktion $\hat{P}$ des Stichprobenanteilswerts um nicht mehr als eine Standardabweichung σ_{p_0} von o_0 abweicht. Das bedeutet umgekehrt, dass die Wahrscheinlichkeit etwa 32 % beträgt, dass $\hat{P}$ um 4,2 Prozentpunkte oder mehr von p_0 nach oben oder unten abweicht. Es ist also durchaus möglich, dass sich zufällig eine Stichprobenquote der Aktienbesitzer von 0,19 ergibt, obwohl der Anteil in der gesamten Zielgruppe unverändert bei 0,23 liegt (vgl. Abb. 9.2.)

Die Wahrscheinlichkeit von 32 %, dass ausgehend von einer tatsächlichen Quote von 0,23 allein aufgrund von Zufallseffekten in einer Stichprobe Anteile von unter 0,23 - 0,042 = 0,188 oder über 0,23 + 0,042 = 0,272 beobachtet werden können, nennt man

Signifikanzniveau und bezeichnet dieses im allgemeinen Fall mit α. In der praktischen Anwendung wird das Signifikanzniveau aber nicht nachträglich aus den Stichprobendaten bestimmt, sondern vor dem Start des Testverfahrens vorgegeben. Üblich sind zudem deutlich kleinere Signifikanzniveaus als in Abb. 9.2, nämlich $\alpha \leq 0,1$.

▸ Die Vorgabe des Signifikanzniveaus α vor der Testausführung dient der Objektivierung des Verfahrens. Man muss sich zum einen darüber klar werden, welches Irrtumsrisiko man bei der Testaussage noch zu akzeptieren bereit ist.
Zum anderen eröffnet eine nachträgliche Fixierung von α die Möglichkeit, ein gewünschtes Testergebnis vorwegzunehmen. Wir werden weiter unten noch sehen, dass der Annahmebereich umso größer wird, je kleiner α gesetzt ist; durch nachträgliche Festlegung eines kleinen α ließe sich also der Annahmebereich soweit vergrößern, dass er den in der Stichprobe ermittelten Wert der Prüfgröße noch enthält. Umgekehrt ließe sich durch Auswahl eines größeren α eine ablehnende Testentscheidung sicherstellen.

Ehe wir uns weiter mit Parametertests befassen, betrachten wir noch einige andere Möglichkeiten der Hypothesenwahl. Denn das obige Hypothesenpaar, das aus einer Punkthypothese $p = p_0 = 0,23$ für H_0 und dem gesamten komplementären Bereich $p \neq p_0$ für H_1 bestand, ist eine naheliegende Konstruktion, jedoch nicht die einzig mögliche. Die Hypothesenwahl wird vor allem durch die genaue Fragestellung festgelegt, die der Test beantworten soll.

Punkthypothesen wählt man vor allem dann, wenn über den gesuchten Parameter eine präzise Vorstellung besteht, die überprüft werden soll ($p = p_0$). Da in diesem Fall das logische Gegenteil für die Alternativhypothese ($p \neq p_0$) aus zwei getrennten Intervallen besteht ($p < p_0$ und $p > p_0$), spricht man von einer zweiseitigen Bereichshypothese. Diese Paarung erlaubt die Prüfung, ob die Beobachtung mit der Punkthypothese vereinbar ist oder von ihr abweicht. Die Richtung der Abweichung spielt dabei keine Rolle.

Spielt die Richtung der Abweichung eine Rolle, könnte man so vorgehen: Beispielsweise soll die Annahme geprüft werden, dass die Kursschwankung einer Anlageklasse in Gestalt der Standardabweichung σ eine bestimmte Höchstgrenze nicht überschreitet, sodass für H_0 die Formulierung $\sigma \leq \sigma_0$ infrage kommt. Die Alternativhypothese besteht dann naheliegender Weise darin, dass der Schwellenwert doch überschritten wird, also $H_1: \sigma > \sigma_0$. Beide Hypothesen sind in diesem Fall einseitige Bereichshypothesen. Natürlich können die Rollen der nach oben und der nach unten begrenzten Hypothesen auch vertauscht werden. Das Testverfahren ändert sich aber ebenfalls, wenn man die Hypothesen vertauscht.

Die aus nur einem Zahlenwert bestehenden Punkthypothesen werden in der Literatur auch als einfache Hypothesen bezeichnet, im Unterschied zu den aus einem oder mehreren Intervallen bestehenden Bereichshypothesen, die man auch zusammengesetzte Hypothesen nennt.

Wir beenden diesen Abschnitt mit einer zusammenfassenden Darstellung des Vorgehens bei parametrischen Tests in Gestalt eines Ablaufschemas (vgl. Abb. 9.3). In der Lite-

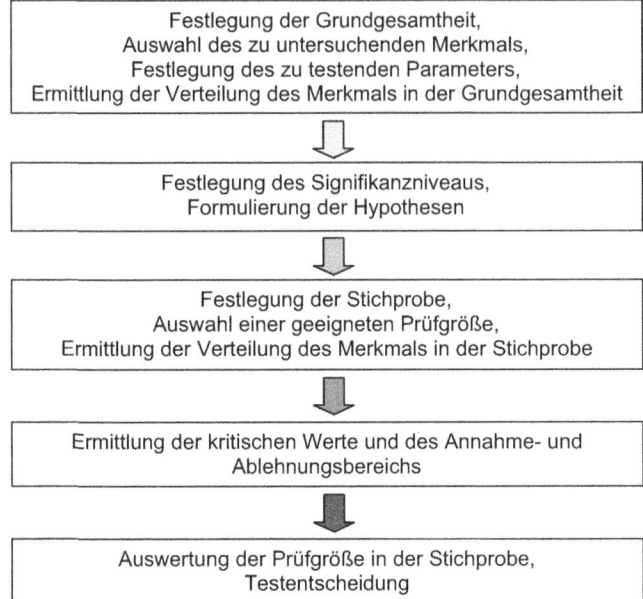

Abb. 9.3 Schema parametrischer Tests

ratur finden sich bisweilen anders gegliederte Schemata; die Unterschiede ergeben sich aber nur aus einer anderen Gruppierung der Einzelschritte und sind nicht prinzipieller Natur.

9.3 Anteilswerte testen

9.3.1 Kontrolle des α-Fehlers

Das soeben skizzierte Testbeispiel bezieht sich auf den Anteilswert eines Merkmals: in diesem Fall den Prozentsatz an Aktienbesitzern in einer Zielgruppe von Kunden, die als Grundgesamtheit dient.

In diesem Abschnitt soll die Konstruktion von Parametertests für diesen einfachen Fall noch präziser beleuchtet werden, wobei wir weiterhin dem Eingangsbeispiel (Aktienbesitzquote) folgen.

Ganz allgemein lautet die Aufgabe eines statistischen Tests, zwischen zwei Hypothesen eine Entscheidung zu treffen, nämlich zwischen einer Nullhypothese H_0 und einer Alternativhypothese H_1. Sinnvolle Hypothesen sind z. B.:

- H_0: Die Aktienbesitzquote hat sich nicht verändert und beträgt nach wie vor $p = p_0 = 0{,}23$.
- H_1: Die Aktienbesitzquote hat sich verändert, $p = p_1 \neq 0{,}23$.

Testverfahren werden dabei immer unter der Annahme konstruiert, dass die Nullhypothese H_0 gilt. Als Signifikanzniveau wählen wir z. B. $\alpha = 0{,}1$. Das Signifikanzniveau besagt: Wenn H_0 tatsächlich gilt, wird sie der Test auf Basis verschiedener Stichproben nur mit Wahrscheinlichkeit α irrtümlich ablehnen. Mit der viel größeren Wahrscheinlichkeit $1 - \alpha$ wird der Test hingegen die Nullhypothese korrekterweise beibehalten. Das Signifikanzniveau steuert also den Fehler erster Art (α-Fehler).

Damit das Testverfahren dies leisten kann, müssen zwei Dinge bestimmt und festgelegt werden:

1. die möglichst genaue Wahrscheinlichkeitsverteilung des Anteilswerts in der Stichprobe unter der Annahme, dass H_0 gilt;
2. der Annahmebereich, in dem sich die Stichprobenanteilswerte rein zufällig mit Wahrscheinlichkeit $1 - \alpha$ realisieren werden – wiederum unter der Annahme, dass H_0 gültig ist.

Im Beispiel der Aktienbesitzquote ist, wie wir schon gesehen haben, der Anteilswert in n-elementigen Stichproben approximativ normalverteilt mit den Parametern $\mu = p_0 = 0{,}23$ und $\sigma_p = 0{,}042$. Die Anteilswerte einer größeren Zahl zufällig ausgewählter Stichproben der Größe n werden also mit einer Standardabweichung von $\pm 4{,}2$ %-Punkten um den Wert $0{,}23$ schwanken – *wenn* denn die Nullhypothese wirklich gilt.

Durch die Wahl von α wird aus der Wahrscheinlichkeitsmasse dieser Normalverteilung ein gerade so großer Bereich als Annahmebereich herausgeschnitten, dass die Stichprobenanteilswerte ihn mit Wahrscheinlichkeit $1 - \alpha$ nicht verlassen. $\alpha = 0{,}1$ bedeutet also: Werden zufällig 100 Stichproben aus der Kundenzielgruppe ausgewählt und liegt der Anteil der Aktienbesitzer tatsächlich unverändert bei 23 %, so werden ungefähr α von 100, also 10 Stichprobenanteilswerte außerhalb des Annahmebereichs liegen und etwa 90 innerhalb. Das ist keine Überraschung, sondern eine zwangsläufige Konsequenz des Konstruktionsverfahrens: Der Annahmebereich wird, abhängig von α, gerade so groß bemessen, dass er diese Eigenschaft besitzt.

Zu diesem Zweck muss man aus der soeben ermittelten Normalverteilung einen Bereich um $p_0 = 0{,}23$ herausschneiden, der 90 % der Wahrscheinlichkeitsmasse enthält. Da wir uns nur dafür interessieren, ob sich die Quote der Aktienbesitzer verändert hat – egal, ob nach oben oder unten –, wählen wir den Annahmebereich symmetrisch um p_0. Zur Punkthypothese $p = p_0$ gehört also ein zweiseitiger (nach oben und unten begrenzter) Annahmebereich. Zu dessen Bestimmung bedienen wir uns wiederum des Verfahrens der Standardisierung:

Bezeichnet also $\hat{P}$ wiederum die Zufallsfunktion des Stichprobenanteilswerts, so ist wegen

$$n \cdot p_0 \cdot q_0 = 100 \cdot 0{,}23 \cdot 0{,}77 = 17{,}7 > 9$$

näherungsweise die Verteilungsannahme $\hat{P} \sim N(0{,}23; 0{,}042)$ gültig (vgl. Abschn. 7.3.4). Den Annahmebereich wollen wir symmetrisch bezüglich p_0 so bestimmen, dass

$$P(p_0 - e \le \hat{P} \le p_0 + e) = 0{,}9 \tag{9.1}$$

mit einem Wert e, der noch passend festgelegt werden muss. In standardisierter Form, das heißt nach der Transformation

$$P \mapsto Z = \frac{P - \mu}{\sigma} = \frac{P - p_0}{\sigma_p}, \tag{9.2}$$

lautet diese Bedingung

$$P\left(-\frac{e}{\sigma_p} \le \frac{P - p_0}{\sigma_p} \le +\frac{e}{\sigma_p}\right) = P\left(-\frac{e}{\sigma_p} \le Z \le +\frac{e}{\sigma_p}\right) = 0{,}9 \tag{9.3}$$

mit einer standardnormalverteilten Zufallsvariablen Z. Dies bedeutet wiederum, dass $-e/\sigma_p$ wegen der geforderten Symmetrie des Annahmebereichs dem 5 %-Quantil der Standardnormalverteilung entsprechen muss, denn mit $-e/\sigma_p = z_{\alpha/2} = -z_{1-\alpha/2} = z_{0{,}95} = -1{,}645$ und $e/\sigma_p = z_{1-\alpha/2} = z_{0{,}95} = 1{,}645$ ergibt sich oben wegen $\sigma_p = 0{,}042$ gerade

$$P(0{,}23 - 1{,}645 \cdot 0{,}042 \le P \le 0{,}23 + 1{,}645 \cdot 0{,}042) = P(0{,}161 \le P \le 0{,}299) = 0{,}9 \ .$$

Die Grenzen $p_{c,u} = 0{,}161$ und $p_{c,o} = 0{,}299$ des Annahmebereichs $[0{,}161; 0{,}299]$ heißen kritische Werte des Tests, weil sie den Beibehaltungs- vom Ablehnungsbereich trennen. Je kleiner α, desto größer wird der Annahmebereich, denn desto seltener darf der Test ja die Nullhypothese irrtümlich ablehnen. Das ist der Grund, warum α immer positiv zu wählen ist: Für $\alpha = 0$ wäre der Annahmebereich mit dem Wertebereich der Prüfgröße identisch und der Test würde die Nullhypothese niemals ablehnen, also auch dann immer beibehalten, wenn sie *nicht* zutrifft. Ein solcher Test wäre aber wertlos, da die Entscheidung von vorneherein feststünde. So ist also stets $\alpha > 0$ zu wählen. $\alpha = 0{,}1$ ist bereits ein recht großer Wert, in der Praxis arbeitet man normalerweise je nach Fragestellung mit Signifikanzniveaus zwischen etwa 5 % und 1 ‰, nur in Ausnahmefällen wird α noch kleiner gewählt.

Im allgemeinen Fall ist also unmittelbar durch

$$\left[p_0 - z_{1-\frac{\alpha}{2}} \cdot \sigma_P; p_0 + z_{1-\alpha/2} \cdot \sigma_P\right] = \left[p_{c,u}; p_{c,o}\right] \tag{9.4}$$

ein symmetrischer Annahmebereich bei Gültigkeit der Nullhypothese berechenbar (vgl. Abb. 9.4.) Der oben eingeführte Wert e entspricht also formal wieder dem Schätzfehler und berechnet sich als Produkt aus dem α-abhängigen Verteilungsquantil und der Standardabweichung des Stichprobenanteilswerts.

Da der gemessene Wert von 19 % als aktueller Anteil der Aktienbesitzer innerhalb des Annahmebereichs liegt, lautet die Testaussage: Die Nullhypothese, dass sich die Quote der

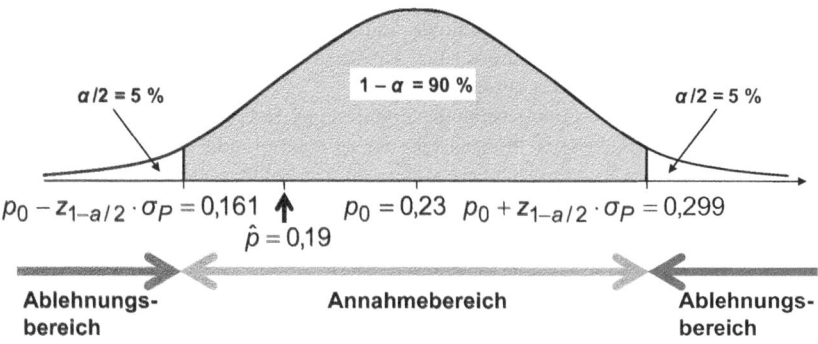

Abb. 9.4 Konstruktion eines Annahmebereichs

Aktienbesitzer seit der letzten Erhebung nicht signifikant verändert hat, wird beibehalten und nicht verworfen. Die Abweichung vom Hypothesenwert $p_0 = 0{,}23$ kann allein durch Zufallseffekte bei der Stichprobenauswahl erklärt werden und man darf von einer unveränderten Quote ausgehen. Dieses überraschende Ergebnis – schließlich hat die gemessene Quote der Aktienbesitzer ja eindeutig abgenommen – hängt mit der schon erwähnten „Trägheit" von Testverfahren zusammen. Die Gültigkeit der Nullhypothese wurde nämlich nicht mathematisch bewiesen. Es ist lediglich möglich, die beobachteten Veränderungen innerhalb des gegebenen Signifikanzniveaus durch zufällige Effekte zu erklären, die keinen Änderungstrend in den Daten voraussetzen.

Hätten wir in der Stichprobe bei sonst unveränderter Konstellation beispielsweise nur 15 % Aktienbesitzer gefunden – eine Zahl außerhalb des Annahmebereichs –, wäre die Nullhypothese hingegen abgelehnt worden. Das entspricht der Intuition: Je stärker der beobachtete Wert vom Hypothesenwert abweicht, desto unwahrscheinlicher wird es, dass dies rein zufällig erklärt werden kann. Die Abweichung gilt als signifikant, wenn die Testprüfgröße außerhalb des Annahmebereichs landet.

Da die Normalverteilungsannahme für den Stichprobenanteilswert eine Approximation der exakten hypergeometrischen Verteilung oder Binomialverteilung darstellt, sind in den oben berechneten Größen Unschärfen enthalten. Wir können uns deshalb auf die sichere Seite begeben, indem wir die oben berechneten Grenzen runden und $[0{,}16; 0{,}30]$ als Annahmebereich festlegen. Der Test wird dadurch ein wenig schärfer, weil die Wahrscheinlichkeit der irrtümlichen Ablehnung der Nullhypothese etwas kleiner wird, wenn man den Annahmebereich geringfügig vergrößert.

p-Wert

Wir sind bisher so vorgegangen, dass zu gegebenem Signifikanzniveau α ein Annahmebereich konstruiert wurde. Mithilfe einer konkreten Stichprobe wurde der Stichprobenanteilswert als Prüfgröße ausgewertet. Die Nullhypothese wurde beibehalten, wenn der Wert der Prüfgröße im Annahmebereich lag, und sonst abgelehnt.

In der statistischen Praxis, insbesondere der Mehrzahl der computergestützten Testprogramme, wird bisweilen etwas anders vorgegangen. Der konkrete Wert $\hat{p}$ der Prüfgröße wird als kritischer

Wert eines fiktiven Annahmebereichs genommen und damit errechnet, welches Signifikanzniveau α^* zu genau diesem fiktiven Bereich gehört. Ist α^* kleiner als α, wird die Nullhypothese verworfen, sonst beibehalten. α^* wird als p-Wert bezeichnet.

Dieses Vorgehen ist dem von uns gewählten Verfahren gleichwertig, denn „p-Wert $< \alpha$" bedeutet, dass der fiktive Annahmebereich größer ist als der zu α gehörende, und damit liegt auch $\hat{p}$ als kritischer Wert des fiktiven Annahmebereichs außerhalb: Die Nullhypothese wird für $\hat{p}$ verworfen. Entsprechend zeigt sich die Äquivalenz beider Verfahren auch, wenn „p-Wert $\geq \alpha$" gilt. (vgl. Abb. 9.5.)

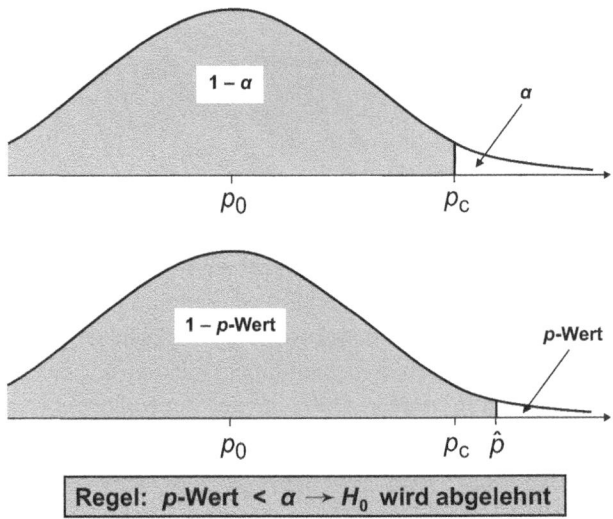

Abb. 9.5 Funktionsweise des p-Werts

Im Beispiel hatten wir einen symmetrischen Annahmebereich konstruiert, weil dies der Hypothesenwahl entspricht: Da die Alternativhypothese zweiseitig ist, ist auch eine zweiseitige Abgrenzung gegen den Ablehnungsbereich erforderlich. Hat man es dagegen mit einseitigen Bereichshypothesen zu tun, so gilt dies auch für den Annahmebereich:

- Ein Hypothesenpaar $H_0 : p \leq p_0$; $H_1 : p > p_0$ korrespondiert mit einem Annahmebereich der Form $[0; p_{c,o}] = [0; p_0 + z_{1-\alpha} \cdot \sigma_p]$. Man spricht in diesem Fall von einem rechtsseitigen Hypothesentest (vgl. Abb. 9.6 oben).
- Ebenso ergibt sich für das Hypothesenpaar $H_0 : p \geq p_0$; $H_1 : p < p_0$ ein Annahmebereich der Form $[p_{c,u}; 1] = [p_0 - z_{1-\alpha} \cdot \sigma_p; 1]$. Hierbei spricht man von einem linksseitigen Hypothesentest (vgl. Abb. 9.6 unten).

Kundenzufriedenheit

Eine Bank möchte überprüfen, ob die Zufriedenheitsquote ihrer Kunden mit der Kundenbetreuung durch die Bankmitarbeiter, die zuletzt vor zwei Jahren gemessen wurde, in der Zwischenzeit zugenommen hat. In diesem Fall ist für den verantwortlichen Vorstand des Bereichs Kundendienst eine deutliche Bonuszahlung vereinbart.

Abb. 9.6 Einseitige Hypothesentests

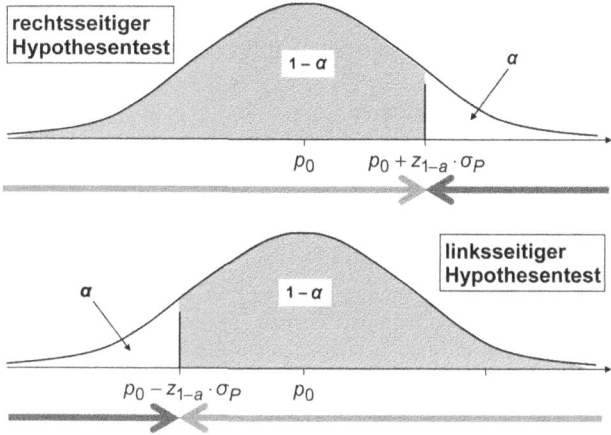

Der Wert lag vor zwei Jahren bei einer Zufriedenheit von $p_0 = 87\,\%$. Anhand einer Kundenbefragung durch ein Marktforschungsinstitut werden zum Niveau $\alpha = 0{,}1$ die folgenden einseitigen Bereichshypothesen geprüft:

H_0: Die Kundenzufriedenheit liegt nach wie vor bei nicht mehr als 87 %; $p \leq p_0$
H_1: Die Kundenzufriedenheit ist auf einen Wert über 87 % gestiegen; $p > p_0$

Das Marktforschungsinstitut führt eine Fragebogenaktion durch und erhält 647 verwertbare Rückläufer, die als repräsentativ eingestuft werden. Davon äußern sich 592 zufrieden mit ihrem Kundenbetreuer.

Wir setzen $n = 647$ und $p_0 = 0{,}87$. Wegen $n \cdot p_0 \cdot q_0 = 647 \cdot 0{,}87 \cdot 0{,}13 = 73{,}2 > 9$ ist der Anteilswert zufriedener Kunden in der Stichprobe näherungsweise normalverteilt mit den Parametern

$$\mu = p_0 = 0{,}87;\, \sigma_p = \sqrt{\frac{p_0 q_0}{n}} = \sqrt{\frac{0{,}87 \cdot 0{,}13}{647}} = 0{,}013\ .$$

592 zufriedene Kunden entsprechen einem Anteil an der Stichprobe von

$$\hat{p} = \frac{592}{647} = 0{,}915\ .$$

Aufgrund der Hypothesenwahl ist ein Annahmebereich der Form $\left[0;\, p_0 + z_{1-\alpha} \cdot \sigma_p\right]$ zu bestimmen, mit $z_{1-\alpha} = z_{0{,}9} = 1{,}282$ und $\sigma_p = 0{,}013$ ergibt sich der kritische Wert

$$p_c = p_0 + z_{0{,}9} \cdot \sigma_p = 0{,}87 + 1{,}282 \cdot 0{,}013 = 0{,}887\ .$$

Da der Stichprobenanteilswert mit 0,915 außerhalb des Annahmebereichs [0; 0,887] liegt, kann die Nullhypothese nicht beibehalten werden, sodass tatsächlich von einem signifikanten Anstieg des Anteils zufriedener Kunden ausgegangen werden kann. Die Bonuszahlung für den Kundendienstvorstand wird also fällig.

Hintergrundinformationen

Wie in der Berechnung eben bereits angedeutet, gibt es grundsätzlich zwei Formulierungen für Anteilswerttests (und allgemein auch für andere parametrische Testverfahren).

- Man kann einerseits unmittelbar den Stichprobenanteilswert $\hat{P}$ als sogenannte Prüfgröße nehmen und erhält dann den symmetrischen Annahmebereich zu vorgegebenem α ausgehend von der Bedingung $P(p_0 - e \leq \hat{P} \leq p_0 + e) = 1 - \alpha$. Ist $\hat{P}$ wenigstens näherungsweise normalverteilt, ergibt sich dann der Annahmebereich zu $[p_0 - z_{1-\alpha/2} \cdot \sigma_P; p_0 + z_{1-\alpha/2} \cdot \sigma_P]$. Diese Formulierung hat den Vorteil, dass alle berechneten Größen unmittelbar mit der gegebenen Problemkonstellation in Beziehung stehen und daher eine anschauliche Interpretation erlauben.

- Andererseits kann statt des Anteilswerts $\hat{P}$ die durch Standardisierung normierte Prüfgröße $Z = (\hat{P} - p_0)/\sigma_{p_0}$ verwendet werden, was auf die Testbedingung $P(-z_{1-\alpha/2} \leq Z \leq z_{1-\alpha/2}) = 1 - \alpha$ führt. Auch hierbei wurde unterstellt, dass Z mindestens näherungsweise standardnormalverteilt ist. Der Annahmebereich ist jetzt sehr einfach gegeben durch $[-z_{1-\alpha/2}; z_{1-\alpha/2}]$. Auch der gemessene Stichprobenanteilswert muss jetzt standardisiert werden. Die berechneten Größen sind nun nicht mehr anschaulich interpretierbar, dafür hängt der Annahmebereich auch nicht mehr von konkreten Problemgrößen ab, sondern ausschließlich vom Signifikanzniveau α.

Welche Formulierung man bevorzugt, ist weitgehend Geschmackssache.

▷ Wie bei Schätzverfahren ist α (dort hieß es Irrtumswahrscheinlichkeit) ein Wert, der das Testverfahren als solches betrifft und nicht ein einzelnes Testergebnis. Wenn man ein Schätzverfahren auf der Basis verschiedener Stichproben mehrmals durchführt und beispielsweise $\alpha = 0,1$ gewählt hat, so wird das jeweilige Konfidenzintervall in nur etwa 10 % der Fälle den wahren Wert *nicht* beinhalten, in 90 % der Fälle aber eine korrekte Schätzung liefern. Führt man dementsprechend ein Testverfahren zum selben Signifikanzniveau anhand verschiedener Stichproben mehrmals durch, wird es nur in etwa 10 % aller Fälle die falsche Entscheidung treffen und die Nullhypothese *zu Unrecht* verwerfen, sie aber in 90 % der Fälle zutreffender Weise bestätigen. Die einzelne Testentscheidung hingegen kann nicht teilweise zutreffend und zugleich teilweise falsch sein.
Es besteht allerdings auch ein Unterschied zu Schätzverfahren. Jede Schätzung führt zu einem anderen Konfidenzintervall, da dessen Grenzen vom beobachteten Stichprobenparameter abhängen und somit zufallsabhängig sind. Der Annahmebereich eines Parametertests hängt hingegen von H_0 ab und ändert sich folglich bei wechselnden Stichproben nicht.
Man versucht das Risiko einer fehlerhaften Testentscheidung in der Praxis mit diversen Maßnahmen zu verringern, die wichtigsten dabei sind die folgenden:

- Neben dem α-Fehler versucht man evtl. durch Vergrößerung der Stichprobe auch den β-Fehler zu verkleinern. Damit befassen wir uns im nächsten Abschnitt.

- Landet der Wert der Prüfgröße außerhalb des Annahmebereichs, wird der Test mit unabhängig erhobenen Daten wiederholt. Dieses Verfahren findet z. B. bei Dopingtests im Sport Anwendung.

Das Verfahren für parametrische Hypothesentests lässt sich damit insgesamt durch das folgende Schrittmuster skizzieren:

▸ **Schema zur Durchführung von Hypothesentests für einen Anteilswert p**

1. Schritt: Formulierung der Hypothesen H_0 und H_1 sowie Festlegung eines Signifikanzniveaus α und Auswahl einer geeigneten Teststichprobe.
2. Schritt: Eine geeignete Prüfgröße in der Stichprobe ist der Stichprobenanteilswert $\hat{P}$, der unter der Nullhypothese bei Geltung der Bedingung $n \cdot p_0 \cdot q_0 > 9$ normalverteilt ist mit Erwartungswert $\mu = p_0$ und Streuung $\sigma_{p_0} = \sqrt{p_0 \cdot q_0/n}$.
3. Schritt: Bestimmung des Quantils, je nachdem, ob ein einseitiger oder zweiseitiger Annahmebereich bestimmt werden soll.
4. Schritt: Damit Berechnung der Grenzen (kritischen Werte) des Annahmebereichs in der Form $p_{c,u} = p_0 - z \cdot \sigma_{p_0}$ und/oder $p_{c,o} = p_0 + z \cdot \sigma_{p_0}$.
5. Schritt: Messung der Prüfgröße und Testentscheidung: Fällt der Wert der Prüfgröße in den Annahmebereich, gilt die Nullhypothese nicht als widerlegt, sondern als mit den Beobachtungsdaten vereinbar. Fällt der Wert hingegen in den Ablehnungsbereich, gilt die Nullhypothese als unvereinbar mit den Daten.

9.3.2 Kontrolle des β-Fehlers

Alle bisherigen Überlegungen gingen von der Annahme aus, dass die Nullhypothese zutrifft. In diesem Fall können Beibehaltungs- und Ablehnungsbereich so konstruiert werden, dass der Test nur mit dem vorgegebenen Signifikanzniveau falsch entscheidet, dem sogenannten Fehler erster Art (α-Fehler). Die Gültigkeit der Annahme ist aber gerade das, was mit dem Test überprüft werden soll. Denn sonst wäre es ideal, $\alpha = 0$ zu setzen. Der Annahmebereich umfasste dann den gesamten Wertebereich der Prüfgröße. Bei Anteilswerttests wäre dies das Intervall $[0; 1]$, bei anderen Parametern unter Umständen die gesamte reelle Achse. Die Nullhypothese würde folglich niemals abgelehnt. Offenbar nützt ein solcher Test gar nichts, weil man mit ihm die Gültigkeit der Alternativhypothese von vorne herein nicht erkennen könnte.

Die Untersuchung der Testeigenschaften muss sich daher noch der Frage zuwenden, was der Test taugt, wenn tatsächlich die Alternativhypothese gilt: Wie sicher urteilt er dann? Mit welcher Wahrscheinlichkeit wird er sie korrekt identifizieren? Dies verrät gerade der Fehler zweiter Art, der β-Fehler.

Für die Betrachtung des β-Fehlers müssen wir für p_1 konkrete Werte aus dem Bereich der Alternativhypothese annehmen, z. B. eine von $p_0 = 0{,}23$ auf $p_1 = 0{,}3 \in H_1$ gestiegene

Quote. Alle übrigen Größen bleiben unverändert (Stichprobengröße $n = 100$, Signifikanzniveau $\alpha = 0{,}1$). Der Annahmebereich lautet dann, wie weiter oben schon berechnet,

$$\left[p_0 - z_{1-\frac{\alpha}{2}} \cdot \sigma_p; p_0 - z_{1-\frac{\alpha}{2}} \cdot \sigma_p \right] = \left[0{,}161; 0{,}299 \right] .$$

Die Wahrscheinlichkeit, bei unveränderter Quote von Aktienbesitzern, in der Stichprobe eine Quote außerhalb dieses Intervalls vorzufinden, beträgt also genau 10 %. Mit 5 %-iger Wahrscheinlichkeit realisiert sich eine Quote unterhalb von 0,161 und zu 5 % oberhalb von 0,299.

Der β-Fehler bezieht sich nun auf die Wahrscheinlichkeitsverteilung unter der Alternativhypothese. Angenommen, die Quote sei tatsächlich auf 0,3 gestiegen: Wie wahrscheinlich wäre dann eine irrtümliche Testentscheidung *dagegen*? Mit welcher Wahrscheinlichkeit, gegeben p_1, läge der Stichprobenanteilswert innerhalb des Annahmebereichs? Denn dann würde der Test die Nullhypothese beibehalten und nicht zugunsten der Alternative entscheiden.

Unter der Annahme, $p_1 \in H_1$ träfe zu, wäre mit den obigen Voraussetzungen der Stichprobenanteilswert (wegen $n \cdot p_1 \cdot q_1 = 100 \cdot 0{,}3 \cdot 0{,}7 = 21 > 9$) wiederum normalverteilt, allerdings mit den veränderten Parametern

$$\mu = p_1 = 0{,}3 \quad \text{und} \quad \sigma_1 = \sqrt{p_1 \cdot q_1 / n} = \sqrt{0{,}3 \cdot 0{,}7 / 100} = 0{,}046 .$$

Die Wahrscheinlichkeit, H_0 beizubehalten, berechnet sich mithilfe des üblichen Standardisierungsansatzes zu

$$
\begin{aligned}
P(p_{c,u} < \hat{P} < p_{c,o}) &= P(0{,}161 < \hat{P} < 0{,}299) \\
&= F_N(0{,}299 | 0{,}3; 0{,}046) - F_N(0{,}161 | 0{,}3; 0{,}046) \\
&= F_{SN}\left(\frac{0{,}299 - 0{,}3}{0{,}046} \right) - F_{SN}\left(\frac{0{,}161 - 0{,}3}{0{,}046} \right) \\
&= F_{SN}(-0{,}022) - F_{SN}(-3{,}022) \approx 0{,}49 .
\end{aligned}
$$

Trifft also die Alternativhypothese zu, beträgt die Wahrscheinlichkeit nahezu 50 %, dass der Test sie irrtümlich ablehnt! Grafisch dargestellt, beziehen sich α-Fehler und β-Fehler auf dieselben kritischen Grenzen, liegen aber auf verschiedenen Seiten (vgl. Abb. 9.7).

Ein schärferes Signifikanzniveau löst das Problem des hohen β-Fehlers in keiner Weise, im Gegenteil: Mit kleiner werdendem α vergrößert sich der Annahmebereich, sodass sich der Bereich des β-Fehlers noch weiter in die Verteilungskurve der Alternativhypothese hineinschiebt. Tatsächlich hilft bei gegebenem p_1 nur eine Vergrößerung der Stichprobe, denn dadurch reduzieren sich die Streuungsparameter. Die Verteilungskurven werden dadurch schmaler und ihr Überlappungsbereich schrumpft (vgl. Abb. 9.8).

Stellen wir die Beispielbetrachtung mit vierfacher Stichprobengröße dar ($n = 400$), so reduzieren sich die Varianzen um den Faktor vier, die Standardabweichungen und damit die Kurven- und Intervallbreiten um den Faktor zwei. Insgesamt erhalten wir so für die

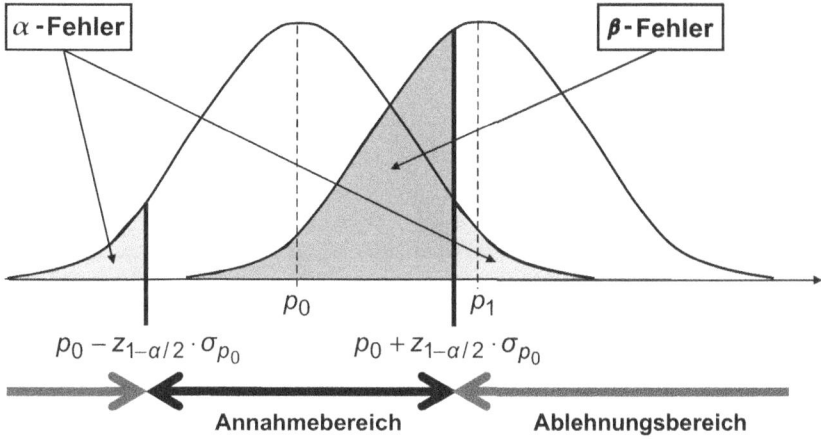

Abb. 9.7 α- und β-Fehler

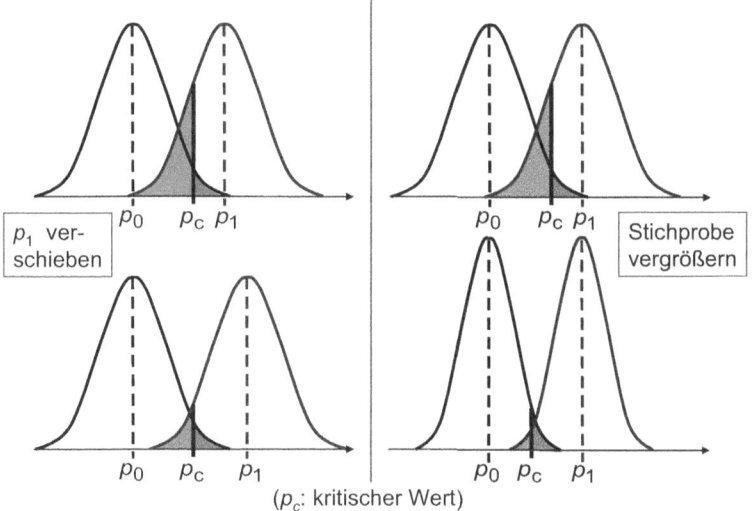

Abb. 9.8 Reduzierung des β-Fehlers

approximativ normalverteilte Prüfgröße $\hat{P}$ unter der Nullhypothese die Parameter $\mu_0 = p_0 = 0{,}23$ (wie zuvor) und $\sigma_p = 0{,}021$, unter der Alternativhypothese dagegen $\mu_1 = p_1 = 0{,}3$ und $\sigma_1 = 0{,}023$. Der Annahmebereich reduziert sich dadurch auf

$$\left[0{,}23 - 1{,}645 \cdot 0{,}021; 0{,}23 - 1{,}645 \cdot 0{,}021\right] = \left[0{,}195; 0{,}265\right].$$

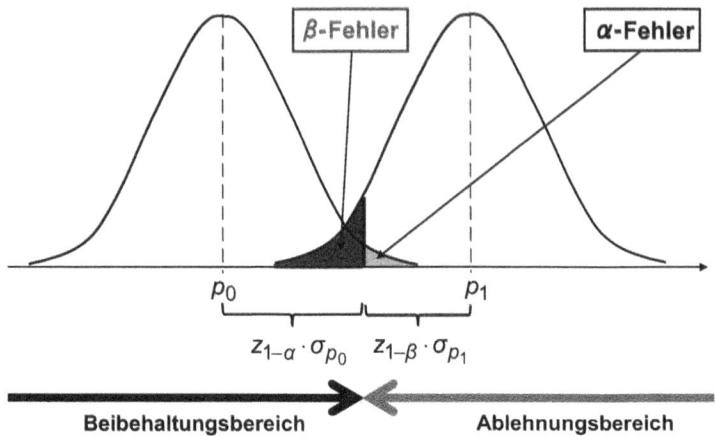

Abb. 9.9 Gleichzeitige Kontrolle von α- und β-Fehler

Für den β-Fehler finden wir dann bei Gültigkeit von $p_1 = 0{,}3$:

$$P(0{,}195 < \hat{P} < 0{,}265) = F_N(0{,}265|0{,}3; 0{,}023) - F_N(0{,}195|0{,}3; 0{,}023)$$

$$= F_{\mathrm{SN}}\left(\frac{0{,}265 - 0{,}3}{0{,}023}\right) - F_{\mathrm{SN}}\left(\frac{0{,}195 - 0{,}3}{0{,}023}\right) = F_{\mathrm{SN}}(-1{,}522) - F_{\mathrm{SN}}(-4{,}565) \approx 0{,}06\ .$$

Das ist eine vernünftige Größenordnung, die in etwa dem α-Fehler entspricht.

Die Eigenschaft eines Testverfahrens, gleichzeitig mit dem α-Fehler auch den β-Fehler klein zu halten, bezeichnet man als Trennschärfe des Tests. Sie ist offensichtlich umso leichter zu gewährleisten, je weiter p_0 und p_1 voneinander entfernt sind (vgl. Abb. 9.8). Bei zusammengesetzten Bereichshypothesen führt dies vordergründig zu einem Problem, da ja beispielsweise im Falle $H_0\colon p = p_0$ und $H_1 : p \neq p_0$ beide Hypothesen unmittelbar aneinander grenzen. Realisiert sich die Alternativhypothese mit einem Wert p_1, der sehr nahe an p_0 liegt, ist in der Regel auch die praktische Bedeutung dieses Unterschieds vergleichsweise gering: Eine Quotenannahme von $p_0 = 0{,}23$ im Rahmen der Nullhypothese differiert kaum von einer tatsächlichen Quote von $p_1 = 0{,}231$, während sich ein Unterschied zu $p_1 = 0{,}3$ deutlich bemerkbar macht. Genau dies bringt aber ein Test auf diesen Anteilswert zum Ausdruck, dessen Trennschärfe im zweiten Fall klar größer sein wird als im ersten.

Während die Vergrößerung des Abstands von p_0 und p_1 nur bedingt tragfähig ist, weil sich ja der reale Parameterwert nicht danach richten muss, hilft die Stichprobenvergrößerung im Prinzip immer – kann aber natürlich zu nicht mehr praktikablen Stichprobengrößen führen.

Für den Fall des einseitigen Hypothesentests $H_0 : p \leq p_0$, $H_1 : p > p_0$ wollen wir nun den α- und β-Fehler gleichzeitig begrenzen. Dafür können die erforderliche Stichprobengröße n und der kritische Wert $p_c = p_{c,o}$ in Abhängigkeit von α, β, p_0 und einem konkreten Wert $p_1 \in H_1$ bestimmt werden. Bei unserer Hypothesenwahl ist dabei p_1 größer als p_0

gewählt. (Der umgekehrte Fall lässt sich natürlich – mit kritischem Wert $p_c = p_{c,u}$ – sinngemäß genauso behandeln.) Außerdem muss die Zufallsfunktion des Stichprobenanteilswerts wenigstens approximativ normalverteilt sein. Für einen hinreichend trennscharfen Test gilt sicherlich, dass α und β kleiner sind als 50 %, sodass $p_0 < p_c < p_1$ erfüllt ist. Bezüglich des kritischen Werts gilt dann nach Definition des α- und β-Fehlers

$$P\left(\hat{P} > p_c\right) = P\left(\hat{P} > p_0 + z_{1-\alpha} \cdot \sigma_p\right) = \alpha \quad \text{bei Gültigkeit von } H_0 \tag{9.5}$$

sowie

$$P(P < p_c) = P(P < p_1 - z_{1-\beta} \cdot \sigma_1) = \beta \quad \text{bei Gültigkeit von } H_1 \,. \tag{9.6}$$

Das bedeutet: Die erste Gleichung gilt unter der Normalverteilung bezüglich $p = p_0$, die zweite unter der Normalverteilung bezüglich $p = p_1$ (vgl. Abb. 9.9).

Setzen wir die beiden Darstellungen für p_c gleich und lösen nach der Differenz $p_1 - p_0$ auf, ergibt sich

$$p_1 - p_0 = z_{1-\alpha} \cdot \sigma_P + z_{1-\beta} \cdot \sigma_1 = \frac{z_{1-\alpha} \cdot \sqrt{p_0 \cdot q_0} + z_{1-\beta} \cdot \sqrt{p_1 \cdot q_1}}{\sqrt{n}}$$

und damit

$$n = \frac{\left(z_{1-\alpha} \cdot \sqrt{p_0 \cdot q_0} + z_{1-\beta} \cdot \sqrt{p_1 \cdot q_1}\right)^2}{\left(p_1 - p_0\right)^2} \,. \tag{9.7}$$

Der kritische Wert kann damit anders geschrieben werden:

$$p_c = p_0 + z_{1-\alpha} \cdot \sigma_p = \frac{z_{1-\alpha} \cdot p_1 \sqrt{p_0 \cdot q_0} + z_{1-\beta} \cdot p_0 \cdot \sqrt{p_1 \cdot q_1}}{z_{1-\alpha} \cdot \sqrt{p_0 \cdot q_0} + z_{1-\beta} \cdot \sqrt{p_1 \cdot q_1}} \,. \tag{9.8}$$

Adresshandel (I)

Ein Adresshändler bietet einem Strukturvertrieb 200.000 Personendatensätze an und verspricht, dass mindestens 25 % der Personen in einen neuen Branchenfonds zu investieren bereit sind. Der Strukturvertrieb ist bereit, die Daten zu kaufen, möchte aber garantieren, dass der Datenbestand mit höchstens fünfprozentiger Wahrscheinlichkeit akzeptiert wird, wenn der Anteil der Kaufinteressenten darin unter 15 % liegt. Der Datenhändler wiederum will, dass der Datenbestand höchstens mit 2 % Wahrscheinlichkeit zurückgewiesen wird, wenn er wirklich die versprochenen 25 % Kaufinteressenten enthält. Wie groß muss eine Zufallsstichprobe gewählt werden, damit ein Testverkauf beiden Seiten die gewünschte Entscheidungssicherheit garantiert?

Die Nullhypothese ist die Aussage des Datenhändlers, denn sie sollte nur wohlbegründet zurückgewiesen werden. Der α-Fehler entspricht dann dem Risiko des Händlers, dass ein Pool mit hinreichendem Anteil kaufwilliger Personen zurückgewiesen wird. Der β-Fehler bezeichnet das Risiko des Strukturvertriebs, einen weniger

kauffreudigen Personenkreis bearbeiten zu müssen als erwartet. Also haben wir H_0:
$p \geq p_0 = 0{,}25$ mit $\alpha = 0{,}02$ und $H_1 : p < p_1 = 0{,}15$ mit $\beta = 0{,}05$. Die Entscheidungs-
bereiche werden einseitig bestimmt, da eine Überschreitung des Grenzwerts p_0 der
Nullhypothese unkritisch ist. Der Annahmebereich ist zudem linksseitig begrenzt, da
die Alternativhypothese dem kleineren der zu vergleichenden Anteilswerte entspricht.
Wir nehmen an, dass der Stichprobenanteilswert $\hat{P}$ der kaufwilligen Personen unter
beiden Hypothesen näherungsweise normalverteilt ist. Damit hat der Annahmebereich
die Gestalt

$$[p_{c,u}; 1] = [p_0 - z_{1-\alpha} \cdot \sigma_P; 1] \ . \tag{9.9}$$

Aus den gegebenen Daten errechnet sich die benötigte Stichprobengröße mit $z_{1-\alpha} =$
$z_{0,98} = 2{,}054$ und $z_{1-\beta} = z_{0,95} = 1{,}645$ zu

$$
\begin{aligned}
n &= \frac{\left(z_{1-\alpha} \cdot \sqrt{p_0 \cdot q_0} + z_{1-\beta} \cdot \sqrt{p_1 \cdot q_1}\right)^2}{\left(p_1 - p_0\right)^2} \\
&= \frac{\left(2{,}054 \cdot \sqrt{0{,}25 \cdot 0{,}75} + 1{,}645 \cdot \sqrt{0{,}15 \cdot 0{,}85}\right)^2}{\left(0{,}15 - 0{,}25\right)^2} = 218{,}1 \approx 219
\end{aligned}
$$

und der kritische Wert zu

$$
\begin{aligned}
p_c = p_{c,u} &= \frac{z_{1-\alpha} \cdot p_1 \sqrt{p_0 \cdot q_0} + z_{1-\beta} \cdot p_0 \cdot \sqrt{p_1 \cdot q_1}}{z_{1-\alpha} \cdot \sqrt{p_0 \cdot q_0} + z_{1-\beta} \cdot \sqrt{p_1 \cdot q_1}} \\
&= \frac{2{,}054 \cdot 0{,}15 \sqrt{0{,}25 \cdot 0{,}75} + 1{,}645 \cdot 0{,}25 \cdot \sqrt{0{,}15 \cdot 0{,}85}}{2{,}054 \cdot \sqrt{0{,}25 \cdot 0{,}75} + 1{,}645 \cdot \sqrt{0{,}15 \cdot 0{,}85}} = 0{,}19 \ .
\end{aligned}
$$

Gelingt also in einer Stichprobe von 219 Personen der Fondsverkauf bei weniger als
19 % – das entspricht 42 von 219 Personen –, müsste der Strukturvertrieb den Kauf der
Adressdaten ablehnen.

Wie wir im Beispiel des einseitigen Tests erkannt haben, kann die Wahrscheinlichkeit β,
die Nullhypothese irrtümlich beizubehalten, unangemessen groß sein. Sie wird außerdem
umso kleiner, je weiter sich der Alternativwert p von der Nullhypothese p_0 entfernt. Wir
können β bei gegebenem kritischen Wert p_c als Funktion von p darstellen. Die Beibehaltungswahrscheinlichkeit $\beta(p)$ der Nullhypothese bei variierendem Parameter p bezeichnet
man als Operationscharakteristik (OC). Sie gibt also die Wahrscheinlichkeit dafür an, dass
der Stichprobenanteilswert zufällig in den Annahmebereich fällt, wenn der tatsächliche
Anteilswert gerade p ist. Bei normalverteiltem Stichprobenanteilswert ergeben sich sofort
einige typische Werte für die Operationscharakteristik. So wird $\beta(p_c) = 0{,}5$ aufgrund der
Symmetrie der Normalverteilung. Außerdem ist $\beta(p_0) = 1 - \alpha$, denn das ist gerade die
Beibehaltungswahrscheinlichkeit, wenn die Nullhypothese gilt. Allerdings kann die Operationscharakteristik nur dann als Irrtumswahrscheinlichkeit interpretiert werden, wenn

Abb. 9.10 Operationscharakteristik

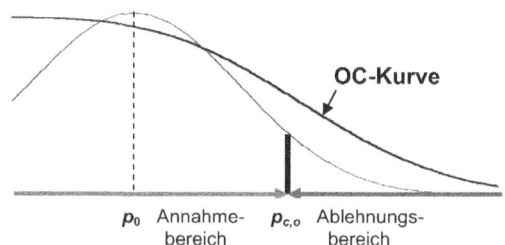

Rechtsseitiger Hypothesentest:

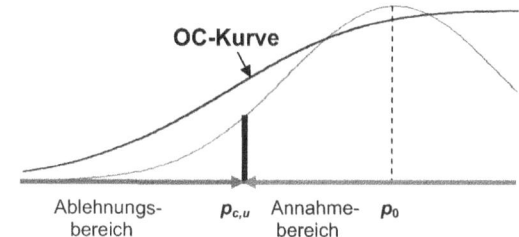

Linksseitiger Hypothesentest:

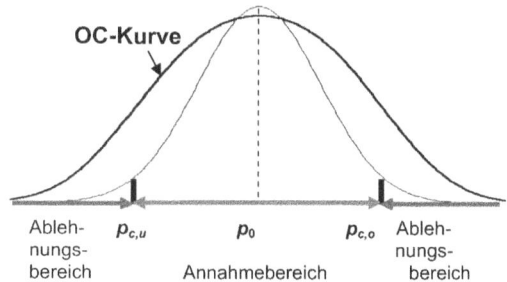

Zweiseitiger Hypothesentest:

p nicht im Bereich der Nullhypothese liegt, $p \notin H_0$; denn für $p \in H_0$ wird die Nullhypothese ja zu Recht beibehalten. In Abb. 9.10 ist der typische Verlauf der OC-Kurven in Abhängigkeit von p für die verschiedenen Hypothesentests dargestellt. Für den rechtsseitigen Hypothesentest (mit $H_0 : p \le p_0$) bedeutet die Operationscharakteristik die bedingte Wahrscheinlichkeit

$$\beta(p) = P\left(\hat{P} \le p_{c,o}|p\right) , \tag{9.10}$$

für den linksseitigen (mit $H_0 : p \ge p_0$) ist

$$\beta(p) = P\left(\hat{P} \ge p_{c,u}|p\right) , \tag{9.11}$$

und für den zweiseitigen Hypothesentest ($H_0 : p = p_0$) finden wir

$$\beta(p) = P\left(p_{c,u} \leq \hat{P} \leq p_{c,o}|p\right) . \tag{9.12}$$

Der komplementäre Wert $1-\beta(p)$ wird als Güte oder Macht eines Tests bezeichnet, denn er sagt aus, mit welcher Wahrscheinlichkeit der Test ein von p_0 abweichendes p als solches erkennt. Folgerichtig wird die Macht eines vernünftigen Tests umso größer, je weiter sich p von p_0 entfernt.

Adresshandel (II)

Die Behauptung des Händlers, mindestens ein Viertel der angebotenen Datensätze seien für den Fondsvertrieb brauchbar, führte bei Vorgabe von $\alpha = 0,02$ und $n = 219$ zum Annahmebereich $[p_c; 1] = [p_{c,u}; 1] = [p_0 - z_{0,98} \cdot \sigma_p; 1] = [0,25 - 2,054 \cdot 0,029; 1] = [0,19; 1]$. Die Operationscharakteristik lässt sich in die geschlossene Form

$$\beta(p) = P\left(\hat{P} \geq p_c, p\right) = 1 - F_N\left(p_c, p; \sigma_p\right) = 1 - F_{SN}\left(\frac{p_c - p}{\sigma_p}\right) = F_{SN}\left(\frac{p - p_c}{\sigma_p}\right)$$

bringen. Zunächst gilt damit $\beta(0,15) = F_{SN}(-1,96) = 0,05$. Wir erinnern uns, dass wir weiter oben diesen Wert für β vorgegeben hatten, um n zu bestimmen (Tab. 9.2).

Tab. 9.2 Operationscharakteristik im Adresshandel

p	0,12	0,14	0,15	0,16	0,18	0,19	0,22	0,25
$\beta(p)$	< 0,001	0,02	0,05	0,11	0,35	0,50	0,86	0,98
$1 - \beta(p)$	$\approx$ 0,999	0,98	0,95	0,89	0,65	0,50	0,14	0,02

Wir hatten oben schon gesehen, dass für $p = p_{c,u}$ die Operationscharakteristik 50 % beträgt, denn dann liegt eine (die rechte) Hälfte der dazu gehörenden Normalverteilung im Annahmebereich. Je weiter p in den Annahmebereich hineinrutscht, umso wahrscheinlicher wird die Testentscheidung für die Nullhypothese, umso größer also auch $\beta(p)$. Die Güte $1 - \beta(p)$ des Tests erreicht außerhalb des Annahmebereichs schnell Werte über 90 %.

Im Annahmebereich kann die Operationscharakteristik nicht als Irrtums- oder Fehlerwahrscheinlichkeit interpretiert werden, da dann der Test zu Recht zugunsten der Nullhypothese entscheidet. Entsprechendes gilt für die Gütefunktion im Ablehnungsbereich.

9.4 Mittelwerte testen

Wir bezeichnen mit μ den unbekannten arithmetischen Mittelwert eines quantitativen Merkmals X in einer Grundgesamtheit. In Abschn. 8.3 wurden bereits Verfahren für die

Schätzung dieses Parameters vorgestellt. Hypothesentests für μ machen sich die Erkenntnisse zunutze, die wir dabei gewonnen haben.

Wiederum bedient man sich dabei einer Zufallsstichprobe, bestehend aus n Elementen. Der Stichprobenmittelwert

$$\bar{X} = \frac{1}{n} \cdot \sum_{i=1}^{n} X_i \qquad (9.13)$$

ist dann eine Zufallsfunktion mit Erwartungswert μ. In einer konkreten Stichprobe bezeichnet wiederum $\bar{x}$ (mit kleinem „x") den konkreten Mittelwert von X in dieser Stichprobe. $\bar{X}$ kann als Prüfgröße für den statistischen Test einer Aussage über μ verwendet werden.

Die Wahrscheinlichkeitsverteilung von $\bar{X}$ hängt nach den Ergebnissen aus Abschn. 8.3 vor allem ab

- von den Größen N (Elemente in der Grundgesamtheit) und n (Elemente in der Stichprobe);
- von der Verteilung des Merkmals X in der Grundgesamtheit;
- von der Kenntnis über die Standardabweichung σ des Merkmals in der Grundgesamtheit.

Wir rekapitulieren kurz die maßgebliche Fallunterscheidung hinsichtlich der Verteilung von $\bar{X}$ (vgl. Tab. 8.2):

- Falls X in der Grundgesamtheit normalverteilt ist mit bekannter Standardabweichung σ, so auch $\bar{X}$, und zwar mit Erwartungswert μ und Standardabweichung $\sigma_{\bar{X}} = \sqrt{\sigma^2/n}$.
- Falls X in der Grundgesamtheit normalverteilt ist mit unbekannter Varianz und falls zudem mit kleiner Stichprobe gearbeitet wird ($n \le 30$), so ist $\bar{X}$ t-verteilt mit Erwartungswert μ und Standardabweichung $\sigma_{\bar{X}} = \sqrt{\hat{\sigma}^2/n}$, wobei die Stichprobenvarianz $\hat{\sigma}^2$ als Schätzwert für die unbekannte Varianz σ^2 der Grundgesamtheit dient.
- In allen anderen Fällen ist bei hinreichend großer Stichprobe ($n > 30$) $\bar{X}$ mindestens näherungsweise normalverteilt mit Erwartungswert μ und Standardabweichung $\sigma_{\bar{X}} = \sqrt{\hat{\sigma}^2/n}$.
- Bei unbekannter Verteilung von X und kleiner Stichprobe ($n \le 30$) ist über $\bar{X}$ keine Verteilungsaussage möglich.

Die Struktur des Tests entspricht weitgehend derjenigen, die in Abschn. 9.3 entwickelt wurde. Sie sei deshalb zunächst anhand eines Beispiels eingeführt:

Ernteschäden

Nach Angaben des US-Landwirtschaftsministeriums gehen in den gesamten USA pro Saison 11 % der Weizenernte durch Hagelschlag verloren. In West-Nebraska werden auf

16 Farmen die folgenden Prozentsätze für die hagelbedingten Ernteausfälle eines Jahres erhoben:

15	5	8	12	9	9	11	13
12	20	20	24	14	10	11	7

Getestet werden soll zum Signifikanzniveau α = 0,01, ob diese Messungen mit der US-weiten Hagelschadenquote der Weizenernte vereinbar sind. Dabei unterstellen wir, dass die Zufallsvariable X der Hagelschadenquoten von Weizenfarmen in West-Nebraska normalverteilt ist mit Standardabweichung σ = 5 %. X gibt also den Prozentwert des Ernteausfalls einer zufällig ausgewählten Farm in West-Nebraska an. Der Stichprobenmittelwert $\bar{X}$ ergibt sich dann als Durchschnitt der 16 Zufallswerte X_i, die den Farmen der Stichprobe entsprechen:

$$\bar{X} = \frac{1}{16} \cdot \sum_{i=1}^{16} X_i \ .$$

- $\bar{X}$ nimmt den konkreten Wert $\bar{x}$ = 12,5 % an.

Getestet werden soll nun, ob die mittlere Schadenquote von 12,5 % der 16 Testfarmen mit der US-weiten Quote von 11 % vereinbar ist. Deshalb empfiehlt sich für den Test das Hypothesenpaar

$$H_0 : \quad \mu = \mu_0 = 11\,\% \ ;$$
$$H_1 : \quad \mu = \mu_0 \neq 11\,\% \ .$$

Da die Normalverteilung der Hagelschadenquoten in den USA und deren Schwankung mit σ = 5 % als bekannt vorausgesetzt werden, ergibt sich eine Standardabweichung von $\sigma_{\bar{X}} = \sigma/\sqrt{n} = 5/\sqrt{16}$ = 1,25 % für die Durchschnittsquote in der Stichprobe. Während also σ die Streuung der Schadenquoten aller Farmen um den US-Mittelwert von 11 % angibt, steht $\sigma_{\bar{X}}$ für die Streuung der Schadenmittelwerte bei verschiedenen Stichproben zufällig ausgewählter Farmbetriebe.

Der Schadenmittelwert $\bar{X}$ ist demnach unter der Nullhypothese normalverteilt mit den Parametern μ_0 = 11 % und der Standardabweichung $\sigma_{\bar{X}}$ = 1,25 %. Für den zweiseitigen Annahmebereich wird das Quantil $z_{1-\alpha/2} = z_{0,995}$ = 2,575 benötigt. Dies führt zum Annahmebereich

$$\left[p_{c,u}; p_{c,o}\right] = \left[\mu_0 - z_{1-\frac{\alpha}{2}} \cdot \sigma_{\bar{X}}; \mu_0 + z_{1-\frac{\alpha}{2}} \cdot \sigma_{\bar{X}}\right]$$
$$= \left[11 - 2,575 \cdot 1,25; 11 + 2,575 \cdot 1,25\right] = \left[7,78; 14,22\right] \ .$$

Da die gemessene Durchschnittsquote von 12,5 % deutlich innerhalb dieses Intervalls liegt, kann die Nullhypothese nicht begründet verworfen werden. Daher kann man auch in West-Nebraska von einer mittleren Hagelschadenquote von 11 % ausgehen.

Insgesamt zeigt das Beispiel, dass das Testschema für einen Anteilswert – mit Ausnahme der zusätzlich nötigen Fallunterscheidung hinsichtlich der Wahrscheinlichkeitsverteilung der Prüfgröße in diversen Stichproben – im Wesentlichen baugleich auf den Test für arithmetische Mittelwerte übertragen werden kann:

▶ **Schema zur Durchführung von Hypothesentests für einen arithmetischen Mittelwert μ**

1. Schritt: Formulierung der Hypothesen H_0 und H_1 sowie Festlegung eines Signifikanzniveaus α und Auswahl einer geeigneten Teststichprobe.
2. Schritt: Eine geeigneten Prüfgröße in der Stichprobe ist der Stichprobenmittelwert $\bar{X}$, der unter der Nullhypothese
   - bei Normalverteilung des Merkmals X in der Grundgesamtheit mit Standardabweichung σ selbst normalverteilt ist mit $E\left(\bar{X}\right) = \mu$ und $\sigma_{\bar{X}} = \sigma/\sqrt{n}$;
   - bei Normalverteilung des Merkmals X in der Grundgesamtheit mit unbekannter Standardabweichung bei kleinen Stichproben ($n \leq 30$) selbst t-verteilt ist mit Erwartungswert $E\left(\bar{X}\right) = \mu$ und $\sigma_{\bar{X}} = \hat{\sigma}/\sqrt{n}$, wobei $\hat{\sigma}$ die aus Stichprobendaten geschätzte Standardabweichung von X ist;
   - bei Normalverteilung des Merkmals X in der Grundgesamtheit mit unbekannter Standardabweichung oder bei unbekannter Verteilung von X bei größeren Stichproben ($n > 30$) selbst mindestens näherungsweise normalverteilt ist mit Erwartungswert $E\left(\bar{X}\right) = \mu$ und $\sigma_{\bar{X}} = \hat{\sigma}/\sqrt{n}$.
3. Schritt: Bestimmung des Quantils bzw. der Quantile, je nachdem, ob ein einseitiger oder zweiseitiger Annahmebereich bestimmt werden soll.
4. Schritt: Damit Berechnung der Grenzen (kritischen Werte) des Annahmebereichs in der Form $\mu_{c,u} = \mu_0 - z \cdot \sigma_{\bar{X}}$ und/oder $\mu_{c,o} = \mu_0 + z \cdot \sigma_{\bar{X}}$. Ist die Prüfgröße nur t-verteilt, sind die z-Quantile der Normalverteilung durch die entsprechenden t-Quantile dieser Verteilung zu ersetzen.
5. Schritt: Messung der Prüfgröße und Testentscheidung: Fällt der Wert der Prüfgröße in den Annahmebereich, gilt die Nullhypothese nicht als widerlegt, sondern als mit den Beobachtungsdaten vereinbar. Fällt der Wert hingegen in den Ablehnungsbereich, gilt die Nullhypothese als unvereinbar mit den Daten.

Wir beschließen diesen Abschnitt mit einem Beispiel für eine t-verteilte Prüfgröße:

Empirische Portfoliorendite

Der Aktienfonds „Hidden Champions" ist international in Anteile mittelgroßer Unternehmen investiert, die in ihrem jeweiligen Metier weltweit zu den Marktführern zählen. Der Fonds verfolgt das Ziel, im Jahr 2012 eine Gesamtrendite aus Kursentwicklung und Gewinnausschüttung von mindestens 7 % zu erwirtschaften, die derjenigen von 2011 entspricht. Es sollen nun deutsche Unternehmen aus dem Bereich Nanotechnologie ins Portfolio genommen werden, der bislang nicht bei der Kapitalanlage berücksichtigt wurde. Für 2011 lieferten 15 zufällig ausgewählte Unternehmen dieses Segments die folgenden Renditezahlen (in Prozent):

4,7	9,5	6,2	9,1	7,8	6,5	5,0	6,3	9,7	9,4
8,0	8,7	6,9	5,7	4,8					

In dieser Stichprobe liegt die durchschnittliche Rendite bei 7,22 %. Die Standardabweichung in der Stichprobe beträgt 1,79 %; bei deren Berechnung ist zu beachten, dass die Summe der Abweichungsquadrate nicht durch $n = 15$, sondern nur durch $n - 1 = 14$ geteilt werden darf. Die Frage lautet, ob dieses Ergebnis noch mit der geforderten Mindestrendite vereinbar ist. Geprüft werden soll das zum Signifikanzniveau $\alpha = 0,1$.

Geht man davon aus, dass die Unternehmensrendite im betrachteten Börsensegment näherungsweise normalverteilt ist (eine durchaus anfechtbare Annahme!), können wir die Hypothesen

$$H_0: \quad \mu < \mu_0 = 7,0\,\% \; ,$$

$$H_1: \quad \mu \geq \mu_0 = 7,0\,\%$$

formulieren. Die Hypothesenwahl erfolgte so, dass durch den Test die Wahrscheinlichkeit klein gehalten wird, irrtümlich die Erweiterung des Aktienportfolios auf die neue Unternehmensklasse zuzulassen, obwohl sie die Renditeanforderung verfehlt. Deshalb findet ein einseitiger Test mit rechtsseitig begrenztem Annahmebereich statt, dessen kritischer Wert größer als die geforderten 7 % Mindestrendite sein wird. Weil die Stichprobe dafür mit $n = 15$ zu klein ist, kann keine normalverteilte Durchschnittsrendite $\bar{X}$ in der Stichprobe unterstellt werden. Vielmehr muss von einer t-Verteilung ausgegangen werden, die durch $v = n - 1 = 14$ Freiheitsgrade und das vorgegebene Signifikanzniveau $\alpha = 0,1$ bestimmt ist.

Die oben angegebenen Werte sind die Durchschnittsrendite der Unternehmensauswahl (sie misst $\bar{x} = 7,22\,\%$) und die Standardabweichung der Rendite ($\hat{\sigma} = 1,79\,\%$). Damit ergibt sich eine geschätzte Standardabweichung für die Durchschnittsrendite von $\hat{\sigma}_{\bar{X}} = \hat{\sigma}/\sqrt{n} = 1,79/\sqrt{15} = 0,46\,\%$. Für die t-Verteilung ist das einseitige Quantil $t_{v;1-a} = t_{14;0,9} = 1,35$ maßgeblich, wodurch sich ein kritischer Wert

$$\mu_c = \mu_0 + t_{v;1-a} \cdot \hat{\sigma}_{\bar{X}} = 7,0 + 1,35 \cdot 0,46 = 7,62\,\%$$

und als Annahmebereich

$$[\,0\,\%; \mu_c\,] = [\,0\,\%; 7,62\,\%\,]$$

ergibt. Die gemessene Durchschnittsrendite von 7,22 % liegt also innerhalb des Annahmebereichs. Man kann daher *nicht* mit der geforderten Sicherheit von 90 % davon ausgehen, dass das neue Aktiensegment die geforderte Mindestrendite von 7 % bietet, obwohl die Stichprobe selbst dies leistet.

9.5 Auf Basis zweier Stichproben testen

Bislang haben wir Testverfahren betrachtet, bei denen die Testentscheidung mithilfe einer einzigen Stichprobe getroffen wurde. Auf Fragestellungen, bei denen eine Aussage über das Verhältnis zwischen Parameterwerten in verschiedenen Teilgesamtheiten gemacht werden soll, sind sie deshalb nicht anwendbar. Man muss in solchen Fällen andere Prüfgrößen konstruieren, die auf der Parameterauswertung in diesen Teilgesamtheiten beruhen.

Wenden wir uns beispielhaft dem Vergleichstest eines Anteilswerts in zwei Teilgesamtheiten zu.

Einkommensvergleich (I)

Von den Haushalten in F. erzielen in einer Stichprobe der Größe $n_1 = 400$ genau 44 ein Jahreseinkommen von mehr als 75.000 €. Eine Stichprobe von $n_2 = 500$ Haushalten in D. bringt es dagegen nur auf 40 solcher Haushalte. Ist dieses Ergebnis mit der Annahme vereinbar, dass der Anteil der Haushalte mit über 75.000 € Jahreseinkommen in beiden Städten übereinstimmt? Man teste diese Hypothese zum Niveau $\alpha = 0{,}05$.

Im Kern geht es wieder darum, Stichprobenanteilswerte zu erheben, diesmal allerdings in zwei verschiedenen Gesamtheiten zugleich. Zufallseffekte können hier Auffälligkeiten bewirken, wie sie Abb. 9.11 erkennen lässt. Die obere Zeile zeigt zwei gleich strukturierte Teilgesamtheiten, bei denen sich jedoch die Strukturen der jeweils ausgewählten Stichprobe voneinander unterscheiden. In der unteren Zeile hingegen sind die Stichproben trotz einer deutlich abweichenden Zusammensetzung übereinstimmend strukturiert.

Das Vermögensbeispiel kann daher in folgendem Kontext untersucht werden, bei dem zwei unbekannte Anteilswerte miteinander verglichen werden sollen: In zwei getrennten Gesamtheiten wird jeweils eine zufällige Stichprobe ausgewählt, um die Anteile der Elemente zu vergleichen, die das Merkmal X (hier: hohes Jahreseinkommen über 75.000 €) aufweisen. Da beide Stichproben separat genommen werden, sind die Anteilswerte $\hat{p}_1$ und $\hat{p}_2$ konkrete Ausprägungen zweier verschiedener Zufallsfunktionen $\hat{P}_1$ und $\hat{P}_2$. $\hat{P}_1$ und $\hat{P}_2$ sind unter den beiden Annahmen $n_1 \cdot p_1 \cdot q_1 > 9$ für Stichprobe Nr. 1 und $n_2 \cdot p_2 \cdot q_2 > 9$ für Stichprobe Nr. 2 näherungsweise normalverteilt, wenn die Stichproben gegenüber den beiden Gesamtheiten klein sind; die Stichproben dürfen also nicht mehr als 5 % der Elemente in den beiden Gesamtheiten umfassen. Bezeichnet man den unbekannten Anteilswert im einen Fall mit p_1, im anderen Fall mit p_2, so ist die Differenz $\hat{d} = \hat{p}_1 - \hat{p}_2$ der in beiden Stichproben ausgezählten Anteilswerte eine Ausprägung der Differenzfunktion $\hat{D} = \hat{P}_1 - \hat{P}_2$. Zu beachten ist, dass die Differenzfunktion auch negative Werte annehmen kann.

Getestet wird nun das Hypothesenpaar

$$H_0: \quad p_1 = p_2\,,$$
$$H_1: \quad p_1 \neq p_2\,.$$

Abb. 9.11 Vergleichender
Test von Anteilswerten in zwei
Teilgesamtheiten

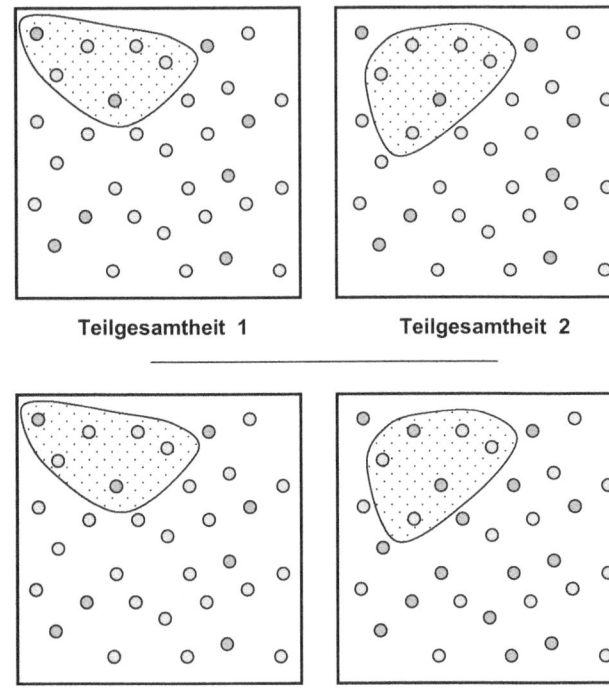

Es wird wieder die Gültigkeit der Nullhypothese angenommen; diese bedeutet, dass sich die beiden Teilgesamtheiten hinsichtlich des Merkmals X nicht unterscheiden, die beiden Stichproben also *derselben* Grundgesamtheit entnommen wurden, in der *ein* Anteilswert $p = p_1 = p_2$ vorliegt. Dann ist die Differenzfunktion $\hat{D}$ normalverteilt mit den Parametern

$$\mu = p_1 - p_2 = 0 \quad \text{und} \quad \sigma_p = \sqrt{pq \cdot \frac{n_1 + n_2}{n_1 n_2}} \, . \tag{9.14}$$

Der gemeinsame Anteilswert p muss nun aus den beiden Stichprobenergebnissen geschätzt werden. Dies leistet die gewichtete Schätzfunktion

$$\hat{P} = \frac{n_1 P_1 + n_2 P_2}{n_1 + n_2} \tag{9.15}$$

in ihrer konkreten Realisation

$$\hat{p} = \frac{n_1 \hat{p}_1 + n_2 \hat{p}_2}{n_1 + n_2} \, . \tag{9.16}$$

Da $\hat{D}$ positive wie negative Werte annehmen kann, ist der Annahmebereich bezogen auf $\mu = 0$ symmetrisch zu bilden,

$$[-p_c; +p_c] \, , \tag{9.17}$$

mit dem kritischen Wert

$$p_c = \mu + z_{1-a/2} \cdot \sigma_p = z_{1-a/2} \cdot \sigma_p \; . \tag{9.18}$$

Einkommensvergleich (II)

In den Stichproben ergeben sich die Messwerte

$$\hat{p}_1 = \frac{x_1}{n_1} = \frac{44}{400} = 0{,}11 \quad \text{und} \quad \hat{p}_2 = \frac{x_2}{n_2} = \frac{40}{500} = 0{,}08 \; ,$$

der Anteilsschätzwert

$$\hat{p} = \frac{n_1 \hat{p}_1 + n_2 \hat{p}_2}{n_1 + n_2} = \frac{400 \cdot 0{,}11 + 500 \cdot 0{,}08}{400 + 500} = 0{,}093 \; ,$$

die Standardabweichung des Stichprobenanteilswerts

$$\sigma_P = \sqrt{pq \cdot \frac{n_1 + n_2}{n_1 n_2}} \approx \sigma_{\hat{p}} = \sqrt{\hat{p}\hat{q} \cdot \frac{n_1 + n_2}{n_1 n_2}} = \sqrt{0{,}093 \cdot 0{,}907 \cdot \frac{400 + 500}{400 \cdot 500}} = 0{,}0195 \; ,$$

das Quantil der Normalverteilung

$$z_{1-a/2} = z_{0{,}975} = 1{,}96$$

und der kritische Wert

$$p_c = \mu + z_{1-a/2} \cdot \sigma_P = 0 + 1{,}96 \cdot 0{,}0195 = 0{,}038 \; .$$

Damit wird die Nullhypothese für Werte von $\hat{D}$ im Intervall

$$[-0{,}038; 0{,}038]$$

beibehalten. Hier ist also der Differenzwert

$$\hat{d} = \hat{p}_1 - \hat{p}_2 = 0{,}11 - 0{,}08 = 0{,}03 \; ,$$

was im Annahmebereich unseres Testverfahrens liegt, $\hat{d} \in [-p_c; +p_c]$. Folglich kann nicht davon ausgegangen werden, dass der Anteil der Haushalte mit 75.000 € Mindesteinkommen sich in den beiden Städten signifikant unterscheidet.

Weiterführende Literatur

Bleymüller J, Gehlert G, Gülicher H (2012) Statistik für Wirtschaftswissenschaftler. Vahlen, München

Bleymüller J, Gehlert G (2011) Statistische Formeln, Tabellen und Programme. Vahlen, München

Bourier G (2013) Wahrscheinlichkeitsrechnung und schließende Statistik. Springer Gabler, Wiesbaden

Brase CH, Brase CP (2010) Understanding Basic Statistics. Brooks/Cole, Independence

Fahrmeir L, Künstler R, Pigeot I, Tutz G (2009) Statistik. Springer, Heidelberg

Hartung J, Elpelt B, Klösener KH (2009) Statistik. Oldenbourg, München

Krämer W (2008) Statistik verstehen. Piper, München

Krengel U (2005) Einführung in die Wahrscheinlichkeitstheorie und Statistik. Vieweg, Wiesbaden

Pflaumer P, Heine B, Hartung J (2001) Statistik für Wirtschafts- und Sozialwissenschaftler: Induktive Statistik. Oldenbourg, München

Piazolo M (2007) Statistik für Wirtschaftswissenschaftler. Verlag Versicherungswirtschaft, Karlsruhe

Schwarze J (2013) Grundlagen der Statistik – Wahrscheinlichkeitsrechnung und induktive Statistik. nwb-Verlag, Herne

Schwarze J (2013) Aufgabensammlung zur Statistik. nwb-Verlag, Herne

Stifl J (2011) Wirtschaftsstatistik. Oldenbourg, München

Anpassungstests

Zusammenfassung

Oftmals müssen empirisch erhobene Häufigkeitsverteilungen mit theoretischen Wahrscheinlichkeitsverteilungen auf Übereinstimmung geprüft werden. Das geschieht immer dann, wenn Erklärungsmodelle für zufallsabhängig erzeugte Daten benötigt werden. Aus der Vielzahl spezieller Anpassungstestverfahren wird beispielhaft der Chi-Quadrat-Anpassungstest behandelt.

10.1 Grundprinzip

Bei Verteilungstests geht es um die Frage, ob eine bestimmte Verteilungsannahme als Modell zur Erklärung einer gegebenen empirischen Datenverteilung taugt. In dieser Einführung befassen wir uns mit den beiden wichtigen Anwendungen von Verteilungstests im Rahmen von Anpassungstests und Unabhängigkeitstests. Unabhängigkeitstests verlassen den bisher betrachteten Rahmen, da hierbei mindestens zwei Merkmale gleichzeitig betrachtet werden; deshalb stellen wir diesen Komplex zurück, bis im nächsten Kapitel die entsprechende Terminologie eingeführt ist, und wenden uns in diesem Kapitel nur den Anpassungstests zu.

Bei einem Anpassungstest ist die empirische Häufigkeitsverteilung eines statistischen Merkmals gegeben, die mit einer theoretischen Wahrscheinlichkeitsverteilung auf Übereinstimmung verglichen werden soll. Anders formuliert: Lassen sich die Unterschiede zwischen zwei Verteilungen auf Zufallseffekte zurückführen oder nicht? Eine der beiden Verteilungen ist auf jeden Fall eine empirische Häufigkeitsverteilung, die zweite in der Regel eine theoretische Verteilungsannahme.

Prinzipiell könnte man auch zwei empirische Häufigkeitsverteilungen miteinander vergleichen, die beispielsweise zu unterschiedlichen Zeitpunkten erhoben wurden. Das entspricht einer Prüfung, ob sich *zwei* empirische Verteilungen auf dasselbe mathematische Modell zurückführen lassen.

A. Grimmer, *Statistik im Versicherungs- und Finanzwesen*, DOI 10.1007/978-3-658-02954-8_10, 209
© Springer Fachmedien Wiesbaden 2014

Kundenpräferenzen

Vor fünf Jahren führte die Kulanzia AG zur Vorbereitung auf die Einführung eines neuen Pkw-Kaskoversicherungstarifs eine Kundenbefragung durch, bei der eine Präferenzliste der wichtigsten Produkteigenschaften ermittelt wurde. Beispielsweise hatten 38 % der Kunden schnelle Schadenregulierung als wichtigstes Kriterium genannt, gegenüber 23 %, die sich für eine möglichst niedrige Versicherungsprämie entschieden hatten. Insgesamt waren damals sieben Kriterien in den Präferenzkatalog aufgenommen worden. Nun soll im Rahmen einer erneuten Befragung überprüft werden, ob die damalige Präferenzliste noch mit gleichen Nennungshäufigkeiten gültig ist. Bei dieser Fragestellung geht es also darum, zwei zu unterschiedlichen Zeitpunkten erhobene empirische Häufigkeitsverteilungen auf statistische Übereinstimmung zu prüfen.

Schadenhöhenverteilung

Aus der Verteilung von Schadenhöhendaten eines Industriefeuerversicherers soll bestimmt werden, ob die Prämienkalkulation auch in Zukunft als auskömmlich angenommen und die Schadenreserve als ausreichend dotiert angesehen werden kann. Andernfalls müsste der Versicherer versuchen, das Prämienniveau anzuheben oder die Struktur seines Versicherungsbestands zu verändern. Deshalb soll geprüft werden, ob die empirische Schadenhöhenverteilung mit einem mathematischen Verteilungsmodell identifiziert werden kann, dessen theoretische Eigenschaften helfen können, die Prämienkalkulation abzusichern.

Auch ein mathematisches Verteilungsmodell wird in eine Häufigkeitsverteilung umgerechnet. Dabei handelt es sich allerdings nicht um empirische, sondern um theoretisch erwartete Häufigkeiten. Da dieses Vorgehen einen allgemeineren Ansatz bietet als der Vergleich mit einer zweiten empirischen Häufigkeitsverteilung, werden wir die weitere Darstellung darauf konzentrieren.

Die Idee hinter einem Anpassungstest ist die, dass eine empirische Häufigkeitsverteilung als Realisation einer Wahrscheinlichkeitsverteilung angesehen wird. Der Zufallscharakter wahrscheinlichkeitsabhängiger Größen bewirkt, dass die empirischen Häufigkeiten mehr oder weniger stark von denjenigen abweichen, die man auf der Grundlage der exakten mathematischen Verteilung erwarten würde.

Dieser Effekt ist uns schon vom Würfelexperiment aus Abschn. 6.2 her bekannt: Bei einem fairen Würfel unterliegt dieses einfache Experiment einer Gleichverteilung, sodass man für alle sechs möglichen Augenwerte die gleiche relative Häufigkeit 1/6 erwartet. Führt man eine Versuchsreihe von Würfen durch, werden sich jedoch in aller Regel davon abweichende empirische Häufigkeiten ergeben. Die Beobachtung unterschiedlicher Häufigkeiten spricht deshalb nicht automatisch gegen die Annahme einer Gleichverteilung. Allerdings werden Abweichungen vom mathematischen Gleichverteilungsmodell umso schwerer mit diesem in Übereinstimmung zu bringen sein, je größer sie ausfallen. Diese Überlegung aber gilt allgemein, auch bei komplexeren Verteilungsannahmen als einer Gleichverteilung.

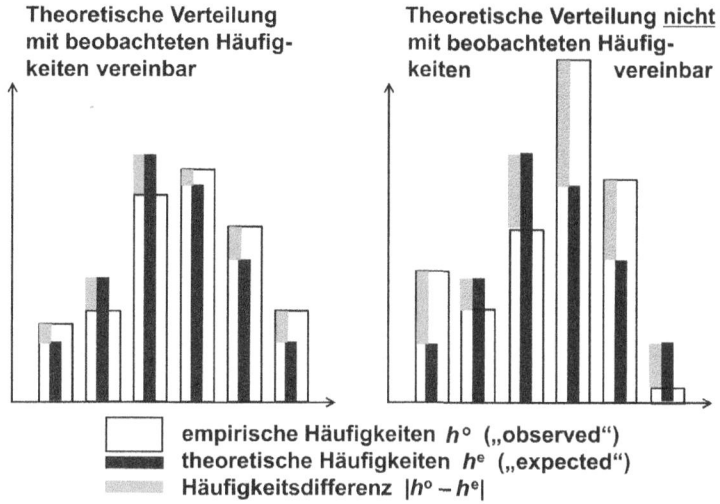

Abb. 10.1 Sind zwei Verteilungen miteinander vereinbar oder nicht?

Tab. 10.1 Ausspielungsreihe aus $n = 300$ Würfen eines Würfels

Augenwert $x_i = i$	1	2	3	4	5	6
h_i^o	61	64	39	43	50	43

Generell sollen Anpassungstests also darüber entscheiden, ob sich Abweichungen zwischen verschiedenen Häufigkeitsverteilungen durch Zufallseffekte erklären lassen oder auf systematische Unterschiede zurückzuführen sind. Im ersten Fall lassen sich die verglichenen Verteilungen trotz Differenzen im Detail miteinander in Einklang bringen, im zweiten Fall nicht (vgl. Abb. 10.1).

10.2 Chi-Quadrat-Anpassungstest

Die einfachste Anordnung für einen Anpassungstest stellt der sogenannte χ^2-Anpassungstest (gelesen als „Chi-Quadrat-Anpassungstest") dar. Wir führen die grundlegende Vorgehensweise anhand des Würfelbeispiels ein, weil in diesem Fall sowohl das Beobachtungsmerkmal „Augenzahl" als auch die Verteilungsannahme „Gleichverteilte Augenzahlen eines fairen Würfels" diskret sind: Es müssen ja jeweils nur sechs Werte berücksichtigt werden.

Eine Ausspielungsreihe eines auf seine Fairness zu prüfenden Würfels bringe beispielsweise die Ergebnishäufung aus Tab. 10.1 hervor.

Unter der Gleichverteilungsannahme wäre jeder Augenwert mit Wahrscheinlichkeit $f_i = 1/6$ zu erwarten, was einer absoluten Wurfzahl $h_i^e = f_i \cdot n = \frac{1}{6} \cdot 300 = 50$ entspricht. Zur einfachen Unterscheidung der beobachteten von den bei Gleichverteilung erwarteten Häufigkeiten werden diese durch einen hochgestellten Buchstaben gekennzeichnet, nämlich „o" für beobachtete („observed") und „e" für erwartete („expected") Häufigkeiten.

Wir benötigen nun ein geeignetes Maß für die Häufigkeitsdifferenzen. Es lässt sich mathematisch zeigen, dass aus diesen Differenzen eine Prüfgröße berechnet werden kann, die einer besonderen Wahrscheinlichkeitsverteilung unterliegt, sofern die beobachteten Häufigkeiten tatsächlich durch ein Zufallsexperiment erzeugt wurden, das auf der theoretischen Verteilungsannahme für die h_i^e basiert. Mit anderen Worten: Ist der Würfel tatsächlich fair, ergibt sich bei vielen Versuchsreihen mit diesem Würfel ein bestimmtes Verteilungsmuster der Prüfgröße. Die Prüfgröße χ^2 („Chi-Quadrat") des Tests ist gegeben durch

$$\chi^2 = \sum_{i=1}^{k} \frac{(h_i^o - h_i^e)^2}{h_i^e} \; .$$

Die absoluten Häufigkeitsdifferenzen werden also quadriert und mit dem Kehrwert der erwarteten Häufigkeiten gewichtet. Die obere Grenze k der Summation ist durch die Anzahl der zu vergleichenden Häufigkeitspaare gegeben. Die Bedeutung der Prüfgröße resultiert daher, dass sich ihr Verteilungsmuster unter *jeder* theoretischen Verteilungsannahme ähnlich verhält, nicht nur bei einer Gleichverteilung.

Dieses Verteilungsmuster wird durch die sogenannte Chi-Quadrat-Verteilung beschrieben. Die Chi-Quadrat-Verteilung ist

- unsymmetrisch,
- nur für $\chi^2 \geq 0$ definiert,
- abhängig von der Zahl k der Häufigkeitspaare, und zwar über die Zahl v der sogenannten Freiheitsgrade.

Die Freiheitsgrade sind ein Formparameter, der die genaue Form der Chi-Quadrat-Verteilung festlegt. Für einige Freiheitsgrade zeigt Abb. 10.2 die Wahrscheinlichkeitsdichtefunktionen.

Wir sehen: Je größer die Zahl der Freiheitsgrade, desto stärker verbreitert sich die Dichtekurve, die Wahrscheinlichkeitsdichte verschmiert also gewissermaßen. Das würde man auch erwarten, bringt es doch zum Ausdruck, dass die gewichteten Häufigkeitsdifferenzen größer werden, wenn man mehr Ausprägungen der diskreten Zufallsvariable berücksichtigen muss.

Beim Chi-Quadrat-Anpassungstest besteht nun folgender Zusammenhang:

$$v = k - 1 \; . \tag{10.1}$$

Die Zahl der Freiheitsgrade richtet sich also nach der Anzahl k unterschiedlicher Ausprägungen des Zufallsexperiments. Beim Würfel ist k die Anzahl möglicher Augenwerte, also sechs, sodass in diesem Beispiel fünf Freiheitsgrade zu berücksichtigen sind. Die Zahl n der Wurfwiederholungen beeinflusst hingegen nicht die Freiheitsgrade, also die Form der

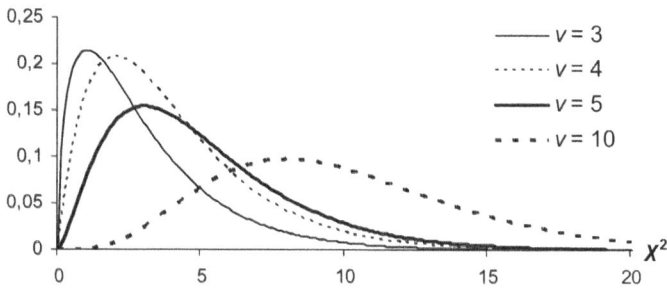

Abb. 10.2 Wahrscheinlichkeitsdichten der Chi-Quadrat-Verteilung

Verteilung, sondern die erwarteten Häufigkeiten h_i^e und damit den Wert, den die Prüfgröße bei einer bestimmten Zahl der Freiheitsgrade annimmt.

Für ein konkretes $\chi^2_{1-\alpha}$ bedeutet $1 - \alpha := P\left(\chi^2 \leq \chi^2_{1-\alpha}\right)$ die Wahrscheinlichkeit, dass die Prüfgröße rein zufallsbedingt unter der Verteilungsannahme maximal den Wert $\chi^2_{1-\alpha}$ annimmt. $\chi^2_{1-\alpha}$ ist also das $(1 - \alpha)$-Quantil der Chi-Quadrat-Verteilung. Damit kann nun wiederum, wenn die Zahl v der Freiheitsgrade bekannt ist, ein Signifikanzniveau α vorgegeben werden. Das dadurch festgelegte $(1 - \alpha)$-Quantil $\chi^2_{v;1-\alpha}$ besagt, dass sich unter der gewählten Verteilungsannahme die Prüfgröße χ^2 nur durch Zufallseinflüsse mit Wahrscheinlichkeit $1 - \alpha$ unterhalb $\chi^2_{v;1-\alpha}$ realisiert und mit Wahrscheinlichkeit α darüber.

Im Gegensatz zur Gauß'schen Normalverteilung kennt die Chi-Quadrat-Verteilung keine Standardform, sondern muss in Abhängigkeit von der Zahl der Freiheitsgrade jeweils gesondert betrachtet werden. Quantile und Wahrscheinlichkeiten müssten also für jedes v separat tabelliert werden. Die Tabellierung wird daher vereinfacht, indem man sich auf ausgewählte, weil regelmäßig verwendete Quantile beschränkt. Dies zeigt beispielhaft Tab. 10.2.

Damit stehen nun alle Zutaten für den Anpassungstest bereit, der sich wiederum in ein allgemeines Schema bringen lässt:

▶ **Ablaufschema für den Chi-Quadrat-Anpassungstest**

1. Schritt: Festlegung des Signifikanzniveaus α, Wahl der Verteilungsannahme, Formulierung der Testhypothesen

H_0: Die gegebene empirische Häufigkeitsverteilung h_i^o ist mit der (theoretischen) Verteilungsannahme vereinbar.

H_1: Die gegebene empirische Häufigkeitsverteilung ist *nicht* mit der Verteilungsannahme vereinbar.

2. Schritt: Berechnung der erwarteten Vergleichshäufigkeit h_i^e zu jeder der k relevanten Merkmalsausprägungen mit empirischen Häufigkeiten h_i^o

Tab. 10.2 Quantile $\chi^2_{v;1-\alpha}$ zu gegebenen Sicherheitsniveaus

Freiheitsgrade v	Sicherheitsniveau $1 - \alpha$		
	0,90	0,95	0,99
1	2,706	3,841	6,635
2	4,605	5,991	9,210
3	6,251	7,815	11,345
4	7,779	9,488	13,277
5	9,236	11,070	15,086
6	10,645	12,592	16,812
7	12,017	14,067	18,475
8	13,362	15,507	20,090
9	14,684	16,919	21,666
10	15,987	18,307	23,209

3. Schritt: Bestimmung der Anzahl $v = k - 1$ der Freiheitsgrade und des kritischen Werts $\chi^2_{v;1-\alpha}$; damit Festlegung des Annahmebereichs $\left[0; \chi^2_{v;1-\alpha}\right]$ und des Ablehnungsbereichs $\left(\chi^2_{v;1-\alpha}; \infty\right)$

4. Schritt: Berechnung der Prüfgröße χ^2

5. Schritt: Testentscheidung

   $\chi^2 \leq \chi^2_{v;1-\alpha}$: Die Verteilungsannahme der Nullhypothese wird beibehalten.

   $\chi^2 > \chi^2_{v;1-\alpha}$: Die Verteilungsannahme der Nullhypothese wird abgelehnt.

Man beachte im 3. Schritt, dass der kritische Wert nur vom Quantil der Chi-Quadrat-Verteilung abhängt und nicht von Parametern des theoretischen Verteilungsmodells.

Angewendet auf das Würfelbeispiel ergibt sich folgende Anwendung des Testschemas:

Prüfung eines Würfels auf Fairness

1. Schritt: Wir wollen prüfen, ob die Wurfstatistik aus Tab. 10.1 mit der Annahme einer diskreten Gleichverteilung vereinbar sind, der Würfel also als fair betrachtet werden kann. Dies führt auf die Hypothesen

   H_0: Die Würfelresultate gehorchen einer Gleichverteilung.

   H_1: Die Würfelresultate gehorchen keiner Gleichverteilung.

   Als Signifikanzniveau wählen wir $\alpha = 0,05$.

2. Schritt: Bei diskreter Gleichverteilung sollte jeder Augenwert mit Häufigkeit $h^e_i = 1/6 \cdot 300 = 50$ auftreten.

3. Schritt: Die Zahl der Freiheitsgrade ist $v = 6 - 1 = 5$. Für den kritischen Wert ergibt sich gemäß Tab. 10.2 zu $\chi^2_{v;1-\alpha} = \chi^2_{5;0,95} = 11,070$.

4. Schritt: Die Prüfgröße erreicht den Wert

$$\chi^2 = \frac{(61 - 50)^2}{50} + \frac{(64 - 50)^2}{50} + \frac{(39 - 50)^2}{50} + \frac{(43 - 50)^2}{50}$$
$$+ \frac{(50 - 50)^2}{50} + \frac{(43 - 50)^2}{50} = 10,72 \; .$$

5. Schritt: Wegen $10,72 < 11,07$ liegt die Prüfgröße noch im Annahmebereich; die Annahme der Gleichverteilung kann also nicht verworfen werden.

Einige grundsätzliche und technische Aspekte müssen noch kurz angesprochen werden:

- Der χ^2-Test arbeitet umso ungenauer, je schwächer die einzelnen Kategorien besetzt
  sind. Deshalb muss sichergestellt werden, dass stets die Bedingung $h_i^e \geq 5$ erfüllt ist.
  Dafür müssen evtl. benachbarte Werteklassen zusammengefasst werden. Wird dadurch
  die Zahl der Kategorien reduziert, muss die Zahl der Freiheitsgrade in gleichem Maß
  herabgesetzt werden. Wenn es nicht gelingt, die Bedingung $h_i^e \geq 5$ zu erfüllen oder generell nur kleine Häufigkeiten vorkommen, sind andere Anpassungstestverfahren wie
  der Kolmogorov-Smirnov-Test besser geeignet. Bei diesem Test werden die relativen
  empirischen Summenhäufigkeiten direkt mit der Verteilungsfunktion der Verteilungsannahme verglichen.
- Der χ^2-Test prüft die Passgenauigkeit konkreter Verteilungen, nicht von Verteilungstypen. Hängt eine zu prüfende Verteilung von Parametern ab, müssen diese also in
  den Hypothesen genau festgelegt werden. Sofern dies nicht anhand externer Information möglich ist, muss es anhand einer Schätzung aus den Messdaten geschehen. Auch
  dadurch reduziert sich die Zahl der Freiheitsgrade: Werden beispielsweise der Erwartungswert μ und die Varianz σ^2 einer zu testenden Normalverteilung aus den Daten
  geschätzt, sinkt die Zahl der Freiheitsgrade um 2.
- Die Beibehaltung der Nullhypothese besagt nicht, dass die Gültigkeit der theoretischen
  Verteilung „bewiesen" wäre, sondern nur, dass sie mit den beobachteten Daten vereinbar
  ist. Das wird normalerweise aber auch für andere Verteilungen zutreffen. Ist die Verteilungsannahme der Nullhypothese z. B. eine Normalverteilung mit Parametern $\mu = 10$
  und $\sigma = 2,5$, so wird bei üblichen Stichprobengrößen im Regelfall die Testentscheidung
  für die Normalverteilung mit den Parametern $\mu = 10,01$ und $\sigma = 2,5$ gleichartig ausfallen, da beide theoretischen Verteilungen nahezu übereinstimmen.

Das hier beschriebene Testvorgehen ist bei Messdaten eines stetigen Merkmals und einer stetigen Vergleichsverteilung um einige vorbereitende Schritte zu ergänzen. Die Messdaten müssen zuerst in Klassen zusammengefasst, also klassifiziert werden, um eine endliche Zahl an Kategorien zu erhalten. Bezogen auf die Datenintervalle der Klassen sind
sodann die Wahrscheinlichkeiten der stetigen Vergleichsverteilung zu ermitteln und in die
erwarteten Häufigkeiten umzurechnen, wie im folgenden Beispiel:

Zufallszahlengenerator

Mit einem als Zufallszahlengenerator eingesetzten Programm wurde ein Tableau für eine Monte-Carlo-Simulation erzeugt, das aus 100 Zahlen im Intervall [0; 1] besteht:

0,12	0,78	1,00	0,58	0,69	0,37	0,76	0,45	0,11	0,45
0,40	0,72	0,13	0,59	0,05	0,53	0,77	0,87	0,55	0,15
0,62	0,07	0,62	0,14	0,50	0,07	0,49	0,87	0,21	0,64
0,59	0,24	0,32	0,15	0,20	0,18	0,50	0,40	0,97	0,97
0,62	0,05	0,57	0,46	0,08	0,06	0,81	0,12	0,09	0,56
0,42	0,78	0,10	0,40	0,27	0,08	0,65	0,42	0,0	0,17
0,69	0,68	0,73	0,26	0,87	0,93	0,06	0,74	0,37	0,86
0,70	0,83	0,32	0,98	0,77	0,18	0,72	0,04	0,61	0,19
0,82	0,71	0,80	0,54	0,86	0,64	0,23	0,11	0,35	0,73
0,71	0,73	0,18	0,74	0,53	0,34	0,86	0,38	0,10	0,99

Als Mindestanforderung an einen Zufallszahlengenerator wird man verlangen, dass die erzeugten Zahlen im Referenzintervall gleichverteilt sind. Diese Verteilungsannahme soll getestet werden.

Über ihrem Definitionsbereich hat eine stetige Gleichverteilung eine konstante Wahrscheinlichkeitsdichtefunktion. Die Konstante ist so bemessen, dass das Maß der eingeschlossenen Fläche den Wert 1 annimmt (vgl. Abb. 7.8). Über dem Einheitsintervall [0; 1] nimmt die Dichtefunktion also ebenfalls den Wert 1 an.

1. Schritt: Hypothesenwahl und Festlegung des Signifikanzniveaus

  H_0: Die Zahlen des Tableaus sind stetig gleichverteilt im Intervall [0; 1].

  H_1: Die Zahlen des Tableaus sind nicht gleichverteilt.

  $\alpha = 0,05$

2. Schritt: Eine mögliche Klassenbildung besteht aus äquidistanten Klassen der Breite 0,1. Die erwarteten Häufigkeiten sind dann $f_i = 0,1$ für alle Klassen. Die beobachteten Häufigkeiten ergeben sich durch Einsortieren in die Klassen, die erwarteten Häufigkeiten stimmen gemäß $h_i^e = f_i \cdot n = 10$ überein (vgl. Tab. 10.3).

3. Schritt: Es sind für die Chi-Quadrat-verteilte Prüfgröße $v = 9$ Freiheitsgrade zu beachten. Als kritischer Wert ergibt sich $\chi^2_{9;0,95} = 16,92$. Die Gleichverteilungshypothese wird also für $\chi^2 \leq 16,92$ beibehalten.

4. Schritt: Die Prüfgröße nimmt den Wert

$$\chi^2 = \frac{(11-10)^2}{10} + \frac{(14-10)^2}{10} + \ldots + \frac{(6-10)^2}{10} = 6,2$$

an.

Tab. 10.3 Häufigkeitstabelle zum Anpassungstest auf stetige Gleichverteilung

K_i	[0; 0,1)	[0,1; 0,2)	[0,2; 0,3)	[0,3; 0,4)	[0,4; 0,5)	[0,5; 0,6)	[0,6; 0,7)	[0,7; 0,8)	[0,8; 0,9)	[0,9; 1,0)
h_i^o	11	14	7	9	9	9	11	14	10	6
f_i	0,1	0,1	0,1	0,1	0,1	0,1	0,1	0,1	0,1	0,1
h_i^e	10	10	10	10	10	10	10	10	10	10

5. Schritt: Die Prüfgröße unterschreitet den kritischen Wert, also steht das Zahlentableau mit der Gleichverteilungsannahme im Einklang.

Natürlich ist eine gleichverteilte Zahlenmenge nicht automatisch ein Zufallsprodukt. Beispielsweise ist die regelmäßige Zahlenfolge 0,01 – 0,02 – 0,03 – … – 0,99 – 1,00 sicherlich gleichverteilt, aber gewiss nicht zufallserzeugt.

Weiterführende Literatur

Bleymüller J, Gehlert G, Gülicher H (2012) Statistik für Wirtschaftswissenschaftler. Vahlen, München

Bleymüller J, Gehlert G (2011) Statistische Formeln, Tabellen und Programme. Vahlen, München

Fahrmeir L, Künstler R, Pigeot I, Tutz G (2009) Statistik. Springer, Heidelberg

Hartung J, Elpelt B, Klösener KH (2009) Statistik. Oldenbourg, München

Pflaumer P, Heine B, Hartung J (2001) Statistik für Wirtschafts- und Sozialwissenschaftler: Induktive Statistik. Oldenbourg, München

Piazolo M (2007) Statistik für Wirtschaftswissenschaftler. Verlag Versicherungswirtschaft, Karlsruhe

Schwarze J (2013) Grundlagen der Statistik – Wahrscheinlichkeitsrechnung und induktive Statistik. nwb-Verlag, Herne

Schwarze J (2013) Aufgabensammlung zur Statistik. nwb-Verlag, Herne

Statistik zweier Merkmale

11

Zusammenfassung

Größte Bedeutung hat die vergleichende Untersuchung mehrerer statistischer Merkmale, um Beziehungen und Abhängigkeiten zwischen ihnen aufzuspüren. Dabei können viele eindimensionale Verfahren weiterentwickelt werden. Mithilfe von Unabhängigkeitstests ist zunächst zu klären, ob zwischen verschiedenen Merkmalen überhaupt eine statistische Beziehung nachgewiesen werden kann. Anschließend ist die Intensität eines etwaigen Zusammenhangs zu bestimmen, was im Rahmen der Korrelationsrechnung geschieht. In Abhängigkeit vom Skalenniveau der verwendeten Daten kommen unterschiedliche Verfahren zum Einsatz, deren Prototypen jeweils vorgestellt werden. Abschließend wird mittels der Regressionsrechnung der Frage nach der Struktur oder einem möglichst geeigneten Erklärungsmodell für statistische Zusammenhänge nachgegangen.

In den bisherigen Kapiteln wurden die elementaren Methoden der Statistik eingeführt und zur Analyse einzelner Merkmale verwendet. Die Mehrzahl praktischer Anwendungen ist jedoch an Aussagen interessiert, die sich auf mehrere Merkmale gleichzeitig beziehen und die deren Wechselwirkungen und Abhängigkeiten zum Gegenstand haben. Die entscheidende Neuerung ist hierbei der Übergang von einem zu zwei Merkmalen. Die Verallgemeinerung auf mehr als zwei Merkmale, die man simultan untersuchen möchte, ist dann relativ zwanglos möglich, weswegen wir uns hier auf den Fall zweier Merkmale beschränken wollen. Dies hat unter anderem den Vorteil, dass zur Untersuchung zweier Merkmale Formen der grafischen Darstellung zur Verfügung stehen, die auf drei und mehr Merkmale nicht mehr ohne weiteres anwendbar bleiben.

A. Grimmer, *Statistik im Versicherungs- und Finanzwesen*, DOI 10.1007/978-3-658-02954-8_11, 219
© Springer Fachmedien Wiesbaden 2014

▸ In der Literatur existieren verschiedene konkurrierende Sprechweisen zur Unterscheidung der beiden Fälle „Statistik eines Merkmals" und „Statistik mehrerer Merkmale". Die Statistik eines Merkmals wird vielfach oft auch als eindimensionale Statistik oder als univariate Statistik bezeichnet. Für die Statistik mehrerer Merkmale sind auch die Bezeichnungen mehrdimensionale Statistik oder multivariate Statistik üblich. Multivariate Statistik wiederum trägt unter eher EDV-technischen Aspekten auch den Namen Data-Mining; in der betriebs- oder volks- und gesamtwirtschaftlichen Analyse spricht man von Ökonometrie. Für Verfahren der multivariaten Statistik sei z. B. auf [1] verwiesen.

11.1 Datenerhebung und zweidimensionale Häufigkeitsverteilungen

Es wird eine Grundgesamtheit betrachtet, deren Elemente die Merkmale X und Y aufweisen. Auch bisher haben wir schon Beispiele kennengelernt, bei denen die Merkmalsträger mehrere untersuchungsrelevante Merkmale tragen. Deren Werte können beispielsweise in Form einer Tabelle dargestellt werden, siehe etwa Tab. 4.7. Die Auswertung und grafische Präsentation erfolgte aber bisher immer nur auf der Basis einzelner Merkmale.

Wir gehen wieder davon aus, nur einwertige Merkmale zu betrachten, bei denen also jeder Merkmalsträger genau eine Ausprägung des Merkmals zeigt. Identifizieren wir einzelne Merkmalsträger wieder über einen Zählindex i, so liefert jeder von ihnen ein Wertepaar $(x_i; y_i)$. Bei quantitativen Merkmalen können diese als Messpunkte mit den Koordinaten x_i und y_i in einem Koordinatensystem mit Achsen für beide Merkmale markiert werden. Grundsätzlich können dabei natürlich wiederum verschiedene Merkmalsträger gleiche Ausprägungen haben.

Sparquote

Eine Bank möchte untersuchen, welche Abhängigkeit besteht zwischen den Jahreseinkommen X ihrer Kunden (in Euro) und der Sparquote Y, also dem Anteil des Einkommens, der nach Abzug aller Aufwendungen für die Lebenshaltung noch verbleibt. Das Diagramm der Messpunkte ergibt dann das Streuungsdiagramm der Abb. 11.1.

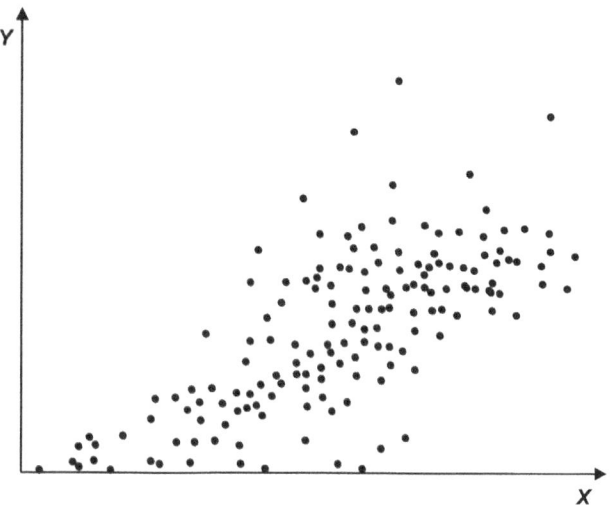

Abb. 11.1 Einkommen und Sparquote

Diese Form der Indexvergabe und Darstellung wird dann verwendet, wenn die Zuordnung von Merkmalsträgern und Messwertepaaren erkennbar und Merkmalsträger mit identischen Messwerten unterscheidbar bleiben sollen. Sie findet zudem Einsatz bei stetigen oder quasistetigen Merkmalen, bei denen Wertewiederholungen selten oder gar unmöglich sind.

Spielt die Identifikation einzelner Merkmalsträger keine Rolle, gelangt man wieder zum Konzept der Häufigkeitsverteilung. Liegen qualitative Merkmale mit endlich vielen Ausprägungen vor, werden statt der Merkmalsträger die verschiedenen Merkmalsausprägungen durchnummeriert:

$$x_i, i = 1, \dots, K \quad \text{bzw.} \quad y_j, j = 1, \dots, L \,.$$

Bei quasistetigen und stetigen Merkmalen ist dieses Vorgehen anwendbar, wenn wie im eindimensionalen Fall eine Klassifizierung der Daten vorgenommen wird. Tritt Merkmal X in K, Merkmal Y in L verschiedenen Ausprägungen oder Klassen auf, sind $K \cdot L$ Kombinationen zu berücksichtigen. Wie oft jede Kombination vorkommt, kann wieder in einer Häufigkeitstabelle dargestellt werden, die bei zwei Merkmalen die Gestalt einer Matrix annimmt. Mit $h_{ij} := h(x_i; y_i)$ wird die Häufigkeit bezeichnet, mit der das Wertepaar $(x_i; y_i)$ in den Daten vorkommt. Dabei steht der erste Index i für das Merkmal, welches in der Matrix von Zeile zu Zeile variiert (hier X), der zweite Index j für das Merkmal, das seine Ausprägungen spaltenweise wechselt (hier Y) (vgl. Tab. 11.1).

Die Häufigkeitstabelle kann grafisch veranschaulicht werden, etwa mithilfe eines perspektivischen Säulendiagramms. Im folgenden Beispiel treten die Ausprägungen „$X = 3$" und „$Y = 1{,}0$" bei insgesamt 6 Merkmalsträgern auf (vgl. Abb. 11.2).

Tab. 11.1   Muster einer Häufigkeitstabelle bei zwei Merkmalen

$X \downarrow Y \rightarrow$	y_1	y_2	...	y_L
x_1	$h_{11} = h(x_1; y_1)$	$h_{12} = h(x_1; y_2)$	...	$h_{1L} = h(x_1; y_L)$
x_2	$h_{21} = h(x_2; y_1)$	$h_{22} = h(x_2; y_2)$	...	$h_{2L} = h(x_2; y_L)$
...	...	...	...	...
x_K	$h_{K1} = h(x_K; y_1)$	$h_{K2} = h(x_K; y_2)$	...	$h_{KL} = h(x_K; y_L)$

Abb. 11.2 Zweidimensionales
Säulendiagramm

X↓ Y→	0,5	1,0	1,5	2,0
1	1	2	3	5
2	3	4	4	3
3	4	6	5	1
4	2	4	5	0
5	0	1	3	0

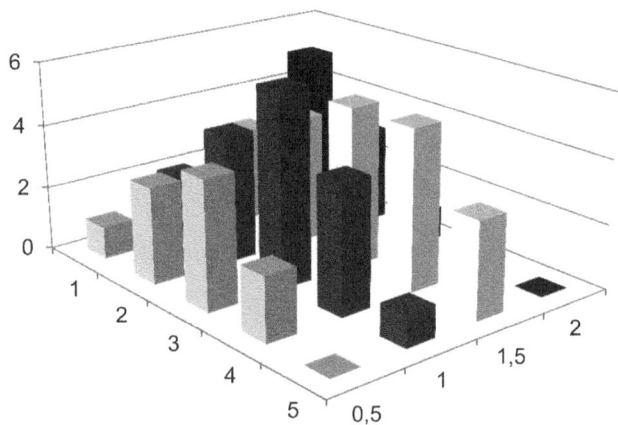

Ganz entsprechend werden durch

$$f_{ij} := \frac{h_{ij}}{n} \tag{11.1}$$

zweidimensionale Häufigkeiten definiert mit der Anzahl n aller Merkmalsträger. Es bestehen die Zusammenhänge

$$h_{11} + h_{12} + \cdots + h_{KL} = \sum_{i=1}^{K} \sum_{j=1}^{L} h_{ij} = n \quad \text{und} \quad \sum_{i=1}^{K} \sum_{j=1}^{L} f_{ij} = 1. \tag{11.2}$$

11.2   Statistischer Zusammenhang und statistische Abhängigkeit

Oft versucht man mithilfe statistischer Analysen zu Aussagen über die inhaltliche Beziehung zwischen verschiedenen Merkmalen zu gelangen.

Beispiel

- Welcher Zusammenhang besteht bei den Erwerbstätigen einer Großstadt zwischen dem Wohnviertel und dem erzielten Jahreseinkommen?
- Wie beeinflusst bei verschiedenen Aktienportfolios deren Zusammensetzung die Portfoliorendite und wie lässt sich diese möglicherweise steigern?
- Welche sozioökonomischen Merkmale beeinflussen unter volljährigen Einwohnern im Geschäftsgebiet der Kulanzia a. G. deren Bereitschaft zum Abschluss einer Berufsunfähigkeitsversicherung positiv?

Dabei stellt sich eine abgestufte Folge von Fragen:

1. Besteht überhaupt ein Zusammenhang zwischen den betrachteten Merkmalen?
2. Wie stark ist dieser Zusammenhang? In welchem Ausmaß sind die Ausprägungen eines Merkmals durch die des anderen Merkmals festgelegt?
3. Welche Form hat der Zusammenhang? Kann man ihn zumindest näherungsweise durch eine mathematische Funktion beschreiben und wie sieht diese aus?

Statistischer Zusammenhang bedeutet hierbei, dass sich die Werte des einen Merkmals tendenziell in Abhängigkeit von denen des anderen Merkmals realisieren. Tendenziell heißt hierbei, dass die Abhängigkeit keine streng deterministische ist. Solche deterministischen Abhängigkeiten treten vor allem bei naturwissenschaftlichen oder technischen Zusammenhängen auf. So kann beispielsweise die Beziehung zwischen den physikalischen Größen Temperatur und Energiegehalt eines Stoffs durch eine mathematische Funktion beschrieben werden. Diese Funktion ordnet einem bestimmten Wert der Größe Energiegehalt (X) eindeutig – bis auf Schwankungen, deren Ursachen im Messprozess selbst liegen – einen Wert der Größe Temperatur (Y) zu. Der Zusammenhang lässt sich für alle Messpunkte i in der Form

$$y_i = f(x_i) \qquad (11.3)$$

darstellen. Die Tendenz statistischer Zusammenhänge äußert sich demgegenüber darin, dass ein Wert x_i in verschiedenen Paaren von Messwerten mit unterschiedlichen Werten y_i des Merkmals kombiniert auftreten kann. Grafisch wird der erste Typ von Zusammenhängen durch einen Funktionsgraphen, statistischer Zusammenhang dagegen z. B. als Streuungsdiagramm („Punktewolke") dargestellt (vgl. Abb. 11.3).

Zur Illustration des statistischen Zusammenhangs wird das oben genannte Beispiel der Einkommensabhängigkeit vom Wohnort hier ausführlicher vorgestellt:

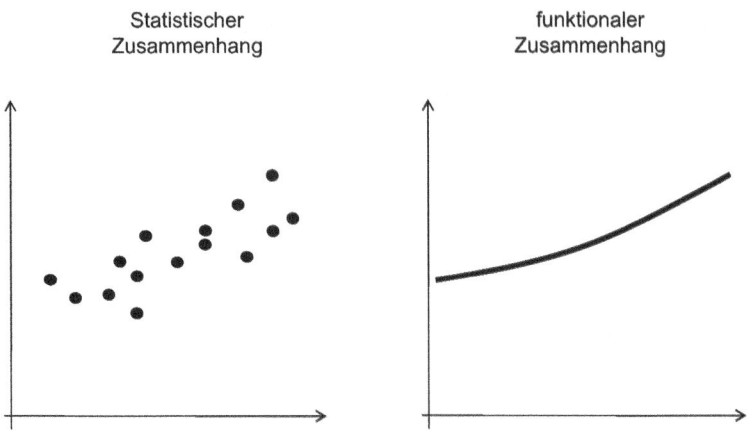

Abb. 11.3 Statistischer und funktionaler Zusammenhang

Wohnlageabhängige Einkommensverteilung

Bei 30 zufällig ausgewählten Einwohnern dreier Stadtteile der Stadt W. wurden die Jahreseinkommen erhoben. Tabelle 11.2 nennt gleichzeitig das nominalskalierte Merkmal des Wohnstadtteils.

Tab. 11.2 Einkommensdaten (in €) aus den Stadtteilen Nord (N.), Ost (O.) und Süd (S.) der Stadt W

Nr. 1	27.000	S.	11	38.000	O.	21	25.000	S.
2	45.000	N.	12	64.000	N.	22	45.000	S.
3	43.000	O.	13	12.000	S.	23	32.000	O.
4	32.000	S.	14	44.000	O.	24	81.000	O.
5	17.000	S.	15	78.000	S.	25	53.000	N.
6	52.000	O.	16	59.000	O.	26	29.000	O.
7	92.000	N.	17	21.000	S.	27	30.000	O.
8	21.000	O.	18	18.000	N.	28	110.000	N.
9	21.000	S.	19	74.000	O.	29	61.000	N.
10	54.000	O.	20	87.000	N.	30	61.000	O.

Offenbar gibt es in W.-Süd auch Personen mit höherem Einkommen als in W.-Nord. Ebenso ist aber offensichtlich, dass die Einkommen in Nord im Mittel höher liegen als in Süd. Dies veranschaulicht eine Darstellung der Einkommensverteilungen für die drei Stadtteile entlang eines Zahlenstrahls (vgl. Abb. 11.4). Da das Kriterium Ortsteil nur nominalskaliert ist, ergibt eine Darstellung als Punktwolke in einem zweidimensionalen Koordinatensystem hier keinen Sinn. Die Einkommensverteilung hängt demnach zumindest in der Testgruppe klar von der Wohnlage ab.

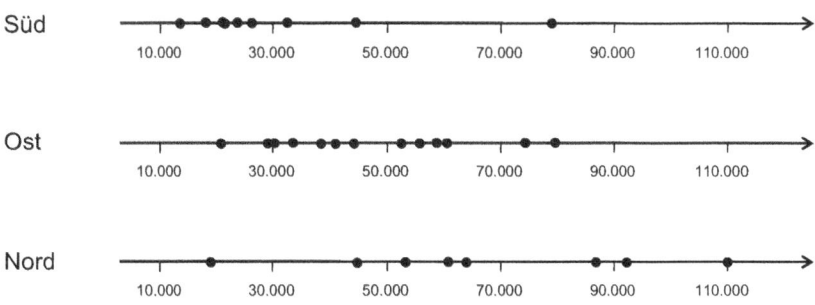

Abb. 11.4 Einkommensverteilung in W.

„Statistischer Zusammenhang" ist zunächst ein unscharfer Begriff, der in der Statistik auf das Begriffspaar der Abhängigkeit bzw. Unabhängigkeit von Merkmalen zurückgeführt wird. Da die betreffenden Konzepte in der beschreibenden und schließenden Statistik eng miteinander verwandt sind, wiederholen wir zunächst ein paar Sachverhalte aus der Wahrscheinlichkeitsrechnung: Dort hatten wir die stochastische Unabhängigkeit zweier Zufallsereignisse definiert (vgl. Abschn. 5.3.3). Zwei Ereignisse A und B sind demnach unabhängig, wenn die Wahrscheinlichkeit für das Eintreten von A nicht dadurch beeinflusst ist, ob B ebenfalls eintritt oder nicht, wenn also die bedingte Wahrscheinlichkeit von A bei gegebenem B mit der unbedingten Wahrscheinlichkeit übereinstimmt:

$$P(A, B) = P(A) \ . \tag{11.4}$$

Als gleichwertige Aussage hatte sich außerdem die Beziehung

$$P(A \cap B) = P(A) \cdot P(B) \tag{11.5}$$

ergeben. Das bedeutet, dass zwei Ereignisse genau dann stochastisch unabhängig sind, wenn die Wahrscheinlichkeit für den gleichzeitigen Eintritt gleich dem Produkt der beiden Einzelwahrscheinlichkeiten ist.

Erinnern wir uns an die enge Beziehung zwischen Wahrscheinlichkeiten und relativen Häufigkeiten, so können wir zu einer geeigneten Definition der Unabhängigkeit zweier Merkmale auf der Basis von Häufigkeitsverteilungen gelangen. Dazu gehen wir von einem konkreten Zahlenbeispiel aus.

Betriebliche Altersvorsorge

Ein Unternehmen bietet seinen Mitarbeitern Zuschüsse zu verschiedenen Vorsorgeprodukten an. Für die Grundgesamtheit der Mitarbeiter wird die simultane Häufigkeitsverteilung der beiden Merkmale „Vorsorgeprodukt" (X) und „Abteilungszugehörigkeit" (Y) betrachtet. Es gibt folgende Ausprägungen der beiden nominalskalierten Merkmale:

- x_1 = „Lebensversicherung", x_2 = „Rentenversicherung", x_3 = „Berufsunfähigkeitsversicherung";
- y_1 = „Produktion", y_2 = „Vertrieb", y_3 = „Kundendienst", y_4 = „Verwaltung"

Es ergibt sich damit die Matrix der absoluten Häufigkeiten gemäß Tab. 11.3:

Tab. 11.3 Betriebliche Altersvorsorge (absolute Häufigkeiten)

	y_1	y_2	y_3	y_4	$h_{i\bullet}$
x_1	$h_{11} = 24$	$h_{12} = 18$	$h_{13} = 12$	$h_{14} = 6$	$h_{1\bullet} = 60$
x_2	$h_{21} = 28$	$h_{22} = 21$	$h_{23} = 14$	$h_{24} = 7$	$h_{2\bullet} = 70$
x_3	$h_{31} = 16$	$h_{32} = 12$	$h_{33} = 8$	$h_{34} = 4$	$h_{3\bullet} = 40$
$h_{\bullet j}$	$h_{\bullet 1} = 68$	$h_{\bullet 2} = 51$	$h_{\bullet 3} = 34$	$h_{\bullet 4} = 17$	$n = 170$

Von den insgesamt 60 Besitzern einer Lebensversicherung arbeiten demnach 24 in der Produktion, 18 im Vertrieb usw. Insgesamt arbeiten 170 Personen in dem Unternehmen, von denen 68 in der Produktion arbeiten.

Division aller Werte durch $n = 170$ ergibt die korrespondierende Matrix der relativen Häufigkeiten gemäß Tab. 11.4:

Tab. 11.4 Betriebliche Altersvorsorge (relative Häufigkeiten)

	y_1	y_2	y_3	y_4	$f_{i\bullet}$
x_1	$f_{11} = 0{,}141$	$f_{12} = 0{,}106$	$f_{13} = 0{,}071$	$f_{14} = 0{,}035$	$f_{1\bullet} = 0{,}353$
x_2	$f_{21} = 0{,}165$	$f_{22} = 0{,}124$	$f_{23} = 0{,}082$	$f_{24} = 0{,}041$	$f_{2\bullet} = 0{,}412$
x_3	$f_{31} = 0{,}094$	$f_{32} = 0{,}071$	$f_{33} = 0{,}047$	$f_{34} = 0{,}024$	$f_{3\bullet} = 0{,}235$
$f_{\bullet j}$	$f_{\bullet 1} = 0{,}4$	$f_{\bullet 2} = 0{,}3$	$f_{\bullet 3} = 0{,}2$	$f_{\bullet 4} = 0{,}1$	$\Sigma = 1{,}0$

Die Zahlen der letzten Spalte bzw. Zeile in Tab. 11.4 enthalten Summenhäufigkeiten, die sich ergeben, wenn nur ein Merkmal betrachtet und gleichzeitig die Differenzierung nach den Ausprägungen des anderen Merkmals außer Acht gelassen werden. Die Zahlen der letzten Spalte bezeichnet man als Randverteilung für X, die der letzten Spalte als Randverteilung für Y. So stehen

$$h(x_i) = h_{i\bullet} = \sum_{j=1}^{L} h_{ij} \quad \text{bzw.} \quad h(y_j) = h_{\bullet j} = \sum_{i=1}^{K} h_{ij} \qquad (11.6)$$

für die Gesamtzahl der jeweiligen Abteilungsmitarbeiter bzw. die Gesamtzahl der Sparer in der jeweiligen Produktkategorie,

$$f(x_i) = f_{i\bullet} = \sum_{j=1}^{L} f_{ij} \quad \text{bzw.} \quad f(y_j) = f_{\bullet j} = \sum_{i=1}^{K} f_{ij} \qquad (11.7)$$

für die jeweiligen Anteile an der Gesamtbelegschaft. Die Häufigkeiten $h(x_3) = h_{3\bullet}$ bzw. $f(x_3) = f_{3\bullet}$ sagen also aus, dass 40 Mitarbeiter – das entspricht 23,5 % der Belegschaft – eine BU-Versicherung abgeschlossen haben. Die Randverteilungen der zweidimensionalen Häufigkeitsverteilung von X und Y stimmen mit den jeweiligen eindimensionalen Verteilungen von X bzw. Y überein, die sich ergäben, wenn das jeweils andere Merkmal von vornherein unberücksichtigt bliebe.

Neben den Absolut- bzw. Relativzahlen spielen für die Bewertung statistischer Zusammenhänge die sogenannten bedingten Häufigkeiten und deren Verteilungen eine maßgebliche Rolle. Dabei betrachtet man nur noch diejenigen Paare von Messwerten der zweidimensionalen Verteilung, bei denen eine konkrete Ausprägung x_i von X bzw. y_j von Y festgehalten wird. Interessant sind hierbei nur die bedingten relativen Häufigkeiten, die analog zu bedingten Wahrscheinlichkeiten definiert werden:

▶ **Bedingte relative Häufigkeitsverteilung** Es sei eine zweidimensionale relative Häufigkeitsverteilung $f(x_i; y_j)$ der beiden Merkmale X und Y gegeben. Dann nennt man die Häufigkeitsverteilung von X, die sich ergibt, wenn eine Ausprägung y_j von Y festgehalten wird, die bedingte relative Häufigkeitsverteilung von X unter y_j. Sie setzt sich zusammen aus allen bedingten relativen Häufigkeiten

$$f(x_i|y_j) = \frac{f(x_i; y_j)}{f(y_j)} = \frac{f_{ij}}{f_{\bullet j}} = \frac{h_{ij}}{h_{\bullet j}} \quad \text{für festes } y_j \text{ und alle } i = 1, \ldots, K. \tag{11.8}$$

Die Definition der bedingten relativen Häufigkeitsverteilung von Y unter x_i verläuft entsprechend, wobei jeweils eine konkrete Ausprägung x_i von X festgehalten bleibt.

Im Vorsorgebeispiel sparen 24 der 68 Produktionsmitarbeiter im Rahmen einer Lebensversicherung, das sind 35,3 %. Also beträgt die bedingte relative Häufigkeit der Lebensversicherungssparer unter den Produktionsmitarbeitern 0,353.

Als unabhängig wird man die beiden Merkmale sinnvollerweise dann betrachten, wenn alle bedingten relativen Häufigkeitsverteilungen von X zu gegebenem y mit der (unbedingten!) Randverteilung hinsichtlich X übereinstimmen, wenn also

$$f(x_i|y_j) = f(x_i) = f_{i\bullet} \quad \text{für alle } i \text{ und } j.$$

Dies bedeutet gerade, dass die Anteile der Ausprägungen von X nicht davon beeinflusst werden, welche Ausprägungen von Y sich realisieren.

Unabhängigkeit lässt sich gleichwertig für Y definieren, wenn also alle bedingten relativen Häufigkeitsverteilungen von Y zu gegebenem x_i mit der unbedingten Randverteilung hinsichtlich Y übereinstimmen,

$$f(y_j|x_i) = f(y_j) = f_{\bullet j} \quad \text{für alle } i \text{ und } j.$$

Abb. 11.5 Dreisatzprüfung der
empirischen Unabhängigkeit

	⋯	y_j	⋯	$h(x_i)$
⋮		⋮		⋮
x_i	⋯	h_{ij}	⋯	$h_{i\bullet}$
⋮		⋮		⋮
$h(y_j)$	⋯	$h_{\bullet j}$	⋯	n

X und Y sind abhängig, wenn sie nicht im Sinne einer der beiden obigen Festlegungen unabhängig sind.

▸ Zwei Merkmale X und Y sind entweder nach beiden Definitionsvarianten unabhängig oder nach beiden Definitionsvarianten abhängig.

Es ist also nicht möglich, dass sich X als abhängig von Y im Sinne der ersten Variante herausstellt, aber Y als unabhängig von X im Sinne der zweiten Variante.

Im Vorsorgebeispiel sehen wir beispielsweise, dass die bedingte Häufigkeit $f(x_2|y_3)$, also der Anteil der Rentenversicherungssparer an den Kundendienstmitarbeitern, bei $14/34 = 41{,}2\,\%$ liegt. Das ist genauso hoch wie der Anteil der Rentenversicherten an der Gesamtbelegschaft, nämlich $70/170$. Es ist eine Fleißarbeit nachzurechnen, dass es sich bei allen anderen bedingten Häufigkeiten $f(x_i|y_j)$ genauso verhält. Es kommt also nicht darauf an, ob wir bei der Bestimmung des Anteils einer Vorsorgeform die gesamte Belegschaft betrachten oder die einzelnen Abteilungen. Genau das entspricht dem anschaulichen Verständnis von Unabhängigkeit: Mit welcher Wahrscheinlichkeit ein Mitarbeiter eine Vorsorgeform wählt, hängt nicht von seiner Abteilungszugehörigkeit ab.

Ist eine absolute Häufigkeitsverteilung zweier Merkmale X und Y auf der Grundlage von n Merkmalsträgern gegeben, kann die Unabhängigkeit über einen allgemeinen Dreisatz (vgl. Abb. 11.5) formuliert werden.

▸ **Empirische Unabhängigkeit** Zwei Merkmale X und Y sind auf der Grundlage von n Merkmalsträgern empirisch unabhängig, wenn für alle möglichen Paare $(x_i; y_j)$ gilt:

$$\frac{h_{ij}}{h_{i\bullet}} = \frac{h_{\bullet j}}{n}, \quad i = 1, \ldots, K;\ j = 1, \ldots, L. \tag{11.9}$$

Äquivalent für empirische Unabhängigkeit ist die Formulierung

$$\frac{h_{ij}}{h_{\bullet j}} = \frac{h_{i\bullet}}{n}, \quad i = 1, \ldots, K;\ j = 1, \ldots, L. \tag{11.10}$$

Statistische Zusammenhänge werden also beschrieben, indem man den Begriff der Unabhängigkeit definiert; Merkmale, die nicht im Sinne der Definition unabhängig sind, sind automatisch abhängig. Warum definiert man nicht stattdessen den Abhängigkeitsbegriff?

Unabhängigkeit   **Abhängigkeit**

	y_1	y_2	$h(x_i)$
x_1	20	30	50
x_2	20	30	50
$h(y_j)$	40	60	100

	y_1	y_2	$h(x_i)$
x_1	19	31	50
x_2	21	29	50
$h(y_j)$	40	60	100

	y_1	y_2	$h(x_i)$
x_1	30	20	50
x_2	10	40	50
$h(y_j)$	40	60	100

Abb. 11.6 Beispiele für Abhängigkeitskonstellationen

Beim Blick auf obige Definition fällt auf, dass bei Unabhängigkeit alle Häufigkeiten h_{ij} durch die beiden Randverteilungen festgelegt sind, denn durch Auflösen des Dreisatzes folgt

$$h_{ij} = \frac{h_{i\bullet} \cdot h_{\bullet j}}{n} \ . \tag{11.11}$$

Zwei Merkmale können also bei gegebenen Randverteilungen nur auf genau eine Art unabhängig sein, hingegen sind normalerweise beliebig viele Häufigkeitsmatrizen denkbar, die die Unabhängigkeitsbedingungen nicht erfüllen, also eine abhängige Konstellation repräsentieren. So steht in Abb. 11.6 die linke Tabelle für die unabhängige Häufigkeitskonstellation, die beiden rechten dagegen für mögliche Abhängigkeiten innerhalb derselben Randverteilungen.

In obiger Definition ist von empirischer Unabhängigkeit die Rede. Dies müssen wir näher erläutern, denn die Begriffe Abhängigkeit und Unabhängigkeit können in der Statistik in unterschiedlichem Kontext verwendet werden:

Einerseits können sich diese Begriffe auf Grundgesamtheiten beziehen und damit sozusagen eine Gesetzmäßigkeit ausdrücken. In der deutschen Bevölkerung gibt es z. B. annähernd gleich viele Männer wie Frauen. Während aber der Anteil der Raucher unter Männern bei ca. 37 % liegt, beträgt er bei Frauen nur etwa 27 %. Die beiden Merkmale „Geschlecht" und „Person ist Raucher" sind also sicher voneinander abhängig. Da sich die Aussage auf eine Gesamtpopulation bezieht, können die relativen Häufigkeiten wie Wahrscheinlichkeiten interpretiert werden, wenn zufällig ausgewählte Personen betrachtet werden. Ein zufällig ausgewählter Mann wird demnach mit 37 %iger Wahrscheinlichkeit ein Raucher sein, eine zufällig ausgewählte Frau nur zu 27 %. Diesen Abhängigkeits- bzw. Unabhängigkeitsbegriff hatten wir in Abschn. 5.3.3 als stochastische Abhängigkeit bzw. Unabhängigkeit kennengelernt.

Empirische Abhängigkeit oder Unabhängigkeit bezieht sich demgegenüber immer nur auf konkrete Stichproben und kann nicht darüber hinaus verallgemeinert werden. Da die Zusammensetzung von Stichproben zufälligen Schwankungen unterliegt, kann eine Stichprobe auf Unabhängigkeit hindeuten, eine andere Stichprobe aus derselben Grundgesamtheit hingegen auf Abhängigkeit der Merkmale. Wählen wir etwa zwei Stichproben aus der Bevölkerung, die jeweils 10 Personen umfassen, so ist es gut möglich, dass beide Stichproben aus jeweils 5 Männern und Frauen bestehen. Im einen Fall könnten sich wiederum jeweils zwei Männer und Frauen als Raucher herausstellen: Das würde auf empirische Unabhängigkeit hindeuten, da der Anteil der Raucher unter Männern wie Frauen der Stichprobe 2/5, also 40 % beträgt. In der anderen Stichprobe könnte sich – rein zufallsbedingt – neben zwei rauchenden Männern nur eine rauchende Frau befinden, was eine empirische Abhängigkeit beider Merkmale anzeigen würde. Wie man trotz dieser Unwägbarkeit auf der Basis von Stichproben statistische Merkmale auf Abhängigkeit oder Unabhängigkeit testen kann, wird der folgende Abschnitt zeigen.

Zuvor müssen wir noch eine deutliche Warnung aussprechen, was die Übertragung statistischer Aussagen über den Zusammenhang von Merkmalen auf deren inhaltliche Beziehung in der realen Welt angeht. Konkret geht es dabei um die Bedeutungen von statistischer Abhängigkeit und kausalem (inhaltlichem) Zusammenhang. Beide stimmen nämlich nicht überein, und man kann weder allgemein aus statistischer Abhängigkeit auf kausalen Zusammenhang schließen, noch umgekehrt. Eine inhaltliche Abhängigkeit bedeutet, dass die Merkmale in einer Ursache-Wirkungs-Beziehung zueinander stehen. Besteht also eine Abhängigkeit, dann kann eine solche sachlogisch nur in einer Richtung bestehen. Entweder ist demnach Y eine kausale Folge der kausalen Ursache für X, oder es ist X eine kausale Folge der kausalen Ursache Y: Der Hammerschlag treibt den Nagel in die Wand, nicht umgekehrt. Statistische Abhängigkeit ist hingegen ebenso wie statistische Unabhängigkeit eine symmetrische Beziehung – hängt X statistisch von Y ab, so auch Y von X. Abgesehen davon kann eine statistische Untersuchung stets nur zahlenmäßige Indizien für Zusammenhänge liefern. Erst sachliche Überlegungen, die die konkreten Eigenschaften der Untersuchungssituation berücksichtigen, gestatten aber die Entscheidung, ob dem statistischen Zusammenhang auch ein inhaltlicher entspricht.

Beobachtet man einen statistischen Zusammenhang, ohne dass sich ein Kausalzusammenhang begründen lässt, liegt eine sogenannte Scheinkorrelation vor. Scheinkorrelationen treten in verschiedener Gestalt auf:

1. Unsinns- oder Nonsenskorrelationen: Es besteht ein rechnerischer Zusammenhang zwischen den Merkmalen, der allerdings auf zufälligen Effekten, der Stichprobenauswahl oder auf Messungenauigkeiten basiert. Eine Kausalbeziehung liegt aber nicht vor.
2. Gemeinsamkeitskorrelationen: Zwischen den korrelierten Merkmalen besteht kein unmittelbarer kausaler Zusammenhang, beide hängen aber inhaltlich von einem dritten Merkmal ab.
3. Inhomogenitätskorrelationen: Der statistische Zusammenhang beruht auf einer inhomogenen Zusammensetzung der untersuchten Gesamtheit. Inhomogenitätskorrelationen können auch als Variante der Gemeinsamkeitskorrelationen aufgefasst werden.

Gemeinsamkeitskorrelation

Es ist statistisch nachweisbar, dass in Privathaushalten ein Zusammenhang zwischen Aktienvermögen und der Wohnungsgröße besteht. Natürlich gibt es in einem Haushalt nicht deshalb mehr Aktien im Depot, „weil" die Wohnung größer ist als in einem Vergleichshaushalt; auch die umgekehrte Kausalität gilt nicht. Stattdessen hängen beide

Merkmale ursächlich vom verfügbaren Einkommen ab. Das gemeinsame Hintergrundmerkmal (hier das Einkommen), von dem die beiden Hauptmerkmale (hier: Aktienvermögen und Wohnungsgröße) abhängen, wird als Drittvariable bezeichnet.

Inhomogenitätskorrelation

Die Einkommenshöhe hängt in Deutschland statistisch recht auffällig von der Körpergröße der Arbeitnehmer ab: Personen mit größerer Körperlänge verdienen in der Tendenz mehr als kleinere Personen. Betrachtet man aber die Situation getrennt nach Geschlechtern, verschwindet dieser Zusammenhang fast völlig. Aufgrund abweichender Schwerpunkte bei der Berufswahl sind aber die Durchschnittseinkommen von Männern und Frauen verschieden, weil Frauen bevorzugt in weniger gut bezahlten Berufen arbeiten als Männer. Dieser Typ der Scheinkorrelation basiert also darauf, dass die Grundgesamtheit hinsichtlich eines weiteren Merkmals (hier: des Geschlechts der Arbeitnehmer) nicht homogen ist. Man kann ihn als Spezialfall der Gemeinsamkeitskorrelation auffassen, bei der eine Drittvariable die diskreten Ausprägungen des inhomogenen Merkmals annimmt.

11.3 Unabhängigkeitstests

Hinsichtlich der stochastischen Abhängigkeit zweier Merkmale in Grundgesamtheiten und der empirischen Abhängigkeit dieser Merkmale in Stichproben, die dieser Grundgesamtheit entnommen wurden, können alle vier möglichen Kombinationen auftreten:

- Es liegt tatsächlich stochastische Abhängigkeit (oder Unabhängigkeit) vor, und der empirische Befund der Stichprobe deutet übereinstimmend auf Abhängigkeit (oder Unabhängigkeit) hin.
- Trotz stochastischer Unabhängigkeit zeigt sich in der Stichprobe empirische Abhängigkeit.
- Trotz stochastischer Abhängigkeit zeigt sich in der Stichprobe empirische Unabhängigkeit.

Die beiden letzten Fälle kann man gewissermaßen als irrtümliche Testentscheidung betrachten, wenn man die Auswertung der Stichprobe als Test auf Abhängigkeit bzw. Unabhängigkeit der untersuchten Merkmale in der Grundgesamtheit interpretiert.

Dieser Sachverhalt soll nun benutzt werden, um ein geeignetes Testverfahren zu konstruieren, mit dessen Hilfe die Frage geklärt werden kann, ob zwei statistische Merkmale X und Y im stochastischen Sinne abhängig sind oder nicht. Dazu wird wiederum eine Zufallsstichprobe ausgewählt und deren zweidimensionale Häufigkeitsverteilung bestimmt.

Die Nullhypothese besteht in der Annahme, dass beide Merkmale unabhängig sind, die Alternativhypothese in der Annahme ihrer Abhängigkeit. Der Grund für diese und nicht etwa die umgekehrte Hypothesenwahl liegt wieder darin, dass die Nullhypothese durch genau eine Häufigkeitsverteilung der Stichprobe repräsentiert wird: die per Dreisatz aus den beiden beobachteten Randverteilungen abgeleitete Referenzverteilung h_{ij}^e der erwarteten Häufigkeiten (wobei das hochgestellte e wie beim Chi-Quadrat-Anpassungstest für „expected" steht):

$$\frac{h_{ij}^e}{h_{i\bullet}} = \frac{h_{\bullet j}}{n}, \quad i = 1, \ldots, K; \ j = 1, \ldots, L \ . \tag{11.12}$$

Diese Referenzverteilung entspricht also gerade der in Abschn. 11.2 definierten empirischen Unabhängigkeit. Die Referenzverteilung wird wieder mit der tatsächlichen empirischen Häufigkeitsverteilung h_{ij}^o (o: „observed") verglichen. Als Vergleichskennzahl kann die schon aus Kap. 10 bekannte Größe χ^2 dienen, welche im Wesentlichen aus den gewichteten Differenzquadraten aller h_{ij}^o und h_{ij}^e besteht. Erneut wird dabei verwendet, dass bei angenommener Gültigkeit der Nullhypothese, also bei stochastischer Unabhängigkeit beider Merkmale in der Grundgesamtheit, in einer Stichprobe zufallsbedingt Abweichungen von der exakten empirischen Unabhängigkeit auftreten. Die Prüfgröße χ^2 ist auch in diesem Fall Chi-Quadrat-verteilt. Durch Festlegung einer Irrtumswahrscheinlichkeit, dem Signifikanzniveau α, wird dafür wieder ein positiver Annahmebereich $\left[0; \chi_{1-\alpha;\nu}^2\right]$ bestimmt, der die Werte der Prüfgröße all jener empirisch abhängigen Häufigkeitsverteilungen h_{ij}^o umfasst, die noch als mit der Nullhypothese vereinbar gelten können. Da jedoch die Häufigkeitsverteilungen jetzt, anders als beim Chi-Quadrat-Anpassungstest, zweidimensional sind, muss zur Erhebung des richtigen kritischen Werts $\chi_{1-\alpha;\nu}^2$ die Zahl ν der Freiheitsgrade anders ermittelt werden. Diese ist in dieser Testkategorie durch

$$\nu = (K - 1) \cdot (L - 1) \tag{11.13}$$

gegeben. Den Umstand, dass χ^2 mit zunehmender empirischer Abhängigkeit anwächst, werden wir in Abschn. 11.4.2 verwenden, um die Intensität der Abhängigkeit zwischen Merkmalen zu messen.

Zahnzusatzversicherungen in der privaten Krankenversicherung

Ein Krankenversicherungsunternehmen verkauft seit kurzem an gesetzlich Krankenversicherte Zahnzusatzversicherungen als Standardtarif Z1 und in erweiterten Tarifvarianten Z1A und Z1B. Die Marketingabteilung möchte herausfinden, ob bei der Kaufpräferenz eine Altersabhängigkeit der Versicherungsnehmer zu beobachten ist, ob also eine Markenpräferenz in verschiedenen Altersklassen erwacht. Im Bestand befinden sich gegenwärtig 1200 Versicherungen, darunter beispielsweise 28-mal der Tarif Z1 in der Altersgruppe der 30- bis 40-Jährigen. Insgesamt ergibt sich aus dem Bestand die zweidimensionale Häufigkeitsverteilung gemäß Tab. 11.5. Eine solche Darstellung wird auch als Kontingenztabelle bezeichnet.

Tab. 11.5 Zahnzusatzversicherungen (beobachtete Vertriebszahlen)

Altersgruppe → Zahnzusatztarif ↓	[20; 30)	[30; 40)	[40; 50)	[50; 60)	[60; 70]	$h_{i\bullet}^{o}$
Z1	28	86	187	172	67	540
Z1A	11	58	56	80	35	240
Z1B	21	96	117	108	78	420
$h_{\bullet j}^{o}$	60	240	360	360	180	$n = 1200$

Man sieht sofort durch Überprüfen der Dreisatzbedingung für einzelne Häufigkeiten, dass die beiden Merkmale empirisch abhängig sind, z. B. gilt gleich für die erste Zelle der Zeile Z1 links oben

$$\frac{28}{540} \neq \frac{60}{1200} \, .$$

Ausgehend von der Nullhypothese H_0: Die Merkmale „Zahnzusatztarif" (X) und „Altersgruppe" (Y) sind unabhängig, wird aus den beiden empirischen Randverteilungen per Dreisatz die Matrix der erwarteten Häufigkeiten h_{ij}^{e} berechnet (Tab. 11.6) und mit den beobachteten Häufigkeiten h_{ij}^{o} verglichen.

Tab. 11.6 Zahnzusatzversicherungen (erwartete Vertriebszahlen)

Altersgruppe → Zahnzusatztarif ↓	[20; 30)	[30; 40)	[40; 50)	[50; 60)	[60; 70]	$h_{i\bullet}^{e}$
Z1	27	108	162	162	81	540
Z1A	12	48	72	72	36	240
Z1B	21	84	126	126	63	420
$h_{\bullet j}^{e}$	60	240	360	360	180	$n = 1200$

Wie beim Chi-Quadrat-Anpassungstest gilt auch hier: Allein durch Zufallseffekte wird in der Stichprobe auch bei Gültigkeit der Nullhypothese, d. h. bei Unabhängigkeit der Merkmale in der Grundgesamtheit, eine Häufigkeitsmatrix entstehen, die mit der empirisch unabhängigen nicht exakt übereinstimmt. Der Annahmebereich sollte also wieder so bemessen werden, dass er χ^2-Werte umfasst, die für mildere Formen der empirischen Abhängigkeit stehen – also für Stichprobenhäufigkeiten, die nicht zu stark von denen bei exakter Unabhängigkeit abweichen. Die Größe des Annahmebereichs kann damit wieder in Abhängigkeit von der Anzahl der Freiheitsgrade und dem geforderten Sicherheitsniveau gesteuert werden, welches zuvor festgelegt werden muss.

Die Zahl der Freiheitsgrade ergibt sich aus der Zeile (3) und Spalte (5) der Häufigkeitsmatrix zu

$$v = (K-1) \cdot (L-1) = 2 \cdot 4 = 8 \, ,$$

als Signifikanzniveau nehmen wir, wie verbreitet üblich, $\alpha = 0{,}05$, also $1 - \alpha = 0{,}95$ und damit

$$\chi^2_{v;1-\alpha} = \chi^2_{8;0,95} = 15{,}51 \; .$$

Da die Prüfgröße in der Stichprobe den Wert

$$\chi^2 = \frac{(28-27)^2}{27} + \frac{(11-12)^2}{12} + \cdots + \frac{(78-63)^2}{63} = 0{,}037 + 0{,}083 + \cdots + 3{,}571 = 26{,}55$$

erreicht (außerhalb des Annahmebereichs), kann man nicht mehr von der Unabhängigkeit beider Merkmale ausgehen. Statistisch liegt also ein klarer Einfluss der Altersgruppe auf die Tarifwahl vor.

Das soeben am Beispiel erläuterte Vorgehen sei abschließend noch einmal als geschlossenes Testschema dargestellt:

▶ **Ablaufschema für den Chi-Quadrat-Unabhängigkeitstest**

    1. Schritt: Festlegung des Signifikanzniveaus α, Formulierung der Testhypothesen
             H_0: Die Merkmale X und Y sind stochastisch unabhängig.
             H_1: Die Merkmale X und Y sind stochastisch abhängig.
    2. Schritt: Berechnung der erwarteten Vergleichshäufigkeit H^e_{ij} zu jeder der $K \cdot L$ kombinierten Merkmalsausprägungen $(x_i; y_j)$ mit empirischen Häufigkeiten h^o_{ij}. Die Berechnung erfolgt mithilfe der Randverteilungen

$$h_{i\bullet} = \sum_{j=1}^{L} h^o_{ij} \quad \text{(zeilenweise)} \tag{11.14}$$

        bzw.

$$h_{\bullet j} = \sum_{i=1}^{K} h^o_{ij} \quad \text{(spaltenweise)} \tag{11.15}$$

        über den Ansatz

$$h^e_{ij} = \frac{h_{i\bullet} \cdot h_{\bullet j}}{n}, \quad i = 1, \ldots, K; \; j = 1, \ldots, L \tag{11.16}$$

        Die Darstellung kann z. B. in einer gemeinsamen Kontingenztafel erfolgen (vgl. Abb. 11.7).
    3. Schritt: Bestimmung der Anzahl $v = (K - 1) \cdot (L - 1)$ der Freiheitsgrade und des kritischen Werts $\chi^2_{v;1-\alpha}$, damit Festlegung des Annahmebereichs $\left[0; \chi^2_{v;1-\alpha}\right]$ und des Ablehnungsbereichs $\left(\chi^2_{v;1-\alpha}; \infty\right)$
    4. Schritt: Berechnung der Prüfgröße χ^2
    5. Schritt: Testentscheidung
             $\chi^2 \leq \chi^2_{v;1-\alpha}$: Die Unabhängigkeitsannahme beider Merkmale wird akzeptiert.
             $\chi^2 > \chi^2_{v;1-\alpha}$: Die Unabhängigkeitsannahme beider Merkmale wird abgelehnt.

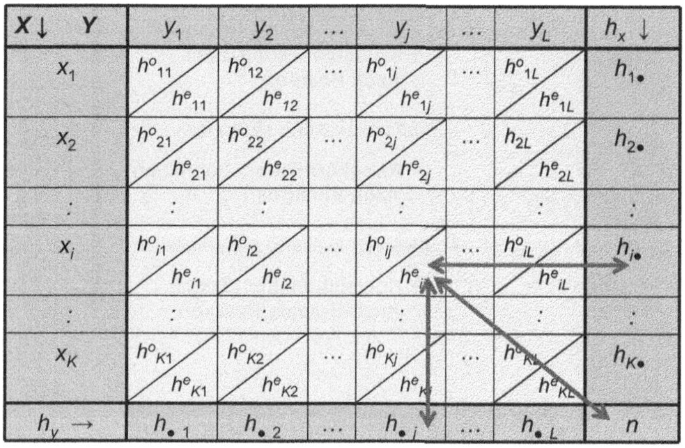

$X\downarrow$ Y	y_1	y_2	$\cdots$	y_j	$\cdots$	y_L	$h_x\downarrow$
x_1	$h^o{}_{11}$ / $h^e{}_{11}$	$h^o{}_{12}$ / $h^e{}_{12}$	$\cdots$	$h^o{}_{1j}$ / $h^e{}_{1j}$	$\cdots$	$h^o{}_{1L}$ / $h^e{}_{1L}$	$h_{1\bullet}$
x_2	$h^o{}_{21}$ / $h^e{}_{21}$	$h^o{}_{22}$ / $h^e{}_{22}$	$\cdots$	$h^o{}_{2j}$ / $h^e{}_{2j}$	$\cdots$	h_{2L} / $h^e{}_{2L}$	$h_{2\bullet}$
$\vdots$	$\vdots$	$\vdots$		$\vdots$		$\vdots$	$\vdots$
x_i	$h^o{}_{i1}$ / $h^e{}_{i1}$	$h^o{}_{i2}$ / $h^e{}_{i2}$	$\cdots$	$h^o{}_{ij}$ / $h^e{}_{ij}$	$\cdots$	$h^o{}_{iL}$ / $h^e{}_{iL}$	$h_{i\bullet}$
$\vdots$	$\vdots$	$\vdots$		$\vdots$		$\vdots$	$\vdots$
x_K	$h^o{}_{K1}$ / $h^e{}_{K1}$	$h^o{}_{K2}$ / $h^e{}_{K2}$	$\cdots$	$h^o{}_{Kj}$ / $h^e{}_{Kj}$	$\cdots$	$h^o{}_{KL}$ / $h^e{}_{KL}$	$h_{K\bullet}$
$h_y\rightarrow$	$h_{\bullet 1}$	$h_{\bullet 2}$	$\cdots$	$h_{\bullet j}$	$\cdots$	$h_{\bullet L}$	n

Abb. 11.7 Kontingenztafel

Wie alle Testverfahren, so liefert auch ein Unabhängigkeitstest keinen Beweis der Gültigkeit einer der beiden Hypothesen, sondern ermöglicht nur eine statistische Aussage, die mit einer gewissen Wahrscheinlichkeit auch falsch sein kann.

11.4 Korrelationsrechnung

11.4.1 Grundlagen

Im vorigen Abschnitt haben wir ein Verfahren kennengelernt, um zu prüfen, ob zwischen zwei Merkmalen überhaupt ein statistischer Zusammenhang vorliegt. Der gebräuchliche Fachausdruck für statistischen Zusammenhang lautet Korrelation. Ist eines der beiden Merkmale nur nominal skaliert, spricht man auch von Kontingenz. Über die Stärke des statistischen Zusammenhangs können wir bisher noch keine Aussagen machen. Er ist umso stärker, je mehr die Datenverteilung von der perfekten Unabhängigkeit abweicht. Abb. 11.6 dokumentiert dies beispielhaft: Während die mittlere Tabelle offenbar nur geringfügig vom unabhängigen Zustand abweicht, ist die Abweichung der rechten Tabelle deutlich größer.

Bei Unabhängigkeit zweier Merkmale ist deren Zusammenhang am schwächsten ausgeprägt, denn er ist schlichtweg nicht vorhanden. Andererseits liegt die stärkste Form von Zusammenhang dann vor, wenn ein Merkmal (Y) vollständig durch das andere (X) festgelegt ist, also ein funktionaler Zusammenhang vorliegt: $Y = f(X)$. Zwischen diesen beiden Extremformen sind alle Abstufungen denkbar. Aufgrund dieser Festlegungen haben Korrelationsmaße, die die Stärke des Zusammenhangs messen, im Idealfall folgende Eigenschaften:

Abb. 11.8 Zusammenhangsmaße nach Skalentyp

- Nominal skalierte Merkmale

  → **Kontingenzkoeffizient
    nach Pearson**

- Ordinal skalierte Merkmale

  → **Rangkorrelationskoeffizient
    nach Spearman**

- Metrisch skalierte Merkmale

  → **Korrelationskoeffizient
    nach Bravais-Pearson**

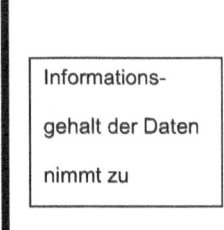

Informations-

gehalt der Daten

nimmt zu

- Ist kein statistischer Zusammenhang gegeben, sodass also vollständige Unabhängigkeit beider Merkmale vorliegt, sollte das Korrelationsmaß den Wert 0 annehmen.
- Bei Abhängigkeit sollte das Maß einen positiven Wert liefern, und zwar umso höher, je stärker der Zusammenhang ist.
- Damit das Korrelationsmaß nicht beliebig groß wird, sollte es auf einen Maximalwert normiert werden. Dieser Maximalwert steht dann für vollständige Abhängigkeit der Merkmale. Zum Zweck der Vergleichbarkeit bemüht man sich, die gängigen Korrelationsmaße auf den Maximalwert 1 zu eichen.

Die Messung der Stärke der Korrelation hängt von der Beschaffenheit der Daten ab, sodass nominale, ordinale und metrische Datenskalen jeweils eigene Ansätze erfordern. Tatsächlich können für unterschiedlichste Problemklassen eigene Zusammenhangsmaße definiert werden. Im Rahmen dieser Einführung sollen daher für jeden Skalentyp nur die wichtigsten Vertreter behandelt werden, deren Funktionsweise sich anschaulich motivieren lässt. Es sind dies die folgenden (Abb. 11.8).

11.4.2   Kontingenzkoeffizient nach Pearson

Die Korrelationsmessung kann generell unter Rückgriff auf eine zweidimensionale Häufigkeitsverteilung, also mithilfe einer Kontingenztabelle erfolgen. Ist wenigstens eins der beiden untersuchten Merkmale nur nominal skaliert, ist man sogar auf Größen wie die Kontingenzmaße angewiesen, denn sie verwenden keine Information außer den reinen Häufigkeiten.

Für den Unabhängigkeitstest aus Abschn. 11.3 hatten wir die gewichteten Differenzquadrate aus den beobachteten und den bei Unabhängigkeit beider Merkmale erwarteten Häufigkeiten zur Chi-Quadrat-verteilten Prüfgröße χ^2 zusammengefasst. Der Chi-Quadrat-Unabhängigkeitstest hatte diese Größe nur für eine Ja-Nein-Entscheidung verwendet, aber nicht die Frage beantwortet, wie stark eine evtl. bestehende Abhängigkeit ist.

Dies ist auf sehr einfache Art und Weise möglich, indem man die Prüfgröße modifiziert. Diese kann zwar nicht negativ werden, jedoch beliebig große Werte annehmen, da sie auf absoluten Häufigkeiten beruht. Deshalb wird χ^2 im folgenden Sinne normiert:

▸ **Kontingenzkoeffizient nach Pearson (C)**

$$C = \sqrt{\frac{\chi^2}{\chi^2 + n}} \qquad (11.17)$$

▸ **Korrigierter Kontingenzkoeffizient nach Pearson (C_{corr})**

$$C_{corr} = C \cdot \sqrt{\frac{\min(K, L)}{\min(K, L) - 1}} \qquad (11.18)$$

Hierbei steht n für die Gesamtzahl der Messwertepaare, K und L für die Zahl der Zeilen und Spalten der Kontingenztabelle.

Für $\chi^2 = 0$ verschwinden beide Koeffizienten. $C > 0$ zeigt eine empirische Abhängigkeit beider Merkmale an. Während aber stets $C < 1$ gilt, bewirkt der von der Größe der Kontingenztabelle abhängige Korrekturfaktor die einheitliche Normierung

$$0 \le C_{corr} \le 1. \qquad (11.19)$$

Zielgruppenanalyse von Versicherungstarifen

Ein Versicherungsunternehmen nimmt eine Bestandsauswertung hinsichtlich der Priorität verschiedener Berufsgruppen (X) für die Varianten eines BU-Tarifs (Y) vor. Folgende Häufigkeitsverteilung (Tab. 11.7) wird ermittelt und jeweils der erwarteten Häufigkeit unter Unabhängigkeit gegenübergestellt. Die Berufsgruppenstufen stehen dabei nach verbreiteter Konvention für akademische Berufe mit geringem Risiko (1), kaufmännische Berufe und Berufe mit wenig körperlicher Arbeit (2), körperliche Tätigkeit bei leicht erhöhter Gefahr (3), schwere körperliche Tätigkeit bei hoher Unfallgefahr (4) und stark gefährdete Berufe (5).

Tab. 11.7 Tarifpräferenzen in der Berufsunfähigkeitsversicherung (h_{ij}^o vs. h_{ij}^e)

Tarifvariante (Y) → \ Berufsgruppe (X) ↓	Basis		Standard		Komfort		h_x
1	54	80,3	88	68,2	94	87,5	236
2	75	80,6	46	68,5	116	87,8	237
3	63	60,2	55	51,2	59	65,6	177
4	50	37,1	32	31,5	27	40,4	109
5	38	21,8	17	18,5	9	23,7	64
h_y	280		238		305		823

Der erste Eindruck der beobachteten Häufigkeiten zeigt, dass die risikoarmen Berufe eher den Komforttarif wählen als den Basis- oder Standardtarif; bei den gefahrenträchtigen Berufen ist es umgekehrt. Das deutet bereits auf eine Abhängigkeit beider Kriterien hin. Es ergibt sich für die Prüfgröße der Wert

$$\chi^2 = \frac{(54 - 80{,}3)^2}{80{,}3} + \frac{(88 - 68{,}2)^2}{68{,}2} + \cdots + \frac{(9 - 23{,}7)^2}{23{,}7} = 62{,}97 \, .$$

Des Weiteren errechnen sich mit $K = 5$ und $L = 3$ die beiden Kontingenzkoeffizienten zu

$$C = \sqrt{\frac{62{,}97}{62{,}97 + 823}} = 0{,}27$$

und

$$C_{\text{corr}} = 0{,}27 \cdot \sqrt{\frac{\min(5;3)}{\min(5;3) - 1}} = 0{,}27 \cdot \sqrt{\frac{3}{3 - 1}} = 0{,}33 \, .$$

Eine Korrelation von 33 %ist ein eher schwacher Wert. Mittlere Korrelationen liegen im Bereich zwischen 50 und 80 %. Darüber spricht man von starker Korrelation. Der maximal mögliche Wert von 100 % stellt damit einen funktionalen (deterministischen) Zusammenhang dar: Ein Merkmal kann dann vollständig aus dem anderen abgeleitet werden.

Die Korrelationsmessung mithilfe des Kontingenzkoeffizienten setzt eine zweidimensionale Häufigkeitsverteilung voraus und damit eine endliche Anzahl maßgeblicher Ausprägungen bei beiden Merkmalen. Das ist bei nominal und ordinal skalierten Daten in aller Regel der Fall. Auch bei diskreten metrischen Merkmalen mit wenigen Ausprägungen (wie z. B. beim Würfelexperiment) gibt es keine Schwierigkeiten. Bei quasistetigen oder stetigen Merkmalen hingegen muss die Zahl der zu berücksichtigenden Ausprägungen zunächst durch eine geeignete Klassenbildung verkleinert werden.

11.4.3 Korrelationskoeffizient nach Bravais-Pearson

Der Kontingenzkoeffizient nach Pearson beinhaltet nur, dass unterschiedliche Kombinationen von Ausprägungen existieren und mit ihren jeweiligen Häufigkeiten erfasst sind. Untersucht man ordinal oder metrisch skalierte Merkmale, bleiben die Messwerte selbst aber unberücksichtigt, die Korrelationsmessung arbeitet dann also mit einem Informationsverlust. Um die Daten selber und nicht nur ihre Häufigkeiten für die Zusammenhangsbestimmung auszuwerten, bedarf es Messgrößen, die speziell für höhere als das nominale Skalenniveau konstruiert sind. Bevor wir jedoch deren Idee skizzieren, sei noch kurz auf einige Eigenschaften metrischer Daten eingegangen, die bei der Korrelationsmessung wichtig sind.

Zweidimensionale metrische Daten lassen sich im Streuungsdiagramm als Punktewolke darstellen. Schon diese Diagrammform erlaubt es, eine Zusammenhangstendenz abzulesen (vgl. Abb. 11.9).

Abb. 11.9 Zusammenhangs-
tendenzen im Streuungsdiagramm

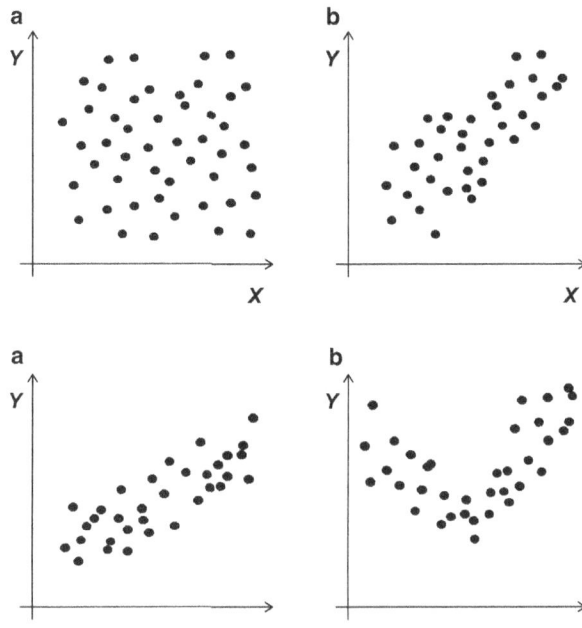

Abb. 11.10 Gestalt statistischen Zusammenhangs

Abbildung 11.9a lässt keinen Zusammenhang zwischen den Merkmalen erkennen, während in Abb. 11.9b eine positive Beziehung besteht, da ansteigende x-Werte in der Tendenz auch mit steigenden y-Werten einhergehen. Bei einer abwärts gerichteten Punktewolke würden ansteigende x-Werte hingegen mit fallenden y-Werten korrespondieren.

Liegt ein Zusammenhang vor, ist dessen Gestalt im einfachsten Fall linear, d. h. die Punkte scheinen um eine Gerade zu streuen (vgl. Abb. 11.10a). Aber auch nichtlineare Zusammenhänge sind denkbar. So streuen die Messpunkte in Abb. 11.10b anscheinend um eine konvex (aufwärts) gekrümmte Kurve. Ist die Form des Zusammenhangs aus den Messpunkten nicht sehr klar oder gar nicht abzulesen, können evtl. inhaltliche Überlegungen weiterhelfen. Ist die Form des Zusammenhangs dagegen nicht zweifelsfrei zu identifizieren, sprechen Vereinfachungsgründe in der Regel dafür, einen linearen Zusammenhang zu unterstellen.

Schließlich gibt das Streuungsdiagramm auch über die Intensität eines Zusammenhangs Auskunft. Je größer diese ist, je weiter also die Beziehung zwischen den Merkmalen in die Nähe eines streng funktionalen Zusammenhangs kommt, umso enger konzentrieren sich die Messpunkte um eine entsprechende Funktion. Abbildung 11.11 stellt dies für den Fall des linearen Zusammenhangs dar, bei dem der funktionale Zusammenhang durch eine Gerade beschrieben werden kann. Bei starkem Zusammenhang streuen die Messpunkte also enger um eine Gerade als bei schwächerem Zusammenhang.

Zusammenhangsmaße für metrische Daten beurteilen grundsätzlich die gegebenen Daten im Hinblick auf einen bestimmten funktionalen Zusammenhangstyp. Man prüft also

Abb. 11.11 Intensität statistischen Zusammenhangs im linearen Fall

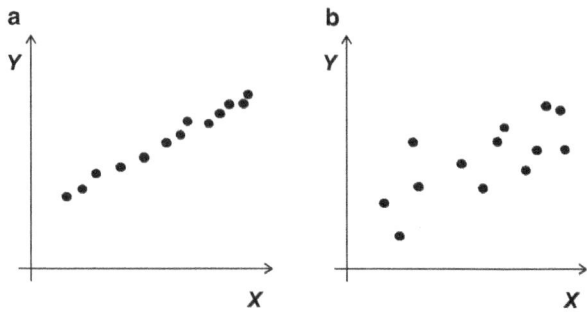

die Stärke eines linearen, quadratischen, exponentiellen etc. Zusammenhangs. Mit der Beschreibung einer den Zusammenhang ausdrückenden Funktion beschäftigt sich ausführlicher Abschn. 11.5.

Das in der Praxis wichtigste Korrelationsmaß für metrische Daten, der Korrelationskoeffizient von Bravais-Pearson, misst die Intensität eines linearen Zusammenhangs. Ein Wert des Koeffizienten nahe bei null bedeutet somit nur, dass kein linearer Zusammenhang nachgewiesen werden kann. Ein Zusammenhang anderen Typs ist damit keineswegs ausgeschlossen, aber trotzdem eher selten, weil statistische Zusammenhänge üblicherweise nicht in reiner Form auftreten.

Aus diesen qualitativen Beobachtungen lässt sich nun der Korrelationskoeffizient von Bravais-Pearson konstruieren. Er basiert darauf, Streuungseffekte zu messen, wie sie in Abb. 11.11 auftreten. Die Streuungsmessung aber setzt ein Abstandsmaß und daher metrische Skalierung der Daten voraus. Diese Anforderung an beide Merkmale ist also unabdingbar und kann nur bei ordinal skalierten Daten leicht abgeschwächt werden, wie wir in Abschn. 11.4.4 noch sehen werden.

Das wichtigste Streuungsmaß für statistische Merkmale ist die Varianz bzw. die daraus abgeleitete Standardabweichung (vgl. Abschn. 4.5.3). Die Varianz kann auf zwei Merkmale verallgemeinert werden. Dieses „gemischte" Streuungsmaß trägt bei zwei Merkmalen X und Y die Bezeichnung Kovarianz von X und Y, symbolisiert durch Cov(X, Y) oder Cov$_{XY}$.

▸ **Kovarianz** Zu n Messpunkten $(x_1, y_1), (x_2, y_2), \ldots, (x_n, y_n)$ zweier Merkmale X und Y ist die Kovarianz gegeben durch

$$\text{Cov}(X, Y) = \frac{1}{n} \cdot \sum_{i=1}^{n} ((x_i - \bar{x}) \cdot (y_i - \bar{y})) = \frac{1}{n} \cdot \sum_{i=1}^{n} (x_i \cdot y_i) - \bar{x} \cdot \bar{y}, \qquad (11.20)$$

wobei die arithmetischen Mittelwerte

$$\bar{x} = \frac{1}{n} \cdot \sum_{i=1}^{n} x_i \quad \text{und} \quad \bar{y} = \frac{1}{n} \cdot \sum_{i=1}^{n} y_i \qquad (11.21)$$

die Koordinaten des Datenschwerpunkts $(\bar{x}, \bar{y})$ bilden.

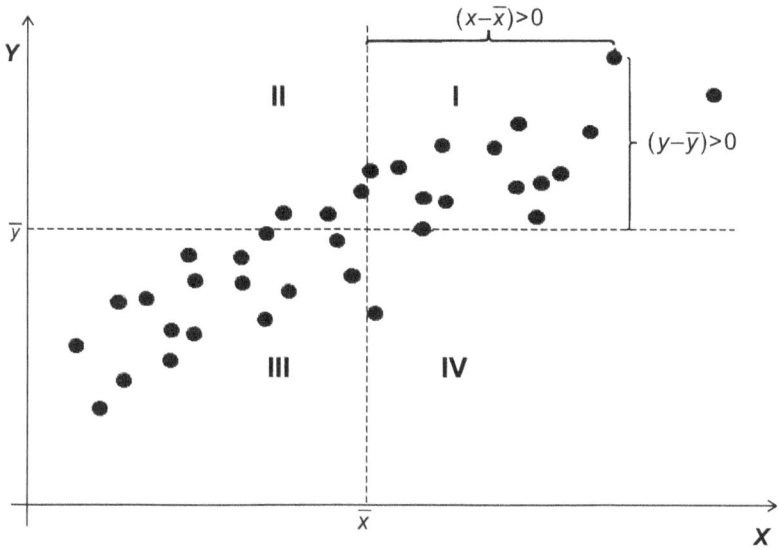

Abb. 11.12 Streuungsdiagramm mit Schwerpunktkoordinaten

Bei Häufigkeitsverteilungen (z. B. bei klassifizierten Daten) modifiziert sich die Kovarianzformel zu

$$\text{Cov}(X, Y) = \frac{1}{n} \cdot \sum_{i=1}^{K} \sum_{j=1}^{L} h_{ij} \cdot (x_i - \bar{x}, y_i - \bar{y}) = \frac{1}{n} \cdot \sum_{i=1}^{K} \sum_{j=1}^{L} h_{ij} \cdot (x_i \cdot y_j) - \bar{x} \cdot \bar{y}. \quad (11.22)$$

Die Kovarianz kann zwar, je nach Datenlage, beliebig große Werte annehmen, doch gelten stets die Schranken

$$[\text{Cov}(X, Y)] \leq s_X^2 \quad \text{und} \quad [\text{Cov}(X, Y)] \leq s_Y^2. \quad (11.23)$$

Bezüglich des Datenschwerpunkts kann die Punktwolke im Streuungsdiagramm in vier Bereiche unterteilt werden (vgl. Abb. 11.12).

Punkte in den Quadranten I und III tragen positiv zur Kovarianz bei, Punkte in den Quadranten II und IV hingegen negativ. Die Kovarianz ist daher insgesamt positiv, wenn Punkte in den Quadranten I und III das Übergewicht haben, sonst negativ. Deswegen kann man mithilfe der Kovarianz einen linearen Zusammenhang feststellen und auch dessen Richtung: Bei positiver Kovarianz werden die y-Werte tendenziell zusammen mit den x-Werten größer, bei negativer Kovarianz hingegen führen steigende x-Werte in der Tendenz zu fallenden y-Werten.

Zur Messung der Stärke des linearen Zusammenhangs hingegen taugt die Kovarianz nicht, da ihr Betrag beliebig groß werden kann: Dieser wächst beispielsweise, wenn die

Abb. 11.13 Vorzeichen-
abhängigkeit bei linearem
Zusammenhang

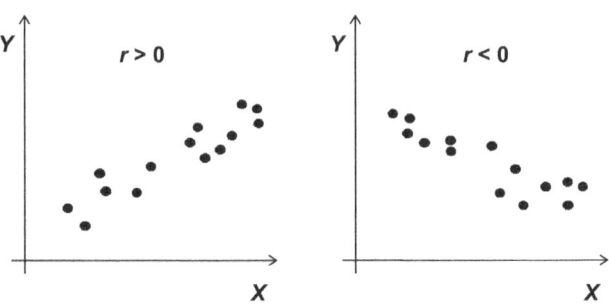

Punktewolke aufgeblasen wird, die Abstände zwischen den Punkten also größer werden.
Auf die Stärke des Zusammenhangs beider Merkmale hat das aber keinen Einfluss. Deshalb kann unterschiedlich starker Zusammenhang in verschiedenen Konstellationen zu
gleichen Kovarianzen führen, umgekehrt können trotz gleich starken Zusammenhangs
verschiedene Kovarianzen gemessen werden.

Dieser Mangel wird dadurch behoben, dass die Kovarianz durch die Standardabweichungen s_X bezüglich X und s_Y bezüglich Y geteilt und dadurch auf den Wertebereich
$[-1; +1]$ normiert wird.

▸ **Korrelationskoeffizient nach Bravais-Pearson (r)**

$$r = \frac{\text{Cov}(X, Y)}{s_X \cdot s_Y} = \frac{\sum (x_i - \bar{x})(y_i - \bar{y})}{\sqrt{\sum (x_i - \bar{x})^2} \cdot \sqrt{\sum (y_i - \bar{y})^2}}$$

$$= \frac{\sum (x_i \cdot y_i) - n\bar{x}}{\sqrt{\sum (x_i^2) - n\bar{x}^2} \cdot \sqrt{\sum (y_i^2) - n\bar{y}^2}} \qquad (11.24)$$

Der Korrelationskoeffizient nach Bravais-Pearson wird so verbreitet verwendet, dass er
oft nur – ohne weiteren Zusatz – als Korrelationskoeffizient bezeichnet wird. Der lineare
Zusammenhang kann anhand des Korrelationskoeffizienten r interpretiert werden, dabei
bedient man sich folgender Faustregeln:

$0 \leq |r| < 0{,}5 \rightarrow$ schwacher Zusammenhang,
$0{,}5 \leq |r| < 0{,}8 \rightarrow$ mittelstarker Zusammenhang,
$0{,}8 \leq |r| < 1{,}0 \rightarrow$ starker Zusammenhang,
$r > 0 \rightarrow$ gleichläufiger/positiver Zusammenhang,
$r < 0 \rightarrow$ gegenläufiger/negativer Zusammenhang (Abb. 11.13).

Insbesondere gilt für die beiden Extremfälle (vgl. Abb. 11.14):

$r = -1 \rightarrow$ perfekt negativer Zusammenhang, alle Messpunkte liegen auf einer fallenden Geraden,

Abb. 11.14 Perfekte lineare Korrelation

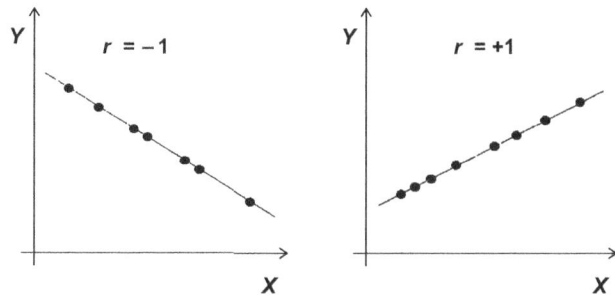

$r = +1 \rightarrow$ perfekt positiver Zusammenhang, alle Messpunkte liegen auf einer steigenden Geraden.

Beziehung zwischen Einkommen und Versicherungssumme

Für einen Bestand von Kapitallebensversicherungen soll der Zusammenhang zwischen dem Jahreseinkommen (X) der Versicherungsnehmer und der Höhe der Versicherungssumme (Y) untersucht werden. Die Zwischenwerte zur Berechnung des Korrelationskoeffizienten werden in einer Arbeitstabelle bereitgestellt (Tab. 11.8).

Tab. 11.8 Arbeitstabelle zur Berechnung des Korrelationskoeffizienten nach Bravais-Pearson

i	x_i [€]	y_i [€]	$x_i y_i$ [Mio. €²]	x_i^2 [Mio. €²]	y_i^2 [Mio. €²]
1	25.000	20.000	500	625	400
2	45.000	16.000	720	2025	256
3	96.000	200.000	19.200	9216	40.000
4	61.000	34.000	2074	3721	1156
5	34.000	30.000	1020	1156	900
6	57.000	24.000	1368	3249	576
Σ	318.000	324.000	24.882	19.992	43.288

Man beachte, dass die Zwischenwerte der Tabelle aus Gründen der Übersichtlichkeit in anderer Zahlendimension angegeben sind. Die weitere Berechnung ergibt (wobei die Einheit 1000 durch einen hochgestellten Strich angedeutet wird, die Einheit 1 Mio. durch deren zwei):

$$\bar{x} = \frac{318.000}{6} = 53.000\,€; \quad \bar{y} = \frac{324.000}{6} = 54.000\,€;$$

$$r = \frac{24.882'' - 6 \cdot 53' \cdot 54'}{\sqrt{19.992'' - 6 \cdot (53')^2} \cdot \sqrt{43.288'' - 6 \cdot (54')^2}} = \frac{7710''}{\sqrt{3138''} \cdot \sqrt{25.792''}} = 0,86.$$

Beide Merkmale sind also ziemlich stark miteinander korreliert.

11.4.4   Rangkorrelationskoeffizient nach Spearman

Ist auch nur eins der beiden Merkmale X und Y nicht metrisch, kann der Korrelationskoeffizient nach Bravais-Pearson nicht bestimmt werden, weil sich für dieses Merkmal keine Wertedifferenzen und damit keine Varianzen oder Kovarianzen berechnen lassen. Allerdings kann man die Idee des Korrelationskoeffizienten retten, wenn die beiden Merkmale wenigstens ordinal skaliert sind. In diesem Fall ist es nämlich möglich, jeweils eine geordnete Wertefolge zu erzeugen und die gemessenen Ausprägungen von X bzw. Y auf- oder absteigend anzuordnen. Sodann wird die korrespondierende Rangfolge markiert, d. h. der in der Werteanordnung erste (je nach Orientierung „kleinste" oder „größte") Wert bekommt eine 1 zugewiesen, der zweite (also nächstgrößere bzw. nächstkleinere) Wert eine 2 usw. Die so erzeugte Rangfolge kann man nun als künstliche Metrik interpretieren, bei der je zwei aufeinanderfolgende Werte stets den Abstand 1 haben. Bezüglich dieser Metrik kann nun wieder der Korrelationskoeffizient ermittelt werden und trägt deshalb die Bezeichnung Rangkorrelationskoeffizient nach Spearman.

Versicherungstarife im Vergleich (I)

Eine Verbraucherorganisation hat die Bestandteile Hausrat und private Haftpflicht von Familienversicherungen verschiedener Anbieter im Hinblick auf Leistungsumfang, Vertragsbedingungen und Regulierungsverhalten des Versicherungsunternehmens bewertet und die Bewertung anhand einer Skala von ✳ (sehr schlechtes Produkt) bis ✳✳✳✳✳✳ (sehr gutes Produkt) vorgenommen. Dabei interessiert, ob in den Familienversicherungen in der Tendenz gute Hausratversicherungskomponenten auch mit eher guten Haftpflichtversicherungskomponenten verbunden sind, ob kein solcher oder vielleicht sogar ein gegenläufiger Zusammenhang erkennbar ist. Das Ergebnis ist das durch Tab. 11.9 gegebene Ranking.

Tab. 11.9   Bewertung kombinierter Komponenten in der Familienversicherung

Versicherungstarif	Hausrat (X)	Private Haftpflicht (Y)	Rang (X)	Rang (Y)
Familia Basis	✳✳	✳✳	5	5
Familia Standard	✳	✳✳✳✳	6	3
AF+	✳✳✳✳✳	✳✳✳	2	4
Sorglos	✳✳✳	✳	4	6
FamSecur	✳✳✳✳✳✳	✳✳✳✳✳	1	2
AF++	✳✳✳✳	✳✳✳✳✳✳	3	1

Die Bewertungen beider Komponenten können nun sehr einfach in eine Rangfolge gebracht werden, indem man ihnen je nach Zahl der Sterne ihren Rangplatz zuordnet. Für die Hausratkomponente erhalten wir daher, in aufsteigender Reihenfolge zugeordnet, in obiger Tabelle von oben nach unten die Rangfolge 2 – 1 – 5 – 3 – 6 – 4, für die Haftpflichtkomponente hingegen die Rangfolge 2 – 4 – 3 – 1 – 5 – 6 .

Im nächsten Schritt werden die beiden Rangfolgen wie metrische Merkmale betrachtet und die Rangkorrelation mithilfe des Korrelationskoeffizienten nach Bravais-Pearson bestimmt. Dazu wird, aufbauend auf den beiden Rangfolgen, wieder eine Arbeitstabelle mit den Zwischenwerten der Berechnung erzeugt („Rang" wird hierbei und folgend mit „Rg" abgekürzt).

Die Mittelwerte der Rangfolgen lauten übereinstimmend $\overline{Rg(X)} = \overline{Rg(Y)} = 21/6 = 3{,}5$. Für den Korrelationskoeffizienten ergibt sich daraus

$$r(Rg(X), Rg(Y)) = \frac{\sum((Rg(X)_i \cdot Rg(Y)_i) - n \cdot \overline{Rg(X)} \cdot \overline{Rg(Y)}}{\sqrt{\sum(Rg(X)_i^2) - n(\overline{Rg(X)})^2} \cdot \sqrt{\sum(Rg(Y)_i^2) - n(\overline{Rg(Y)})^2}} \quad (11.25)$$
$$= \frac{80 - 6 \cdot 3{,}5 \cdot 3{,}5}{\sqrt{91 - 6 \cdot 3{,}5^2} \cdot \sqrt{91 - 6 \cdot 3{,}5^2}} = \frac{6{,}5}{17{,}5} = 0{,}37 \ .$$

Dies deutet auf eine zwar vorhandene, aber nicht sehr starke Beziehung zwischen der Qualität beider Versicherungskomponenten hin.

Zur begrifflichen Abgrenzung vom Korrelationskoeffizienten von Bravais-Pearson definieren wir folgendes:

▸ **Rangkorrelationskoeffizient nach Spearman** ρ Der Rangkorrelationskoeffizient bezüglich der beiden Merkmale X und Y entsteht durch formale Anwendung des Korrelationskoeffizienten von Bravais-Pearson auf die beiden Rangfolgen $Rg(X)$ und $Rg(Y)$:

$$\rho(X, Y) = r(Rg(X), Rg(Y)) \ . \quad (11.26)$$

Es stellt sich nun die Frage, wie sich statistischer Zusammenhang zwischen zwei Rangfolgen erkennen lässt. Ein besonders enger Zusammenhang liegt offenbar vor, wenn beide Rangfolgen übereinstimmen (perfekte Kopplung). Der Merkmalsträger mit Rang 1 bei Merkmal X dann auch Rang 1 bei Merkmal Y, ein anderer erhält für beide Merkmale den Rang 2 usw.

Perfekte Gegenläufigkeit ist hingegen gegeben, wenn der beste Rang für X mit dem schlechtesten Rang für Y kombiniert ist, alsdann Rang 2 für X mit dem vorletzten Rang für Y etc. In allen anderen möglichen Fällen liegt dann eine schwächere Form des Zusammenhangs vor.

Die Beziehung der zu vergleichenden Rangfolgen lässt sich in Diagrammform darstellen, indem man eine von beiden Rangfolgen (z. B. $Rg(X)$) aufsteigend notiert und die korrespondierende Rangwertefolge ($Rg(Y)$) mitführt. Dadurch wird im Versicherungsbeispiel aus der unsortierten Darstellung

$$\begin{array}{lcccccc} Rg(X): & 2 & 1 & 5 & 3 & 6 & 4 \\ Rg(Y): & 2 & 4 & 3 & 1 & 5 & 6 \end{array}$$

Abb. 11.15 Positive Rangkor-   *Rg(X):*   1   2   3   4   5   6
relation

                                    Rg(Y):   1   2   3   4   5   6

Abb. 11.16 Negative Rangkor-   *Rg(X):*   1   2   3   4   5   6
relation

                                    Rg(Y):   6   5   4   3   2   1

Abb. 11.17 Rangkorrelation   *Rg(X):*   1   2   3   4   5   6
von Versicherungsprodukten

                                    Rg(Y):   4   2   1   6   3   5

die sortierte Darstellung

$$\text{Rg}(X):\quad 1\quad 2\quad 3\quad 4\quad 5\quad 6$$
$$\text{Rg}(Y):\quad 4\quad 2\quad 1\quad 6\quad 3\quad 5$$

gewonnen. Man beachte, dass die Sortierung nur eine der beiden Rangfolgen in die auf- oder absteigende Form bringt. Die zweite hingegen wird normalerweise nicht monoton, da ja die beiden Rangwerte, die jedem Merkmalsträger und seinen Ausprägungen zugewiesen sind, bei der Sortierung erhalten bleiben. Zur Veranschaulichung der Rangkorrelation werden nach der Sortierung übereinstimmende Rangzahlen in beiden Rangfolgen miteinander durch Linien verbunden. Für die beiden Extremfälle erhalten wir dabei folgende Diagramme. Die perfekte Kopplung führt zur Rangkorrelation ρ = +1 gemäß Abb. 11.15.

Zur perfekten Gegenläufigkeit gelangt man, indem die Positionen der Y-Rangreihe aus Abb. 11.15 umgekehrt werden (vgl. Abb. 11.16).

Das Diagramm für die Versicherungstarife liegt „irgendwo" dazwischen (vgl. Abb. 11.17).

Da die Rangzahlen eine regelmäßige Struktur haben, kann die Berechnungsformel für ρ folgendermaßen vereinfacht werden. Dazu müssen lediglich die quadrierten Rangdifferenzen berechnet werden, also die n Werte

$$D_i^2 = \left[\text{Rg}(X)_i - \text{Rg}(Y)_i\right]^2. \qquad (11.27)$$

Mithilfe von deren Summe kann der Rangkorrelationskoeffizient wie folgt bestimmt werden:

▸   **Rangkorrelation durch Rangdifferenzen** Wenn die ordinal skalierten Datensätze X und Y zu lückenlosen Rangfolgen führen, berechnet sich der Rangkorre-

Tab. 11.10 Arbeitstabelle beim Rangkorrelationskoeffizienten

Rg(X)	Rg(Y)	Rg(X) · Rg(Y)	$[\text{Rg}(X)]^2$	$[\text{Rg}(Y)]^2$
2	2	4	4	4
1	4	4	1	16
5	3	15	25	9
3	1	3	9	1
6	5	30	36	25
4	6	24	16	36
Σ: 21	Σ: 21	80	91	91

Tab. 11.11 Arbeitstabelle beim Rangkorrelationskoeffizienten mit Rangdifferenzen

Rg(X)	Rg(Y)	$D_i = \text{Rg}(X)_i - \text{Rg}(Y)_i$	D_i^2
2	2	0	0
1	4	−3	9
5	3	2	4
3	1	2	4
6	5	1	1
4	6	−2	4
Σ: 21	Σ: 21		22

lationskoeffizient nach Spearman anhand der Formel

$$\rho = 1 - \frac{6 \sum D_i^2}{n\left(n^2 - 1\right)} \tag{11.28}$$

mit den Rangdifferenzen

$$D_i = \text{Rg}(X)_i - \text{Rg}(Y)_i \, . \tag{11.29}$$

Lückenlose Rangfolgen sind immer gewährleistet, wenn sowohl die Messwerte x_i als auch die y_i alle voneinander verschieden sind.

Modeln wir das Versicherungsbeispiel anhand der Rangdifferenzen noch einmal um, so ergibt sich anstelle der Tab. 11.10 eine neue Arbeitstabelle (Tab. 11.11).

Der zuvor schon berechnete Wert wird damit noch einmal auf anderem Wege bestätigt:

$$\rho = 1 - \frac{6 \cdot \sum D_i^2}{n\left(n^2 - 1\right)} = 1 - \frac{6 \cdot 22}{6 \cdot 35} = 0,37 \, .$$

Man beachte hierbei, dass die Zahl 6 im Zähler eine von der Zahl n der Messpunkte unabhängige Konstante ist.

Tatsächlich sind beide Berechnungsverfahren im Falle lückenloser Rangfolgen mathematisch gleichwertig. Dass die Rangdifferenzenformel ρ so einfach aufgebaut ist liegt daran, dass die Berechnung der Standardabweichung für $Rg(X)$ und $Rg(Y)$ jeweils nur auf den Zahlen von 1 bis n basiert. So ergibt sich beispielsweise bei 6 verschiedenen Messpunkten *immer* der Mittelwert 3,5 der beiden Rangfolgen sowie die Standardabweichung 2,92; allgemein lassen sich beide Werte in Abhängigkeit von der Zahl n darstellen.

Lückenlos sind die Rangfolgen immer dann, wenn die Messwerte, auf denen sie beruhen, alle verschieden sind, also jeweils nur einmal auftreten. Treten dagegen Messwerte mehrfach auf, können Rangplätze nicht eindeutig genau einem Messwert zugeordnet werden. Man ordnet solchen Werten eine mittlere Rangzahl zu und verwendet trotz dieser Störung der exakten Rangfolge weiterhin die auf den Rangdifferenzen basierende Formel. Diese Formel ist jetzt aber nicht mehr exakt, sondern liefert ein Ergebnis, das von dem abweicht, welches mit der Formel von Bravais-Pearson errechnet wird. Selbst bei größerer Zahl von Mehrfachrängen ist der Fehler zwischen beiden Berechnungsansätzen allerdings qualitativ noch akzeptabel. Wir illustrieren diese Anmerkungen anhand eines weiteren Beispiels:

Vergleich von Versicherungstarifen (II)

Der Versicherungsvergleich vom Beginn dieses Abschnitts wird mit einer größeren Zahl von Produkten wiederholt, die wir nun der Einfachheit halber mit alphabetisch fortlaufenden Buchstaben bezeichnen. Diesmal ergibt sich die Ergebnistabelle Tab. 11.12.

Tab. 11.12   Bewertung kombinierter Komponenten in der Familienversicherung

Produkt	Hausrat (X)	Haftpflicht (Y)	Produkt	Hausrat (X)	Haftpflicht (Y)
A	**	**	H	**	***
B	*	****	I	******	*****
C	*****	***	J	***	**
D	***	*	K	*	***
E	******	*****	L	****	**
F	**	******	M	***	*****
G	****	*	N	****	******

Bei der Zuordnung der Rangplätze beginnen wir wieder mit der Hausratversicherung. Produkt B und K haben hier jeweils nur einen Stern bekommen. An sie werden daher zu gleichen Teilen die ersten beiden Ränge (1 und 2) vergeben: Der Mittelwert von 1 und 2 ist 1,5. Die Rangvergabe wird bei den Produkten A, F und H fortgesetzt, die mit je zwei Sternen bewertet wurden. Hierfür werden die nächsten drei Ränge (3 bis 5) benötigt, deren Mittelwert 4 ist. Als nächstes folgen die ***-Produkte D, J und M, für die wieder drei Rangplätze vergeben werden, nämlich 6 bis 8. der Mittelwert hiervon ist 7. Mit den übrigen Produkten wird ebenso verfahren und anschließend die Rangvergabe für die Haftpflichtbewertungen durchgeführt. Am Ende ergibt sich die Rangverteilung gemäß Tab. 11.13:

Tab. 11.13 Rangzuordnung für die Komponenten der Familienversicherung

Produkt	Rg(X)	Rg(Y)	Produkt	Rg(X)	Rg(Y)
A	4,0	4,0	H	4,0	7,0
B	1,5	9,0	I	13,5	11,0
C	11,5	7,0	J	7,0	4,0
D	7,0	1,5	K	1,5	7,0
E	13,5	11,0	L	11,5	4,0
F	4,0	13,5	M	7,0	11,0
G	9,5	1,5	N	9,5	13,5

Für die beiden möglichen Rechenwege (Bravais-Pearson-Koeffizient und Rangdifferenzenmethode) präsentieren wir zum Schluss noch die Arbeitstabelle Tab. 11.14.

Tab. 11.14 Arbeitstabelle für die Bestimmung der Rangkorrelation beim Versicherungstest

Produkt	Rg(X)	Rg(Y)	Rg(X) · Rg(Y)	$[Rg(X)]^2$	$[Rg(Y)]^2$	D	D^2
A	4,0	4,0	16,00	16,00	16,00	0,0	0,00
B	1,5	9,0	13,50	2,25	81,00	−7,5	56,25
C	11,5	7,0	80,50	132,25	49,00	4,5	20,25
D	7,0	1,5	10,50	49,00	2,25	5,5	30,25
E	13,5	11,0	148,50	182,25	121,00	2,5	6,25
F	4,0	13,5	54,00	16,0	182,25	−9,5	90,25
G	9,5	1,5	14,25	90,25	2,25	8,0	64,00
H	4,0	7,0	28,00	16,00	49,00	−3,0	90,00
I	13,5	11,0	148,50	182,25	121,00	2,5	6,25
J	7,0	4,0	28,00	49,00	16,00	3,0	9,00
K	1,5	7,0	10,50	2,25	49,00	−5,5	30,25
L	11,5	4,0	46,00	132,25	16,00	7,5	56,25
M	7,0	11,0	77,00	49,00	121,00	4,0	16,00
N	9,5	13,5	128,25	182,25	182,25	−4,0	16,00
Σ	105	105	803,50	1009,00	1008,00		410,00

Die exakte Berechnung des Korrelationskoeffizienten führt wegen $\bar{x} = \bar{y} = \frac{105}{14} = 7,5$ zu

$$\rho = \frac{803,5 - 14 \cdot 7,5^2}{\sqrt{1009 - 14 \cdot 7,5^2} \cdot \sqrt{1008 - 14 \cdot 7,5^2}} = \frac{15,5}{\sqrt{221,5 \cdot 220,5}} = 0,07 \, ,$$

Abb. 11.18 Punktwolke und
beschreibende Funktion

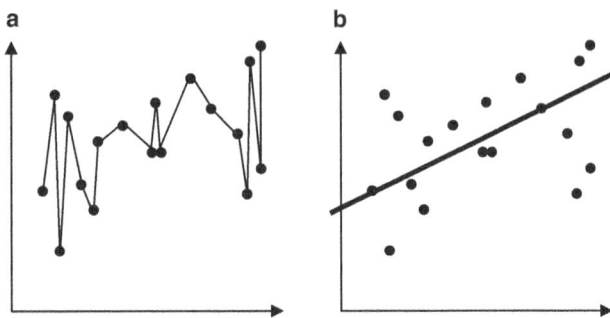

die Näherungsformel hingegen auf

$$\rho \approx 1 - \frac{6 \cdot 410}{14\left(14^2 - 1\right)} = 1 - \frac{2460}{2730} = 0{,}1 \,.$$

Zwar beträgt der relative Fehler $\Delta\rho/\rho$ rund 40 %, die Tendenz einer sehr schwachen Korrelation wird aber in beiden Fällen korrekt wiedergegeben.

11.5 Regressionsrechnung

Die bisherigen Untersuchungen zweier Merkmale betrafen die Fragen, ob zwischen ihnen ein Zusammenhang besteht und wie stark dieser Zusammenhang ist. Nun wollen wir uns abschließend noch der Frage widmen, welche Form und Struktur der Zusammenhang annimmt. Zu diesem Zweck muss geprüft werden, ob sich der Zusammenhang überhaupt – wenigstens näherungsweise – durch eine analytische Funktion beschreiben lässt und wie gut diese Funktion den Zusammenhang beschreibt. Aus Gründen der Einfachheit wird hierbei meistens eine lineare Funktion konstruiert, es sind aber auch andere Funktionstypen denkbar, z. B. Polynome höherer Ordnung oder Exponentialfunktionen.

Bei statistischen Zusammenhängen handelt es sich in erster Linie um Tendenzaussagen, was stets zu einer gewissen Unschärfe führt. Dies äußert sich beispielsweise schon darin, dass die Messwertpaare eine Punktwolke bilden, die sich nicht vollständig durch eine sinnvolle Funktion erfassen lässt (vgl. Abb. 11.18a).

Der Versuch, eine Tendenzfunktion zu bestimmen, wird daher nur mehr oder weniger grob gelingen und die verfügbare Information nur teilweise widerspiegeln (vgl. Abb. 11.18b). Man kann aber das Ausmaß quantifizieren, welcher Anteil an Information aus den Daten zur Bestimmung der Funktion genutzt wird. Dieser Anteil wird umso kleiner sein, je stärker die Messpunkte streuen. Die Modellannahme bei der Konstruktion einer geeigneten Funktion lautet, dass die Messpunkte zufällig um sie streuen. Der statistische Sachverhalt zerfällt also in einen Teil, der durch die Funktion exakt beschrieben wird, und eine zufallsabhängige und daher nicht vorhersagbare Störgröße, die für Abweichungen der Messpunkte vom Funktionsverlauf sorgt.

Abb. 11.19 Vertauschen von Regressorvariable und Regressand

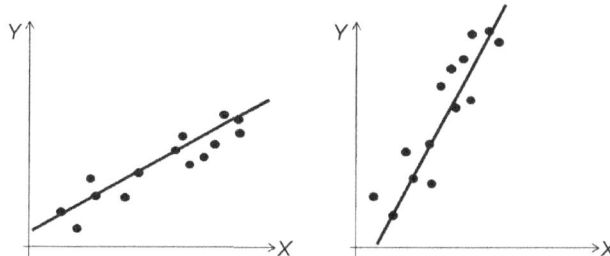

Für die besagte Funktion haben sich statt der Bezeichnung Tendenzfunktion die Termini Regressionsfunktion oder Ausgleichsfunktion eingebürgert; die Bestimmungsverfahren für Regressionsfunktionen nennt man Regressionsrechnung. Regression bedeutet so viel wie Zurückführung, da man versucht, den statistischen Zusammenhang auf eine funktionale Gesetzmäßigkeit zurückzuführen. Bei einer Funktion (einer veränderlichen) wird eine abhängige Variable dadurch festgelegt, dass einer unabhängigen Variablen ein konkreter Wert zugewiesen und daraus der Wert der abhängigen Variablen berechnet wird. Statistische Abhängigkeit ist allerdings nicht mit kausaler Abhängigkeit gleichbedeutend, wie wir in Abschn. 11.2 gesehen haben, da sie immer symmetrisch auftritt: Hängt Y statistisch von X ab, so auch X von Y. Bei einer Regressionsrechnung sollte man daher die Bezeichnungen abhängige bzw. unabhängige Variable vermeiden. Neutralere Paare von Bezeichnungen sind z. B. Regressorvariable (X) und Regressand (Y) oder auch erklärende (X) und zu erklärende Variable (Y). Wegen der Symmetrie statistischer Abhängigkeit kann man grundsätzlich die Rollen von X und Y in der Regressionsrechnung (wie auch schon in der Korrelationsrechnung) vertauschen; in beiden Fällen ergibt sich natürlich jeweils eine andere Regressionsfunktion (vgl. Abb. 11.19).

Wie bereits früher geschildert, kann die Form eines statistischen Zusammenhangs, die sich ja in der Regressionsfunktion widerspiegelt, je nach Problemstellung und Datenmaterial durch unterschiedliche Typen von Funktionen beschrieben werden. Für die Wahl eines Typs sprechen einerseits inhaltliche (Passgenauigkeit zum Datenmaterial), andererseits praktische Gründe (möglichst einfache Gestalt, einfache Berechnungsmethode). Vor allem praktische Gesichtspunkte bewirken die Vorherrschaft linearer Regressionsmethoden, d. h. die Regressionsfunktion ist in den meisten Fällen eine Gerade. Daher werden wir uns im weiteren Verlauf des Abschnitts vor allem mit der linearen Regressionsrechnung befassen.

Eine Regressionsgerade beschreibt den *durchschnittlichen* Zusammenhang zwischen X und Y, daher trifft sie normalerweise nur einzelne Datenpunkte $(x_i; y_i)$ exakt. Die Regressionsrechnung besteht im Wesentlichen darin, aus den gegebenen Daten die sogenannten Regressionskoeffizienten a und b einer Regressionsgeraden der Form

$$\hat{y}(x) = a + bx \tag{11.30}$$

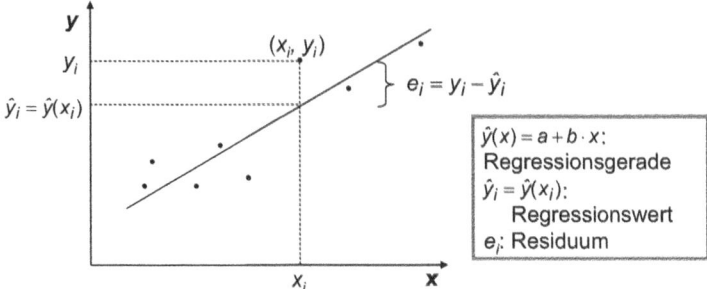

Abb. 11.20 Zur Definition des Residuums

so zu bestimmen, dass sie möglichst gut zu den Daten passt. Unterschiedliche Berechnungsverfahren unterscheiden sich im Grunde nur in der Festlegung, was „möglichst gut passen" bedeutet. Bei gegebener Regressionsgerade (wir nehmen zunächst an, sie wäre uns schon bekannt, und kümmern uns um das Berechnungsverfahren erst später) sind einem Wert x_i der Regressorvariable einerseits der gemessene Wert y_i des Regressanden, andererseits der Regressionswert

$$\hat{y}_i := \hat{y}(x_i) = a + b \cdot x_i \qquad (11.31)$$

auf der Geraden zugeordnet. Hierbei stimmen y_i und $\hat{y}_i$ nur ausnahmsweise überein. Meistens besteht jedoch eine Differenz, die als Restgröße oder Residuum bezeichnet wird:

$$e_i = y_i - \hat{y}_i \, . \qquad (11.32)$$

Das Residuum ist positiv, wenn der Datenpunkt $(x_i; y_i)$ oberhalb, dagegen negativ, wenn er unterhalb der Regressionsgeraden liegt. Der Betrag des Residuums entspricht also dem senkrechten Abstand von Datenpunkt und Regressionsgerade (vgl. Abb. 11.20).

Die Residuen sind nur in dem einen Spezialfall allesamt null, wenn zwischen den Merkmalen X und Y ein perfekter linearer Zusammenhang besteht und daher alle Datenpunkte auf der Regressionsgeraden liegen. Dies ist allerdings nur eine theoretische Option: Denn selbst *wenn* der Zusammenhang perfekt ist, werden zufällige Störungen im Messverfahren doch in aller Regel zu gewissen Abweichungen der Daten von der perfekten Linearität führen. Normalerweise sind daher nicht nur einige, sondern die weitaus meisten Residuen von Null verschieden.

Versucht man grafisch, zu einem gegebenen Streuungsdiagramm eine Regressionsgerade zu bestimmen, wird sofort klar, dass es verschiedene Kandidaten gibt, die „ziemlich gut" zu den Datenpunkten passen (vgl. Abb. 11.21).

Es gilt nun, Kriterien festzulegen, damit aus dieser Vielzahl eine möglichst gut geeignete Gerade als Regressionsgerade ausgewählt wird. Ein solches Kriterium kann in der Minimierung des Abstands der Geraden zur Punktwolke bestehen. Dafür kann beispielsweise

Abb. 11.21 Problem der „besten" Regressionsgeraden

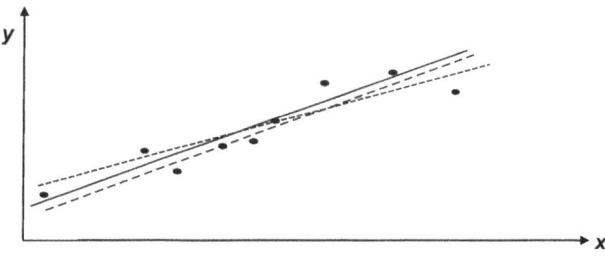

Abb. 11.22 Fehlende Eindeutigkeit der Regressionsgeraden

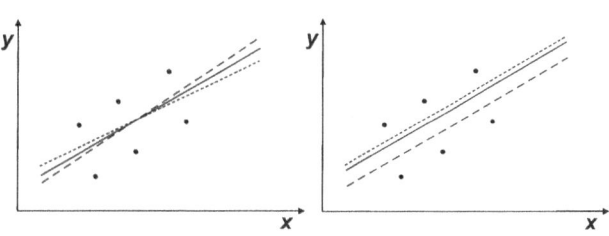

gefordert werden, dass die Summe der Residuen minimiert wird,

$$\sum_{i=1}^{n} e_i \rightarrow \min .$$ (11.33)

Doch dieses Minimum existiert leider nicht, da man durch Verschieben der Geraden nach oben die Summe der Residuen beliebig klein (negativ) machen kann. Auch die Minimierung der Summe über die Beträge der Residuen,

$$\sum_{i=1}^{n} |e_i| \rightarrow \min$$ (11.34)

führt nicht zum Ziel, da nun zwar ein Minimum existiert, es aber unter Umständen viele Geraden geben kann, die es erfüllen, wie Abb. 11.22 zeigt. Beispielsweise führt eine Verschiebung der zwischen den Punkten platzierten Geraden jeweils zur selben Summe der Abstände von Punkten und Gerade, denn die Abstände zu den oberhalb gelegenen Punkten vermindern (oder vergrößern) sich in exakt demselben Umfang, wie sich die Abstände zu den Punkten unterhalb von ihr vergrößern (oder vermindern).

Ein erwünschtes Resultat erhalten wir erst, wenn die Residuen quadriert werden:

$$\sum_{i=1}^{n} (e_i)^2 \rightarrow \min .$$ (11.35)

Denn nun lässt sich eine eindeutige Gerade bestimmen, die die Minimumeigenschaft erfüllt. Das Bestimmungsverfahren heißt folgerichtig Methode der kleinsten Fehlerquadrate (in schlechtem Englisch auch: Least-Squares-Ansatz), da die Residuen so etwas wie einen Beschreibungsfehler darstellen, um den die Messpunkte von der Regressionsgeraden abweichen.

Der obige Ansatz führt auf die Forderung

$$\sum_{i=1}^{n} (e_i)^2 = \sum_{i=1}^{n} (y_i - \hat{y}_i)^2 = \sum_{i=1}^{n} (y_i - [a + bx_i])^2 =: \text{SAQ} \rightarrow \min . \tag{11.36}$$

wobei SAQ für die „Summe der Abweichungsquadrate" steht. Bei der Minimierung handelt es sich um die analytische Bestimmung des Minimums der Funktion SAQ, deren Variable nicht die Daten der Messpunkte x_i und y_i sind (denn die sind ja bekannt), sondern die beiden Koeffizienten a und b der Regressionsgeraden. SAQ nimmt für das gesuchte Paar $(a; b)$ von Koeffizienten ein Minimum an, wenn die partiellen Ableitungen nach a und b verschwinden:

$$\frac{\partial (\text{SAQ})}{\partial a} = -2 \sum_{i=1}^{n} (y_i - a - bx_i) = 0 \tag{11.37}$$

$$\frac{\partial (\text{SAQ})}{\partial b} = -2 \sum_{i=1}^{n} x_i \cdot (y_i - a - bx_i) = 0 . \tag{11.38}$$

Die partiellen Ableitungen führen nach einigen Umformungen auf ein inhomogenes (2×2)-System linearer Gleichungen für die Regressionskoeffizienten:

$$n \cdot a + b \cdot \sum_{i=1}^{n} x_i = \sum_{i=1}^{n} y_i$$

$$a \cdot \sum_{i=1}^{n} x_i + \sum_{i=1}^{n} x_i^2 = \sum_{i=1}^{n} x_i \cdot y_i . \tag{11.39}$$

Löst man dieses Gleichungssystem, ergeben sich zwei Bestimmungsgleichungen für a und b, die ausschließlich die gegebenen Daten verarbeiten:

$$b = \frac{\sum x_i \cdot y_i - n \cdot \bar{x} \cdot \bar{y}}{\sum x_i^2 - n \cdot \bar{x}^2} = \frac{\text{Cov}(X, Y)}{s_X^2}, \quad a = \bar{y} - b \cdot \bar{x} . \tag{11.40}$$

Wir bestimmen zunächst anhand eines einfachen Beispiels die Regressionsgerade und überprüfen, dass diese tatsächlich die geforderte Minimaleigenschaft erfüllt.

Berechnungsbeispiel für eine Regressionsgerade (I)

Gegeben seien drei Messpunkte $P_1 = (1; 1)$, $P_2 = (2; 2)$ und $P_3 = (3; 2)$. Die beiden Mittelwerte errechnen sich zu

$$\bar{x} = \frac{1}{3}(1 + 2 + 3) = 2; \quad \bar{y} = \frac{1}{3}(1 + 2 + 2) = \frac{5}{3},$$

die weiteren Hilfsgrößen lauten

$$\sum x_i \cdot y_i = 1 \cdot 1 + 2 \cdot 2 + 3 \cdot 2 = 11; \quad \sum x_i^2 = 1^2 + 2^2 + 3^2 = 14 .$$

Abb. 11.23 Einführungsbeispiel zur Regressionsrechnung

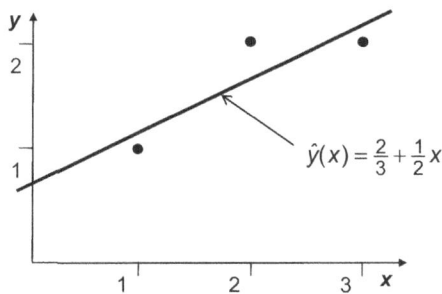

Damit ergeben sich die Regressionskoeffizienten

$$b = \frac{11 - 3 \cdot 2 \cdot \frac{5}{3}}{14 - 3 \cdot 2^2} = \frac{1}{2}; \quad a = \frac{5}{3} - \frac{1}{2} \cdot 2 = \frac{2}{3}$$

und schließlich die gesuchte Regressionsgerade (Abb. 11.23)

$$\hat{y}(x) = \frac{2}{3} + \frac{1}{2}x \, .$$

Die Abweichungsgröße SAQ errechnet sich zu

$$SAQ = \sum (y_i - \hat{y}_i)^2 = \left(1 - \left[\frac{2}{3} + \frac{1}{2} \cdot 1\right]\right)^2 + \left(2 - \left[\frac{2}{3} + \frac{1}{2} \cdot 2\right]\right)^2 + \left(2 - \left[\frac{2}{3} + \frac{1}{2} \cdot 3\right]\right)^2$$
$$= \frac{1}{36} + \frac{1}{9} + \frac{1}{36} = \frac{1}{6}.$$

Für jede andere Gerade wird SAQ mindestens genauso groß. Verschieben wir die
Gerade z. B. um ein kleines Stück nach oben oder unten und berechnen die Summe der
Abweichungsquadrate erneut, so erhalten wir

$$\hat{y}(x) = 1 + \frac{1}{2} \cdot x \Rightarrow SAQ = \frac{1}{2}; \quad \hat{y}(x) = \frac{1}{2} + \frac{1}{2} \cdot x \Rightarrow SAQ = \frac{1}{4} \, .$$

Eine vergleichende Betrachtung der Formel zur Berechnung des Korrelationskoeffizienten r nach Bravais-Pearson und des Steigungskoeffizienten b der Regressionsgeraden
offenbart: Der Bravais-Pearson-Koeffizient ist von symmetrischer Struktur in X und Y,

$$r = \frac{\text{Cov}(X, Y)}{s_X \cdot s_Y} \, , \tag{11.41}$$

der Regressionskoeffizient ist dagegen unsymmetrisch,

$$b = \frac{\text{Cov}(X, Y)}{s_X^2} \, . \tag{11.42}$$

Der Grund liegt darin, dass r ein statistisches Zusammenhangsmaß ist, welches die Rollen beider Merkmale als gleichrangig betrachtet. Der Koeffizient b hingegen setzt voraus, dass Y in funktionaler Abhängigkeit von X betrachtet wird, denn die Residuen im Kleinste-Quadrate-Ansatz basieren nur auf Differenzen in y-Richtung. Folglich kann auch eine Regressionsgerade bestimmt werden, bei der die Rollen von X und Y als Regressor und Regressand vertauscht werden (vgl. Abb. 11.19). Zur besseren Unterscheidung bezeichnen wir dazu die Koeffizienten der Regressionsgeraden $\hat{y}(x)$ mit a_0 und b_0. Dagegen verwenden wir im Ansatz für die Regressionsgerade mit vertauschten Variablen die Koeffizienten a_1 und b_1:

$$\hat{x}(y) = a_1 + b_1 \cdot y .$$

Die Koeffizienten von $\hat{x}(y)$ berechnen sich dementsprechend gemäß der Formeln

$$b_1 = \frac{\text{Cov}(X, Y)}{s_Y^2} \quad \text{und} \quad a_1 = \bar{x} - b_1 \cdot \bar{y} . \tag{11.43}$$

Aus den Bestimmungsformeln für r, b_0 und b_1 ergibt sich der Zusammenhang

$$r = \sqrt{b_0 \cdot b_1} .$$

$\hat{y}(x)$ und $\hat{x}(y)$ sind aber keine Umkehrfunktionen zueinander: Zwar erscheinen sie „fast" spiegelsymmetrisch bezüglich der Winkelhalbierenden, sofern beide Koordinatenachsen im selben Maßstab skaliert sind. Die beiden Funktionsgleichungen aber sind es im Allgemeinen nicht, wie das obige 3-Punkte-Beispiel demonstriert:

Berechnungsbeispiel für eine Regressionsgerade (II)

Mit

$$b_1 = \frac{\text{Cov}(X, y)}{s_Y^2} = \frac{\sum x_i \cdot y_i - n\bar{x}\bar{y}}{\sum y_i^2 - n \cdot \bar{y}^2} = \frac{11 - 3 \cdot 2 \cdot \frac{5}{3}}{9 - 3 \cdot \left(\frac{5}{3}\right)} = \frac{3}{2}$$

und

$$a_1 = \bar{x} - b_1 \cdot \bar{y} = 2 - \frac{3}{2} \cdot \frac{5}{3} = -\frac{1}{2}$$

ergibt sich die zweite Regressionsgerade zu

$$\hat{x}(y) = -\frac{1}{2} + \frac{3}{2} \cdot y .$$

Demgegenüber lautet die Umkehrfunktion zu $\hat{y}(x)$:

$$x(\hat{y}) = -\frac{4}{3} + 2 \cdot \hat{y} .$$

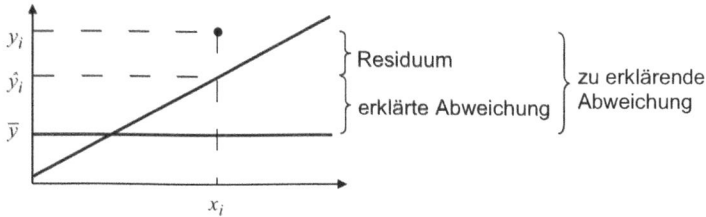

Abb. 11.24 Zerlegung der zu erklärenden Abweichung

Der Datenschwerpunkt $(\bar{x}; \bar{y})$ liegt stets auf der Regressionsgeraden $\hat{y}(x)$, denn

$$\hat{y}(\bar{x}) = a_0 + b_0\bar{x} = (\bar{y} - b_0\bar{x}) + b_0\bar{x} = \bar{y}. \tag{11.44}$$

Ebenso folgt

$$\hat{x}(\bar{y}) = a_1 + b_1\bar{y} = \bar{x}.$$

Im Folgenden wird wieder die indexfreie Schreibweise $\hat{y}(x) = a + b \cdot x$ verwendet.

Die Regressionsgerade zeichnet sich dadurch aus, dass sie die Minimierungsbedingung des Kleinste-Quadrate-Ansatzes erfüllt, also im Sinne der Summe der Residuenquadrate die beste Tendenzgerade zur vorgegebenen Datenmenge darstellt. Nun ist noch die Frage interessant, wie gut diese „beste" Gerade tatsächlich ist. Zurückgreifend auf Abb. 11.11 lässt sich unschwer erkennen, dass eine Regressionsgerade umso besser zum Streuungsdiagramm passt, je weniger stark diese um die Gerade streut. Im Idealfall perfekter linearer Korrelation liegen alle Datenpunkte auf der Regressionsgeraden. Wir versuchen nun noch ein Maß zu finden, mit dem die Passgenauigkeit der Geraden zur Menge der Datenpunkte $(x_i; y_i)$ beschrieben werden kann. Hierbei geht es um die Frage, inwieweit zu gegebenem x_i die Regressionsgerade durch $\hat{y}(x_i)$ den Messwert y_i bestimmt. Diese Frage beantworten wir, indem wir zu einem x_i die Abweichung $y_i - \bar{y}$ betrachten. Wir zerlegen diese in den Abstand des Regressionswertes vom Schwerpunkt der Messwerte,

$$\hat{y}_i - \bar{y}, \tag{11.45}$$

und die verbleibende, nicht auf die Regressionsgerade zurückführbare Störgröße, das Residuum:

$$y_i - \hat{y}_i. \tag{11.46}$$

Es gilt also

$$y_i - \bar{y} = (\hat{y}_i - \bar{y}) + (y_i - \hat{y}_i) \tag{11.47}$$

(vgl. Abb. 11.24). Die Gesamtabweichung zerfällt dadurch in die sogenannte „erklärte Abweichung" und die „nicht erklärte Abweichung" des Residuums.

Zudem zeigt sich durch einige Rechnungen, dass diese Beziehung zwischen den drei Abweichungstermen erhalten bleibt, wenn man diese quadriert und anschließend über alle verwendeten Messpunkte aufsummiert:

$$\sum (y_i - \bar{y})^2 = \sum (\hat{y}_i - \bar{y})^2 + \sum (y_i - \hat{y}_i)^2 \,. \tag{11.48}$$

Die linke Seite der Gleichung ist die Quadratsumme der insgesamt zu erklärenden Abweichungen (QSA). Rechts steht zunächst die Quadratsumme der erklärten Abweichungen, die auf die Regressionsgerade zurückgehen (QSE), sodann die Quadratsumme der nicht erklärten Abweichungen, also der Residuen (QSR). Das Verhältnis der erklärten Abweichung QSE zur Gesamtabweichung QSA wird als Bestimmtheitsmaß bezeichnet:

▸ **Bestimmtheitsmaß (B^2)**

$$B^2 = \frac{\text{QSE}}{\text{QSA}} = \frac{\sum (\hat{y}_i - \bar{y})^2}{\sum (y_i - \bar{y})^2} \tag{11.49}$$

Da der Zähler wegen der obigen Zerlegung nie größer als der Nenner werden kann und zudem Zähler wie Nenner positive Größen sind, gilt die generelle Schranke

$$0 \leq B^2 \leq 1 \,. \tag{11.50}$$

Es gilt bei linearer Regression sogar die Beziehung

$$B^2 = r^2 \,, \tag{11.51}$$

der Korrelationskoeffizient liefert demnach eine Aussage über die Passgenauigkeit der Regressionsgeraden. Während aber der Korrelationskoeffizient nur den *linearen* Zusammenhang der Merkmale misst, ist das Bestimmtheitsmaß auch im Falle einer nichtlinearen Regressionsfunktion zur Messung von deren Anpassungsgüte geeignet.

Eine wichtige Anwendung der Regressionsfunktion besteht z. B. darin, zu einem Wert x des Merkmals X eine Aussage über den Wert y des Merkmals Y zu gewinnen, wenn man nicht auf einen Messwert an dieser Stelle zurückgreifen kann. Die Auswertung der Regressionsfunktion an der Stelle x liefert dann einen Schätzwert $\hat{y}$, den man als Prognose für y nutzen kann. Die zufallsabhängigen Störgrößen bleiben dabei unberücksichtigt. Dieses Vorgehen bezeichnet man als Interpolation. Dabei ist darauf zu achten, dass x innerhalb des durch die Messwerte x_i gebildeten Bereichs liegt, denn nur in diesem Bereich ist die Regressionsfunktion durch die Messdaten gestützt. Das Ergebnis der Interpolation ist umso verlässlicher, je stärker die Korrelation oder je größer das Bestimmtheitsmaß ist.

Auswertungen der Regressionsfunktion deutlich außerhalb des zugrundeliegenden Datenbereichs (als sogenannte Extrapolation) sind zwar rein rechnerisch problemlos möglich, führen aber in der Regel nicht zu sinnvollen Ergebnissen, da man den durch Messdaten abgesicherten Bereich verlässt. Damit gibt es aber auch keine Gewährleistung mehr dafür, dass die Regressionsfunktion den Zusammenhang zwischen X und Y noch adäquat beschreibt (vgl. Abb. 11.25).

Ein abschließendes Beispiel illustriert noch einmal den Zusammenhang zwischen Korrelationskoeffizient, Regressionsgerade und einer Prognoseerstellung.

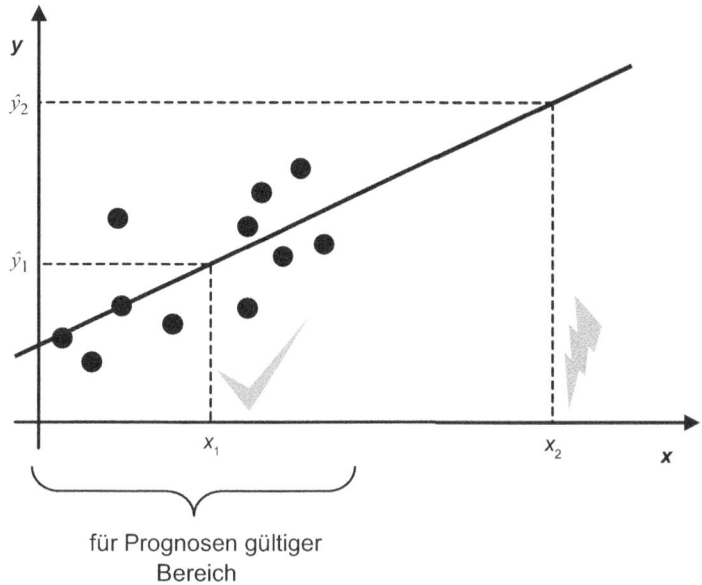

Abb. 11.25 Interpolation und Extrapolation von Messdaten

Verkaufserfolg

Herr Schönfelder vertreibt für die Kulanzia Sachversicherungen Feuerschutzpolicen. Einige Wochen lang notiert er exakt, wie viele Kundenbesuche (X) er in der Woche gemacht hat und wie viele Versicherungsabschlüsse (Y) er dabei realisieren konnte. Das Ergebnis seiner Aufzeichnungen ist in Tab. 11.15 gelistet, die bereits um die benötigten Hilfswerte ergänzt wurde.

Tab. 11.15 Verkaufserfolg

X	15	7	22	14	20	5	28	13	16	19	11
Y	5	3	8	6	5	2	8	5	8	11	3
X^2	225	49	484	196	400	25	784	169	256	361	121
$X \cdot Y$	75	21	176	84	100	10	224	65	128	209	33
Y^2	25	9	64	36	25	4	64	25	64	121	9

Mit den Zwischensummen

$$\sum x_i y_i = 1125; \quad \sum x_i^2 = 3070; \quad \sum y_i^2 = 446$$

berechnet man den Korrelationskoeffizienten

$$r = \frac{\sum x_i y_i - n \cdot \bar{x} \cdot \bar{y}}{\sqrt{\sum x_i^2 - n \cdot \bar{x}^2} \cdot \sqrt{\sum y_i^2 - n \cdot \bar{y}^2}} = \frac{1125 - 11 \cdot 15 \cdot 5{,}818}{\sqrt{3070 - 11 \cdot 15^2} \cdot \sqrt{446 - 11 \cdot 5{,}818^2}} = 0{,}75$$

und die Regressionskoeffizienten

$$b = \frac{\sum x_i y_i - n \cdot \bar{x} \cdot \bar{y}}{\sum x_i^2 - n \cdot \bar{x}^2} = \frac{1125 - 11 \cdot 15 \cdot 5{,}818}{3.70 - 11 \cdot 15^2} = 0{,}307;$$

$$a = \bar{y} - a_1 \bar{x} = 5{,}818 - 0{,}307 \cdot 15 = 1{,}074$$

für die Regressionsgerade

$$\hat{y}(x) = 1{,}074 + 0{,}307x \, .$$

Der Korrelationskoeffizient zeigt eine ziemlich starke (lineare) Abhängigkeit von X und Y an, die Zahl der Hausbesuche hat also einen deutlich positiven Einfluss auf die Zahl der Vertragsabschlüsse. Der Steigungskoeffizient $b = 0{,}307$ der Regressionsgerade besagt, dass bei einem Zuwachs von X um eine Einheit die Zahl der Vertragsabschlüsse Y um 0,3 Einheiten zunimmt, dass also aus einem zusätzlichen Hausbesuch durchschnittlich 0,3 Vertragsabschlüsse resultieren.

Das lineare Bestimmtheitsmaß

$$B^2 = r^2 = 0{,}75^2 = 0{,}57$$

verrät, dass die Variation in der Zahl der Vertragsabschlüsse,

$$\sum (y_i - \bar{y})^2 \, ,$$

zu gut der Hälfte durch die Zahl der Kundenbesuche erklärt werden kann. Abbildung 11.26 dokumentiert die Konstellation noch einmal grafisch.

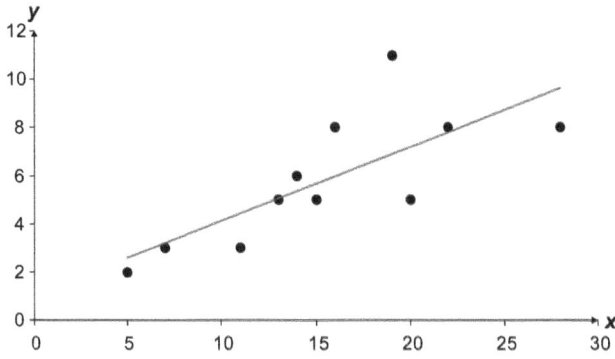

Abb. 11.26 Kundenkontakt und Verkaufserfolg

Bei 25 Kundenbesuchen pro Woche kann Herr Schönfelder mit durchschnittlich $1{,}074 + 0{,}307 \cdot 25 = 8{,}75$, also knapp 9 Vertragsabschlüssen rechnen.

Weiterführende Literatur

Backhaus K, Erichson B, Plinke W, Weiber R (2013) Multivariate Analysemethoden. Springer, Berlin

Bleymüller J, Gehlert G, Gülicher H (2012) Statistik für Wirtschaftswissenschaftler. Vahlen, München

Bleymüller J, Gehlert G (2011) Statistische Formeln, Tabellen und Programme. Vahlen, München

Bourier G (2013) Beschreibende Statistik. Springer Gabler, Wiesbaden

Brase CH, Brase CP (2010) Understanding Basic Statistics. Brooks/Cole, Independence

Fahrmeir L, Künstler R, Pigeot I, Tutz G (2009) Statistik. Springer, Heidelberg

Hartung J, Elpelt B, Klösener KH (2009) Statistik. Oldenbourg, München

Krämer W (2008) Statistik verstehen. Piper, München

Pflaumer P, Heine B, Hartung J (2005) Statistik für Wirtschafts- und Sozialwissenschaftler: Deskriptive Statistik. Oldenbourg, München

Pflaumer P, Heine B, Hartung J (2001) Statistik für Wirtschafts- und Sozialwissenschaftler: Induktive Statistik. Oldenbourg, München

Piazolo M (2007) Statistik für Wirtschaftswissenschaftler. Verlag Versicherungswirtschaft, Karlsruhe

Pulham S (2011) Statistik leicht gemacht. Gabler, Wiesbaden

Schwarze J (2009) Grundlagen der Statistik – Beschreibende Verfahren. nwb-Verlag, Herne

Schwarze J (2013) Grundlagen der Statistik – Wahrscheinlichkeitsrechnung und induktive Statistik. nwb-Verlag, Herne

Schwarze J (2013) Aufgabensammlung zur Statistik. nwb-Verlag, Herne

Sachverzeichnis

α-Fehler, 182, 186
α-Quantil, 145
β-Fehler, 183, 193
χ^2-Verteilung, 213

A

a posteriori, *siehe* Wahrscheinlichkeit
    „a posteriori", 77
a priori, *siehe* Wahrscheinlichkeit „a priori", 76
Abgrenzungsmerkmal, 16
absolute Häufigkeit, 25, 30
absolute Konzentrationsmessung, 69
absolute Summenhäufigkeit, 33
Additionsformel, 84
Alternativhypothese, 181
Annahmebereich, 183, 232
Anpassungstest, 209
Anteilswert, 157, 159, 160, 186
Approximation, 148
Approximation der Binomial- durch die
    Normalverteilung, 148
Approximationseigenschaft der
    Binomialverteilung, 124
Approximationseigenschaft der
    Poissonverteilung, 127
arithmetischer Mittelwert, 45, 102, 200
Ausgleichsfunktion, 251
Ausreißer, 52

B

Balkendiagramm, 27
bedingte relative Häufigkeit, 227
bedingte Wahrscheinlichkeit, 84, 85, 227
Bereichshypothese, 185
Bernoulli-Experiment, 113
beschreibende Statistik, 5, 14, 23, 73, 94, 104,
    157

Bestandsmasse, 17
Bestimmtheitsmaß, 258
Bewegungsmasse, 18
Binomialkoeffizient, 116
Binomialverteilung, 109, 148

C

Chi-Quadrat-Unabhängigkeitstest, 234

D

Data-Mining, *siehe* multivariate Statistik
Datenanalyse, 12
Datenaufbereitung, 11
Datenerhebung, 10
Delogarithmieren, 155
deskriptive Statistik, *siehe* beschreibende
    Statistik
Determinismus, 74
disjunkt, 81
diskrete Gleichverteilung, 109
diskrete Wahrscheinlichkeitsverteilung, 107
diskrete Zufallsvariable, 97
diskretes Merkmal, 19
Durchschnitt, 46, 81
Durchschnittswert, 41

E

Eindeutigkeit, 253
einfache Hypothese, *siehe* Punkthypothese
Elementarereignis, 79
empirische Unabhängigkeit, 228
Ereignis, 79
Ereignisraum, 79
erklärte Abweichung, 257
Erwartungswert, 102, 138
Erwartungswert stetiger Zufallsvariablen, 134
Exponentialverteilung, 151

A. Grimmer, *Statistik im Versicherungs- und Finanzwesen*, DOI 10.1007/978-3-658-02954-8,
© Springer Fachmedien Wiesbaden 2014

Extrapolation, 258

F
fairer Würfel, 75
Freiheitsgrad, 174, 212

G
Gauß'sche Glockenkurve, *siehe*
    Normalverteilung
Gemeinsamkeitskorrelation, 230
geometrischer Mittelwert, 49
Gesetz der großen Zahlen, 75, 101
Gewichtungsfaktor, 47
Gini-Koeffizient, 68
Gleichverteilung, 210
Güte eines Testverfahrens, 200
Grundgesamtheit, 14, 157, 182

H
Herfindahl-Index, 71
Histogramm, 39, 129
Häufigkeitsdichte, 39
Häufigkeitsverteilung, 4, 25, 41, 46, 68, 221
hypergeometrische Verteilung, 120, 159
Hypothese, 179
Hypothesentest, 190

I
idealer Würfel, *siehe* fairer Würfel, 75
induktive Statistik, *siehe* schließende Statistik, 5
Inhomogenitätskorrelation, 231
Inklusionsschluss, 162, 165
Interpolation, 258
intervallskaliert, 20
Irrtumswahrscheinlichkeit, 164

K
Kausalzusammenhang, 230
Klassenbildung, 37
Klassenbreite, 38
Klassenmitte, 38, 48
Klassifizierung, 37, 48, 60, 215
Kleinste-Quadrate-Ansatz, *siehe* Methode der
    kleinsten Fehlerquadrate
Komplementärereignis, 82
Konfidenzintervall, 163
    einseitiges Konfidenzintervall, 166
    Sicherheitsintervall, 163
    symmetrisches Konfidenzintervall, 166
Konfidenzniveau, 164

Konstante, 16
Kontingenzkoeffizient nach Pearson, 236
Kontingenztafel, 234
Konzentration, 64
Konzentrationsmessung, 64
Konzentrationsrate, 70
Korrelationskoeffizient nach Bravais-Pearson,
    238
Korrelationsrechnung, 235
korrigierter Kontingenzkoeffizient, 237
Kovarianz, 240
kritischer Wert, 188, 216
k-Sigma-Bereich, 144

L
Lageparameter, 41
Laplace-Modell, 80
Lineare Interpolation, 142
linksschief, 53
linkssteil, 53
Lognormalverteilung, 152
Lorenzkurve, 67

M
Median, 44, 134
Merkmal, 15
Merkmalsausprägung, 16
Merkmalsgesamtbetrag, 46, 64
Methode der kleinsten Fehlerquadrate, 253
metrisch skaliert, 20
Minimumeigenschaft, 57, 59
Mittelwert, 41
mittlere Absolutabweichung, 56
Modus, 42, 134
mündliche Befragung, 10
multivariate Statistik, 220

N
nicht erklärte Abweichung, 257
nominal skaliert, 19
Normalverteilung, 137, 160
Nullhypothese, 181

O
Ökonometrie, *siehe* multivariate Statistik
äquidistante Klassen, 37
Operationscharakteristik, 198
ordinal skaliert, 20

P

Paretoverteilung, 151
Pascal'sches Dreieck, 116
Planungsphase, 8
Poissonverteilung, 126
Polygonzugdiagramm, 28
Positivität, 131
Primärerhebung, 9
Prognose, 74, 258
Prüfgröße, 174, 183, 192, 201, 216
Punkthypothese, 185
Punktschätzwert, 158
Punktwahrscheinlichkeit, 130
p-Wert, 189

Q

qualitatives Merkmal, 19
Quantil, 166
quantitatives Merkmal, 19
quasistetiges Merkmal, 19

R

Randverteilung, 226
Rangkorrelationskoeffizient nach Spearman,
    244
rechtsschief, 53
rechtssteil, 53
Regressand, 251
Regressionsfunktion, 251
Regressionskoeffizient, 251
Regressionsrechnung, 250
Regressorvariable, 251
relative Häufigkeit, 31
relative Konzentrationsmessung, 65
relative Summenhäufigkeit, 33
Reproduktionseigenschaft, 147
Repräsentationsschluss, 163, 165
Residuum, 252

S

Schiefe, 53, 63, 135
schließende Statistik, 5, 60, 73, 74, 87, 94, 104
Schätzfehler, 163, 168
Schätzverfahren, 157
    für Anteilswerte, 159, 168
    für Mittelwerte, 170
schriftliche Befragung, 11
Sekundärerhebung, 9
Signifikanzniveau, 185, 232

Säulendiagramm, 26
Spannweite, 55
Stabdiagramm, 26
Standardabweichung, 58, 102, 138
Standardisierung, 139
Standardnormalverteilung, 139
statistischer Zusammenhang, 223
Sterbetafel, 77
stetige Gleichverteilung, 136
stetige Wahrscheinlichkeitsverteilung, 129
stetige Zufallsvariable, 98, 130
stetiges Merkmal, 19
Stetigkeitskorrektur, 149
Stichprobe, 15, 159, 182
Stichprobenanteilswert, 160, 162
Stichprobengröße, 168
Stichprobenverteilung, 159
stochastische Unabhängigkeit, 88, 229
Streuungsdiagramm, 220, 223, 238
Streuungsparameter, 41, 54
Strichliste, 25
Studentverteilung, 174
Symmetrie, 135
symmetrischen Verteilung, 53

T

Teilerhebung, 9
Teilgesamtheit, 15
Testfehler erster Art, 182
Testfehler zweiter Art, 183
Testverfahren, 179
    parametrisches Testverfahren, 179, 183
    statistisches Testen, 179
Tortendiagramm, 27
totale Wahrscheinlichkeit, 92
t-Verteilung, 174

U

Unabhängigkeit, 225
Unabhängigkeitstest, 231
Ungewissheit, 74
univariate Statistik, 220
Unsicherheit, 74
Unsinnskorrelation, 230
unsymmetrische
    Wahrscheinlichkeitsverteilung, 150
Untersuchungsmerkmal, 16
Urliste, 24
Urnenmodell, 159

V

Variable, 16
Varianz, 58, 102, 138
    Varianz einer Grundgesamtheit, 173
    Varianz einer Stichprobe, 173
Varianz stetiger Zufallsvariablen, 134
Variationskoeffizient, 61, 103
Venn-Diagramm, 80
Vereinigung, 81
verhältnisskaliert, 20
Veränderungsfaktor, 50
Verteilungsfunktion, 108, 132, 136
Vollerhebung, 9

W

Wachstumsfaktor, 49
Wahrscheinlichkeit „a posteriori", 77

Wahrscheinlichkeit „a priori", 76
Wahrscheinlichkeitsdichte, 130, 136, 138, 174
Wahrscheinlichkeitsdichtefunktion, *siehe*
    Wahrscheinlichkeitsdichte
Wahrscheinlichkeitsfunktion, 107
Wahrscheinlichkeitsrechnung, 74, 78
Wahrscheinlichkeitsverteilung, 98, 209
Wölbung, 63, 135

Z

Zahlenlotto, 122
zentraler Grenzwertsatz, 171
Zufallsexperiment, 79
Zufallsvariable, 95
Zufallsvorgang, 79
Zweistichprobentest, 205

The manufacturer's authorised representative in the EU is Springer
Nature Customer Service Centre GmbH, Europaplatz 3, 69115 Heidelberg,
Germany. If you have any concerns regarding our products, please
contact ProductSafety@springernature.com

Printed and bound by CPI Group (UK) Ltd, Croydon, CR0 4YY
23/04/2026
02095636-0009